Die Forensische DNA-Phänotypisierung – die erweiterte DNA-Analyse

Europäische Hochschulschriften Recht

European University Studies in Law

Publications Universitaires Européennes de Droit

Band/Volume **6173**

Lisa Allegra Markert

Die Forensische DNA-Phänotypisierung – die erweiterte DNA-Analyse

PETER LANG

Bibliografische Information der Deutschen Nationalbibliothek
Die Deutsche Nationalbibliothek verzeichnet diese Publikation in der Deutschen Nationalbibliografie; detaillierte bibliografische Daten sind im Internet über http://dnb.d-nb.de abrufbar.

Zugl.: Hamburg, Bucerius Law School, Diss., 2019

Gedruckt auf alterungsbeständigem, säurefreiem Papier.
Druck und Bindung: CPI books GmbH, Leck

H 360
ISSN 0531-7312
ISBN 978-3-631-81267-9 (Print)
E-ISBN 978-3-631-82381-1 (E-PDF)
E-ISBN 978-3-631-82382-8 (EPUB)
E-ISBN 978-3-631-82383-5 (MOBI)
DOI 10.3726/b17527

Diese Publikation wurde begutachtet.

www.peterlang.com

Meinen Eltern

Vorwort

Die vorliegende Arbeit wurde im September 2018 von der Bucerius Law School – Hochschule für Rechtswissenschaft – als Dissertation angenommen. Mit der mündlichen Prüfung über das Thema „Kann Künstliche Intelligenz die Strafzumessung gerechter machen?“ wurde das Promotionsverfahren am 5. November 2019 abgeschlossen. Rechtsprechung und Literatur befinden sich auf dem Stand von September 2018.

Meinem Doktorvater Herrn Prof. Dr. Paul Krell danke ich für die Betreuung der Arbeit und schnelle Erstellung des Erstgutachtens. Besonderer Dank gebührt auch Herrn Prof. Dr. Karsten Gaede für die zügige Erstellung des Zweitgutachtens.

Der Gedanke zu promovieren entstand erstmals während meiner vierjährigen Tätigkeit als studentische Hilfskraft am Lehrstuhl meines damaligen Vorgesetzten und geschätzten Mentors Prof. Dr. Gregor Bachmann, LL.M. Das konkrete Thema dieser Arbeit ergab sich schließlich aufgrund der großartigen Anregung meiner Kollegin Dr. Juliane Baer-Henney, LL.M., in meiner Station im Bundesministerium der Justiz und für Verbraucherschutz. Vielen Dank dafür!

Viele meiner lieben Freundinnen und Freunde haben zum Gelingen meiner Arbeit beigetragen. Ohne die zahlreichen wertvollen Diskussionen und Denkanstöße wäre die Arbeit so nicht entstanden, dafür herzlichen Dank! Besonders möchte ich mich in diesem Zusammenhang bei meiner Freundin Luisa Sandforth bedanken, die mir während unserer gemeinsamen Promotionsphase in jeglicher Form zur Seite gestanden hat.

Der größte Dank geht schließlich an meine Eltern Alexandra und Dipl.-Ing. Remo Ricci, die mich in jeder erdenklichen Weise – nicht nur bei dieser Dissertation – unterstützt haben und unterstützen. Danke für alles!

Hamburg, im Januar 2020
Lisa Allegra Markert

Inhaltsübersicht

Inhaltsverzeichnis

Abkürzungsverzeichnis

Die im Folgenden benutzten Abkürzungen ergeben sich aus *Kirchner*, Abkürzungsverzeichnis der Rechtssprache, 8. Auflage, 2015, soweit sie hier nicht anders aufgeführt sind.

AEUV	Vertrag über die Arbeitsweise der Europäischen Union
ATDG	Antiterrordateigesetz
BR-Drs.	Drucksachen des Bundesrates
BT-Drs.	Drucksachen des Deutschen Bundestages
DNA	Desoxyribonukleinsäure (von engl. deoxyribonucleic acid)
DSGVO	Datenschutz-Grundverordnung
FDNAP	Forensische DNA-Phänotypisierung
GRC	Europäische Grundrechtecharta
KriPoZ	Kriminalpolitische Zeitschrift
o.Ä.	oder Ähnliches
u.a.	unter anderem

Kapitel 1. Einführung

A. Einleitung und Problemdarstellung

Allein in Europa gibt es derzeit 1,6 Millionen ungeklärte Spuren,[1] d.h. Fälle, in denen DNA-Material sichergestellt und ausgewertet wurde, aber keiner Person zugeordnet werden konnte, sodass der Spurenverursacher[2] nicht ermittelt werden konnte. Wäre es nicht ein Erfolg für den Rechtsstaat, diese Taten auch nach Jahren noch aufklären zu können, selbst wenn es keine Zeugen oder anderen Beweismittel gibt?

Dieser Gedanke scheint in Anbetracht der sog. Forensischen DNA-Phänotypisierung (FDNAP) nicht mehr abwegig: Im Rahmen dieser neuen Form der DNA-Analyse kann man anhand der DNA des Verdächtigen, die am Tatort gefunden wird, äußere Merkmale des Verdächtigen, den sog. Phänotyp, ermitteln. Zu diesen Merkmalen können z.B. die Haar-, Augen- oder Hautfarbe oder auch die biogeografische Herkunft gehören. Mithilfe dieser Methode können Ermittler einen neuen Ansatz hinsichtlich des Tatverdächtigenprofils gewinnen.[3] Dieses Verfahren kann die Strafverfolgung möglicherweise gewinnbringend ergänzen, da auch solche Personen ausfindig gemacht werden können, deren DNA-Profil bisher nicht in der DNA-Datenbank gespeichert ist. Durch die FDNAP kann die DNA zum *„biologischen Zeugen“*[4] in der Ermittlung werden und zur effektiven Aufklärung von Straftaten beitragen. Die FDNAP kann zum einen in Fällen hilfreich sein, in denen es keine Zeugen gibt, aber auch in solchen, in denen es diese zwar gibt, deren Beschreibungen aber nicht zur Ermittlung des Tatverdächtigen geführt haben. Die Ursache dafür liegt häufig in der Wahrnehmung von menschlichen Zeugen, denn diese ist – wissenschaftlich bestätigt – äußerst selektiv: Unser Gedächtnis funktioniert nicht wie eine Videoaufnahme, vielmehr hängt unsere Erinnerung von zahlreichen äußeren und inneren Faktoren ab.[5] Zu diesen Faktoren gehören z.B. der Zeitraum der Kenntnisnahme des Täters, die Lichtverhältnisse, mögliche Tarnungen durch Masken o.Ä., Unverwechselbarkeit des Aussehens, der Einsatz einer Waffe sowie

---

1 *P.M. Schneider* in *Wegner*, KriPoZ 2017, 274.

2 Aus Gründen der Lesbarkeit wird im Folgenden die männliche Form verwendet, die Bezeichnungen sollen sich jedoch auf Angehörige aller Geschlechter beziehen.

3 Dazu umfassend noch unter Kapitel 2. A. VII. 2.

4 *Fullwiley*, Race and Genetic Revolution, 116, 117 spricht von *„DNA witness“*.

5 U.a. *Wells/Olson*, Annual Review of Psychology 2003, Vol. 54, 277 ff.

das Bewusstsein, dass man Zeuge einer Straftat wird. Attraktive Gesichter merken wir uns eher, unattraktive auch, durchschnittliche eher weniger.[6] Gesichter von Personen unserer eigenen Herkunft bleiben besser in Erinnerung als die Gesichter anderer Herkunft.[7]

Manch einer mag im Zusammenhang mit ungeklärten Gewalttaten an die irrtümlich als *„Profiling"* bezeichnete Fallanalyse denken.[8] Doch auch diese kann die Ermittlungen nicht immer wie gewünscht voranbringen. Somit bleiben viele Taten ungeklärt. Auch (nicht-flächendeckende) DNA-Datenbanken bieten kein Patentrezept für den Erfolg bei der Strafverfolgung: Statistiken des US-amerikanischen Federal Bureau of Investigation (FBI) zeigen, dass nicht-flächendeckende DNA-Datenbanken (also Datenbanken, die nur die DNA-Profile ausgewählter Personen enthalten) wenig erfolgversprechend sind. So stieg die Zahl der DNA-Profile in der Datenbank des FBI von 2001 bis 2006 exponentiell, der Erfolg jedoch nur linear an.[9] Vergleichbare Ergebnisse sind auch für die nicht-flächendeckende DNA-Analyse-Datei des Bundeskriminalamts zu vermuten. Diese Nachteile hat die FDNAP nicht: Sie setzt keine umfangreiche Datenbank voraus und anders als die menschliche Erinnerung irrt oder verblasst sie nicht. Sie beruht auf wissenschaftlichen Erkenntnissen und Berechnungen und kann dabei den jeweiligen Grad der Wahrscheinlichkeit hinsichtlich des Vorliegens eines bestimmten Merkmals voraussagen, z.B. soll eine Person nach der FDNAP zu 75 % blaue Augen haben.[10] Die FDNAP kann damit nicht nur sicherer, sondern auch detaillierter sein:[11] Die Augenfarbe des Täters wird ein Zeuge häufig nicht wahrnehmen und dessen biogeografische Herkunft nicht immer beurteilen können.

---

6 Sog. Own Race Bias oder Cross-Race-Bias, näher dazu u.a. *Wells/Olson*, Annual Review of Psychology 2003, Vol. 54, 277 ff., 281.

7 *Meissner/Brigham*, Psychology, Public Policy and Law 2001, Vol. 7, No. 1, 3 ff. spricht von *„race"*.

8 Qualitätsstandards der Fallanalyse für die Polizeien des Bundes und der Länder, 2017, S. 14 f.: *„Bei der Fallanalyse handelt es sich um ein kriminalistisches Werkzeug, welches das Fallverständnis bei Tötungs- und sexuellen Gewaltdelikten sowie anderen geeigneten Fällen von besonderer Bedeutung auf der Grundlage objektiver Daten und möglichst umfassender Informationen zum Opfer mit dem Ziel vertieft, ermittlungsunterstützende Hinweise zu erarbeiten."* Dazu gehört es, das Datenmaterial in Bezug auf Tathergang, fallspezifische Parameter und Täterprofil zu untersuchen.

9 *Valenzuela et al.*, Journal of Forensic Science 2010, Vol. 55, Ausgabe 2, 315.

10 Zu den Wahrscheinlichkeiten: Kapitel 2. A. VII. 7. bis Kapitel 2. A. VII. 8. k).

11 *Sankar*, What's the Use of Race?, S. 49, 50.

Ein Beispiel für den Erfolg der FDNAP ist u.a. eine Mordserie, die sich vom Ende der 1990er bis in die frühen 2000er im US-Bundesstaat Louisiana ereignete. Hierbei ergaben Zeugenaussagen sowie das *„FBI-Profiling"*, dass es sich bei dem Verdächtigen um einen europiden, weißen Mann handeln müsse. Im weiteren Verlauf durchgeführte DNA-Tests mit weißen Männern führten gleichwohl zu keinen Übereinstimmungen. Daraufhin wurde die an den Tatorten gefundene DNA analysiert. Bei der FDNAP-Analyse stellte sich heraus, dass der Verdächtige zu 85 % schwarz sein müsse. Diese Information führte zu einem Richtungswechsel in der Fahndung. Innerhalb von kurzer Zeit wurde Derrick Todd Lee festgenommen und später verurteilt. Er war die erste Person in den USA, der durch FDNAP identifiziert wurde.[12]

Mit Blick auf Sexual- und Tötungsdelikte ist zu vermuten, dass in der Bevölkerung ein besonderes Bedürfnis für die FDNAP besteht.[13] Seit 2017 sind sog. Beinahetreffer aus Massen-Gentests nach dem Gesetz ausdrücklich verwertbar.[14] Eine Einführung der FDNAP in der Legislaturperiode 2017–2021 ist sehr wahrscheinlich: So ist im Koalitionsvertrag zwischen der CDU, CSU und SPD die Erweiterung der DNA-Analyse auf die Haar-, Augen- und Hautfarbe sowie das Alter eines Straftäters oder Verdächtigen geplant.[15] Zudem gibt auch das Bundeskriminalamt an, über diese Methode im Austausch mit Forschern zu stehen. Insbesondere die Analyse von Haar- und Augenfarbe sei erfolgversprechend.[16] Zuletzt hat die Konferenz der Justizminister der Länder einen Beschluss über die FDNAP gefasst und darin das Bundesministerium der Justiz und für Verbraucherschutz aufgefordert, zeitnah einen Gesetzesentwurf zur erweiterten DNA-Analyse vorzulegen.[17] Die Europäische Kommission fördert im Rahmen des Programms *„Horizon 2020"* das Projekt *„Visage"* (*Visible Attributes through Genomics*), das der weiteren Erforschung und Nutzung der FDNAP dient.[18] Das

---

12 *Fullwiley,* Race and Genetic Revolution, 116, 117.

13 Vgl. nicht repräsentative Schweizer Umfrage zu Genanalysen: *Zieger/Utz,* FSI Genetics 2015, Vol. 17, 163 ff.

14 Der neue § 81h Abs. 1 StPO; siehe dazu BGBl. I 2017, S. 3203.

15 Koalitionsvertrag zwischen CDU, CSU und SPD, S. 123, https://www.cdu.de/system/tdf/medi-a/dokumente/koalitionsvertrag_2018.pdf?file=1, abgerufen am 6. März 2018.

16 *Maier-Borst,* Zeit vom 24. Dezember 2015.

17 https://www.justiz.bayern.de/media/pdf/jumiko2018/fruehjahr_2018/ii-7_by_-_dna-phenotyping_und_angleichung_von_genetischem_daktyloskopisc.pdf, abgerufen am 3. Juli 2018.

18 http://www.visage-h2020.eu/, abgerufen am 5. Oktober 2017; *Kayser,* https://www.ndr.de/info/Neue-Moeglichkeiten-in-der-Ermittlung-von-Kriminalfaellen,audio348268.html, abgerufen am 5. Oktober 2017.

Projekt läuft seit Mai 2017 und wird mit fünf Millionen Euro von der Europäischen Union gefördert. Für Deutschland sind neben dem Kriminaltechnischen Institut des Bundeskriminalamts auch Rechtsmediziner der Universitätsklinik Köln und das Cologne Center for Genomics der Universität Köln daran beteiligt.[19] Mit der FDNAP hat sich zusätzlich die Arbeitsgruppe DNA-Analytik/Kommission Kriminalwissenschaft und -technik/Erkennungsdienst des Bundeskriminalamts kürzlich beschäftigt und einen Bericht dazu herausgegeben.[20]

Trotzdem spielt die FDNAP in der (deutschen) juristischen Literatur keine größere Rolle: Während über die klassische DNA-Analyse und die Speicherung von DNA-Profilen in Datenbank viel diskutiert wurde, gibt es in der Literatur nur wenige Auseinandersetzungen mit der FDNAP. Dabei hat die FDNAP das Potential, die Strafverfolgung deutlich voranzubringen. Im Idealfall wird sich in Zukunft aus den Angaben der FDNAP, den äußeren Merkmalen, ein Phantombild zeichnen lassen. Die FDNAP ist zusätzlich gut mit anderen Ermittlungsmaßnahmen wie z.B. einer DNA-Reihenuntersuchung kombinierbar.

Der Strafprozess hat die Aufgabe, den Strafanspruch des Staates zum Schutz der Rechtsgüter Einzelner und der Allgemeinheit in einem justizförmigen Verfahren durchzusetzen und dem mit Strafe Bedrohten eine wirksame Sicherung seiner Grundrechte zu gewährleisten.[21] Um eine funktionstüchtige Strafrechtspflege zu erhalten, muss der Staat *„die strafprozessualen Vorschriften laufend auf ihre Tauglichkeit, Zeitgemäßheit und Effektivität hin […] überprüfen und das bestehende Regelungsgefüge unter Wahrung der genannten Ziele des Strafverfahrens an die sich ändernden Rahmenbedingungen an[zu]passen.“*[22] Dieses rechtsstaatliche Gebot wirft hinsichtlich der FDNAP die Frage auf, *„was technisch möglich, was kriminalistisch sinnvoll, was ethisch vertretbar und was nach dem*

---

19 https://www.kcl.ac.uk/sspp/departments/sshm/newsrecords/2017/EU-Horizon-2020-funded-VISAGE-Project-launched.aspx, zuletzt abgerufen am 18. Oktober 2017.

20 Bericht *„Genetisches Phantombild (DNA-Phenotyping)“* des Bundeskriminalamtes, abrufbar unter www.innenministerkonferenz.de%2FIMK%2FDE%2Ftermine%2Fto-beschluesse%2F2017-06-14_12%2Fanlage-zu-top-27.pdf%3F__blob%3DpublicationFile%26v%3D2&usg=AOvVaw3zy_kIWZunYbgS5OoheOc, abgerufen am 8. März 2018.

21 BR-Drs. 796/16, S. 1.

22 BT-Drs. 18/11277 (Entwurf eines Gesetzes zur effektiveren und praxistauglicheren Ausgestaltung des Strafverfahrens), S. 1.

Grundgesetz überhaupt erlaubt" sei.[23] Diesen Fragen wird sich die Arbeit im Folgenden widmen.[24]

B. Gang der Untersuchung

Ziel dieser Arbeit ist es, Umfang und Grenzen für eine mögliche Einführung der FDNAP in Deutschland auszuloten: Sie soll deswegen sämtliche mit der FDNAP verbundenen rechtlichen Probleme aufgreifen. Zum besseren Verständnis der Forensischen DNA-Phänotypisierung werden zunächst einige Begriffe der Molekularbiologie, Anthropologie und Statistik sowie die Funktionsweise von DNA-Analysen erläutert. In diesem Zusammenhang ist auch auf praktische Probleme und Herausforderungen einzugehen (Kapitel 2. A.). Im Anschluss daran wird die Strafprozessordnung mit besonderem Augenmerk auf § 81e StPO daraufhin untersucht, ob und inwiefern sie eine Forensische DNA-Phänotypisierung gestattet und welche gesetzgeberischen Erwägungen dahinterstecken (Kapitel 2. B.). Die Arbeit greift in diesem Zusammenhang auch interdisziplinäre und empirische Erkenntnisse, z.B. im Bereich der Zeugenaussagen, im Kontrast zu den Vorhersagewerten einer FDNAP-Analyse auf (Kapitel 2. B. III.). Ergänzend zur deutschen Gesetzeslage wird die Rechtslage hinsichtlich der Forensischen DNA-Phänotypisierung in anderen Ländern kurz dargestellt (Kapitel 2. C.). Schließlich werden die unions- und verfassungsrechtlichen Vorgaben und Grenzen für die Forensische DNA-Phänotypisierung umfassend geprüft (Kapitel 3 und Kapitel 4). Danach wird zunächst der Gesetzesentwurf der Länder Bayern und Baden-Württemberg zur Forensischen DNA-Phänotypisierung dargestellt, diskutiert und sodann ein eigener Vorschlag präsentiert (Kapitel 5). Letztlich mündet die Arbeit in einer umfassenden Bewertung, ob und inwiefern die Forensische DNA-Phänotypisierung in Deutschland *de lege ferenda* zugelassen werden kann (Kapitel 6).

---

23 Der damalige Bundesjustizminister *Heiko Maas* in seinem Grußwort zum Symposium zur DNA-Analyse in der Forensik am 21. März 2017, http://www.bmjv.de/SharedDocs/Artikel/DE/2017/03212017_Symposium_DNA_Analyse.html, abgerufen am 20. April 2017.

24 Im Zusammenhang mit DNA-Analysen wird in der Literatur häufig nicht zwischen den Begriffen Täter und Tatverdächtiger differenziert, z.B. wird von „*DNA-Täterprofil*" gesprochen. Als Täter ist eine Person erst nach einer gerichtlichen Verurteilung zu bezeichnen. Die Verwendung von Begriffen wie „*DNA-Täterprofil*" während des Ermittlungsverfahrens ist damit unpräzise. Aus Vereinfachungsgründen soll im Weiteren jedoch nicht unterschieden werden.

Kapitel 2. Molekulargenetische und strafprozessuale Grundlagen der klassischen DNA-Analyse sowie der Forensischen DNA-Phänotypisierung

Dieses Kapitel gibt einen Überblick über die molekulargenetischen und strafprozessualen Grundlagen der klassischen DNA-Analyse sowie der FDNAP in Deutschland, aber auch im Ausland.

A. Molekulargenetische Grundlagen

In Folgenden sind die molekulargenetischen Grundlagen der FDNAP zu klären, um dadurch eine angemessene Grundlage für die juristische Bewertung der FDNAP zu schaffen. Ermittlungsverfahren haben seit jeher das Ziel, den Verdächtigen ausfindig zu machen. Die Art und Möglichkeiten der Ermittlungsmethoden hängen maßgeblich vom Stand der Wissenschaft ab. Am Tatort lassen sich in aller Regel Blut, Sperma, Speichel, Haut, Haare oder anderes Genmaterial finden. Diesen Umstand macht sich die Forensik schon seit vielen Jahren mittels unterschiedlicher Untersuchungsmethoden zunutze.

I. Kurzer Überblick über Analysemethoden in der jüngeren Forensik

1900/1901 entdeckte *Landsteiner*, dass man Menschen aufgrund ihrer Blutgruppen anhand des AB0-Systems unterscheiden kann.[25] Für die Forensik ließ sich diese Entdeckung jedoch nur eingeschränkt verwenden: Denn dem AB0-System fehlte es an einzigartigen Merkmalen, um die Spur einer ganz bestimmten Person zuzuordnen. Das Blut, das am Tatort gefunden wird und mutmaßlich vom Tatverdächtigen stammt, kann mithilfe des AB0-Systems nur einer Personengruppe, nämlich der mit der gleichen Blutgruppe, zugeordnet werden. Bei Übereinstimmung der Blutgruppen von Vergleichsperson und Spurenleger kommt die Vergleichsperson als Spurenleger infrage, andere Personen mit der gleichen

---

25 *Landsteiner*, Zentralblatt für Bakteriologie, 27 (1900), 357 Fn. 1; ausführlich dazu ein Jahr später *Landsteiner*, Wiener Klinische Wochenschrift 46 (1901), 1132 ff.; dazu auch Madea/*Patzelt*/*P.M. Schneider*, Praxis Rechtsmedizin, S. 523 ff.

Blutgruppe kommen allerdings genauso in Betracht. Ausschließen kann man die Vergleichsperson damit nicht. Ein Ausschluss der Vergleichsperson ist nur sicher möglich, wenn sie eine andere Blutgruppe hat.[26]

Später kamen noch weitere Systeme hinzu, die zwar auch mit dem Blut zusammenhingen, doch ebenfalls nur zum Ausschluss taugten (u.a. sog. Serumproteinsysteme, Erythrozytensysteme und das System der Antigene).[27] Der Arzt *Avery* entdeckte 1944, dass die DNA (und nicht etwa Proteine) Träger der genetischen Informationen ist.[28] Im Jahr 1953 fanden *Watson* und *Crick* heraus, dass die DNA die Struktur einer dreidimensionalen Doppelhelix hat und mithin auch, wie genetische Informationen darin gespeichert werden.[29] 1985 entdeckte *Jeffreys* darauf aufbauend, dass die menschliche DNA Abschnitte umfasst, die sich mehrfach hintereinander wiederholen, und dass diese Wiederholungen ganz individuell sind.[30] Seit etwa 30 Jahren spielt die DNA auch in der Kriminalistik eine entscheidende Rolle: Forensiker brachten *Jeffreys'* Methode 1986 zum ersten Mal im Falle zweier vergewaltigter und ermordeter Mädchen in England zum Einsatz. Zuerst konnte man hiermit nur einen Verdächtigen ausschließen. Nach einem Reihengentest mit 4000 beteiligten Männern aus der Region konnte dann noch der Verdächtige ermittelt werden.[31] Diese klassische DNA-Analyse, die bei jedem einzelnen Mann im Rahmen des Reihengentests angewandt wurde, wird häufig als *„genetischer Fingerabdruck"* bezeichnet und deutet damit auf das bis dahin wichtigste Identifikationsmittel, nämlich den klassischen Fingerabdruck, hin. In den frühen 1990er-Jahren erlebte die klassische DNA-Analyse einen Rückschlag, als vermehrt Fragen zur Zuverlässigkeit der Methode aufkamen. Das Blatt wendete sich jedoch schließlich durch die vermehrte Legalisierung und neu gewonnene wissenschaftliche Erkenntnisse, sodass der klassische Fingerabdruck inzwischen als verdrängt angesehen werden kann.[32] Im März 1997 wurde die klassische DNA-Analyse erstmals in der StPO in § 81e StPO geregelt,[33] nachdem sie zuvor seit etwa 1988 gemäß § 81a StPO angewandt wurde.[34]

---

26 *Schmitter*, FS Herold, S. 397, 399.

27 *Franke*, Täteridentifizierung, S. 8; *Tariverdian/Buselmaier*, Humangenetik S. 380.

28 *Avery et al.*, The Journal of Experimental Medicine 1944, Vol. 79, Ausgabe 2, 137 ff.

29 *Watson/Crick*, Nature 1953, Vol. 171, 737 ff.; *Nordheim/Knippers*, Molekulare Genetik, S. 29.

30 *Jeffreys/Wilson/Thein*, Nature 1985, Vol. 314, S. 67 ff.

31 *Cobain*, The Guardian.

32 *Daniel/Walsh*, Australian Journal of Forensic Science 2006, Vol. 38, Ausgabe 2, S. 59.

33 BGBl. I 1997, S. 534.

34 Eines der ersten Urteile zur klassischen DNA-Analyse: LG Berlin NJW 1989, 787 ff.

Der Anfang der neuesten Art der DNA-Analyse, der FDNAP, liegt in den frühen 2000er-Jahren: Hintergrund für die relativ langsame und späte Entwicklung von FDNAP sind die wenigen zur Verfügung stehenden finanziellen Mittel sowie die Komplexität bzw. das komplexe Zusammenspiel der für die äußerlich erkennbaren Merkmale verantwortlichen Gene. Auch wenn die erforderlichen technischen Mittel, Methoden und statistischen Auswertungen dieselben wie bei den für Krankheiten verantwortlichen Genen sind, ist die Entwicklung im Bereich der Krankheiten deutlich weiter fortgeschritten, da hier ein großes Potential für die Früherkennung von Krankheiten besteht.[35]

II. DNA am Tatort

Die Gewinnung der DNA des Verdächtigen setzt voraus, dass er am Tatort oder Opfer DNA-haltiges Material hinterlassen hat. DNA lässt sich z.B. an benutzten Trinkgefäßen, Zigarettenkippen, Kaugummis oder dort konkret im Speichel, aber auch in Blut, Sperma und Hautschuppen finden.[36] Um die DNA an Gegenständen am Tatort überhaupt zu entdecken – sofern sie sich z.B. nicht sichtbar am oder im Opfer befinden – werden verschiedene Verfahren angewandt, um Spuren, in denen die DNA enthalten sein könnte, erkennbar zu machen.[37] Sollten sich Spuren auf Gegenständen befinden, werden diese Gegenstände gemäß § 94 StPO sichergestellt und asserviert. Aus dem asservierten Material können Rechtsmediziner Proben entnehmen, die DNA extrahieren und diese anschließend analysieren.[38]

III. Die menschliche DNA

Unsere menschliche DNA findet sich in jedem unserer Zellkerne.[39] Es handelt sich hierbei um eine rechtsdrehende Spirale aus zwei Strängen (eine Art Wendeltreppe). Die Bausteine der Stränge werden als Nukleotide bezeichnet. Diese Nukleotide wiederum bestehen aus vier verschiedenen Basen (Cytosin, Thymin, Adenin und Guanin), Zucker und einem Phosphatrest.[40] Die Basen verbinden die Bänder, indem sie die „*Stufen*" der Wendeltreppe bilden.[41] Es ist dabei immer

---

35 *Kayser*, FSI Genetics 2015, Vol. 18, 33, 34.
36 *Rath/Brinkmann*, NJW 1999, 2697, 2699; LR/*Krause*, § 81e Rn. 14 ff.
37 Dazu *Dettmeyer*, Rechtsmedizin, S. 231.
38 Madea/*P.M. Schneider*, Rechtsmedizin, S. 802 f.
39 *Nordheim/Knippers*, Molekulare Genetik, S. 23 f.
40 *Nordheim/Knippers*, Molekulare Genetik, S. 29.
41 *Nordheim/Knippers*, Molekulare Genetik, S. 29.

ein bestimmtes Basenpaar, das die Querverbindung bildet: Adenin und Thymin oder Cytosin und Guanin.[42] Die Information des Gens ergibt sich aus der Anordnung der Basen im betreffenden Bereich auf der DNA.[43] Drei Basen bilden eine Informationseinheit, ein sog. Codon oder Triplett. Dieses Codon stellt zugleich die Grundlage für die Bildung von Proteinen dar.[44] Die Gesamtheit aller Gene und sonstiger DNA-Abschnitte, die sich in den menschlichen Chromosomen befinden, wird als Genom bezeichnet. Sog. Genorte oder Loci beschreiben definierte Punkte eines Genoms. Man nennt DNA-Abschnitte am gleichen Genort in unterschiedlichen Genomen Allele.[45]

Nicht alle Elemente der DNA beeinflussen unsere Ausprägung, vielmehr haben viele Abschnitte des Genoms keinen unmittelbaren Einfluss darauf (sog. nicht codierende Abschnitte). Dazu gehören sog. repetitive DNA-Elemente, die nach heutigem Kenntnisstand (von einigen Ausnahmen abgesehen) keine Informationen codieren und etwa 50 % des Humangenoms ausmachen. Repetitive Elemente treten in variierender Länge und Kopienzahl im Genom auf.[46] Die repetitiven Elemente lassen sich noch weiter unterteilen, darunter finden sich sog. Short Tandem Repeats (STR).[47] Diese sind die Grundlage für die klassische DNA-Analyse.[48] Bis vor ein paar Jahren ging man davon aus, dass die nicht codierenden Abschnitte keinerlei genetische Informationen enthielten – man sprach sogar von „*Junk-DNA*".[49] Inzwischen weiß man aber, dass sich aus den nicht codierenden Abschnitten gewisse Erkenntnisse oder zumindest Indizien (z.B. über Krankheiten) ablesen lassen, insbesondere wenn diese Abschnitte nah bei codierenden Abschnitten liegen.[50] Die Begriffe – codierende und nicht codierende Abschnitte – werden aber weiterhin verwendet, um eine grobe Unterscheidung zu ermöglichen, auch wenn klar ist, dass die Abgrenzung zwischen den verschiedenen Abschnitten nicht mehr so eindeutig ist, wie man früher meinte. Diese Abgrenzung – codierende und nicht codierende Abschnitte – ist später

---

42 *Rassow*, Biochemie, S. 437 f.

43 *Horn*, Biochemie des Menschen, S. 283.

44 *Schaaf/Zschocke*, Basiswissen Humangenetik, S. 17. Zu der Frage, wofür Proteine verantwortlich sind, sogleich in den folgenden Absätzen.

45 *Kube/Schmitter*, Kriminalistik 1998, 415.

46 *Nordheim/Knippers*, Molekulare Genetik, S. 302.

47 *Nordheim/Knippers*, Molekulare Genetik, S. 303.

48 Dazu sogleich in Kapitel 2. A. IV.

49 *Pennisi*, Science 2012, Vol. 337, Ausgabe 6099, 1159 ff.

50 *Buselmaier/Tariverdian*, Humangenetik, S. 57.

insbesondere bei der verfassungsrechtlichen Bewertung der FDNAP (Kapitel 4) bedeutsam.

Wie bereits erwähnt, ist nur ein kleiner Teil unseres Genoms entscheidend für unsere Ausprägungen: nämlich der codierende Abschnitt unserer DNA. Dieser wird auch als sog. (protein-)codierende Gene bezeichnet, weil er die Informationen für die Herstellung von Proteinen enthält.[51] Die menschliche DNA enthält 23 Chromosomen, ca. 3 Mrd. Basenpaare und etwa 21.000 proteincodierende Gene.[52] Ohne proteincodierende Gene könnten wir nicht leben. Denn Proteine übernehmen wichtige Funktionen im menschlichen Körper: Sie bilden die Bauteile von Zellen und führen einen Großteil ihrer Funktionen aus, wirken u.a. als Hormone, Antikörper oder Katalysatoren, ermöglichen Bewegung oder übermitteln Nervenimpulse.[53] Sie beeinflussen auch letztlich unser Äußeres: Ein Beispiel für ein proteincodierendes Gen ist das OCA2-Gen. Dieses befindet sich im menschlichen Genom auf dem langen Arm des 15. Chromosoms, es reicht von Basenpaar 27.719.008 bis Basenpaar 28.099.342. Dieses Gen verfügt über Anweisungen für die Herstellung des P-Proteins. Man vermutet, dass das P-Protein am Transport von Tyrosin beteiligt ist, einem Vorläufer von Melanin. Melanin wiederum beeinflusst die Ausprägung der Haut- und Augenfarbe.[54]

Die DNA selbst enthält keine Proteine, sondern nur Angaben für die Herstellung dieser. Vielmehr erfolgen die Herstellung und somit der entscheidende Prozess der Genexpression, die sog. Proteinbiosynthese, durch die Transkription und Translation. Im Zellkern, wo sich die DNA befindet, können keine Proteine gebildet werden. Aus diesem Grund muss die DNA aus dem Zellkern zu den Ribosomen gelangen, wo die Proteinbiosynthese, also die Bildung der Proteine, stattfindet.[55]

IV. Die klassische DNA-Analyse

Konnte Spurenmaterial sichergestellt werden, kann dieses einer (klassischen) DNA-Analyse unterzogen werden. Manche bezeichnen diese Analyse auch als

---

51 *Nordheim/Knippers*, Molekulare Genetik, S. 38.

52 *Clamp et al.*, PNAS 2007, 19428, 19433; *Nordheim/Knippers*, Molekulare Genetik, S. 39; a.A. Biochemie und Pathobiochemie, S. 61: 30.000 proteincodierende Gene.

53 Molekularbiologie der Zelle, S. 139.

54 National Center of Biotechnology Information der U.S. National Library of Medicine, USA, https://www.ncbi.nlm.nih.gov/gene/4948, abgerufen am 2. Februar 2017.

55 *Nordheim/Knippers*, Molekulare Genetik, S. 51; *Buselmaier/Tariverdian*, Humangenetik, S. 28 ff.

genetischen Fingerabdruck.[56] Der Begriff des genetischen Fingerabdrucks wird daher im weiteren Verlauf immer wieder vorkommen. Auch wenn der Begriff des genetischen Fingerabdrucks zwar üblich ist, ist er in zweierlei Hinsicht streng genommen ungenau: Er verdeutlicht nicht ausreichend, dass bei einer DNA-Analyse theoretisch mehr Informationen ermittelt werden können als bei einem üblichen Fingerabdruck.[57] Dazu kommt, dass die Bezeichnung *„genetisch"* irreführend ist, da bei der herkömmlichen DNA-Analyse nur der nicht codierende Bereich analysiert wird – also gerade der Bereich, der keine Gene im engeren Sinne umfasst.[58] Der genetische Fingerabdruck sowie der klassische Fingerabdruck unterscheiden sich auch im Ergebnis: Der übliche Fingerabdruck kommt durch den Vergleich von zwei Fingerspuren zu dem Ergebnis einer Übereinstimmung oder keiner Übereinstimmung der zwei Fingerabdrücke. Dagegen ist der genetische Fingerabdruck ein Vergleich der Muster von zwei DNA-Spuren. Das Ergebnis des genetischen Fingerabdrucks stellt dar, ob eine Übereinstimmung gegeben ist und wenn ja, wie wahrscheinlich es ist, dass auch eine andere Person das ermittelte DNA-Muster aufweisen könnte.

1. Polymerasekettenreaktion

In manchen Fällen steht nicht genügend DNA-Material für die klassische DNA-Analyse zur Verfügung, weil die DNA Umwelteinflüssen (z.B. UV-Licht, Bakterien, Wasser) ausgesetzt war und dadurch beschädigt wurde.[59] Deshalb haben Forscher die sog. Polymerasekettenreaktion (engl. polymerase chain reaction, kurz PCR) entwickelt.[60] Diese Methode ermöglicht es, kleine DNA-Fragmente mithilfe des Enzyms Polymerase zu kopieren und damit die Menge des untersuchbaren Materials zu erhöhen[61] – und somit vielfach überhaupt eine (klassische) DNA-Analyse zu ermöglichen.

---

56 U.a. *Härtel*, ZG 2005, 300 ff.; *Krehl/Kolz*, StV 2004, 447 ff.; *Rath/Brinkmann*, NJW 1999, 2697 ff.

57 *Klumpe*, S. 12 ff.; *Burr*, S. 24 f.

58 *Neuhaus*, GS Schlüchter, S. 535, 541; *Satzger*, JZ 2001, 639, 641 Fn. 16; zum Untersuchungsgegenstand der klassischen DNA-Analyse gleich noch unter Kapitel 2. A. IV. 2.

59 *P.M. Schneider*, FSI 1997, Vol. 88, Ausgabe 2, 17, 19.

60 *Mullis/Faloona/Scharf et al.*, Cold Spring Harbor Symposia on Quantitative Biology 1985, Vol. 51, 263 ff.

61 Madea/*Patzelt/P.M. Schneider*, Praxis Rechtsmedizin, S. 503 ff.; *Buselmaier/Tariverdian*, Humangenetik, S. 37 f.

2. *STR-Analyse*

Nachdem die DNA durch die PCR vermehrt wurde, soll sie untersucht werden: Gegenstand der klassischen DNA-Analyse sind in Deutschland die nicht codierenden Abschnitte der DNA und dort die sog. Short Tandem Repeats (STR).[62] Hierbei werden die Wiederholungen („*Repeats*") von Basenpaaren untersucht. STRs treten überall im Genom verstreut auf.[63] Sie werden für das Ergebnis der DNA-Analyse als DNA-Muster dargestellt.

Da die nicht codierenden Abschnitte keinen unmittelbaren Einfluss auf die Proteine und damit unsere Ausprägung haben, unterliegen sie anders als die codierenden Abschnitte nicht dem Druck der evolutionären Entwicklung. Mutationen der nicht codierenden Abschnitte wirken sich nicht auf den Zustand des Individuums aus, sodass sich im Laufe der Zeit sog. Polymorphismen, also unterschiedliche Ausprägungen, entwickeln konnten.[64] Entscheidend sind bei der STR-Analyse die Wiederholungssequenzen der Nukleotide.[65] Die üblicherweise in der Forensik analysierten STRs haben eine sog. Repeatlänge von drei bis fünf Basenpaaren und etwa fünf bis dreißig Wiederholungseinheiten.[66] Die Zahl der Wiederholungen ist erblich bedingt und bei jedem individuell.[67] Daher kann man DNA-Profile unterschiedlicher Menschen gut miteinander vergleichen und dabei Abweichungen und Übereinstimmungen ausmachen. Da es sich bei den STR-Systemen um eher kurze Abschnitte handelt, haben sie den Vorteil, dass sie seltener beschädigt sind.[68]

Die Länge der Wiederholungen bilden die Angaben für das DNA-Profil. In der modernen Forensik verwendet man sog. Multiplex-PCR-Kits für die klassische DNA-Analyse. Diese Kits sind in der Lage, die DNA durch PCR zu vermehren, wobei zugleich Farbstoffe hinzugegeben werden, um anschließend die Längen der DNA-Abschnitte bestimmen zu können.[69] Die Ergebnisse der

62 https://www.bka.de/DE/UnsereAufgaben/Ermittlungsunterstuetzung/DNA-Analyse/dna-analyse_node.html, abgerufen am 27. Oktober 2017; zu nicht codierenden Abschnitten der DNA und STR siehe Kapitel 2. A. III.

63 Madea/*P.M. Schneider*, Rechtsmedizin, S. 791.

64 *Daniel/Walsh*, Australian Journal of Forensic Science 2006, Vol. 38, Ausgabe 2, S. 59, 60; Madea/*P.M. Schneider*, Rechtsmedizin, S. 792.

65 Zum Nukleotid unter Kapitel 2. A. III.

66 Madea/*P.M. Schneider*, Rechtsmedizin, S. 791.

67 Biochemie und Pathobiochemie, S. 664 f.

68 Madea/*P.M. Schneider*, Rechtsmedizin, S. 791.

69 Madea/*Patzelt/P.M. Schneider*, Praxis Rechtsmedizin, S. 513; Madea/*P.M. Schneider*, Rechtsmedizin, S. 794 f.; *Schmidt/Hummel* in Kriminalbiologie, S. 313; *Dettmeyer/Schütz/Verhoff*, Rechtsmedizin, S. 225.

Analyse werden in Form der Bezeichnung des Markers und der Anzahl der Wiederholungen des Basenpaarmotivs (des Short Tandem Repeats) auf beiden Allelen angegeben, z.B. *„TH01 6,9"*. Dies heißt, dass der untersuchte STR-Marker TH01 auf dem ersten Allel sechs und auf dem zweiten Allel neun Nukleotidwiederholungen aufweist. Diese Angaben lassen sich als DNA-Profil darstellen und dadurch mit anderen DNA-Profilen vergleichen. Es lassen sich bei dieser Analysemethode grundsätzlich keine sicheren Rückschlüsse auf Krankheiten ziehen. Weicht die Chromosomenzahl allerdings von der üblichen Zahl ab, wie z.B. beim Downsyndrom, deckt die Analyse dies auf.[70] Die Genauigkeit sowie die einfache Handhabbarkeit dieser STR-Tests sind Grund dafür, dass die STR-Analyse die Methode der Wahl bei Vaterschaftstests und in der Forensik ist.[71]

Die Chance, dass zwei nicht verwandte Menschen eine unterschiedliche Anzahl an Wiederholungssequenzen haben, ist hoch und steigt mit der Zahl der analysierten STRs. Die in der Praxis verwendeten Kits beschränken sich auf bestimmte STR-Marker. Die Untersuchung von bloß acht STR-Genen, führt bereits zu einer Wahrscheinlichkeit von etwa 1:60 Milliarden, d.h., die Wahrscheinlichkeit, dass zwei zufällig ausgewählte Menschen dasselbe DNA-Muster aufweisen, beträgt 1 zu 60 Milliarden. Man spricht hierbei von einer hohen Diskriminationskraft.[72] Nur bei eineiigen Zwillingen führt die STR-Analyse nicht zu brauchbaren Ergebnissen, denn diese haben identische Erbanlagen:[73] D.h., man kann zwar die am Tatort gefundene DNA mit der der Zwillinge vergleichen, jedoch bleibt offen, von welchem der beiden die DNA stammt.

Man muss allgemein bei der DNA-Analyse beachten, dass die angegebene Wahrscheinlichkeit (z.B. 1:60 Milliarden) nur angibt, wie wahrscheinlich es ist, dass die DNA aus der Tatortspur und die DNA-Probe vom Tatverdächtigen übereinstimmen. Es muss im Einzelfall immer geprüft werden, ob tatsächlich ein Zusammenhang zwischen der Spur des Verdächtigen und der Straftat besteht – also ob die Spur nicht z.B. schon vorher hinterlassen wurde. Die Person, die nun verdächtigt wird, kann sich rein zufällig vor der Tat am Tatort aufgehalten haben.[74]

---

70 *P.M. Schneider* in *Zylka-Menhorn,* Deutsches Ärzteblatt 2005, Heft 4, A184, A185.

71 *Butler*, Journal of Forensic Science, März 2006, Vol. 51, No. 2, 253.

72 *Brinkmann*, Deutsches Ärzteblatt 2004, Jahrgang 101, Heft 34–35, S. A2329, A2331.

73 Biochemie und Pathobiochemie, S. 665.

74 *Neuhaus,* StraFO 2010, 343, 344.

3. *Verwendung der DNA-Analyse*

In Deutschland wird die klassische DNA-Analyse vielfältig eingesetzt. U.a. verwendet man sie beim Vaterschaftstest.[75] Die STR-Analyse wird auch beim Familiennachzug in Visa- oder Passverfahren verwendet, um Verwandtschaftsverhältnisse zu überprüfen.[76] Besonders häufig wird die klassische DNA-Analyse in der Strafverfolgung gemäß § 81e StPO eingesetzt. Die sich aus der Analyse ergebenden DNA-Muster können in DNA-Datenbanken gespeichert werden, z.B. in der DNA-Analyse-Datei (DAD) des Bundeskriminalamts, welche seit 1998 existiert.[77] Die DNA-Analyse-Datei ist in § 81g StPO geregelt (dazu mehr unter Kapitel 2. B. II. 1. i)). Das Bundeskriminalamt speichert nur Informationen über nicht codierende DNA. DNA-Datenbanken können gespeicherte DNA-Muster und Tatortmuster miteinander vergleichen, um im Optimalfall die Spur vom Tatort mit einer namentlich bekannten Person aus der Datenbank zu verbinden. Auch in Fällen fehlender Übereinstimmung kann die Datenbank hilfreich sein: So kann sie neue Ermittlungsansätze liefern, wenn z.B. die gleichen DNA-Profile an verschiedenen Tatorten gefunden wurde.[78] Die klassische DNA-Analyse ist in Deutschland in der Strafverfolgung bisher weit überwiegend zuverlässig eingesetzt worden, Ausnahmen sind der Fall des Phantoms von Heilbronn sowie der Fall Peggy, bei denen es zu Verunreinigungen bzw. Vertauschungen von DNA-Proben kam.[79] Fälle, in denen DNA, die für die Strafverfolgung gesichert wurde und dafür eingesetzt werden sollte, für anderweitige Zwecke eingesetzt wurde, also z.B. um Krankheiten zu ermitteln, sind nicht bekannt.

---

75 Madea/*P.M. Schneider*, Rechtsmedizin, S. 820; Näheres dazu bei Madea/*Patzelt/P.M. Schneider*, Praxis Rechtsmedizin, S. 530 ff.

76 Kritisch dazu *Schultz*, ZRP 2009, 115 ff.

77 https://www.bka.de/DE/UnsereAufgaben/Ermittlungsunterstuetzung/DNA-Analyse/dna-analyse_node.html, abgerufen am 27. Januar 2017.

78 *Dettmeyer/Schütz/Verhoff*, Rechtsmedizin, 14.2.1.

79 FAZ vom 27. März 2009, http://www.faz.net/aktuell/gesellschaft/kriminalitaet/dna-ermittlungspanne-das-phantom-von-heilbronn-ist-widerlegt-1925411.html; Spiegel Online vom 8. März 2017, http://www.spiegel.de/panorama/justiz/uwe-boehnhardt-keine-verbindungen-von-nsu-mitgliedern-zu-mordfall-peggy-a-1137829.html, beide abgerufen am 1. März 2018.

V. Informationen über eine Person

Es gibt vielfältige Quellen und Möglichkeiten, Informationen über körperliche Merkmale einer Person zu erhalten.

1. Informationen aus dem nicht codierenden Bereich

Am nicht codierenden Bereich lassen sich nach bisherigen Erkenntnissen keine sicheren Informationen über körperliche Merkmale ablesen. Freilich gibt es gewisse Zusammenhänge zwischen bestimmten Krankheiten und nicht codierenden DNA-Abschnitten.[80] Insbesondere der TH01-Marker, der bei klassischen DNA-Analysen standardmäßig getestet wird, gibt u.a. Hinweise auf Herz-Kreislauf-Erkrankungen oder den plötzlichen Kindstod.[81] Im nicht codierenden Bereich sind ferner numerische Chromosomenaberrationen, also Abweichungen bei der Chromosomenzahl, erkennbar. Diese treten z.B. beim Downsyndrom oder Klinefelter-Syndrom auf.[82]

2. Andere Informationsmöglichkeiten

Die DNA stellt nicht die einzige Möglichkeit dar, Informationen über körperliche Merkmale des Tatverdächtigen zu erlangen. Die übliche Blut- oder Urinuntersuchung kann umfassende Informationen zutage fördern, sie kann nicht nur Auskunft über die Blutgruppe, sondern u.a. auch über Diabetes oder eine Drogenabhängigkeit geben.[83] Ferner besteht z.B. zwischen einem Merkmal der Blutgruppe und der Disposition, an einem Magen- oder Zwölffingerdarmgeschwür zu erkranken, eine Verbindung. Auch wenn diese Verbindung bloß auf statistischen Korrelationen beruht, also keinen sicheren Schluss zulässt, bietet sie Informationen.[84]

---

80 *P.M. Schneider*, https://www.gen-ethisches-netzwerk.de/gid/170/thema/codierend-nicht-codierend, abgerufen am 29. Juni 2017.

81 Ausführlich dazu *Beck*, S. 115 f.; *Courts/Madea*, Journal of Forensic Sciences 2011, Vol. 56, Ausgabe 2, 415 ff.; *Klintschar/Reichenpfader/Saternus*, The Journal of Pediatrics 2008, Vol. 153, Ausgabe 2, 190 ff.

82 *Brinkmann*, FS Eisenmenger, 2004, 23, 27; mit Einschränkungen auch *Anslinger/Rolf/Eisenmenger*, DRiZ 2005, 165, 168: *„Eine sichere Diagnose kann jedoch durch eine forensische Untersuchung nicht getroffen werden."*

83 *Koops/Schellekens*, The Columbia Science and Technology Law Review 2008, Vol. IX, S. 158, 160.

84 *Brinkmann*, FS Eisenmenger, 2004, 23, 26.

Die Berliner Polizei hat im Fall eines toten Neugeborenen herausgefunden, dass die Tatverdächtige vermutlich im Haushalt mit einer dunkel getigerten Katze lebte. Die Frau stamme wahrscheinlich aus Südosteuropa.[85] Grundlage dieser Erkenntnis war eine sog. Isotopenanalyse.[86] Die Isotopenanalyse ist z.B. an Gegenständen möglich, die der Tatverdächtige benutzt oder berührt hat. Isotope sind Varianten von Atomen, bei denen der Atomkern zwar gleich viele Protonen, aber eine unterschiedliche Zahl von Neutronen enthält. Alles organische Material setzt sich aus chemischen Elementen zusammen. Über Lebensmittel, Wasser und Luft gelangen Isotope in den menschlichen Körper. Die Zusammensetzung der Isotope ist bei jedem Menschen individuell – abhängig von Ernährung, Wohnort etc. Die Isotopenverhältnisse von Wasserstoff und Sauerstoff in einem Körper sagen z.B. etwas darüber aus, in welchem Klima ein Mensch gelebt hat. Stickstoff verrät den Wissenschaftlern, ob ein Mensch viel Fleisch, Milchprodukte oder Fisch gegessen hat.[87] Die Isotopenanalyse hat in ersten Versuchen Angaben zu Alter, Geschlecht, Body-Mass-Index (BMI)[88] und der körperlichen Verfassung geliefert. Insbesondere die Angaben zum BMI sind für Forensiker attraktiv, da es bisher keine anderen Methoden gibt, diesen zu ermitteln.[89]

VI. Grundsätzliche Grenzen und Risiken beim Umgang mit DNA

Die klassische DNA-Analyse ist grundsätzlich ein zuverlässiges und anerkanntes Beweismittel. Insbesondere kann sie durch Abgleich ausschließen, ob die DNA von einer bestimmten Person stammt. Die DNA-Analyse – die klassische ebenso wie die FDNAP – kann aber trotz ihrer fortschreitender Genauigkeit allgemein unmöglich sein, z.B. wenn die DNA-Menge zu gering ist, die DNA nicht gut genug erhalten ist oder die PCR nicht gelingt, weil sie durch Stoffe in der DNA-Probe gehemmt werden.[90] Selbst wenn man nur eine DNA-Spur

---

85 https://www.rbb-online.de/panorama/beitrag/2017/03/toter-saeugling-in-lichtenberg-1600-frauen-zu-speicheltest-aufge.html; http://www.tagesspiegel.de/berlin/berlin-lichtenberg-polizei-sucht-mutter-des-toten-babys-mit-massenspeicheltest/19586690.html; der richterliche Beschluss ist abrufbar unter http://www.berliner-kurier.de/berlin/polizei-und-justiz/totes-baby-aus-lichtenberg-1600-frauen-muessen-dna-probe-abgeben-26278082, alle Seiten abgerufen am 22. Mai 2017.

86 *Fuchs*, SZ vom 18. Februar 2017; siehe auch LG Dortmund, Beschl. v. 28.02.2007 – 37 Qs 4/07, NStZ 2008, 175.

87 Ausführlich dazu *Meier-Augenstein/Fraser*, Science and Justice 2008, Vol. 48, Ausgabe 3, 153 ff.

88 Dazu gleich unter Kapitel 2. A. VII. 8. g).

89 *Augenstein*, ForensicMag 2017.

90 *Dettmeyer*, Rechtsmedizin, S. 230.

bzw. eine untersuchungsfähige DNA findet, kann diese nicht ausschließen, dass noch andere Personen am Tatort waren. Auch wenn die DNA-Probe vom Tatort mit der DNA aus der Datenbank oder eines Verdächtigen übereinstimmt, kann sie keine Auskunft darüber geben, wie die DNA an den Tatort gelangt ist.[91] Es besteht hierbei die Gefahr der Verunreinigung der Spur durch sog. *„background DNA“* oder *„secondary transfer DNA“*, die vor, während oder sogar nach der Tat am Tatort hinterlassen werden kann:[92] Diese Tatsache kann auch bewusst für eine Manipulation genutzt werden und gilt für die klassische DNA-Analyse ebenso wie für die FDNAP. Gerichtsmediziner haben eine Studie zur Übertragbarkeit von DNA durchgeführt. Diese ergab, dass und vor allem wie leicht Spuren verfälscht werden können: So können Spuren einer Person durch eine zweite Person von einem Gegenstand auf einen anderen Gegenstand übertragen werden. In 40 % von 180 Fällen waren noch Spuren der ersten Person auf dem anderen Gegenstand nachweisbar.[93] Die an der Studie beteiligten Forscher betonen im Fazit ihrer Studie, dass mit DNA als Beweismittel vorsichtig umgegangen werden sollte.[94] Besteht der Verdacht einer Vergewaltigung und wird Sperma in oder an der Frau gefunden, ist es relativ wahrscheinlich, dass dieses zum Tatverdächtigen gehört. Bei Hautschuppen, Haaren oder Zigarettenkippen auf dem Fußboden oder Wohntextilien ist es dagegen nicht unwahrscheinlich, dass diese von Unbeteiligten stammen, insbesondere an öffentlich zugänglichen Plätzen.[95] Das Problem der Manipulation und der Verunreinigung ist nicht zu unterschätzen, allerdings besteht es nicht nur bei der FDNAP, sondern auch bei der klassischen DNA-Analyse gleichermaßen, und wird dort akzeptiert. Im Hinblick auf die klassische DNA-Analyse hat sich jedenfalls gezeigt, dass die polizeiliche und richterliche Praxis mit solchen Risiken durchaus umgehen kann. Ein solcher Umgang ist mithin auch bei der FDNAP zu erwarten.

Eine Gefahr der Verunreinigung bzw. Verfälschung besteht wie schon angesprochen auch *nach* der Tat weiter – so bei der Sicherung und dem Transport der Spur, z.B. durch Kontamination mit Fremd-DNA, sowie der Untersuchung im

---

91 *Dettmeyer*, Rechtsmedizin, S. 230.

92 EUROFORGEN, Making Sense of Forensic Genetics, S. 18.

93 *Helmus/Bajanowski/Poetsch*, International Journal of Legal Medicine 2016, Vol. 130, 121 ff.

94 *Helmus/Bajanowski/Poetsch*, International Journal of Legal Medicine 2016, Vol. 130, 121, 124.

95 *P.M. Schneider*, https://causa.tagesspiegel.de/ethik/vom-erbgut-zum-phantombild-ein-noetiger-tabubruch/schutz-vor-unberechtigten-verdaechtigungen.html, abgerufen am 19. Oktober 2017.

Labor, z.B. durch Probenvertauschung oder Kontamination mit Fremd-DNA.[96] Nicht nur das DNA-Gutachten mit der Interpretation der Werte muss deshalb kritisch gewürdigt werden, sondern auch der Zusammenhang zwischen der Spur und der Tat.[97] Bedeutsam ist darum u.a., ob das beauftragte Labor zertifiziert ist, ob es an Ringversuchen teilnimmt, ob DNA-Proben von Mitarbeitern und Ermittlungsbeamten vorliegen, ob die verwendete Technik auf dem neuesten Stand ist und welche Datenbanken verwendet wurden.[98] Das European Forensic Genetics Network of Excellence (EUROFORGEN) betont vor dem Hintergrund der geschilderten Gefahren, dass DNA nicht der einzige Beweis sein sollte und man der DNA nicht ohne Weiteres einen höheren Beweiswert als anderen Beweismitteln zugestehen sollte.[99] Dies entspricht auch der Rechtsprechung des Bundesgerichtshofs: Er geht davon aus, dass *„die DNA-Analyse lediglich eine statistische Aussage enthält, die eine Würdigung aller Beweisumstände nicht überflüssig macht.“*[100] In einem Revisionsverfahren hat der Bundesgerichtshof ausgeführt, dass das Tatgericht rechtsfehlerfrei geurteilt hätte, *„wenn es den Angeklagten als durch die DNA-Analyse stark belasteten Tatverdächtigen angesehen und sich unter Berücksichtigung der weiteren Indizien von der Täterschaft überzeugt hätte“*,[101] also die DNA-Analyse nicht allein zur Verurteilung herangezogen werden dürfe.

Insofern lässt sich abschließend sagen, dass zwar das *„Zeitalter des objektiven Sachbeweises“*[102] angebrochen sein mag. Doch ist die DNA als Sachbeweis nicht nur Teil der Lösung, sondern kann – bei nicht ordnungsgemäßem Umgang – auch Teil des Problems sein. Denn Gegenstand der DNA-Analysen sind zwar auch Computer und technische Apparaturen, die immer genauer arbeiten, aber auch an ganz entscheidenden Stellen Menschen, wenn sie das Material am Tatort sichern oder die Proben im Labor untersuchen. Umso wichtiger ist es, dass alle beteiligten Personen gründlich und genau arbeiten und ihre Arbeit dokumentieren.[103]

---

96 EUROFORGEN, Making Sense of Forensic Genetics, S. 18 ff.

97 *Neuhaus,* StraFO 2010, 343, 344.

98 *Bliwier,* Freispruch 11/2017, S. 4.

99 EUROFORGEN, Making Sense of Forensic Genetics, S. 7.

100 BGH, Urt. v. 12.08.1992 – 5 StR 239/92, NStZ 1992, 554 Leitsatz.

101 BGH, Urt. v. 12.08.1992 – 5 StR 239/92, NStZ 1992, 554; BGH, Beschl. v. 06.03.2012 – 3 StR 41/12, NStZ 2012, 464 1. Leitsatz.

102 *Soiné,* Kriminalistik 1998, 247, 249.

103 *Neuhaus,* StraFO 2010, 343, 344.

VII. Forensische DNA-Phänotypisierung

Von der eben dargestellten klassischen DNA-Analyse ist die Forensische DNA-Phänotypisierung zu unterscheiden. Während die STR-Analyse den bloßen Abgleich von DNA-Profilen ermöglicht,[104] lassen sich mithilfe der FDNAP anhand der am Tatort gefundenen DNA genetische Informationen und daraus wiederum phänotypische (= äußere) Informationen über eine Person ermitteln. Bevor die FDNAP definiert werden kann, muss zunächst noch erklärt werden, worum es sich bei dem Phänotyp konkret handelt.

1. Phänotyp

Der Phänotyp eines Menschen umfasst die Gesamtheit aller äußerlichen Merkmale, also u.a. Körpergröße, Statur, Augenfarbe und Haarfarbe.[105] In der englischsprachigen Literatur werden diese Merkmale auch als EVCs bezeichnet, *Externally Visible Characteristics*.[106] Der Phänotyp ist vom Genotyp abzugrenzen. Als Genotyp bezeichnet man alle Gene eines Individuums. Aus dem Genotyp ergibt sich der Phänotyp, also das, was die Zelle oder der Organismus aus dem Genotyp entwickelt. Die Entstehung eines Phänotyps hat allerdings nicht nur genetische, sondern auch nicht-genetische Ursachen (z.B. Umwelt).[107]

2. Definition der Forensischen DNA-Phänotypisierung

Der Begriff der Forensischen DNA-Phänotypisierung wird in der deutschen Literatur selten verwendet. Er ist gleichbedeutend mit dem Begriff des *„genetischen Phantombilds"*, welcher seit einigen Jahren in der deutschen Literatur gebraucht wird.[108] Dieser versucht die Verbindung zwischen dem *„genetischen Fingerabdruck"* und dem Phantombild zu schlagen, bei dem es ebenso wie bei der FDNAP um äußere Merkmale geht. Eine Definition der FDNAP bzw. des genetischen Phantombilds findet sich bei *West*:

> *„Der Begriff genetisches Phantombild beschreibt die Möglichkeit, mittels DNA-Analysen und Spurenmaterial Informationen über körperliche Eigenschaften und Merkmale einer*

---

104 Dazu Kapitel 2. A. IV.

105 Spranger/Labudde/*Pflugbeil/Thiele/Labudde*, Forensik in der digitalen Welt, S. 89, 95; *Schaaf/Zschocke*, Basiswissen Humangenetik, S. 51.

106 Siehe u.a. *Kayser/P.M. Schneider*, FSI Genetics 2009, Vol. 3, Ausgabe 3, 154 ff.

107 *Schaaf/Zschocke*, Basiswissen Humangenetik, S. 51.

108 Siehe dazu u.a. *West*, Genetischer Fingerabdruck, S. 299; *Hasselbach*, Novellierung der forensischen DNA-Analyse, S. 186.

noch unbekannten Person zu erhalten. Erfasst werden somit Informationserhebungen sowohl im kodierenden als auch im nicht kodierenden Bereich der DNA. Zu diesen Informationen zählen: die Bestimmung des Geschlechts, der ethnischen Zugehörigkeit und von äußeren körperlichen Merkmalen wie Haut-, Haar- und Augenfarbe sowie die Bestimmung von Krankheiten und Krankheitsveranlagungen."[109]

Hasselbach beschreibt den Begriff folgendermaßen:

„*Der Begriff ‚genetisches Phantombild' umschreibt die Möglichkeit, mittels molekulargenetischer Untersuchung von Spurenmaterial im codierenden wie nicht codierenden Bereich der DNA Informationen über körperliche Eigenschaften und Merkmale einer noch unbekannten Person zu erhalten. Entscheidend ist, dass keine persönlichkeitsbestimmenden Merkmale des Spurenverursachers aufgedeckt werden. Die Informationserhebung kann sich daher auf die Bestimmung des Geschlechts, der ethnischen Zugehörigkeit und auf äußere körperliche Merkmale wie Haut-, Haar- und Augenfarbe oder Körpergröße und -statur beziehen. Die Bestimmung von Krankheiten, Krankheitsveranlagungen und Charaktereigenschaften zur Erstellung eines genetischen Phantombilds ist wegen Verstoßes gegen Art. 2 Abs. 1 GG nicht zulässig.*"[110]

Der Biologe *Kayser* definiert die FDNAP wie folgt:

„*Forensic DNA Phenotyping refers to the prediction of appearance traits of unknown sample donors, or unknown deceased (missing) persons, directly from biological materials found at the scene.*"[111]

Ähnlich formuliert es *Sankar*:

„*FDNAP analyzes DNA left at a crime scene to locate genotypes linked to ancestry and physical appearance, such as eye or skin color, and uses the genotypes to assign race and predict appearance.*"[112]

Während *Kayser* und *Sankar* ihre Definitionen weit fassen und alle Merkmale des äußeren Erscheinungsbilds einer unbekannten Person darunter verstehen, legen die Definitionen von *West* sowie *Hasselbach* den zulässigen Umfang der FDNAP anhand konkreter Merkmale fest. *Hasselbach* erfasst sogar die Körperstatur, die zwar äußerlich erkennbar ist, sich aber (jedenfalls bisher) nicht anhand der DNA ermitteln lässt, sondern nur mithilfe der Isotopenanalyse (Kapitel 2. A. V. 2.).

Eine eigene Definition soll an dieser Stelle bewusst noch nicht gefasst werden, da eine solche maßgeblich von den weiteren Erwägungen abhängt und die Ermittlung bestimmter Merkmale sich noch als unions- oder verfassungswidrig

---

109 *West*, Genetischer Fingerabdruck, S. 299.

110 *Hasselbach*, Novellierung der forensischen DNA-Analyse, S. 186.

111 *Kayser*, FSI Genetics 2015, Vol. 18, 33.

112 *Sankar*, What's the use of Race?, S. 49.

erweisen könnte. Um eine möglichst umfassende Untersuchung der FDNAP zu ermöglichen, soll der Begriff der FDNAP die in den o.g. Definitionen angesprochenen, äußerlich erkennbaren Merkmale Geschlecht, Augen-, Haar- und Hautfarbe, biogeografische Herkunft, Körpergröße und Gesichtsmorphologie sowie Charaktereigenschaften, Krankheiten und Krankheitsveranlagungen umfassen, die sich anhand der DNA ermitteln. Zusätzlich erscheint es auch sinnvoll, die nach *Hasselbach* erfasste Körperstatur bzw. BMI sowie das Alter aufzunehmen, da sie auch für die FDNAP nützlich sein können, selbst wenn sie genau genommen nicht genetisch ermittelbar sind.[113] Am Ende dieser Arbeit ist eine abschließende Definition zu fassen.[114]

3. *Zweck, Ziel und praktische Anwendbarkeit*

Ziel und Zweck der FDNAP ist es, die Gruppe der potentiellen Verdächtigen einzugrenzen oder überhaupt einen Anhaltspunkt für den Verdächtigen zu bekommen. Die FDNAP soll somit die Ermittlung der Strafverfolgungsbehörden erleichtern oder überhaupt ermöglichen. Sie ist kein Strengbeweismittel, weil zur Überführung ein klassischer DNA-Test eingesetzt werden muss (und der Richter dabei zusätzlich überzeugt sein muss, dass die DNA tatsächlich vom Täter stammt).[115] Die FDNAP liefert nur wenige, nicht höchst individuelle Informationen über äußere Merkmale; anhand dieser kann jemand deshalb nicht *eindeutig* identifiziert werden.[116] Ein Gesetzesentwurf beschreibt die Möglichkeiten und Vorteile der FDNAP wie folgt: *„Es liegt auf der Hand, dass es für die Strafverfolgungsbehörden im Rahmen der in aller Regel sehr zeit- und personalintensiven Täterermittlungen hilfreich wäre, frühzeitig Kenntnis von den genannten Merkmalen zu haben. Auf diese Weise könnten die in einem Verfahren bestehenden Ermittlungsansätze sinnvoll gewichtet, Ermittlungsschwerpunkte gesetzt und Ermittlungshandlungen priorisiert werden. Damit können auch etwaige Eingriffsmaßnahmen gegen Unbeteiligte, die an Hand der zusätzlich getroffenen Feststellungen als Täter wenig wahrscheinlich sind (z.B. auch im Rahmen von DNA-Reihenuntersuchungen), vermieden werden.“*[117]

---

113 Diese eigene Definition gilt nur vorläufig. Das bedeutet nicht, dass auch alle Merkmale Gegenstand der unions- und verfassungsrechtlichen Prüfung sind. Möglicherweise erweisen sich in den weiteren Erwägungen manche Merkmale bereits als von vornherein ungeeignet.

114 Kapitel 6. B.

115 Dazu Kapitel 2. A. VI.

116 *Matheson,* Cell 2016, Vol. 166, 1061, 1062.

117 BR-Drs. 117/17, S. 2; Näheres zum Entwurf unter Kapitel 5. B.

Durch die mit der FDNAP verbundenen Erleichterungen bei der Ermittlungsarbeit können die Ermittlungsbehörden allgemein wertvolle Zeit und Ressourcen sparen: So könnten grundsätzlich frühzeitig Unschuldige entlastet werden, auf die die Merkmale nicht zutreffen.[118] Z.B. kann man – wie eben bereits erwähnt – DNA-Reihenuntersuchungen in kleinerem und damit günstigerem Umfang durchführen, wenn man aufgrund der zuvor durch die FDNAP ermittelten Merkmale weniger Teilnehmer, nämlich nur die mit den ermittelten Merkmalen, einbeziehen muss. Ermittler müssten zudem keine Befragungen von allen erdenklichen Zeugen durchführen, weil die FDNAP die Merkmale des Verdächtigen zuverlässig ergeben würde. Manche erhoffen sich, dass insbesondere (Opfer-)Zeugen durch die FDNAP von ggf. umfangreicheren, belastenden Zeugenbefragungen verschont werden können.[119] Die FDNAP ermöglicht zudem eine Fortsetzung der Ermittlung in hoffnungslosen Fällen („*Cold Cases*"), in denen keine anderen Beweise vorhanden sind und auch kein Treffer in der DNA-Datenbank erzielt wurde. Sie bietet dort neue Ermittlungsmöglichkeiten, wo die Opfer aufgrund von Tod oder aber auch Bewusstlosigkeit, Alter, Behinderung o.Ä. keine Aussage machen können. Spurenmaterial von ungeklärten Fällen unterliegt nicht der Vernichtung des § 81a Abs. 3 2. Hs. StPO und liegt daher vielfach noch in den Asservatenkammern vor. Eine FDNAP wäre also insofern auch bei in der Vergangenheit liegenden Fällen möglich.

Nicht nur körperliche Merkmale wie Augen-, Haar- oder Hautfarbe können den Ermittlern helfen. Auch die Ermittlung von Krankheiten kann den Kreis der Tatverdächtigen einschränken: Leidet jemand an einer Krankheit, sucht er Ärzte, Therapeuten und Apotheken auf; ggf. zeigt er gewisse Verhaltensweisen und/oder ist aufgrund seiner Krankheit körperlich eingeschränkt.[120] Rückschlüsse aus körperlichen Eigenschaften, insbesondere Verletzungen, machen sich die Ermittler schon länger zunutze: So informieren die Ermittlungsbehörden in manchen Fällen Ärzte und bitten sie um ihre Mithilfe, wenn sie vermuten, dass der Verdächtige bei der Tat verletzt wurde und deshalb möglicherweise einen Arzt aufsuchen wird.[121]

---

118 *Stenger,* Kriminalistik 2017, 491, 492.

119 *MacLean/Lamparello*, S. 10 f.

120 *Keller*, NJW 1989, 2289, 2290, ähnlich auch *Hasselbach*, Novellierung der forensischen DNA-Analyse, S. 160, 171.

121 *Keller*, NJW 1989, 2289, 2290.

Im Anschluss an die FDNAP sind weiterführende Maßnahmen denkbar:

- Rasterfahndung gemäß § 98a StPO,[122]
- DNA-Reihenuntersuchung gemäß § 81h StPO oder
- die Veröffentlichung eines Phantombilds gemäß § 131b StPO.

Prinzipiell gibt es zwei praktisch limitierende Faktoren bei der Anwendbarkeit der FDNAP: Das sind zum einen die Menge und Qualität der Spur, also ob das Material für eine Analyse ausreicht,[123] zum anderen die Kosten. Die Kosten pro FDNAP-Test belaufen sich auf 700 Euro, hinzukommen etwa 300 Euro Personalkosten für die Auswertung.[124]

4. Der Untersuchungsgegenstand der Forensischen DNA-Phänotypisierung: der Einzelnukleotid-Polymorphismus

Mit der Entdeckung des Gens MC1R, das für rote Haare, helle Haut und Sommersprossen verantwortlich ist, begann die Geschichte der Ermittlung von äußeren Merkmalen und damit der FDNAP.[125] Genomweite Assoziationsstudien haben seitdem diverse Gene entdeckt, die für äußere Merkmale verantwortlich sind.[126] Anders als bei der STR-Analyse machen sich Forscher bei der FDNAP nicht die Wiederholung von DNA-Sequenzen, sondern die Variation der DNA, den sog. Einzelnukleotid-Polymorphismus (auch SNP von engl. Single Nucleotide Polymorphism), zunutze. Im menschlichen Genom tritt durchschnittlich etwa an jedem 300. Nukleotid ein Unterschied in Form eines SNPs auf. So kann bei einem Menschen ein bestimmtes Nukleotid an einer Stelle stehen, wo bei einem anderen Menschen kein Nukleotid, ein anderes Nukleotid oder ein Extranukleotid steht.[127] Diese SNPs im codierenden Bereich sind für

---

122 *Keller*, NJW 1989, 2289, 2290 f.

123 *P.M. Schneider* in https://www.welt.de/wissenschaft/article163306033/Was-Kommissare-ueber-Taeter-wissen-koennten-aber-nicht-duerfen.html, abgerufen am 27. Juli 2017.

124 *Roewer* in https://www.welt.de/wissenschaft/article163306033/Was-Kommissare-ueber-Taeter-wissen-koennten-aber-nicht-duerfen.html, abgerufen am 27. Juli 2017.

125 *Grimes/Noake/Dixon et al.*, Forensic Science International 2001, Vol. 122, Ausgabe 2–3, 124 ff.

126 *Sulem/Gudbjartsson/Stacey et al.*, Nature Genetics 2007, Vol. 39, 1443 ff.; *Han/Kraft/Nan et al.*, PLoS Genetics 2008, Vol. 4, Ausgabe 5, e1000074; *Stokowski/Pant/Dadd et al.*, American Journal of Human Genetics 2007, Vol. 81, Ausgabe 6, 1119 ff.; *Liu/Wollstein/Hysi et al.*, PLoS Genetics 2010, Vol. 6, Ausgabe 5, e1000934; *Sulem/Gudbjartsson/Stacey et al.*, Nature Genetics 2008, Vol. 40, 835 ff.; für die Gesichtsmorphologie: *Liu/van der Lijn/Schurmann*, PLOS Genetics September 2012, Vol. 8, Ausgabe 9, e1002932, 1 ff.

127 *Nordheim/Knippers*, Molekulare Genetik, S. 506.

unterschiedliche Genexpressionen und damit auch verschiedene äußere Merkmale verantwortlich.[128] Bisher konnten im Rahmen des Humangenomprojekts sowie sich anschließenden Projekten wie HapMap etwa 10 Millionen SNPs entdeckt werden, die im codierenden und nicht codierenden Teil der DNA auftreten.[129]

5. *Die Entwicklung und Funktionsweise von Forensischen DNA-Phänotypisierungstests*

Die Erkenntnisse aus den eben genannten Forschungsprojekten stellen die Basis für die Auswahl von SNPs dar, die für den Phänotyp verantwortlich sind. In Studien für die Entwicklung eines FDNAP-Tests werden zunächst mehrere Gene, die mit einer bestimmten Eigenschaft im Zusammenhang stehen (Korrelation), untersucht und anschließend die dominantesten SNPs für den Test ausgewählt. Hierbei konzentriert man sich auf die SNPs, bei denen am häufigsten eine Korrelation mit der Ausprägung eines bestimmten äußeren Merkmals vorlag,[130] z.B. können verschiedene SNPs für die Haarfarbe blond verantwortlich sein. Die Herausforderung in diesem Zusammenhang ist es, zu ermitteln, welche und wie viele Gene jeweils für welche Ausprägung verantwortlich sind. Dabei hat sich gezeigt, dass äußerliche Merkmale genetisch komplex sind: So konnte kein einzelnes Gen ausfindig gemacht werden, das z.B. allein für die Augenfarbe verantwortlich ist, vielmehr ist ein Zusammenspiel verschiedener Gene, aber auch von Umweltfaktoren für die Ausprägung verantwortlich.[131] Die für die Forensik eingesetzten Tests können nicht alle der vielen SNPs einer bestimmten Ausprägung abdecken und beschränken sich daher auf bestimmte, besonders dominante SNPs. Ihr Vorliegen wird beim individuellen FDNAP-Test mathematisch bewertet und gewichtet. Daraus ergeben sich Wahrscheinlichkeiten für das Vorliegen eines bestimmten Merkmals. U.a. aufgrund der Beschränkung auf bestimmte

---

128 *Nordheim/Knippers*, Molekulare Genetik, S. 507.
SNPs sind von Mutationen abzugrenzen: Mutationen und SNPs ist gemein, dass sie auf einer Veränderung der Nukleotidsequenz eines Gens beruhen. Das SNP kommt aber anders als die Mutation mindestens bei einem Prozent in der Bevölkerung vor (*Brookes*, Gene 1999, Vol. 234, Ausgabe 2, 177 ff.; *Schaaf/Zschocke*, Humangenetik, S. 32).

129 US National Library of Medicine, https://ghr.nlm.nih.gov/primer/genomicresearch/snp, abgerufen am 13. Januar 2017.

130 Spranger/Labudde/*Pflugbeil/Thiele/Labudde*, Forensik in der digitalen Welt, S. 89, 96 f.

131 *Dembinski/Picard*, FSI Genetics 2014, Vol. 9, 111, 112.

SNPs und der Gewichtung kann der FDNAP-Test keine 100%ige Wahrscheinlichkeit für das Vorliegen einer bestimmten Ausprägung erreichen.[132]

Solche Standardtests erfolgen ähnlich wie bei Multiplex-STR-Kits durch Computerunterstützung und Detektion. Hierbei werden sog. Microarrays, auch DNA-Chips genannt, verwendet. Es handelt sich um Plastik- oder Glasträger mit vielzähligen Vertiefungen, in denen sich einsträngige DNA-Abschnitte befinden. Sowohl diese als auch die zu untersuchende DNA werden z.B. mit Fluoreszenzfarbstoffen kenntlich gemacht. Wenn man die zu untersuchende DNA zu der einsträngigen DNA gibt, binden sich die jeweils komplementären DNA-Stränge aneinander, wobei eine Mischung aus den beiden Fluoreszenzfarbstoffen entsteht. Diese Mischungen lassen sich durch Laser und Computer detektieren. Mithilfe des Computers kann man die Abweichungen in grafischer Form sichtbar machen und erkennen, wo sich welche Base befindet, ob diese üblich ist oder eine Abweichung darstellt und demnach bei der betroffenen Person ein SNP gegeben ist.[133] Daraus wiederum lässt sich eine bestimmte Ausprägung eines Merkmals ermitteln, z.B. die Augenfarbe blau mit der Wahrscheinlichkeit 75 %.

6. *Umfang der Anwendbarkeit der Forensischen DNA-Phänotypisierung*

Die FDNAP ist grundsätzlich sehr gut einsetzbar. Gleichwohl kommt ihr Einsatz aus verschiedenen Gründen nicht immer infrage: So führt inzwischen beinahe jede dritte Tatortspur zu einem Treffer in der DNA-Analyse-Datei des Bundeskriminalamtes. In diesen Fällen kann die Spur einer dort gespeicherten Person oder jedenfalls einer anderen Spur zugeordnet werden, sodass die FDNAP teilweise nicht erforderlich sein wird, da – zusammen mit Informationen zu der anderen Spur – bereits genügend Informationen vorliegen. Zusätzlich kann die Spuren-DNA für die klassische DNA-Analyse aufgebraucht worden sein, sodass zu wenig DNA für die FDNAP vorliegt und die FDNAP nicht mehr durchführbar ist. Hinzu kommt, dass nur solche Spuren verwendet werden können, die keine Mischspuren (also keine von verschiedenen Personen stammenden Spuren) sind, weil es nicht möglich ist, aus DNA-Mischspuren eindeutige genetische Prognosen zu erzeugen. Schließlich kommt die FDNAP nur bei Spuren nur infrage, bei denen ein eindeutiger Bezug zur Straftat besteht, wie z.B. bei der Spermaspur bei einem Sexualdelikt. Hingegen wird der eindeutige Bezug bei

---

132 *Pfaffelhuber*, Freispruch 11/2017, S. 18, 19; zu den Wahrscheinlichkeiten mehr unter Kapitel 2. A. VII. 7. und Kapitel 2. A. VII. 8.

133 *Heller*, Annual Review Biomedical Engineering. 2002. Vol. 4, 129 ff.; *Schober*, BioSpektrum 3/02, 8. Jahrgang, S. 307 ff.

einer Zigarettenkippe, die am Tatort entdeckt wird, wie oben bereits angesprochen,[134] fehlen, sodass die FDNAP hier nicht in Betracht kommt.[135]

7. Die Wahrscheinlichkeiten bei der Forensischen DNA-Phänotypisierung

Das Ergebnis einer einzelnen FDNAP sind bestimmte Wahrscheinlichkeitswerte, die sich jeweils auf das Vorliegen eines einzelnen Merkmals beziehen, also z.B. hat der Verdächtige danach zu 65 % blonde Haare und zu 75 % blaue Augen. Für die Ermittlungsarbeit sind jedoch idealerweise möglichst viele Merkmale zu ermitteln. Wenn man die Gesamtwahrscheinlichkeit, dass der Tatverdächtige tatsächlich insgesamt ein bestimmtes Aussehen hat, herausfinden möchte, muss man die Wahrscheinlichkeiten der einzelnen Merkmale miteinander multiplizieren – dazu das folgende fiktive Beispiel: Bei einer Wahrscheinlichkeit von 65 % bzgl. der Haarfarbe und 75 % bzgl. der Augenfarbe ergibt sich z.B. ein Wert von 48,75 % (= 65 % × 75 %), dass die Person tatsächlich beide Merkmale aufweist, ohne dass hierbei noch die Wahrscheinlichkeit der Hautfarbe einbezogen wurde. Die Wahrscheinlichkeit sinkt mit zunehmender Zahl weiterer Merkmale. Diese Tatsache verdeutlicht einmal mehr, dass alle am Ermittlungsverfahren beteiligten Personen kritisch und umsichtig mit den Ergebnissen umgehen müssen.

Von den Werten im Einzelfall und der geschilderten Kumulation von Wahrscheinlichkeiten deutlich abzugrenzen sind Prozentangaben, die sich auf die korrekte Ermittlung von Merkmalen mithilfe der FDNAP in einer *Personengruppe* beziehen: Z.B. wurde in einer Gruppe von 100 Personen das Merkmal „*Augenfarbe blau*" zu 95 % korrekt ermittelt. Zusätzlich muss dabei noch zwischen zwei Werten unterschieden werden: In wissenschaftlichen Veröffentlichungen, in der Presse sowie im Gesetzesentwurf der Länder Bayern und Baden-Württemberg werden bestimmte Wahrscheinlichkeiten häufig angeführt, um zu betonen, wie sicher die Methode sei, z.B. heißt es dort, die Augenfarbe Blau könne mit 90- bis 95-prozentiger Wahrscheinlichkeit vorausgesagt werden.[136] *A.* und *V. Lipphardt*

---

134 Kapitel 2. A. II. sowie Kapitel 2. A. VI.

135 *P.M. Schneider*, https://causa.tagesspiegel.de/ethik/vom-erbgut-zum-phantombild-ein-noetiger-tabubruch/schutz-vor-unberechtigten-verdaechtigungen.html, abgerufen am 3. Juli 2018.

136 Z.B. BR-Drs. 117/17, S. 5; *Momsen*, https://causa.tagesspiegel.de/ethik/vom-erbgut-zum-phantombild-ein-noetiger-tabubruch/vorurteile-werden-zur-ermittlungsgrundlagenbsp.html, abgerufen am 17. Januar 2018; *Walsh/Liu/Wollstein et al.*, FSI Genetics 2013, Vol. 7, Ausgabe 1, 98 ff.

weisen in diesem Zusammenhang zu Recht auf Folgendes hin: „*Die meisten Ermittler, Journalisten, politischen Entscheidungsträger und auch die breite Öffentlichkeit verstehen diese Zahlen vermutlich so: Jede aufgefundene DNA-Spur kann durch die DNA-Analyse mit der angegebenen Wahrscheinlichkeit einer bestimmten Gruppe zugeordnet werden (z.B. 95 % Wahrscheinlichkeit für blaue Augenfarbe; oder 98 % Wahrscheinlichkeit für die Unterscheidung zwischen heller und dunkler Haut; oder 99,9 % für die Identifizierung von Asiaten).*“[137] Tatsächlich ist dies aber ungenau: Denn diese Prozentzahlen stellen nur Wahrscheinlichkeiten dar, mit der der FDNAP-Test in einer kontrollierten Testgruppe mit mehreren Personen eine bestimmte, vorher bekannte Ausprägung eines Merkmals tatsächlich auch nachweisen kann: Z.B. werden also von allen Blauäugigen aus der Stichprobe 95 von 100 richtig als solche klassifiziert, was in Bezug auf die Gruppe eine Richtigkeit von 95 % ergibt.[138] Ein solcher Wert wird auch als AUC-Wahrscheinlichkeit (*Area under the Curve*) bezeichnet. Er stellt eine sog. „a priori“-Wahrscheinlichkeit dar, weil man über Vorwissen verfügt – nämlich, dass die Personen in der Testgruppe z.B. tatsächlich blaue Augen haben. Im Ermittlungsverfahren kennt man diese oder andere Merkmale des unbekannten Verdächtigen allerdings gerade nicht, sodass für die Praxis eigentlich eine andere Wahrscheinlichkeit entscheidender ist, nämlich ob eine beliebige unbekannte Person – auf eine Vielzahl von solchen Fällen hochgerechnet – die nach der FDNAP wahrscheinlichste Augenfarbe auch tatsächlich hat.[139] Dieser für die Ermittlungspraxis relevantere Wert wird in der Wahrscheinlichkeitsrechnung als prädiktiver Werte (*predictive values*) bezeichnet.[140] Hierbei handelt es sich um eine sog. „a posteriori“-Wahrscheinlichkeit, weil man (anders als bei der „a priori“-Wahrscheinlichkeit) kein Vorwissen über die Ausprägung eines Merkmals hat, sondern wissen möchte, ob ein Unbekannter tatsächlich eine bestimmte Ausprägung eines Merkmals hat, wie der Test vorhergesagt hat.[141]

Diese prädiktiven Werte werden, soweit ersichtlich, nur in einem Beitrag von *Caliebe/Walsh/Liu et al.*[142] und dort nur hinsichtlich der Augenfarbe untersucht.

---

137 *A. Lipphardt/V. Lipphardt*, BioSkop Nr. 78, Juni 2017, S. 3.
138 *Pfaffelhuber*, Freispruch 11/2017, S. 18.
139 *Pfaffelhuber*, Freispruch 11/2017, S. 18; *V. Lipphardt*, https://causa.tagesspiegel.de/ethik/vom-erbgut-zum-phantombild-ein-noetiger-tabubruch/die-bestimmung-der-biogeographischen-herkunft-eine-voraussetzungsreiche-methode.html, abgerufen am 13. März 2018.
140 *Pfaffelhuber*, Freispruch 11/2017, S. 18.
141 *A. Lipphardt/V. Lipphardt*, BioSkop Nr. 78, Juni 2017, S. 3 f.
142 *Caliebe/Walsh/Liu et al.*, FSI Genetics 2017, Vol. 28, 203 ff.

Dabei ergaben sich je nach Personengruppe eines bestimmten Landes unterschiedliche Werte: So lag der positiv prädiktive Wert, also der Wert, der voraussagt, dass ein Merkmal positiv vorliegt, in acht verschiedenen europäischen Ländern für blaue Augen zwischen 84 % und 94 %, für braune Augen zwischen 87 % und 98 %.[143] Diese Werte weichen damit leicht nach unten von den AUC-Werten ab, wie noch gleich festzustellen sein wird.[144]

8. Die Merkmale im Einzelnen

Da prädiktive Werte wie angesprochen bisher nur für blaue und braune Augen (nicht aber andere Merkmale) vorliegen, werden im folgenden Abschnitt – sofern nicht ausdrücklich anders erwähnt – die AUC-Werte für die jeweiligen Merkmale genannt. Auch wenn es bislang schon gelungen ist, bestimmte äußere Merkmale zu ermitteln und zuweilen der Eindruck vermittelt wird, es sei nahezu alles genetisch ermittelbar, sind mit der Ermittlung vielfach Probleme verbunden. Das bedeutet, es gibt zwar Möglichkeiten, bestimmte Merkmale zu ermitteln, allerdings sind diese Methoden noch nicht ausgereift und damit sicher genug. Für die Forensik sind zudem am besten Standardtests geeignet, um landesweit eine Vergleichbarkeit und gleichbleibende Zuverlässigkeit herzustellen. Indes gibt es bisher nur bzgl. des Geschlechts sowie der Haar- und Augenfarbe Standardtests bei der FDNAP und auch diese sind bzgl. Haar- und Augenfarbe noch keinen umfassenden Studien unterzogen worden.

a) Geschlecht

Die Ermittlung des biologischen Geschlechts erfolgt mithilfe des sog. Amelogenin-Systems. Dieses gehört standardmäßig zu den in Deutschland angewandten STR-Analyse-Testkits. Das Amelogenin-Gen tragen sowohl Männer als auch Frauen, doch kann man auf dem X-Chromosom ein Fragment mit 106 Basenpaaren, auf dem Y-Chromosom, also bei Männern, ein Fragment mit 112 Basenpaaren entdecken.[145] Diese Tests sind sehr zuverlässig – so wurde in einer Studie eine Fehlerquote von 0,018 % (AUC) festgestellt.[146] Die Ermittlung des

143 *Caliebe/Walsh/Liu et al.*, FSI Genetics 2017, Vol. 28, 203, 207.

144 Kapitel 2. A. VII. 8. b).

145 *Butler*, Advanced Topics in Forensic DNA Typing, S. 119; *Wirth/Strauch*, Rechtsmedizin, S. 326.

146 *Steinlechner/Berger/Niederstätter et al.*, International Journal of Legal Medicine 2002, S. 117 ff., getestet an der österreichischen Bevölkerung; EUROFORGEN, Making Sense of Forensic Genetics, S. 31: „*Close to 100 %.*“

Geschlechts hat sich zudem – mangels anderslautender Berichte – in der Ermittlungspraxis bewährt.

b) Augenfarbe

2011 kam der erste Test zur Ermittlung der Augenfarbe, Irisplex, auf den Markt. In einer Studie dazu wurden in einer Gruppe blaue sowie braune Augen zu 94 % korrekt ermittelt (AUC-Werte), die Wahrscheinlichkeiten reichten hierbei von 91 %–98 % in sieben unterschiedlichen Ländern Europas.[147] Dagegen lagen die positiv prädiktiven Werte bzgl. der Augenfarbe in einer anderen Studie mit acht verschiedenen europäischen Ländern wie bereits erwähnt bei blauen Augen zwischen 84 % und 94 %, bei braunen Augen zwischen 87 % und 98 %.[148] Der positiv prädiktive Wert für blaue Augen betrug z.B. in Frankreich 84 %, in den Niederlanden dagegen 90 %.[149] Dass die Vorhersagewerte allgemein nicht noch näher an die 100 % heranreichen, beruht auf Problemen bei der Ermittlung von intermediären Augenfarben: Hat jemand z.B. blau-braune Augen, ist Irisplex bislang noch nicht besonders zuverlässig. Nach Irisplex hat diese Person z.B. höchstwahrscheinlich braune Augen, obwohl ihre Augen blau-braun und äußerlich nicht eindeutig als braun zu identifizieren sind, sondern eher als blau.[150] Diese Abweichungen im Einzelfall haben auch Einfluss auf die AUC-Werte in Kontrollgruppen, sie fallen entsprechend niedriger aus.

c) Haarfarbe

Der HIrisplex-Test kann anhand von 24 SNPs (inkl. der sechs SNPs aus dem IrisPlex-Test) aus 11 Genen neben der Augenfarbe zusätzlich die Haarfarbe bestimmen. Es wurden hierbei in einer Kontrollgruppe blonde Haare zu etwa 70 % korrekt vorhergesagt, braune Haare zu 79 %, rote Haare zu 80 % und schwarze Haare zu 88 % (AUC-Werte).[151] Probleme bei der Analyse der Haarfarbe bereiten insbesondere blonde Haare: Viele Personen sind als Kinder (hell-)blond, dunkeln jedoch mit steigendem Alter teilweise erheblich nach. Diese Farbe kann dann äußerlich als braun wahrgenommen werden, obwohl die Person genetisch

---

147 *Walsh/Wollstein/Liu et al.*, FSI Genetics 2012, Vol. 6, Ausgabe 3, 330 ff.

148 *Caliebe/Walsh/Liu et al.*, FSI Genetics 2017, Vol. 28, 203, 207.

149 *Caliebe/Walsh/Liu et al.*, FSI Genetics 2017, Vol. 28, 203, 207.

150 *Walsh/Liu/Ballantyne et al.*, FSI Genetics 2011, Vol. 5, 170 ff.; EUROFORGEN, A Guide to Legal and Ethical Principles and Practices in Forensic Genetics, S. 22 f., 66.

151 *Walsh/Liu/Wollstein et al.*, FSI Genetics 2013, Vol. 7, Ausgabe 1, 98 ff.

betrachtet blond ist.[152] Die Ermittlung der Haarstruktur – glatt, gelockt oder gekräuselt – sowie des Haarausfalls werden aktuell noch erforscht.[153]

d) *Hautfarbe*

Mithilfe der FDNAP kann auch die Hautfarbe bestimmt werden. Auch bei der Hautfarbe ist es schwieriger, intermediäre Farben zu erkennen. In einer aktuellen Studie konnte die Hautfarbe in einer Kontrollgruppe mithilfe von 36 SNPs zu 97 % (AUC) bei heller Haut, zu 83 % bei dunkler und zu 96 % bei schwarzer Haut richtig ermittelt werden.[154] Es gibt bis zum jetzigen Zeitpunkt noch keinen Standardtest.

e) *Biogeografische Herkunft*

Bevor Näheres über die biogeografische Herkunft im Rahmen der FDNAP geschildert wird, ist die biogeografische Herkunft zunächst von der Nationalität, Rasse sowie Ethnie abzugrenzen. Nationalität kennzeichnet die Staatsangehörigkeit, diese ist *nicht* durch Gen-Tests ermittelbar.[155] Der Begriff der Rasse ist wissenschaftlich obsolet und wird als Klassifikation nicht mehr verwendet.[156] Die Ethnie kennzeichnet eine Gruppe von Personen, die sich von anderen abgrenzen und ein eigenes Selbstverständnis haben, Abgrenzungskriterium kann z.B. die Sprache oder Kultur sein.[157] Auch sie ist genetisch *nicht* ermittelbar.

Die biogeografische Herkunft ist dagegen nach Auffassung einiger Wissenschaftler durch die FDNAP ermittelbar und kennzeichnet die Zugehörigkeit einer Person zu einer Kontinentalgruppe. Danach sei eine Einteilung zwischen Afrika, Westeurasien, Ostasien, Westasien oder Native American möglich.[158] Eine Bestimmung des Herkunfts*landes* sei dabei auch nach ihrer Ansicht nicht

---

152 *Beck*, S. 113; *Kayser* in *Wolinsky*, CSI on Steroids, EMBO reports 2015, Vol. 16, S. 782, 783.

153 Für die Haarstruktur sowie Haarausfall bei Männern: *Pośpiech/Karlowska-Pik/Marcińska et al.*, FSI Genetics 2015, Vol. 19, 280 ff.

154 *Walsh/Chaitanya/Breslin et al.*, Human Genetics 2017, Vol. 136, Ausgabe 7, 847 ff.; ähnlich auch Spurenkommission, Stellungnahme vom 14. Dezember 2016, S. 2.

155 http://www.sciencemag.org/news/2009/09/scientists-decry-flawed-and-horrifying-nationality-tests, abgerufen am 23. Mär. 2017; Spurenkommission, Stellungnahme vom 14. Dezember 2016, S. 3.

156 EUROFORGEN, S. 34.

157 Akkulturation, Integration, Migration, S. 269; ähnlich auch Maunz/Dürig/*Langenfeld*, Stand: 82. EL, Januar 2018, Art. 3 Abs. 3 Rn. 45 Fn. 195.

158 EUROFORGEN, Making Sense of Forensic Genetics, S. 34.

möglich,[159] weil es unter den Ländern nicht genügend genetische Abweichungen gebe.[160] Bekannt sind Tests zur Ermittlung der biogeografischen Herkunft insbesondere aus dem Bereich der Genealogie, sie finden aber auch in der Forensik und Migrationskontrolle Anwendung. Zum Beispiel überprüfte die UK Border Agency eine Zeit lang Migranten mithilfe eines solchen Tests, wenn sie Zweifel an der geäußerten Herkunft des Asylbewerbers hatte.[161] Wissenschaftler arbeiten bei der Ermittlung der biogeografischen Herkunft mit sog. Ancestry Informative Markers (AIMs), teilweise auch als Ancestry Sensitive Markers (ASMs) bezeichnet. Es soll sich hierbei um genetische Marker oder Allele handeln, welche unter der weltweiten Bevölkerung variieren. Mit solchen Tests meint man, die Herkunft bestimmen zu können,[162] wobei die Tests in 97–100 % der Fälle korrekte Vorhersagen bzgl. der Herkunft treffen können sollen.[163] Auch in einer Stellungnahme der Gemeinsamen Kommission der rechtsmedizinischen und kriminaltechnischen Institute heißt es, dass es möglich sei, die kontinentale Herkunft einer Person, also Europa, Afrika, Ostasien, Ozeanien und Amerika (indigene Bevölkerung Amerikas), mit Wahrscheinlichkeiten von über 99,9 % zu bestimmen. Gleichzeitig äußern sie aber auch, dass die Bestimmung auf subkontinentaler Ebene aufgrund von „*Durchmischung*" der Bevölkerungen schwierig sei und zu deutlich niedrigeren Wahrscheinlichkeiten führe.[164]

Die Analyse der biogeografischen Herkunft – sei es nur auf kontinentaler Basis – ist in vielerlei Hinsicht problematisch: Schon der Begriff der Herkunft wirft die Frage auf, wie weit die biogeografische Herkunft reichen sollte – nur bis zu den eigenen Eltern, den Großeltern, Urgroßeltern oder noch deutlich weiter? Sie alle haben unsere Herkunft geprägt, doch welche ist jetzt die entscheidende für die Untersuchung? Wieso sollten wir nur zwei oder vier unserer Vorfahren für unsere Herkunft verantwortlich erklären?[165]

Kritisch zu bewerten sind bei der Ermittlung der biogeografischen Herkunft insbesondere auch die Referenzdatenbanken: „*Ancestry tracing is only as good as*

---

159 EUROFORGEN, Making Sense of Forensic Genetics, S. 34; Spurenkommission, Stellungnahme vom 14. Dezember 2016, S. 3.

160 Spurenkommission, Stellungnahme vom 14. Dezember 2016, S. 3.

161 https://medicalxpress.com/news/2011-06-uk-dna-refugees-asylum-seekers.html, abgerufen am 29. November 2017.

162 *Kosoy/Nassir/Tian et al.*, Human Mutation 2009, Vol. 30, Ausgabe 1, S. 69 ff.; *Kersbergen/van Duijn/Kloosterman et al.*, BMC Genetics 2009, Vol. 10, Ausgabe 69, S. 1 ff.

163 EUROFORGEN, Making Sense of Forensic Genetics, 31 ff.

164 Spurenkommission, Stellungnahme vom 14. Dezember 2016, S. 3.

165 *Duster*, Race and Genetic Revolution, 99, 100 f.

the genetic reference databases on which it draws.“[166] Als umfassend können die Referenzdatenbanken aber nicht erachtet werden: Denn weltweit gibt es keine gleichmäßige Erfassung:[167] Z.B. sind Personen aus dem Nahen Osten insgesamt wenig erfasst.[168] Dabei ist fraglich, ob man das erforderliche Maß an Repräsentativität auf ethisch vertretbare Weise erzielen kann.[169] Afrika weist die größten genetischen Variationen auf, weil die Population dort am längsten besteht:[170] Selbst wenn man nur 1 % der dortigen Bevölkerung erfassen wollte, müsste man sieben Millionen Menschen erfassen, was bisher nicht geschehen ist; diverse Stämme wurden überhaupt nicht erfasst.[171] Außerdem besteht das Problem, dass viele Menschen aus ganz unterschiedlichen Gegenden dieser Erde zufällig ähnliche genetische Muster aufweisen können, d.h. sie haben ähnliche Basenpaare: So gilt bspw. jemand aus Osteuropa nach einem genetischen Test teilweise als „*Native American*“, obwohl die genetische Übereinstimmung nicht auf Verwandtschaft oder gemeinsamer Abstammung basiert, sondern einfach auf Zufällen und Rekombinationen in der Genetik. Die Tests machen es sich zu einfach, wenn sie von genetischen Ähnlichkeiten auf Verwandtschaft oder Abstammung schließen.[172] Eine solch fehlerhafte Zuordnung kann sich insbesondere ergeben, wenn beide Gruppen noch nicht in einer Datenbank – als unterschiedliche Gruppen – erfasst waren.[173] Zu welch unterschiedlichen Ergebnissen eine biogeografische Herkunftsanalyse kommen kann, zeigt *Duster* in einem Beitrag auf: Dort ergaben drei verschiedene Tests drei verschiedene Ergebnisse, d.h. drei verschiedene biogeografische Hintergründe.[174]

Ein weiteres Problem bei den Referenzdatenbanken sind die Quellen, auf deren Grundlage die Referenzdatenbanken mit Referenzgruppen geschaffen

---

166 *Tutton/Hauskeller/Sturdy,* Ethnic and Racial Studies 2014, Vol. 37, No. 5, 738, 743.

167 *V. Lipphardt,* https://www.aerzteblatt.de/treffer?mode=s&wo=17&typ=1&nid=73698&s =lipphardt#, abgerufen am 20. April 2017.

168 *Pfaffelhuber,* Freispruch 11/2017, S. 18, 19; *Staubach,* Nature 2017, Vol. 545, S. 30; *V. Lipphardt,* https://causa.tagesspiegel.de/ethik/vom-erbgut-zum-phantombild-ein-noetiger-tabubruch/die-bestimmung-der-biogeographischen-herkunft-eine-voraussetzungsreiche-methode.html, abgerufen am 13. März 2018.

169 *V. Lipphardt,* https://causa.tagesspiegel.de/ethik/vom-erbgut-zum-phantombild-ein-noetiger-tabubruch/die-bestimmung-der-biogeographischen-herkunft-eine-voraussetzungsreiche-methode.html, abgerufen am 13. März 2018.

170 *Bolnick,* S. 70, 71.

171 *Duster,* Race and Genetic Revolution, 99, 105.

172 *Duster,* Race and Genetic Revolution, 99, 105.

173 Spurenkommission, Stellungnahme vom 14. Dezember 2016, S. 3.

174 *Duster,* Race and Genetic Revolution, 99 f.

werden: Wissenschaftler bauen solche Datenbanken auf und entscheiden im Zuge dessen zugleich, welche biogeografische Herkunft bestimmte Personen haben, und tragen sie entsprechend als Referenzgruppe in die Datenbank ein, um später eine Person unbekannter Herkunft einer solchen Gruppe zuordnen zu können. Die Einordnung einer Person zu einer Gruppe, die später als Referenzgruppe eingesetzt wird, kann darauf beruhen, dass die Wissenschaftler die Herkunft der Personen z.B. auf Dokumentationen von Standesämtern stützen oder sie schlicht befragen. Sie geschieht also nicht einheitlich, gerade letztgenannte Methode kann eine Fehlerquelle darstellen, wenn Personen ihre Herkunft falsch wiedergeben. Die Bestimmung, dass jemand zu 85 % afrikanisch sei, erfordere genau genommen, dass man wisse, wer 100 % afrikanisch sei. Dies sei freilich eine Festlegung, die unmöglich sei, sagen Kritiker.[175] Zusätzlich – gleichgültig, ob die Quelle das Standesamt oder eine Befragung ist – gab und gibt es immer wieder freiwillige und unfreiwillige Sexualkontakte (z.B. Vergewaltigung im Krieg). Diese, insbesondere wenn sie außerhalb einer festen Partnerschaft erfolgten, wurden und werden lieber verschwiegen, verfälschen indes die Daten.[176]

Zweifelhaft ist ferner, dass die Tests auf Untersuchungen der Gene von *heute* lebenden Personen beruhen und diese Personen als Vertreter einer bestimmten Population dienen sollen, obwohl diese Personen bzw. ihre Vorgänger möglicherweise eine jahrhundertelange Migration hinter sich haben.[177] Auch ist die Unterscheidung beliebig: Wenn man die DNA von Personengruppen – die man selbst beliebig gebildet hat und unter denen es keinen objektiven oder natürlichen Unterschied gibt – untersucht und es einem dabei auf Unterschiede ankommt, wird man selbstverständlich Unterschiede feststellen. Umgekehrt wird man auch viele Gemeinsamkeiten feststellen können, wenn man möchte. Die Gruppenbildung ist damit beliebig. Diese Tatsache verschweigen Befürworter der Ermittlung der biogeografischen Herkunft jedoch, da sie gerade zeigen wollen, dass die Gruppen sich genetisch unterscheiden oder eben ähneln.[178]

---

175 *Duster,* Race and Genetic Revolution, 99, 104 f., 106.

176 *V. Lipphardt,* https://causa.tagesspiegel.de/ethik/vom-erbgut-zum-phantombild-ein-noetiger-tabubruch/die-bestimmung-der-biogeographischen-herkunft-eine-voraussetzungsreiche-methode.html, abgerufen am 13. März 2018.

177 *V. Lipphardt,* weist darauf hin, dass Migration auch die deutsche Geschichte seit Jahrhunderten präge, https://causa.tagesspiegel.de/ethik/vom-erbgut-zum-phantombild-ein-noetiger-tabubruch/die-bestimmung-der-biogeographischen-herkunft-eine-voraussetzungsreiche-methode.html, abgerufen am 13. März 2018.

178 *Duster,* Race and Genetic Revolution, 99, 107 f.

Weiter werden die Grundlagen der Tests bemängelt: Ergibt sich z.B. bei der Entwicklung eines Tests, dass ein bestimmter Marker zu 35 % bei Bevölkerung A auftaucht, aber nur zu 30 % bei Bevölkerung B, wird dieser Marker möglicherweise benutzt, um festzustellen, dass jemand, der diesen bestimmten Marker hat, zur Bevölkerung A gehört.[179] Doch ist ein solcher Schluss nicht zwingend. Dieses Problem zeigt sich auch in anderer Form: Für den Test legen Entwickler jeweils eine bestimmte Anzahl von ihrer Ansicht nach typischen Markern z.B. für Europa, Afrika und „*Native America*" fest, weil diese Tests sonst in der Praxis nicht nutzbar wären. Nimmt nun jemand an dem Test teil und weist nur 1/3 der als „*europäisch*" festgelegten Marker in seinen Genen auf, wird er zu 33 % als Europäer qualifiziert.[180]

Herkunftsanalysen vermitteln den Eindruck, mit bestimmten Regionen seien bestimmte Gene verbunden, mithin könne man umgekehrt auch von den Genen auf bestimmte Regionen schließen. Indes gibt es *keine* eindeutige Korrelation zwischen einer geografischen Region und bestimmten Genen. Es ist nicht in den Genen gespeichert, dass man z.B. Europäer ist.[181] Unter Personen aus einer Region besteht nur eine Ähnlichkeit: Diese „*genetische Ähnlichkeit*" beruht aber darauf, dass in der Vergangenheit die meisten Menschen ihren Partner im Heimat- oder Nachbarort gefunden und mit ihm eine Familie gegründet haben. Über Jahre hinweg so praktiziert, hat diese Partnerwahl dazu geführt, dass nah beieinandergelegene Gruppen meist ähnliche Gene haben, ohne dass allerdings ein „*biologischer*" Zusammenhang zwischen der Region und den Genen besteht. Eigentlich spiegelt die Verteilung von bestimmten Genotypen nur die Geschichte der Migration wider, sagt hingegen nichts über eine bestimmte „*rassische*" Kategorie aus.[182] Letztlich sind alle Menschen „*Afrikaner*" – wenn man nur weit genug zurückgeht –, da der Ursprung der Menschheit dort liegt.[183]

Die Befürworter hoffen und meinen, sich durch die Analyse der biogeografischen Herkunft Informationen über das Äußere eines unbekannten Tatverdächtigen verschaffen zu können. Zwar werden häufig z.B. dunkle Haut und eine bestimmte Gesichtsmorphologie mit Afrika assoziiert, allein finden sich diese auch bei Ureinwohnern aus Neu Guinea sowie Australien. Die Feststellung, dass jemand eine afrikanische, mediterrane oder sonstige Herkunft hat, ist für die

179 *Duster,* Race and Genetic Revolution, 99, 106.
180 *Duster,* Race and Genetic Revolution, 99, 104.
181 *Bolnick,* S. 70, 72 f.
182 *Bolnick,* S. 70, 72 f.
183 *Bolnick,* S. 70, 73.

Strafverfolgung aufgrund dessen höchstens als geografische Angabe hilfreich. Es gibt kein äußeres Merkmal, das ausschließlich Personen aus einem bestimmten Raum oder dort alle Personen aufweisen.[184] Insofern ist kein (seriöser) Schluss von den Genen hinsichtlich der Herkunft auf das Äußere möglich. Zusätzlich ist bei *„gemischtem"* genetischen Hintergrund das Ergebnis der Analyse häufig falsch.[185] Neben diesem Problem wird der Rückschluss auf äußere Merkmale nahezu unmöglich, wenn jemand eine *„gemischte"* biogeografische Herkunft hat – dabei sind die äußeren Merkmale gerade das, was Ermittler interessiert.[186] *Uwer* bringt es in diesem Zusammenhang auf den Punkt: *„In klassischen Einwanderungsländern wie den USA, Kanada oder Israel, aber auch bereits in Städten wie London oder Paris, sogar in Berlin-Spandau ist die von Rassisten perhorreszierte Durchmischung von Herkunftslinien längst erfreulich weit fortgeschritten. Welche ‚biogeographische Herkunft' aber hat die Tochter eines koreanischen Vaters und einer spanischen Mutter, deren Vater wiederum ein durchreisender Australier war und dessen Mutter noch die genetische Spur eines irischen Missionars in sich trägt? Und was würde sie für die Ermittlungen in einem Gewaltdelikt bringen?"*[187]

Schließlich betonen Kritiker, dass der Begriff der biogeografischen Herkunft eigentlich kaum etwas anderes als die Rasse kennzeichne: Da eine Person Vorfahren aus verschiedenen Regionen haben könne, sei der Begriff der biogeografischen Herkunft zwar etwas genauer, weil er davon ausgehe, dass eine Person auch verschiedene Vorfahren haben könne, wohingegen *„Rassentheorien"* Personen nur *einer* Rasse zuordnen würden. Gleichwohl sei deutlich, wie nah die Konzepte von *„Rassen"* und biogeografischer Herkunft beieinanderlägen, da sie beide fälschlich davon ausgingen, dass man Menschen bestimmten Gruppen zuordnen könne.[188]

f) Alter

Bisher sind keine standardisierten Tests für die Ermittlung des Alters anhand der DNA in der praktischen Ermittlungsarbeit erhältlich. Die Bestimmung des Alters gestaltet sich allgemein als schwierig: Vielfach scheitert diese bisher am schlechten Zustand der Probe oder an der Genauigkeit der Methode.[189] Übliche

184 *Kayser/P.M. Schneider*, FSI Genetics 2012, Vol. 6, Ausgabe 1, e18.

185 https://www.aerzteblatt.de/treffer?mode=s&wo=17&typ=1&nid=73698&s=lipphardt#, abgerufen am 20. April 2017; ähnlich auch *Burger* in SWR Wissen.

186 *Kayser/P.M. Schneider*, FSI Genetics 2012, Vol. 6, Ausgabe 1, e18; *Staubach*, Nature 2017, Vol. 545, S. 30.

187 *Uwer*, Freispruch 11/2017, S. 1, 3.

188 *Bolnick*, S. 70, 81.

189 *Vidaki/Ballard/Aliferi et al.*, FSI Genetics 2017, Vol. 28, S. 225 ff.

Methoden wie die Einordnung anhand der Zähne oder Röntgenaufnahmen, die z.B. zur Bestimmung, ob Jugendstrafrecht Anwendung findet, eingesetzt werden,[190] wenn amtliche Dokumente über das Geburtsdatum fehlen, sind nicht möglich, da der Tatverdächtige gerade nicht zur Verfügung steht. In Studien konnten Wissenschaftler anhand von DNA das Alter mit Abweichungen von etwa vier bis fünf Jahren bestimmen. Diese Genauigkeit gilt allerdings nur für den Altersabschnitt etwa zwischen 20 und 60 Jahren, bei jüngeren sowie älteren Personen verursachen Wachstum bzw. Krankheiten Abweichungen bei der Altersbestimmung.[191] Hier müssen genauere Standardtests noch geschaffen werden.[192] Die Bestimmung des Alters ist dadurch möglich, dass sich die Aktivität von einigen Genen im Alter ändert. Diese Veränderung lässt sich daran erkennen, dass eine Methylgruppe an einer bestimmten Stelle in der DNA hinzugefügt oder entfernt wurde. Mithilfe dieser Methylgruppen lässt sich das Alter ermitteln.[193] Hierbei handelt es sich streng genommen nicht um eine DNA-Analyse, da nicht die Gene selbst analysiert werden.[194] Trotzdem soll hier darauf eingegangen werden, da die Analyse *an* den Genen erfolgt und die Ermittlung des Alters auch im Gesetzesentwurf der Länder Baden-Württemberg und Bayern vorgesehen ist.[195] Manche halten die Ermittlung des Alters für die Strafverfolgung für noch nützlicher als die Ermittlung der Augen- und Haarfarbe.[196] Analysen des Alters haben den Vorteil, dass sie die Genauigkeit von Aussagen auch anderer Merkmale erhöhen: Z.B. ist aufgrund des Alters eine genauere Vorstellung über den altersbedingten Haarausfall oder die Verdunkelung der Haare möglich.[197]

---

190 *Schmeling/Lockemann/Olze et al.*, Deutsches Ärzteblatt 2004, Jahrgang 101, Heft 18, A1261 ff., https://www.aerzteblatt.de/archiv/41687/Forensische-Altersdiagnostik-bei-Jugendlichen-und-jungen-Erwachsenen, abgerufen am 25. Oktober 2017.

191 *Bocklandt/Lin/Sehl et al.*, PLoS ONE 2011, Vol. 6, Ausgabe 6, e14821; *Weidner/Lin/Koch et al.*, Genome Biology 2014, Vol. 15, R24; *Hamano/Manabe/Morimoto et al.*, Scientific Reports 2017, Vol. 7, S. 1 ff.; *Zbieć-Piekarska/Spólnicka/Kupiec et al.*, FSI Genetics 2015, Vol. 17, 173 ff.

192 Spurenkommission, Stellungnahme vom 14. Dezember 2016, S. 4.

193 Spurenkommission, Stellungnahme vom 14. Dezember 2016, S. 3 f.

194 Spurenkommission, Stellungnahme vom 14. Dezember 2016, S. 3.

195 BR-Drs. 117/17; Näheres zum Gesetzesentwurf in Kapitel 5. B.

196 Spurenkommission, Stellungnahme vom 14. Dezember 2016, S. 4.

197 *Zbieć-Piekarska/Spólnicka/Kupiec et al.*, FSI Genetics 2015, Vol. 17, 173.

g) Körpergröße und Body-Mass-Index

Für die Bestimmung der Körpergröße gibt es bis heute ebenfalls keine Standardtests in der Forensik. Sie hat sich als schwierig erwiesen, weil die Größe anders als z.B. Haar- oder Augenfarbe genetisch hoch komplex ist. Bislang weiß man nur, dass die Größe etwa zu 80 % genetisch bedingt ist.[198]

Der Body-Mass-Index (BMI) ist ein Quotient aus Körpergewicht und quadrierter Körpergröße, er dient in der Medizin zur Abschätzung gewichtsbedingter Gesundheitsrisiken sowie von Unter- oder Übergewicht.[199] Der BMI gibt einen Anhaltspunkt für die körperliche Statur: So gilt ein BMI von unter 18,5 als untergewichtig, ein Wert zwischen 18,5 und 24,9 als normalgewichtig und von über 25 als übergewichtig.[200] Erste Ansätze für eine Bestimmung des BMI gibt es durch die Isotopenanalyse (Kapitel 2. A. V. 2.). Dabei handelt es sich also streng genommen nicht um eine DNA-Analyse. Allerdings gehört der BMI zum äußeren Erscheinungsbild einer Person und kann für die Ermittler bei der Suche hilfreich sein, weswegen vermutlich auch *Hasselbach* den BMI in ihrer Definition aufgreift.[201] Da es nicht unwahrscheinlich ist, dass diese Merkmale in Zukunft (mit den anderen genetischen Merkmalen) ermittelt werden können, sollen sie im Folgenden bei der juristischen Bewertung berücksichtigt werden.

h) Gesichtsmorphologie

Für ein vollständiges genetisches Phantombild wären idealerweise auch Informationen über die Gesichtsmorphologie erforderlich, also z.B. Augenabstand oder Größe der Nase. Forscher wissen bereits jetzt, dass die für die Gesichtsmorphologie verantwortlichen Gene äußerst komplex sind; die Entschlüsselung wird aus ihrer Sicht noch einige Jahre dauern und möglicherweise aufgrund der Komplexität nie gänzlich möglich sein.[202] Die Firma Snapshot aus den USA bietet bereits jetzt Tests an, die die Gesichtsmorphologie ermitteln können sollen. Ihr Test hat von anderen Wissenschaftlern erhebliche Kritik erfahren. Die Firma Snapshot habe nicht veröffentlicht, wie ihr Test genau funktioniere, zudem sei die Technik

---

198 *Lin/Liao/Wang et al.*, Scientific Reports 2017, Vol. 7, 1 ff.; *Lanktree/Guo/Murtaza et al.*, AJHG 2011, Vol. 88, Ausgabe 1, 6 ff.

199 *Volkert*, Aktuelle Ernährungsmedizin 2006, Vol. 31, 126.

200 *Volkert*, Aktuelle Ernährungsmedizin 2006, Vol. 31, 126, 129.

201 Siehe dazu Kapitel 2. A. VII. 2.

202 *Kayser* in *Reardon,* Nature News vom 20. März 2014; *Hallgrimsson/Mio/Marcucio et al.*, PLoS Genetics 2014, Vol. 10, Ausgabe 11, e1004724, 1 ff.

noch nicht ausgereift.[203] Probleme mit der Technik und Funktion sind teilweise auch von Snapshot-Entwicklern selbst inzwischen eingestanden worden.[204] Da solche Analysen jedoch in Zukunft nicht unwahrscheinlich erscheinen, soll die Ermittlung der Gesichtsmorphologie im Weiteren einbezogen werden.

i) Charaktereigenschaften

Es ist bislang unmöglich, Charaktereigenschaften anhand der DNA zu ermitteln, denn diese Merkmale unterliegen aus heutiger Sicht noch stärker als die äußeren Merkmale den Einflüssen der Umwelt. Ganz ausgeschlossen ist die Ermittlung dessen ungeachtet nicht, wie erste Studien zeigen, in denen sich Korrelationen zwischen Genen und Verhaltensweisen gezeigt haben.[205] Die Ermittlung ist aber für die Forensik bisher nicht vorgesehen und soll deshalb nicht weiter thematisiert werden. Es sei nur so viel gesagt: Manche betonen, das Geheimhaltungsinteresse sei bei Charaktereigenschaften genauso hoch wie bei Krankheiten und Krankheitsdispositionen. Die Ermittlung sei daher weder rechtlich zulässig noch sinnvoll.[206] Zu Recht wird darauf hingewiesen, dass – selbst wenn man feststellen könnte, dass jemand z.B. die Eigenschaft habe, jähzornig zu sein – der Betroffene sich verstellen könnte.[207] Fraglich ist auch, wie die Ermittler alle Jähzornigen ermitteln könnten; anders als bei äußeren Merkmalen gibt es (erfreulicherweise) keinerlei Erfassungen dazu. Es fehlt demzufolge an der Geeignetheit der Maßnahme zur Ermittlung des Tatverdächtigen. Im Übrigen wäre eine solche Ermittlung wohl auch nicht verhältnismäßig, da Charaktereigenschaften nicht äußerlich für jedermann erkennbar und wesentlich persönlicher als äußere Merkmale sind. Man würde bei der Ermittlung von Charaktereigenschaften jedenfalls in die Nähe eines unzulässigen Persönlichkeitsprofiles geraten.[208]

---

203 Kritisch u.a. *Chakraborty* sowie *Kayser* in *Diep*, Popular Science 2015: *„The company should submit its data for outside groups to check."*; EUROFORGEN, Making Sense of Forensic Genetics, S. 32 spricht von *„not yet published information about its methods in a peer reviewed journal"*; *Maier-Borst*, Zeit vom 24. Dezember 2015; *P.M. Schneider*, FAS vom 4. Juni 2017, S. 59.

204 Snapshot-Forscherin *Greytak* in *Diep*, Popular Science 2015.

205 *Archontaki/Lewis/Bates*, Journal of Personality 2013, Vol. 81, Ausgabe 2, 221 ff.

206 *Hasselbach*, Novellierung der forensischen DNA-Analyse, S. 182.

207 *Hasselbach*, Novellierung der forensischen DNA-Analyse, S. 182.

208 Zum Persönlichkeitsprofil mehr unter Kapitel 4. B. II. 8.

j) Krankheiten und Krankheitsveranlagungen

Auch wenn die Möglichkeit besteht, Genkrankheiten und Dispositionen zu ermitteln, beinhalten die in der Forensik eingesetzten Gentests solche Möglichkeiten bis zum jetzigen Zeitpunkt nicht. Genetische Gesundheitstests werden in Deutschland zu – nicht-strafrechtlichen Zwecken – bereits eingesetzt, z.B. beim Neugeborenenscreening. Hierbei wird die DNA des Neugeborenen auf verschiedene Krankheiten getestet, u.a. Mukoviszidose.[209] DNA-Tests bzgl. Krankheiten sind in Deutschland gemäß § 7 GenDG nur durch einen Arzt zulässig. Im Internet bietet z.B. die Firma 23andme einen umfassenden Test bzgl. Herkunft und Gesundheit an, dieser lässt sich allerdings nicht an eine deutsche Adresse schicken.[210] Solche Tests beschränken sich auf bestimmte Krankheiten (z.B. Krebs, Schlaganfall) und ermitteln, wie hoch für die getestete Person das Risiko in Prozent ist, zu erkranken, sagen aber nichts darüber aus, ob die Krankheit tatsächlich auftreten wird.

Die Ermittlung von Krankheiten durch Gentests im Bereich der Forensik soll nicht Gegenstand dieser Arbeit sein, insbesondere da die Ermittlung von Krankheiten zu forensischen Zwecken von Entwicklern bisher nicht erwogen wird.[211] Diese Ablehnung hängt vermutlich auch mit dem eingeschränkten Nutzen zusammen, worauf im Folgenden kurz eingegangen werden soll: Zunächst könnte man die Ermittlung von Krankheiten für nützlich erachten, weil der Betroffene auf bestimmte ärztliche Maßnahmen angewiesen ist, diese Tatsache der Krankenversicherung und Ärzten bekannt ist und der Betroffene ggf. auch bestimmte Besonderheiten oder Verhaltensweisen zeigt.[212] Hierbei besteht indes das Problem, das Krankheiten nur dann nützlich für die Ermittler sind, wenn sie auch schon ausgebrochen sind und der Betroffene Symptome zeigt und er sich insofern von anderen unterscheidet. Die Kenntnis über einen Krankheitsausbruch wird den Ermittlern freilich regelmäßig fehlen, da man anhand DNA

---

209 §§ 13 ff. und §§ 29 ff. Richtlinien des Gemeinsamen Bundesausschusses der Ärzte und Krankenkassen über die Früherkennung von Krankheiten bei Kindern (Kinder-Richtlinien).

210 https://store.23andme.com/en-us, abgerufen am 10. November 2017.

211 *Greytak* auf https://www.ft.com/content/012b2b9c-a742-11e4-8a71-00144feab7de#axzz3Tt5OSqf0, abgerufen am 25. Januar 2017; *Kayser* auf http://www.deutschlandfunk.de/dna-analyse-bei-straftaten-umfassendere-auswertungen.676.de.html?dram:article_id=373384, abgerufen am 27. Januar 2017; *P.M. Schneider* lehnt höchstpersönliche Merkmale ab, ohne aber explizit zu sagen, ob er darunter auch Krankheiten verstehe, zitiert in *Wegner*, KriPoZ 2017, 274, 275.

212 *Foldenauer*, S. 90; *West*, Genetischer Fingerabdruck, S. 286.

meist nicht erkennen kann, ob die Krankheit tatsächlich ausgebrochen ist. Denn meist handelt es sich nur um eine Krankheitsdisposition, die möglicherweise immer eine solche bleiben wird, ohne dass es zum Krankheitsausbruch kommt. Der Aufwand, nach Krankheiten in der DNA zu suchen, ist allgemein hoch, u.a. da es so viele gibt; die Chance, dass eine Krankheit ermittelt werde, ist dagegen sehr gering.[213] Deswegen werden die Geeignetheit und Verhältnismäßigkeit einer Untersuchung in Bezug auf Krankheiten - auch in Anbetracht der Kosten - bezweifelt.[214] Darüber hinaus habe auch derjenige, bei dem eine Krankheit schon äußerlich erkennbar sei, ein Recht, diese geheim zu halten - auch deshalb, weil nicht jede Erkrankung, selbst wenn sie ausgebrochen sei, für jeden erkennbar sei.[215] Der Eingriff durch Gentests sei noch intensiver als bei der Einsicht in Krankenakten, da man, anders als bei der Auswertung von Krankenakten, eine Tatortspur auf sämtliche Krankheiten untersuchen müsse und die betroffene Person zwangsweise sehr viel offenbare. Die Informationen über Krankheiten in der Krankenakte dagegen habe der Betroffene dem Arzt regelmäßig selbst und freiwillig gegeben.[216] Krankheiten sollen in dieser Arbeit aus diesem Grund nur vor dem Hintergrund des Missbrauchs eine Rolle spielen, also dass im Rahmen der FDNAP-Analyse über die zulässigen Merkmale hinaus auch Krankheiten ermittelt und an unbefugte Dritte weitergegeben werden. Dieses Risiko besteht ohne Frage, allerdings sollte man sich für den Einsatz in der Forensik bewusst sein, dass solche Personen, die Interesse an Krankheiten und Krankheitsdispositionen haben, wie z.B. ein Versicherer oder Arbeitgeber, eher auf anderen, direkten Wegen an solche Angaben gelangen werden, statt den Umweg über die Ermittlungsbehörden und dazugehörige Labore zu nehmen: Sie müssten dabei einen Kontakt zu den zuständigen Mitarbeitern von Ermittlungsbehörden herstellen und zusätzlich noch Informationen von ihnen erhalten, obwohl diese solche Informationen nicht ermitteln und auch nicht herausgeben dürfen. Deutlich wahrscheinlicher und einfacher ist es dagegen, dass ein Interessent an eine Hautschuppe oder ein benutztes Glas des Betroffenen kommt, um die DNA zu analysieren.

213 *Kayser/P.M. Schneider*, FSI Genetics 2009, Vol. 3, Ausgabe 3, 154, 159; ähnlich auch *Klumpe*, S. 42; dieser zustimmend *Hasselbach*, Novellierung der forensischen DNA-Analyse, S. 181.

214 *Hasselbach*, Novellierung der forensischen DNA-Analyse, S. 181.

215 *Hasselbach*, Novellierung der forensischen DNA-Analyse, S. 181.

216 *West*, Genetischer Fingerabdruck, S. 287.

k) *Kritik an den Studien und Ergebnissen der FDNAP – Sind sie belastbar genug?*

Wie oben angesprochen, gibt es bisher nur wenige Studien, die den positiven prädiktiven Wert der FDNAP ermitteln. Mit Blick auf die unterschiedlichen Wahrscheinlichkeitswerte – der positiv prädiktive Wert für blaue Augen betrug in Frankreich 84 %, in den Niederlanden dagegen 90 %[217] – fordern Kritiker, es müsse vor einer breiten praktischen Anwendung der FDNAP in der Ermittlung sichergestellt sein, dass die Stichprobe, mit der der Test kalibriert wurde, auch die Population des Gesuchten enthalte. Dazu müssten viele Studien in zahlreichen Populationen durchgeführt werden. Diese Studien müssten ergeben, dass die FDNAP-Tests unabhängig von der Population hohe prädiktive Werte liefern. Da es momentan bis auf die Untersuchung von *Caliebe/Walsh/Liu et al.* keine umfangreicheren Studien zu (positiv) prädiktiven Werten bei der Augenfarbe gibt, ziehen manche daraus den Schluss, dass die Methode noch nicht ausgereift sei.[218] Nachdem die Befürworter der FDNAP diese bisher uneingeschränkt empfohlen haben, haben auch sie kürzlich eingestanden, dass weitere Untersuchungen und Studien erforderlich seien, um die FDNAP allgemein verlässlich in der Praxis einsetzen zu können.[219]

Es gibt tatsächlich bis heute einige Erfolge der FDNAP,[220] allerdings gibt es keine umfangreichen Studien über die tatsächliche Verlässlichkeit der FDNAP.[221]

---

217 *Caliebe/Walsh/Liu et al.*, FSI Genetics 2017, Vol. 28, 203, 207.

218 *Pfaffelhuber*, Freispruch 11/2017, S. 18, 19; *Buchanan/Staubach/Wienroth et al.*, FSI Genetics 2018, Vol. 34, e13; *A. Lipphardt/V. Lipphardt/Pfaffelhuber*, https://www.focus.de/wissen/experten/analyse-von-dna-proben-die-versprechen-des-bayerischen-polizeigesetz-sind-wissenschaftlich-nicht-haltbar_id_8924601.html, abgerufen am 3. Juli 2018.

219 *Caliebe/Krawczk/Kayser*, FSI Genetics 2018, Vol. 33, e7, e8: „*…since the etiological understanding of FDP-relevant appearance phenotypes is still incomplete, so are the prediction models used – and the corresponding predictive values vary to a certain degree. In consequence, these measures have to be determined empirically for each appearance phenotype, prediction model and target population of interest before they can be applied sensibly in criminal casework.*“; aA *Beck*, KriPoZ 2017, 160, 165 – sie hält die vorhandenen Studien für ausreichend.

220 Dazu Kapitel 1. A.

221 *A. Lipphardt/V. Lipphardt/Pfaffelhuber*, https://www.focus.de/wissen/experten/analyse-von-dna-proben-die-versprechen-des-bayerischen-polizeigesetz-sind-wissenschaftlich-nicht-haltbar_id_8924601.html, abgerufen am 3. Juli 2018: „*Damit bleibt die für die rechtliche Abwägung der Verhältnismäßigkeit zentrale Frage offen, in welchem Verhältnis die ‚erfolgreichen‘ zu den ‚nicht erfolgreichen‘ Fällen stehen; sprich: In wie vielen Fällen der Einsatz erweiterter DNA-Analysen die Ermittler vorangebracht hat,*

Genau solch eine belastbare Zahlengrundlage bräuchten politische Entscheidungsträger jedoch, um sicher beurteilen zu können, *„ob die immensen Technologie- und Schulungskosten für Kriminalbeamte, Staatsanwälte und Richter, sowie der gravierende Eingriff in Grundrechte und Datenschutz, die mit Erweiterten DNA-Analysen einhergehen, in einem angemessenen Verhältnis zur Effizienz der Technologien stehen.“*[222] Die Befürworter haben bis dato versucht, sich mit dem Argument zu behelfen, dass die Ermittler grundsätzlich ständig mit Unwägbarkeiten bei der Sachverhaltsermittlung konfrontiert seien und die FDNAP (immerhin) eine quantifizierbare Angabe für die Richtigkeit einer Information biete, welche z.B. Zeugen hinsichtlich ihrer eigenen Aussage nicht erbringen könnten.[223] Tatsächlich ist der Wert bei der einzelnen FDNAP quantifizierbar, so wird z.B. angegeben, dass die Person zu 75 % braune Haare hat, – ob und inwiefern dieser Wert auf eine Gruppe hochgerechnet indes belastbar ist, muss noch geklärt werden. Hierzu sind umfangreiche Tests und Studien im Hinblick auf die positiv prädiktiven Werte bei der FDNAP nötig. Diese Erkenntnisse sind auch dafür nötig, um die Ergebnisse der FDNAP besser zu interpretieren und um erkennen zu können, wann die Ergebnisse im Einzelfall möglicherweise falsch sind. Solche Studien werden die bisher in kleinerem Rahmen ermittelten, positiv prädiktiven Werte der FDNAP ggf. bestätigen, sodass man sie im Nachhinein als unnötig erachten könnte. Allein sollte man sich aus Gründen der Gründlichkeit und Genauigkeit nicht auf die bisher durchgeführten, kleinen Studien verlassen, bevor man die FDNAP einführt, die nicht nur mit hohen Investitionskosten verbunden ist, sondern auch die Rechte von Betroffenen in besonderer Weise berührt und im schlimmsten Fall zur Falschdiskriminierung führt.[224] Den Gesetzgeber hat diese Problematik bisher offensichtlich unbeeindruckt gelassen: So gab es einen Gesetzesentwurf der Länder Baden-Württemberg und Bayern zur FDNAP,[225] die Justizministerkonferenz der Länder hat sich

und in wie vielen der Einsatz der Technologie keinen Beitrag zur Aufklärung geleistet hat bzw. die Ermittlungen gar unnötig verlängert oder in die Irre geführt hat, wie dies bei den Ermittlungen zum Mord an der Polizistin Michèle Kiesewetter in Heilbronn der Fall war, der heute dem NSU zugeschrieben wird.“

222 *A. Lipphardt/V. Lipphardt/Pfaffelhuber*, https://www.focus.de/wissen/experten/analyse-von-dna-proben-die-versprechen-des-bayerischen-polizeigesetz-sind-wissenschaftlich-nicht-haltbar_id_8924601.html, abgerufen am 3. Juli 2018.

223 *Kayser*, ScienceMag 2018, Vol. 360, Ausgabe 6391, S. 841, 842; *Beck*, KriPoZ 2017, 160, 165.

224 Zu den betroffenen Grundrechten: Kapitel 4.

225 Dazu Kapitel 5. B.

für die Einführung der FDNAP ausgesprochen[226] und zusätzlich hat das Land Bayern im Bayerischen Polizeiaufgabengesetz im Frühjahr 2018 die erweiterte DNA-Analyse in Hinblick auf die Merkmale Geschlecht, Augen-, Haar- und Hautfarbe, biologisches Alter und biogeografische Herkunft legalisiert.[227]

Es würde den Rahmen dieser Arbeit übersteigen, solche Studien durchzuführen. Dabei soll jedoch nicht unbemerkt bleiben, dass derartige Studien ergeben könnten, dass die aktuell verfügbaren Standard-FDNAP-Tests Irisplex und HIrisplex und insbesondere nicht-standardisierte FDNAP-Methoden insgesamt keine (ausreichend) belastbaren Vorhersagewerte liefern und sie die Ermittler ggf. dadurch in eine falsche Richtung führen. In Studien müssen daher belastbare positiv prädiktive Werte hinsichtlich jedes Merkmals festgestellt werden. Fehlt es wie bisher an belastbaren Vorhersagewerten, kann nicht sicher beurteilt werden, ob die FDNAP geeignet im Sinne der Verhältnismäßigkeit ist.[228] Die Geeignetheit wird allerdings für die weitere Prüfung unterstellt, um die weitere, umfassende rechtliche Prüfung der FDNAP zu ermöglichen. Die Frage der rechtlichen Beurteilung der FDNAP ist im Folgenden auch deswegen zu klären, weil davon auszugehen ist, dass die Forschung Fortschritte macht und die FDNAP jedenfalls in näherer Zukunft genaue, zuverlässige Ergebnisse – nachgewiesen in Studien – erbringen wird.

VIII. Zusammenfassung und Fazit

Die DNA besteht aus codierenden und nicht codierenden Abschnitten. Die codierenden Abschnitte der DNA sind für die Bildung von Proteinen und damit die Ausprägung von bestimmten Merkmalen, auch von äußeren Merkmalen,

---

226 https://www.justiz.bayern.de/media/pdf/jumiko2018/fruehjahr_2018/ii-7_by_-_dna-phenotyping_und_angleichung_von_genetischem_daktyloskopisc.pdf, abgerufen am 3. Juli 2018.

227 Art. 32 Abs. 1 Bayerisches Polizeiaufgabengesetz: Die Polizei kann personenbezogene Daten über die in Art. 7, 8 und 10 genannten Personen und über andere Personen erheben, wenn dies erforderlich ist
1. zur Gefahrenabwehr…
Im Fall des Satzes 1 Nr. 1 kann die Datenerhebung durch die molekulargenetische Untersuchung aufgefundenen Spurenmaterials unbekannter Herkunft zum Zwecke der Feststellung des DNA-Identifizierungsmusters, des Geschlechts, der Augen-, Haar- und Hautfarbe, des biologischen Alters und der biogeografischen Herkunft des Spurenverursachers erfolgen, wenn die Abwehr der Gefahr auf andere Weise aussichtslos oder wesentlich erschwert wäre.

228 Zur Geeignetheit der FDNAP: Kapitel 4. D. III. 2. ca).

verantwortlich. Diese codierenden Abschnitte werden bei der FDNAP untersucht. Für die klassische DNA-Analyse greift man dagegen auf die nicht codierenden Abschnitte zurück. Die Unterscheidung zwischen codierenden und nicht codierenden Abschnitten weicht zunehmend auf, da man auch aus dem nicht codierenden Bereich gewisse Erkenntnisse gewinnen kann. Klassische DNA-Analysen werden und wurden in Deutschland in der Strafverfolgung bis auf wenige Ausnahmen (Phantom von Heilbronn oder der Fall Peggy) zuverlässig und erfolgreich eingesetzt. Die Verwendung von DNA in der Kriminalistik sollte darum nicht allgemein abgelehnt werden. Dass die DNA sichere Ergebnisse liefert, hängt maßgeblich von den Umständen ab: Es muss gründlich gearbeitet werden und es darf nicht ohne Weiteres von der DNA am Tatort auf die Täterschaft geschlossen werden. So besteht das Problem, dass am Tatort fälschlicherweise DNA einer anderen Person ermittelt wird. Dieses Risiko besteht bei der klassischen DNA-Analyse gleichermaßen wie bei der FDNAP. Durch eine bedachte Vorgehensweise der Ermittler kann es auf ein Minimum beschränkt werden, Selbiges gilt für die Gefahr der unzulässigen anderweitigen Nutzung der DNA. Auch wenn es für die Ermittler ideal wäre, ist die Erstellung eines Phantombilds anhand der derzeit ermittelbaren Merkmale noch nicht möglich.

Die Ermittlung von Krankheiten sowie Charaktereigenschaften für forensische Zwecke wird aus den o.g. Gründen abgelehnt und ist auch nicht geplant.[229] Diese beiden Merkmale werden daher nicht weiter untersucht werden. Berechtigte Kritik richtet sich gegen das Merkmal der biogeografischen Herkunft. Da seine Anwendung jedoch vermehrt gefordert wird,[230] wird die Ermittlung der biogeografischen Herkunft im Weiteren geprüft werden. Gegenstand der Prüfung sind also das Geschlecht, die Augen-, Haar- und Hautfarbe, die biogeografische Herkunft, das Alter, die Körpergröße und Body-Mass-Index sowie die Gesichtsmorphologie.

Bei der Bewertung der FDNAP muss gründlich zwischen den unterschiedlichen Wahrscheinlichkeiten differenziert werden: Wird eine FDNAP angewandt, ergibt der FDNAP-Test bei der einzelnen Person jeweils eine Wahrscheinlichkeit zu dem Vorliegen eines einzelnen Merkmals. Davon zu unterscheiden sind zwei andere Werte, die sich auf die Richtigkeit der FDNAP in einer *Kontrollgruppe* beziehen: der AUC-Wert sowie der positiv prädiktive Wert. Letztgenannter ist für die Bewertung der praktischen Anwendbarkeit und Nutzen der FDNAP

229 Siehe dazu Kapitel 2. A. VII. 8. i) und Kapitel 2. A. VII. 8. j).

230 U.a. im Gesetzesentwurf der Länder Bayern und Baden-Württemberg, dazu siehe Kapitel 5. B.

maßgeblich. Allerdings gibt es dazu nur wenige, nicht repräsentative Studien. Auch wenn die FDNAP schon in kleineren Studien teilweise hohe korrekte Vorhersagewerte ergeben hat,[231] sind jedoch – auch aus Sicht der Befürworter – weitere Studien hinsichtlich des positiv prädiktiven Werts für alle im vorigen Absatz aufgezählten Merkmale erforderlich, bevor die FDNAP sicher in der Ermittlungspraxis eingesetzt werden kann.[232] Die Geeignetheit der FDNAP kann deswegen bisher – bis auf beim Geschlecht – nicht sicher festgestellt werden. Um trotzdem sämtliche Aspekte der FDNAP prüfen zu können, wird die Geeignetheit der FDNAP bei der Prüfung der Verhältnismäßigkeit[233] unterstellt.

B. Die klassische DNA-Analyse und die Forensische DNA-Phänotypisierung in der StPO

In diesem Abschnitt geht es darum, sich nach den Ausführungen zur Molekulargenetik einen Überblick über die Rechtslage hinsichtlich der DNA-Analyse in der StPO zu verschaffen. Dazu gehört es, die Grenzen des geltenden § 81e StPO auszuloten und zu prüfen, ob bzw. inwiefern eine FDNAP aktuell zulässig ist. Im Anschluss daran ist darauf einzugehen, wie die FDNAP sich mit anderen Maßnahmen der StPO verbinden lässt. Zusätzlich ist die FDNAP mit ausgewählten anderen Maßnahmen der StPO zu vergleichen und ihr Nutzen herauszustellen.

I. Überblick über die Entwicklung des Rechts der molekulargenetischen Untersuchung im Strafverfahren

Um die geltende Rechtslage hinsichtlich von DNA-Analysen zu verstehen, lohnt sich ein Blick in die Vergangenheit.

1. Die ersten Auseinandersetzungen mit der DNA

Nach der Tagung der Enquete-Kommission „*Chancen und Risiken der Gentechnologie*“[234] sowie der Bund-Länder-Arbeitsgruppe „*Genomanalyse*“ legte das Bundesjustizministerium im Dezember 1989 einen „*Diskussionsentwurf einer gesetzlichen Regelung zum genetischen Fingerabdruck und Folgeänderungen*“ vor.

231 Kapitel 4. D. III. 2. d) bis Kapitel 4. D. III. 2. j).

232 *Caliebe/Krawczk/Kayser*, FSI Genetics 2018, Vol. 33, e7, e8.

233 Kapitel 4. D. III. 2. ca).

234 Bericht der Enquete-Kommission „*Chancen und Risiken der Gentechnologie*“, BT-Drs. 10/6775.

Dieser Entwurf sah vor, nach § 81d StPO noch § 81e StPO und § 81f StPO einzufügen, die die klassische DNA-Analyse und deren richterliche Anordnung regeln sollten. Die Fassung war dabei aus heutiger Sicht überraschend fortschrittlich. Sie zeigt, dass die Legalisierung der Ermittlung von äußerlichen Merkmalen nicht neu für den Gesetzgeber ist.

§ 81e Abs. 1 StPO-E[235]

> [1]Körperzellen des Beschuldigten dürfen ohne seine Einwilligung unter Anwendung gentechnischer Methoden untersucht werden, soweit dies für die Feststellung erforderlich ist, ob aufgefundenes Spurenmaterial von dem Beschuldigten stammt. [2]Die Untersuchung darf sich nicht auf die Bereiche des menschlichen Genoms erstrecken, die Aufschluss über Erbanlagen, Krankheiten, Krankheitsanlagen oder sonstige persönliche Merkmale des Beschuldigten geben können; dies gilt nicht für äußerlich erkennbare Körpermerkmale.

In dem vorgesehenen § 81e Abs. 4 StPO-E wurde diese Untersuchung auch für aufgefundenes Spurenmaterial für anwendbar erklärt. In der Begründung zu § 81e Abs. 1 Satz 2 Hs. 2 StPO-E hieß es, der letzte Halbsatz ermögliche damit auch Untersuchungsmethoden, die dem Bereich der gentechnischen Untersuchungen zugeordnet werden, *„soweit für das Strafverfahren relevante, fahndungsgeeignete äußerlich sichtbare Körpermerkmale (z.B. Hautfarbe) festgestellt werden können."*[236] Dadurch wollte der Gesetzgeber Untersuchungen des codierenden Abschnitts der DNA legalisieren.[237] Der folgende § 81f Abs. 1 StPO-E sah einen Richtervorbehalt für die Untersuchung nach § 81e Abs. 1 StPO-E vor, nicht jedoch für aufgefundenes Material nach § 81e Abs. 4 StPO-E. Dieser Entwurf wurde nie verabschiedet.

2. Anwendung der DNA-Analyse gemäß § 81a StPO

Zum Zeitpunkt des Diskussionsentwurfs Ende 1989 wurden DNA-Analysen in Deutschland bereits eingesetzt: So werden DNA-Analysen seit Herbst 1989 routinemäßig eingesetzt,[238] schon zuvor sind sie vereinzelt eingesetzt worden.[239]

---

235 Diskussionsentwurf des Bundesjustizministeriums, 1989 (zitiert nach *Burr,* S. 197 f. sowie *Klumpe,* S. 317 f.); kritisch dazu *Wächtler,* StV 1990, 369 ff.

236 Diskussionsentwurf des Bundesjustizministeriums 1989, S. 8 (zitiert nach *Wächtler,* StV 1990, 369, 371).

237 *Wächtler,* StV 1990, 369, 371.

238 *Klumpe*, S. 117; *Schmitter/Herrmann/Pflug*, MDR 1989, 402.

239 U.a. LG Berlin, Beschl. v. 14.12.1988 – 529 – 20/88, NJW 1989, 787; LG Darmstadt, Urt. v. 03.05.1989 – 10 Js 21 985/87, NJW 1989, 2338.

Bis zum Strafverfahrensänderungsgesetz im Jahr 1997 galt § 81a StPO als Rechtsgrundlage für die DNA-Analyse: Bei der Untersuchung der entnommenen Blutprobe dürfe man sich, wie § 81a StPO zu entnehmen sei, grundsätzlich aller Methoden bedienen, die *„zur Feststellung von Tatsachen"* im Sinne von § 81a StPO führen könnten, die für das Verfahren von Bedeutung seien. Dazu zählten auch vergleichende Untersuchungen von Blutproben des Beschuldigten und der festgestellten Spur. Dabei sei die Anwendung neuer oder verbesserter Untersuchungsmethoden nicht ausgeschlossen, vielmehr sei § 81a StPO keine Beschränkung auf bestimmte Untersuchungsmethoden zu entnehmen.[240] In diesem Zusammenhang durften nach der Rechtsprechung indes keine Erbinformationen aufgedeckt werden.[241]

3. *Einführung des § 81e StPO durch das Strafverfahrensänderungsgesetz*

Im Rahmen des Strafverfahrensänderungsgesetzes vom 17. März 1997 wurde mit § 81e StPO eine eigene gesetzliche Grundlage für die DNA-Analyse geschaffen.[242] Diesem Gesetz ging ein fast vierjähriges Gesetzgebungsverfahren voraus.[243] Der Gesetzgeber hatte die Entwicklung der DNA-Analyse *„zu einem der effizientesten Werkzeuge des medizinischen Sachbeweises"* erkannt und wollte sie aufgrund von Ängsten in der Bevölkerung gesetzlich regeln.[244] Nach Ansicht des Gesetzgebers reichten die §§ 81a, 81c StPO zwar als Rechtsgrundlage für den Einsatz der DNA-Analyse aus. Allerdings bestünden in weiten Teilen der Bevölkerung mit der Gentechnik verbundene Ängste vor übermäßigen, den Kern der Persönlichkeit berührenden Eingriffen. Demzufolge sei eine besondere gesetzliche Regelung der DNA-Analyse im Strafverfahren sinnvoll, die die Einzelheiten einer solchen Untersuchung bestimme; dies gelte auch im Hinblick auf die Rechtsprechung des Bundesverfassungsgerichts zum Recht auf informationelle Selbstbestimmung u.a. im Volkszählungsurteil.[245] Mit dem Strafverfahrensänderungsgesetz legte der Gesetzgeber nun erstmals fest, dass Genanalysen im Sinne von § 81e StPO nur durchgeführt werden dürfen, *„soweit sie zur Feststellung*

---

240 BVerfG, Bes. v. 18.09.1995 – 2 BvR 103/92, NStZ 1996, 45, 46.

241 BVerfG, Beschl. v. 18.09.1995 – 2 BvR 103/92, NStZ 1996, 45 Leitsatz; BVerfG, Beschl. v. 02.08.1996 – 2 BvR 1511/96, NStZ 1996, 606; BGH, Urt. v. 21.08.1990 – 5 StR 145/90, NJW 1990, 2944 ff.

242 BGBl. I 1997, S. 534.

243 Dazu *Senge*, NJW 1997, 2409 f.

244 BT-Drs. 13/667, S. 1.

245 BT-Drs. 13/667, S. 1.

der Abstammung oder der Tatsache, ob aufgefundenes Spurenmaterial von dem Beschuldigten oder Verletzten stammt, erforderlich sind.“[246] Aus der Gesetzesbegründung geht hervor, dass der Gesetzgeber bewusst *nicht* zwischen codierenden und nicht codierenden Merkmalen differenzieren wollte: Grund für diese Entscheidung seien neuere Erkenntnisse der Wissenschaft, wonach sich auch aus nicht codierenden Abschnitten des menschlichen Genoms – die im Übrigen auch Persönlichkeitsmerkmale seien – Rückschlüsse auf bestimmte Merkmale ziehen lassen. Da nicht codierende Abschnitte an einem Gen zu lokalisieren und mit ihm gekoppelt seien, seien mit gewissen Wahrscheinlichkeiten Rückschlüsse auf bestimmte Merkmale möglich.[247] Zudem wollte der Gesetzgeber die wissenschaftliche Weiterentwicklung von Analysemethoden nicht durch eine gesetzlich festgelegte Untersuchungsmethode behindern.[248] Hinzu komme, dass die bereits möglichen und erlaubten Untersuchungen (z.B. der Blutgruppe) im Grunde eine „*Genprodukt-Analyse*“ seien. Diese Untersuchungen würden Informationen hervorbringen, die sich sonst auch aus der codierenden DNA ergeben würden, und jetzt lediglich durch Genanalysen ersetzt werden würden.[249] Die Genanalysen seien zum Schutz des Betroffenen vor Ausforschung von schutzbedürftigen Geninformationen auf die Feststellung der Abstammung oder auf den Abgleich beschränkt, andere Untersuchungen würden ausdrücklich verboten: „*Um die Ausforschung schutzbedürftiger genetischer Anlagen des Betroffenen und die Feststellung genetisch bedingter schutzbedürftiger Persönlichkeitsmerkmale (psychische, charakterbezogene und krankheitsbezogene Persönlichkeitsmerkmale) als den Kern der Persönlichkeit berührende Eingriffe auszuschließen, enthält § 81e Abs. 1 Satz 3 Regelungen zu unzulässigen Untersuchungen und Feststellungen.*“[250] Sofern solche Informationen als unvermeidbares Nebenprodukt der Untersuchung entstünden, dürften diese vom Sachverständigen nicht festgestellt und zudem nicht weitergegeben oder verwertet werden.[251] Auf den Wunsch des Bundesrats, die Analyse auf den nicht codierenden Bereich zu beschränken,[252] ging die Regierung nicht ein. Sie wiederholte im Wesentlichen ihre Argumentation.[253] Auf eine besondere Einsatzschwelle (z.B. eines dringenden Tatverdachts) verzichtete der

246 BGBl. I 1997, S. 534.
247 BT-Drs. 13/667, S. 6.
248 BT-Drs. 13/667, S. 6.
249 BT-Drs. 13/667, S. 6.
250 BT-Drs. 13/667, S. 6.
251 BT-Drs. 13/667, S. 7.
252 Stellungnahme des Bundesrates BT-Drs. 13/667, S. 9.
253 BT-Drs. 13/667, S. 11 f.

Gesetzgeber, um – so seine Begründung – den Betroffenen vor möglichen, eingriffsintensiveren Maßnahmen zu bewahren.[254]

In § 81e Abs. 2 StPO sah der Gesetzgeber eine Analyse von Material unbekannter Herkunft vor – eine solche Regelung sei für diejenigen Fälle erforderlich, in denen noch kein Beschuldigter vorhanden sei und das Material z.B. aufgrund von Zeitablauf zu verderben drohe. Für die Analyse von Material unbekannter Herkunft erklärte § 81e Abs. 2 StPO die Regelung des § 81e Abs. 1 Satz 3 StPO für entsprechend anwendbar, sodass auch unbekanntes Material ausschließlich für Strafverfahrenszwecke zu verwenden sei.[255]

Für die Anordnung der Analyse legte der damalige Gesetzgeber eine ausschließliche Kompetenz des Richters gemäß § 81f StPO fest (dies galt sowohl für Untersuchungen nach § 81e Abs. 1 als auch nach § 81e Abs. 2 StPO). Diese Anordnung musste schriftlich und mit Bestimmung des zu beauftragenden Sachverständigen erfolgen. Auf die Bestimmung einer Untersuchungsmethode verzichtete der Gesetzgeber bewusst, da dem Richter im Zweifel die dafür erforderliche Sachkunde fehle. Für die Entnahme galten § 81a Abs. 2 sowie § 81c Abs. 5 StPO, sodass in Eilfällen auch die Staatsanwaltschaft bzw. ihre Hilfsbeamten dazu befugt waren.[256] Mit der Durchführung der DNA-Analyse waren nach dem damals geltenden § 81f Abs. 2 Satz 1 StPO Sachverständige zu beauftragen, die öffentlich bestellt oder nach dem Verpflichtungsgesetz verpflichtet oder Amtsträger seien, die der ermittlungsführenden Behörde nicht angehörten oder einer Organisationseinheit dieser Behörde angehören, die von der ermittlungsführenden Einheit organisatorisch und sachlich getrennt sei. Diese Trennung sichere die erforderliche Zuverlässigkeit und Ausstattung des Sachverständigen.[257] Zum Schutz des Betroffenen hatten die Sachverständigen gemäß § 81f Abs. 2 Satz 2 StPO durch technische und organisatorische Maßnahmen zu gewährleisten, dass unzulässige molekulargenetische Untersuchungen ausgeschlossen werden. Zusätzlich war das Untersuchungsmaterial ohne Mittelung des Namens, der Anschrift und des Geburtstages und -monats des Betroffenen zu übermitteln.[258]

254 BT-Drs. 13/667, S. 7.
255 BT-Drs. 13/667, S. 7.
256 BT-Drs. 13/667, S. 7.
257 BT-Drs. 13/667, S. 8.
258 So bis heute: § 81f Abs. 2 Satz 3 StPO.

Das Gesetz erlaubte die Analyse zur Feststellung der Abstammung und zum DNA-Abgleich, eine Analyse des Geschlechts war noch nicht ausdrücklich geregelt.

4. *Erweiterung auf die Ermittlung des Geschlechts: Gesetz zur Änderung der Vorschriften über die Straftaten gegen die sexuelle Selbstbestimmung und zur Änderung anderer Vorschriften*

Im Jahr 2003 folgte die Ergänzung, dass bei der nach § 81e StPO zulässigen DNA-Analyse auch ausdrücklich das Geschlecht der Person bestimmt werden darf.[259] Hintergrund der expliziten Regelung durch den Gesetzgeber war, dass man sich in der Literatur nicht einig war, ob die Bestimmung des Geschlechts von § 81e StPO gedeckt gewesen sei. Nach dem reinen Wortlaut war diese Bestimmung nicht erfasst, da sie weder der Feststellung der Abstammung noch der Tatsache, ob aufgefundenes Spurenmaterial vom Beschuldigten oder Verletzten stamme, also dem festgelegten Untersuchungszweck, diente.[260] Diesem Wortlautargument ist entgegengehalten worden, dass man die molekulargenetische Untersuchung regelmäßig nicht mit dem Ziel der Ermittlung des Geschlechts durchführe, sondern dieses *„bei Gelegenheit"* ermittelt werde. Die Erkenntnis sei also ein bloßes, durch die Machart der Analyseprodukte verursachtes Nebenprodukt. Es war umstritten, ob dies ein Beweisverwertungsverbot zur Folge hatte, da es sich um ein bloßes Nebenprodukt handelte.[261] In einem anderen (früheren und nicht verabschiedeten) Gesetzesentwurf hieß es, dass das Argument bzgl. des Geschlechts als Nebenprodukt kaum länger haltbar sei, da die DNA-Analyse zunehmend häufiger eingesetzt und dabei auch gezielt das Geschlecht untersucht werde; die Bestimmung des Geschlechts solle folglich ergänzt werden.[262] Der Bundesgesetzgeber konstatierte, dass ein ausdrücklicher Wille des früheren Gesetzgebers, die Ermittlung des Geschlechts im Rahmen der molekulargenetischen Untersuchung untersagen zu wollen, nicht zu erkennen sei. Es sei unzweckmäßig, die Bestimmung des Geschlechts nicht zu erlauben. Denn Zweck der Beschränkung auf die Feststellung der Abstammung sowie den Abgleich war es, die Ausforschung und Feststellung von schutzbedürftigen Persönlichkeitsmerkmalen zu verhindern.[263] Die Feststellung des Geschlechts berühre nicht den

259 BGBl. I 2003, S. 3010.

260 BT-Drs. 15/350, S. 11.

261 Für ein Beweisverwertungsverbot: *Kleinknecht/Meyer-Goßner*, 45. Auflage, § 81e Rn. 4; für Einzelfallprüfung: KK/*Senge*, 4. Auflage, § 81e Rn. 7.

262 Gesetzesantrag des Landes Rheinland-Pfalz, BR-Drs. 402/02, S. 4 f.

263 BT-Drs. 15/350, S. 12.

Kernbereich der Persönlichkeit. Zwar sei das Geschlecht genetisch bedingt und als personenbezogenes Merkmal vom Recht auf informationelle Selbstbestimmung geschützt, jedoch sei es ohne Weiteres – auch ohne genetische Untersuchung – von außen erkennbar. Die Ermittlung des Geschlechts könne deshalb nicht als Ausforschung schutzbedürftiger genetischer Anlagen des Betroffenen oder genetisch bedingter schutzbedürftiger Persönlichkeitsmerkmale gelten.[264] Durch die Formulierung habe der Gesetzgeber nur verhindern wollen, dass Sachverständige Feststellungen zu genetisch bedingten besonders schutzbedürftigen Persönlichkeitsmerkmalen (wie z.B. Erbanlagen, Charaktereigenschaften, Krankheiten und Krankheitsanlagen) machen und diese Informationen weiterreichen.[265] Im Übrigen sei es in der Vergangenheit unumstritten gewesen, dass die einfache (nicht molekulargenetische) Untersuchung von am Tatort gefundenem Blut oder Speichel eines Unbekannten zulässigerweise hinsichtlich des Geschlechts untersucht werden kann.[266]

Die Bestimmung des Geschlechts, so begründete der Gesetzgeber seinen Entwurf, sei speziell bei aufgefundenem Spurenmaterial im Sinne von § 81e Abs. 2 StPO erforderlich, weil das Geschlecht nicht nur einen Ansatz für die weitere Ermittlungsarbeit geben könnte und für eine effektive Strafverfolgung förderlich sei, sondern ggf. auch als Einziges aussichtsreich und mithin besonders bedeutsam sei.[267] Hinzukomme in Hinblick auf die Fälle des § 81e Abs. 1 StPO, *„dass die in der Praxis zur molekulargenetischen Untersuchung zur Verfügung stehenden Reagenziensätze die Geschlechtsbestimmung einschließen und derzeit keine Alternativprodukte bekannt sind.“*[268] Da in diesen Fällen das Geschlecht des Beschuldigten schon bekannt sei, werde ein Eingriff in das Recht auf informationelle Selbstbestimmung nicht weiter vertieft.[269] In diesem Zusammenhang sollte man wissen, dass Landeskriminalämter und andere Untersuchungsstellen damals wie auch heute für Gentests sog. Multiplex-Kits verwenden. Diese Multiplex-Kits sind für forensische Zwecke getestet worden und erfüllen Qualitätssicherungsstandards. Zur Anwendung dieser Kits gehörte damals automatisch auch die Ermittlung des Geschlechts mithilfe der Amelogenin-Analyse. Diese Analyse testet das Material auf das Vorhandensein eines DNA-Fragments und kann

264 BT-Drs. 15/350, S. 12.
265 BT-Drs. 15/350, S. 12.
266 BT-Drs. 15/350, S. 12.
267 BT-Drs. 15/350, S. 12.
268 BT-Drs. 15/350, S. 12.
269 BT-Drs. 15/350, S. 12.

damit ermitteln, ob ein X- oder Y-Chromosom vorliegt.[270] Alternative Gentests ohne das Amelogenin-System waren im Jahr 2002 nach Auskunft der Polizei nicht erhältlich.[271] Selbst wenn diese erhältlich gewesen wären, wäre ihr Einsatz aus Sicht des Gesetzgebers problematisch gewesen, weil die Verwendung eines anderen Produkts den Austausch von DNA-Identifizierungsmustern zwischen unterschiedlichen Laboren und damit die Überprüfung von Treffern hätte erschweren können.[272]

Der Gesetzgeber unterstrich, dass die vorangegangene Argumentation insbesondere bzgl. der äußeren Erkennbarkeit nicht auf andere äußerlich erkennbare Merkmale wie Größe, Augen- und Haarfarbe übertragbar sei, die im Zuge einer erkennungsdienstlichen Maßnahme festgestellt werden dürften. Hintergrund sei, dass für diese Bestimmung eine Analyse der codierenden DNA-Abschnitte erforderlich wäre, womit man in die „*Gefahr der Ermittlung schutzbedürftiger Persönlichkeitsmerkmale*“ gerate.[273] Zudem sei die Forschung noch nicht in der Lage, sichere Aussagen bzgl. äußerer Merkmale zu treffen. Demgemäß habe auch ein früherer Gesetzesentwurf[274] nur den Vorschlag enthalten, die Bestimmung des Geschlechts klarstellend zu ergänzen und im Übrigen die weitere Entwicklung abzuwarten, um sich ggf. zu einem späteren Zeitpunkt mit möglichen zusätzlichen Ergänzungen auseinanderzusetzen.[275]

Die Bestimmung des Geschlechts stieß damals auf geteilte Meinungen: Manche stimmten dem Gesetzgeber zu, dass man mithilfe des Geschlechts tatsächlich einen wertvollen Ermittlungs- und Fahndungsansatz gewinnen könne.[276] Andere wandten dagegen ein, dass insbesondere im Bereich der Gewaltdelikte die Täter überwiegend männlich seien,[277] sodass die Bestimmung des Geschlechtes wenig wertvoll sei.[278] Vereinzelt wurde die Nützlichkeit der

---

270 So auch in einem früheren Gesetzesantrag des Landes Rheinland-Pfalz, BR-Drs. 402/02, S. 2.

271 BR-Drs. 402/02, S. 3.

272 BR-Drs. 402/02, S. 3.

273 BT-Drs. 15/350, S. 12.

274 BR-Drs. 402/02, S. 5.

275 BT-Drs. 15/350, S. 12.

276 *Duttge/Hörnle/Renzikowski*, NJW 2004, 1065, 1071; *Volk*, NStZ 2002, 561, 564.

277 Statistisches Bundesamt Lange Reihe Strafverfolgungsstatistik für Deutschland nach Straftaten, Geschlecht und Altersgruppen, Stand 29.04.2016, https://www.destatis.de/DE/Publikationen/Thematisch/Rechtspflege/StrafverfolgungVollzug/StrafverfolgungsstatistikDeutschland.html, abgerufen am 26. Oktober 2017.

278 *Graalmann-Scherer*, ZRP 2002, 72, 74; zustimmend MüKo StPO/*Trück*, § 81e Rn. 18.

Geschlechtsermittlung im Bereich der politisch motivierten Gewaltdelikte hervorgehoben.[279]

In Hinblick auf die Fortschritte in der Forschung, die der Gesetzgeber damals als Grund angegeben hatte, weshalb er keine weiteren äußeren Merkmale legalisieren wolle, stellt sich für manche die Frage, ob nun nicht der Zeitpunkt gekommen sei, um sich mit weiteren Ergänzungen – wie z.B. der Haarfarbe – auseinanderzusetzen.[280]

5. *Gesetz zur Novellierung der forensischen DNA-Analyse*

Seit 2005 unterfällt die Untersuchung von Material gemäß § 81e Abs. 2 StPO nicht mehr dem Richtervorbehalt nach § 81f StPO.[281] Bis 2005 konnte die DNA-Analyse von aufgefundenem Spurenmaterial ebenso wie die Untersuchung nach § 81e Abs. 1 StPO nur nach gerichtlicher Anordnung durchgeführt werden, weil § 81f Abs. 1 StPO nicht zwischen der Untersuchung nach § 81e Abs. 1 StPO und § 81e Abs. 2 StPO differenzierte. Der Gesetzgeber von 2005 stützte seine Begründung zur Gesetzesänderung darauf, dass der bis dato geltende Richtervorbehalt bei der molekulargenetischen Untersuchung von unbekanntem Spurenmaterial in der Praxis wenig zur Sicherung eines rechtsstaatlichen Verfahrens beitragen habe.[282] Die Anordnung werde regelmäßig erlassen, da sie nicht nur materiell gemäß § 81e Abs. 2 StPO zulässig sei, sondern auch für die Aufklärung der Straftat geboten. Die Richter hätten keine andere Wahl, als die Untersuchung anzuordnen. Insofern sei mit der richterlichen Entscheidung auch kein messbarer Gewinn an Rechtsstaatlichkeit verbunden. Der Wegfall des Richtervorbehalts führe zu erheblichen Verfahrenserleichterungen bei den Gerichten und Strafverfolgungsbehörden und somit zu einem beschleunigten und kostengünstigeren Ermittlungsverfahren.[283]

6. *Gesetz zur effektiveren und praxistauglicheren Ausgestaltung des Strafverfahrens*

Im Jahr 2017 wurde § 81e StPO im Rahmen des Gesetzes zur effektiveren und praxistauglicheren Ausgestaltung des Strafverfahrens geändert.[284] Der Gesetzgeber

---

279 *Graalmann-Scherer*, ZRP 2002, 72, 74.

280 *Stenger*, Kriminalistik 2017, 491, 493.

281 BGBl. I 2005, S. 2360.

282 BT-Drs. 15/5674, S. 10.

283 BT-Drs. 15/5674, S. 10 f.

284 BGBl. I 2017, S. 3203.

begründete die Änderung der § 81e StPO sowie § 81h StPO allgemein damit, dass der DNA-Beinahetreffer bei der DNA-Reihenuntersuchung erfasst werden solle.[285] Speziell zu dem neuen § 81e Abs. 1 Satz 1 StPO führt er aus, dass es sich dabei um eine *„präzisierende redaktionelle Änderung"* handele.[286] Dadurch solle deutlich werden, dass die molekulargenetische Untersuchung die Erstellung eines DNA-Identifizierungsmusters, die Bestimmung der Abstammung und des Geschlechts beinhalte und diese Feststellungen mit Vergleichsmaterial abgeglichen werden dürften. Bisher sei dies mit der Formulierung nur angedeutet worden, dass festgestellt werden solle, das aufgefundene Spurenmaterial stamme vom Beschuldigten oder dem Verletzten. Für eine klarere Struktur werde der ursprüngliche § 81e Abs. 1 Satz 2 StPO in den Satz 1 integriert, der ursprüngliche § 81e Abs. 1 Satz 3 StPO werde entsprechend redaktionell angeglichen.[287]

Zusätzlich wurde auch § 81e Abs. 2 StPO verändert: Hintergrund dazu sei, dass in der bisherigen Praxis teilweise unklar gewesen sei, was genau *„Spurenmaterial"* sei, und daher auch unklar, in welchen Fällen Untersuchungen gemäß § 81e Abs. 1 StPO und in welchen Fällen Untersuchungen gemäß § 81e Abs. 2 StPO vorzunehmen seien. Häufig sei zunächst offen, ob es sich bei dem gesicherten Material um eine Spur des Täters, Material des Opfers oder überhaupt eine mit der Tat in Zusammenhang stehende Spur handele, so z.B. bei der in Tatortnähe aufgefundenen Zigarettenkippe. Ob das Körpermaterial tatsächlich von dem Beschuldigten stamme und ob es sich somit um eine Spur im engeren Sinne handele, könne erst durch die geplante Untersuchung festgestellt werden. Wenn das Material einer Person zugeordnet werden könne, deren Identität die Ermittlungsbehörden kennen würden, solle die Untersuchung – wie bei § 81f Abs. 1 StPO – nur mit Einwilligung bzw. richterlicher Anordnung möglich sein, um im Einklang mit § 81e Abs. 1 StPO zu sein. Diese werde in § 81e Abs. 2 Satz 3 StPO nun geregelt.[288]

Im Gesetzesverfahren hat der Bundesrat in einer Stellungnahme u.a. darum gebeten, im weiteren Gesetzgebungsverfahren zu prüfen, ob § 81e Abs. 2 StPO um die Feststellung äußerlich erkennbarer Merkmale erweitert werden sollte.[289] Die Forensik habe bei der Bestimmung der Augen-, Haar- und Hautfarbe einer Person erhebliche Fortschritte gemacht, diese Merkmale ließen sich mit hohen

285 BT-Drs. 18/11277, S. 2, 15.
286 BT-Drs. 18/11277, S. 22.
287 BT-Drs. 18/11277, S. 22.
288 BT-Drs. 18/11277, S. 22.
289 BR-Drs. 796/16 (10.02.17) Stellungnahme des Bundesrates, S. 1.

Wahrscheinlichkeiten bestimmen. Die Vorhersagegenauigkeit des biologischen Alters beziffert die Stellungnahme auf +/- 4 bis 5 Jahre. Die Feststellung dieser Merkmale sei wesentlich für die Ermittlung von unbekannten Tatverdächtigen und Zeugen, die Ermittlungsbehörden könnten dadurch gezielter vorgehen.[290] Der Bundesrat betont außerdem, dass man durch die erweiterte DNA-Analyse mit stärkeren Grundrechtseingriffen verbundene Ermittlungsmaßnahmen – z.B. eine DNA-Reihenuntersuchung – im Einzelfall vermeiden oder jedenfalls auf einen wesentlich kleineren Personenkreis begrenzen könne, wenn das Täterprofil durch die Bestimmung solcher Merkmale enger beschränkt werden könne.[291] Sofern eine aufgefundene DNA-Spur keinen Treffer in der DNA-Analyse-Datei lande, sollte eine Erweiterung der feststellbaren äußeren Merkmale in Betracht gezogen werden.[292]

Die Stellungnahme verweist bei ihrer Argumentation auch auf einen früheren Gesetzesentwurf: So habe es in der Begründung zum Entwurf des Gesetzes zur Änderung der Vorschriften über die Straftaten gegen die sexuelle Selbstbestimmung aus dem Jahr 2003 geheißen, *„dass es nicht Sinn und Zweck der Regelungen über die Beschränkung der Untersuchungsweite bei der DNA-Analyse sei, die Feststellung des auch äußerlich erkennbaren Merkmals des Geschlechts des Beschuldigten oder des Opfers durch genetische Untersuchungen zu verbieten.“*[293] Die Kenntnis des Geschlechts sei für die Ermittlungsbehörden sehr hilfreich. Die Begründung aus dem Jahr 2003, die sich damals nur auf die Bestimmung des Geschlechts bezogen habe, lasse sich heute auch auf andere äußerliche Merkmale übertragen, da diese inzwischen bestimmbar seien. Der frühere Gesetzesentwurf habe die Bestimmung von weiteren äußerlichen Merkmalen nicht vorgesehen, weil die Forschung noch nicht so weit gewesen sei.[294] Dieser Zeitpunkt sei aber nun im Jahr 2017 gekommen, weshalb über eine Änderung des § 81e Abs. 2 StPO nachgedacht werden solle.[295] Die Stellungnahme des Bundesrates hatte keine Auswirkung; § 81e Abs. 2 StPO ist insoweit unverändert geblieben.

---

290 BR-Drs. 796/16 (10.02.17) Stellungnahme des Bundesrates, S. 1.
291 BR-Drs. 796/16 (10.02.17) Stellungnahme des Bundesrates, S. 1.
292 BR-Drs. 796/16 (10.02.17) Stellungnahme des Bundesrates, S. 2.
293 BR-Drs. 796/16 (10.02.17) Stellungnahme des Bundesrates, S. 2.
294 BR-Drs. 796/16 (10.02.17) Stellungnahme des Bundesrates, S. 2.
295 BR-Drs. 796/16 (10.02.17) Stellungnahme des Bundesrates, S. 2.

7. Zusammenfassung

Wie sich gezeigt hat, ist die Bestimmung von äußerlichen Merkmalen zu strafprozessualen Zwecken anhand der DNA für den Gesetzgeber nicht gänzlich neu. Der Gesetzgeber von 1997 erkannte in diesem Zusammenhang bereits, dass die Differenzierung zwischen codierenden und nicht codierenden Abschnitten der DNA wissenschaftlich nicht mehr haltbar war. Umso überraschender ist dagegen die Auffassung des Gesetzgebers von 2003: Er meinte, die Ermittlung des Geschlechts als äußeres Merkmal sei zulässig, bei anderen Merkmalen dringe man jedoch zu weit in das Persönlichkeitsrecht vor: Er lehnte eine Ausweitung der Analyse auf andere äußerlich erkennbare Merkmale wie Größe, Augen- und Haarfarbe ab, da zum einen die Forschung zu dem damaligen Zeitpunkt noch keine verlässlichen Aussagen liefern könne. Zum anderen müssten für solche Analysen die codierenden DNA-Abschnitte untersucht werden, womit man in die „*Gefahr der Ermittlung schutzbedürftiger Persönlichkeitsmerkmale*" gerate. Anders als damals und vom Gesetzgeber als Argument gegen eine FDNAP von anderen Merkmalen als dem Geschlecht genannt, ist die Forschung heute weit genug, um äußerliche Merkmale zu bestimmen. Zudem entspricht die vom Gesetzgeber angesprochene Unterscheidung zwischen codierenden und nicht codierenden DNA-Abschnitten jedenfalls nicht mehr dem heutigen Stand der Forschung, wie in Kapitel 2. A. III. dargestellt wurde. Statt dieser Differenzierung wird für die juristische Bewertung vermutlich eher entscheidend sein, welche Merkmale – bloß äußere oder auch innere Merkmale wie Krankheiten oder Charaktereigenschaften – analysiert werden und wie intensiv diese Eingriffe, z.B. aufgrund von damit verbundenen Gefahren, sind.

II. Die heutige Rechtslage hinsichtlich der DNA-Analyse

Wie die klassische DNA-Analyse in § 81e StPO genau geregelt ist und welchen Grenzen sie unterliegt, ist im Folgenden darzustellen.

1. § 81e StPO und dessen Voraussetzungen

§ 81e Abs. 1 StPO regelt die Feststellung des DNA-Identifizierungsmusters, der Abstammung und des Geschlechts anhand von Material, das nach § 81a Abs. 1 StPO oder § 81c StPO erlangt wurde. § 81e Abs. 2 StPO regelt dagegen den Umgang mit aufgefundenem, sichergestelltem oder beschlagnahmtem Material.

a) Molekulargenetische Untersuchung

§ 81e StPO erlaubt die molekulargenetische Untersuchung, ohne dabei die Anwendung einer bestimmten Untersuchungsmethode oder die Beschränkung auf den codierenden oder nicht codierenden Bereich festzulegen.[296] Da der Gesetzgeber keine Differenzierung zwischen codierender und nicht codierender DNA vorgenommen hat, sind grundsätzlich auch Untersuchungen der codierenden Abschnitte zulässig, soweit dadurch nicht schutzbedürftige Persönlichkeitsmerkmale ermittelt werden und damit der absolut geschützte Kernbereich nicht berührt wird.[297] Die molekulargenetische Untersuchung umfasst in Deutschland die Ermittlung von 12 STR-Markern sowie zusätzlich des SE33-STR-Markers und des Amelogenin-Markers, der das Geschlecht gemäß § 81e Abs. 1 Satz 1 StPO bestimmt.[298] Der Umfang von 12 Markern (im nicht codierenden Abschnitt der DNA) – auch als European Standard Set bezeichnet – beruht auf der Entschließung des Rates vom 30. November 2009 über den Austausch von DNA-Analyseergebnissen 2009/C 296/01 sowie auf dem Beschluss 2008/615/JI des Rates vom 23. Juni 2008 zur Vertiefung der grenzüberschreitenden Zusammenarbeit, insbesondere zur Bekämpfung des Terrorismus und der grenzüberschreitenden Kriminalität. Zweck ist die Harmonisierung und der europaweite Austausch von DNA-Profilen.[299]

Die molekulargenetische Untersuchung ist in den Fällen des § 81e Abs. 1 Satz 1 StPO nur möglich, soweit dies zur Erforschung des Sachverhalts erforderlich ist. Erforderlichkeit ist gegeben, wenn die Untersuchung Beweisrelevanz hat – sei es in dem der Entnahme nach § 81a Abs. 3 StPO oder § 81c Abs. 5 S. 2 StPO zugrunde liegenden Ermittlungsverfahren, sei es in einem weiteren anhängigen Ermittlungsverfahren.[300] Die Voraussetzung der Erforderlichkeit gilt (wenn auch nur implizit) auch für § 81e Abs. 2 StPO, weil die Untersuchung des aufgefundenen Materials dem Abgleich des nach § 81a StPO oder § 81c StPO erhobenen Materials dient.[301] Bei der molekulargenetischen Untersuchung müssen die Ermittlungsbehörden und Gerichte ein besonderes Augenmerk auf die

---

296 MüKo StPO/*Trück*, § 81e Rn. 24.

297 LR/*Krause*, § 81e Rn. 25; SSW/*Bosch*, § 81e Rn. 2.

298 LR/*Krause*, § 81e Rn. 11.

299 U.a. Erwägungsgründe 8, 10–13 des Beschlusses 2008/615/JI des Rates vom 23. Juni 2008 zur Vertiefung der grenzüberschreitenden Zusammenarbeit, insbesondere zur Bekämpfung des Terrorismus und der grenzüberschreitenden Kriminalität.

300 BeckOK StPO/*Ritzert*, 27. Edition, Stand: 01.01.2017, § 81e Rn. 4.

301 BeckOK StPO/*Ritzert*, 27. Edition, Stand: 01.01.2017, § 81e Rn. 4.

ordnungsgemäße Durchführung der Analyse durch den Sachverständigen sowie die Beweiswürdigung seines Gutachtens legen.[302]

b) Untersuchungsmaterial und Zweck

ba) § 81e Abs. 1 StPO

Nach § 81e Abs. 1 Satz 1 StPO dürfen an dem durch Maßnahmen nach § 81a Abs. 1 oder § 81c StPO erlangten Material mittels molekulargenetischer Untersuchung das DNA-Identifizierungsmuster, die Abstammung und das Geschlecht der Person festgestellt und diese Feststellungen mit Vergleichsmaterial abgeglichen werden, soweit dies zur Erforschung des Sachverhalts erforderlich ist. Andere Feststellungen dürfen nicht erfolgen; hierauf gerichtete Untersuchungen sind unzulässig, § 81e Abs. 1 Satz 2 StPO. Daher ist eine Ermittlung der biogeografischen Herkunft, Krankheiten, Krankheitsdispositionen, Charaktereigenschaften und äußeren Merkmalen verboten.[303]

bb) § 81e Abs. 2 StPO

§ 81e Abs. 2 StPO erlaubt die nach Absatz 1 zulässigen Untersuchungen auch an aufgefundenem, sichergestelltem oder beschlagnahmtem Material. § 81e Abs. 1 Satz 2 StPO sowie § 81a Abs. 3 1. Hs. StPO sind darauf entsprechend anzuwenden. Ist bekannt, von welcher Person das Material stammt, gilt § 81f Absatz 1 StPO entsprechend.

Unter aufgefundenem Material versteht man solches, das ohne Zwangsmaßnahme gewonnen wurde.[304] Ähnlich versteht es auch der Gesetzgeber: § 81e Abs. 2 StPO gilt danach für Gegenstände, bei denen unklar ist, ob es sich um eine Spur des Täters, Material des Opfers oder überhaupt eine mit der Tat in Zusammenhang stehende Spur handelt, wie z.B. die in Tatortnähe gefundene Zigarettenkippe,[305] bei denen man allerdings die Analyse des Materials für erfolgversprechend hält. Die Formulierung des § 81e Abs. 2 Satz 1 StPO wird u.a. deswegen kritisiert, da auch *„aufgefundenes“* Material zunächst sichergestellt werde.[306] In der Kritik steht auch die Formulierung *„an“* aufgefundenem,

---

302 MüKo StPO/*Trück*, § 81e Rn. 24.

303 SK-StPO/*Rogall*, § 81e Rn. 9; MüKo StPO/*Trück*, § 81e Rn. 16; SSW/*Bosch*, § 81e Rn. 6; KK/*Senge*, § 81e Rn. 4.

304 MüKo StPO/*Trück*, § 81e Rn. 12.

305 BT-Drs. 18/11277, S. 22.

306 SK-StPO/*Rogall*, § 81e Rn. 15; LR/*Krause*, § 81e Rn. 36.

sichergestelltem oder beschlagnahmtem Material. Sichergestellt oder beschlagnahmt würden Gegenstände und *„an“* diesen befände sich das Material.[307]

Der Begriff der *„Spuren“* sowie der Zweck des § 81e Abs. 2 Satz 1 StPO erfordern einen gewissen sachlichen Zusammenhang zwischen der aufzuklärenden Straftat und dem zu untersuchenden Material. Dieser Zusammenhang kann sich z.B. aus der Art der Spur oder aus der Person des (mutmaßlichen) Spurenlegers sowie dessen Nähe zur Tat ergeben.[308] Der Zusammenhang des Materials mit der Straftat mag beim Auffinden des Materials am Tatort, also bei räumlicher Nähe, anzunehmen sein,[309] das Gesetz verlangt diesen jedoch nicht. Das zu untersuchende Material kann daher auch woanders gewonnen werden.[310] Unzulässig ist freilich die allgemeine Untersuchung von wahllosem Untersuchungsmaterial.[311] Der Ermittlungsbeamte entscheidet dabei nach pflichtgemäßem Ermessen, ob der Spurenträger als Beweismittel geeignet ist.[312]

In den Fällen des § 81e Abs. 2 StPO ging der Gesetzgeber davon aus, dass das Körpermaterial des Betroffenen und das Material regelmäßig zeitgleich untersucht werden würden; es seien aber auch Fälle vorstellbar, in denen eine molekulargenetische Untersuchung des Materials allein schon vorher notwendig sei, insbesondere wenn der Verderb drohe: Es darf aus diesem Grund auch ohne Rücksicht auf den Verfahrensstand sowie einen Beschuldigten untersucht werden.[313]

c) Verfahrensstand

§ 81e StPO erfordert die Einleitung eines Ermittlungsverfahrens und verlangt einen einfachen Anfangsverdacht im Sinne von § 152 Abs. 2 StPO.[314] Das Ermittlungsverfahren kann sich auch gegen einen unbekannten Tatverdächtigen richten.[315] § 81e StPO setzt bewusst keine besondere Eingriffsschwelle voraus, also z.B. einen dringenden Tatverdacht.[316] Während des Gesetzgebungsverfahrens

---

307 SK-StPO/*Rogall*, § 81e Rn. 15.
308 MüKo StPO/*Trück*, § 81e Rn. 14.
309 *Krehl/Kolz*, StV 2004, 447, 454.
310 *Benfer*, StV 1999, 402, 404; MüKo StPO/*Trück*, § 81e Rn. 14.
311 MüKo StPO/*Trück*, § 81e Rn. 14.
312 *Benfer*, StV 1999, 402, 404.
313 BT-Drs. 13/667, S. 7; Meyer-Goßner/*Schmitt*, § 81e Rn. 9; *Rogall*, FS Schroeder, S. 691, 701.
314 Gercke/Julius/Temming/Zöller/*Brauer*, § 81e Rn. 9; KK/*Senge*, § 81e Rn. 3; Meyer-Goßner/*Schmitt*, § 81e Rn. 4, 7.
315 LG Berlin NJW 2006, 2713, 2714.
316 BT-Drs. 13/667, S. 6 f.

gab es zwar Forderungen, die DNA-Analyse von dem Vorliegen eines dringenden Tatverdachts abhängig zu machen.[317] Doch ihr Vorschlag hatte keinen Erfolg. Denn es kann auch im Interesse des Betroffenen sein, wenn frühzeitig eine DNA-Analyse durchgeführt wird, bevor eingriffsintensivere Maßnahmen ergriffen werden.[318]

d) Keine Subsidiarität der Maßnahme

Die DNA-Analyse ist, auch wenn die Formulierung *„soweit dies [...] erforderlich ist"* in § 81e Abs. 1 Satz 1 StPO es andeuten könnte, nicht gegenüber anderen Ermittlungsmaßnahmen subsidiär; es ist deshalb nicht erforderlich, dass andere Erkenntnismöglichkeiten erfolglos geblieben sind, bevor die DNA-Analyse angewendet wird.[319] § 81e StPO sieht auch keine Delikte mit qualifiziertem Schweregrad wie z.B. bei § 81g StPO vor. Der Begriff der Erforderlichkeit bezieht sich bloß auf die Beweisrelevanz (Kapitel 2. B. II. 1. a)).

e) Verhältnismäßigkeit

Neben den geschriebenen Tatbestandsvoraussetzungen lesen manche zusätzlich noch das Tatbestandsmerkmal der Verhältnismäßigkeit in den Tatbestand des § 81e StPO hinein. Aus dem Grundsatz der Verhältnismäßigkeit folge, dass die DNA-Analyse nicht für Bagatelldelikte angeordnet werden dürfe.[320] In der Praxis wird die klassische DNA-Analyse allerdings weit überwiegend bei Diebstahlsdelikten eingesetzt,[321] sodass die Bedeutung dieses ungeschriebenen Merkmals fraglich ist.[322]

f) Richtervorbehalt

Die molekulargenetische Untersuchung gemäß § 81e Abs. 1 StPO, also die Untersuchung von Körpermaterial des Betroffenen, ist nur nach richterlicher Anordnung möglich, § 81f Abs. 1 Satz 1 StPO; nur bei Gefahr im Verzug kann

---

317 Gesetzesentwurf der SPD-Fraktion, BT-Drs. 13/3116 S. 4.

318 BT-Drs. 13/667, S. 6 f.; KK/*Senge*, § 81e Rn. 3.

319 BT-Drs. 12/7266, S. 7 links; *Eisenberg*, Beweisrecht, Rn. 1682; Meyer-Goßner/*Schmitt*, § 81e Rn. 7; *Senge*, NJW 1997, 2409, 2411; *Burr*, S. 155; SK-StPO/*Rogall*, § 81e Rn. 6.

320 Gercke/Julius/Temming/Zöller/*Brauer*, § 81e Rn. 9; LR/*Krause*, § 81e StPO Rn. 26.

321 https://de.statista.com/statistik/daten/studie/155755/umfrage/polizeiliche-aufklaerung-von-straftaten-ueber-die-dna-analyse-nach-deliktsbereichen/, abgerufen am 5. Juli 2017.

322 Ähnlich auch *Zöller/Thörnich*, ZIS 2017, 331, 339.

die Untersuchung auch durch die Staatsanwaltschaft und ihre Ermittlungspersonen (§ 152 GVG) angeordnet werden.

Für die molekulargenetische Untersuchung gemäß § 81e Abs. 2 StPO, also für aufgefundenes, sichergestelltes oder beschlagnahmtes Material, gilt § 81f Abs. 1 Satz 1 StPO *nicht*, sodass diese Untersuchung ohne richterliche Anordnung jederzeit im Rahmen des Ermittlungsverfahrens zulässig ist, selbst wenn es noch ein Verfahren gegen Unbekannt ist.[323] Die Untersuchung nach § 81e Abs. 2 StPO kann gemäß §§ 161, 163 StPO von der Staatsanwaltschaft oder der Polizei angeordnet werden. Hintergrund der Regelung war, dass der Gesetzgeber die richterliche Anordnung als sinnlose Formalität erachtete, da der Richter in der Realität regelmäßig keine andere Möglichkeit gehabt habe, als die Maßnahme zu erlassen.[324]

Durch die neueste Änderung des § 81e Abs. 2 Satz 3 StPO im Jahr 2017 ist nun klar, dass § 81f Abs. 1 StPO anzuwenden ist, also ein Richtervorbehalt besteht, wenn man zwar aufgefundenes, sichergestelltes oder beschlagnahmtes Material hat, aber bekannt ist, von welcher Person das Material stammt, das untersucht werden soll.

g) Beweiswert

Bei der klassischen DNA-Analyse handelt es sich um einen Sachverständigenbeweis, da ein Sachverständiger das Material einer naturwissenschaftlichen Untersuchung unterzieht.[325] Das Gericht hat das Sachverständigengutachten über die DNA-Analyse gemäß § 261 StPO zu würdigen. Die DNA-Analyse gilt heutzutage als sehr zuverlässiges Mittel zur Identifizierung bzw. für den Ausschluss.[326] Dies sieht auch der Bundesgerichtshof so: „*Jedenfalls bei einem Seltenheitswert im Millionenbereich kann wegen der inzwischen erreichten Standardisierung der molekulargenetischen Untersuchung das Ergebnis der DNA-Analyse für die Überzeugungsbildung des Tatrichters dahin, dass die am Tatort gesicherte DNA-Spur vom Angeklagten herrührt, ausreichen, wenn die Berechnungsgrundlage den von der Rechtsprechung des BGH aufgestellten Anforderungen entspricht.*“ Unabhängig von dieser Überzeugung hat das Gericht zu klären, ob zwischen der DNA-Spur und der Tat ein Zusammenhang besteht.[327]

---

323 *Rogall*, FS Schroeder, 2006, S. 691, 701.
324 BT-Drs. 15/5674, S. 7.
325 SK-StPO/*Rogall*, § 81a Rn. 117.
326 KK/*Senge*, § 81e Rn. 1.
327 BGH, Beschl. v. 21.01.2009 – 1 StR 722/08, NStZ 2009, 285 Leitsatz, 286.

h) Datenschutz

Nach § 81f Abs. 2 Satz 1 StPO sind in der schriftlichen Anordnung Sachverständige mit der Untersuchung nach § 81e StPO zu beauftragen, die öffentlich bestellt oder nach dem Verpflichtungsgesetz verpflichtet oder Amtsträger sind, die der ermittlungsführenden Behörde nicht angehören oder einer Organisationseinheit dieser Behörde angehören, die von der ermittlungsführenden Dienststelle organisatorisch und sachlich getrennt ist. Diese haben durch technische und organisatorische Maßnahmen zu gewährleisten, dass unzulässige molekulargenetische Untersuchungen und unbefugte Kenntnisnahme Dritter ausgeschlossen sind, § 81f Abs. 2 Satz 2 StPO. Nach dem Gesetzgeber wird durch die *„technischen und organisatorischen Maßnahmen […] deutlich gemacht, dass die Untersuchungsstellen alle nach dem Stand der Technik möglichen zumutbaren Vorkehrungen zu treffen haben, um eine missbräuchliche Durchführung von DNA-Untersuchungen möglichst sicher zu verhindern.“*[328] Zum Datenschutz nach § 81f Abs. 2 Satz 2 StPO gehört auch, *„dass nur die Personen, die an der Durchführung der Untersuchung planmäßig mitwirken, von den dabei gewonnenen Informationen Kenntnis erlangen können.“*[329] Nach § 81f Abs. 2 Satz 3 StPO ist dem Sachverständigen das Untersuchungsmaterial ohne Mitteilung des Namens, der Anschrift und des Geburtstages und -monats des Betroffenen zu übergeben. Zusätzlich erweitert § 81f Abs. 2 Satz 4 die datenschutzrechtliche Kontrolle: Ist der Sachverständige eine nicht öffentliche Stelle, gilt § 38 BDSG mit der Maßgabe, dass die Aufsichtsbehörde die Ausführung der Vorschriften über den Datenschutz auch überwacht, wenn ihr keine hinreichenden Anhaltspunkte für eine Verletzung dieser Vorschriften vorliegen und der Sachverständige die personenbezogenen Daten nicht in Dateien automatisiert verarbeitet.

Eine Qualitätssicherung für die Untersuchung ist nicht in § 81f StPO vorgesehen.[330]

i) Verwendung, Speicherung und Vernichtung

Die Verwendung von Körpermaterial, welches z.B. für eine klassische DNA-Analyse gemäß § 81e Abs. 1 StPO gewonnen wurde, ist gemäß § 81a Abs. 3 Hs. 1 StPO (ggf. in Verbindung mit § 81c Abs. 5 Satz 2 StPO) nur im Ausgangsverfahren oder einem anderen anhängigen Strafverfahren zulässig. Dabei muss sich

328 BT-Drs. 13/667, S. 8.

329 BT-Drs. 13/667, S. 8.

330 Kritisch dazu LR/*Krause,* § 81f Rn. 33.

das Verfahren nicht gegen den Beschuldigten richten, möglich ist es auch gegen einen bisher unbekannten Tatverdächtigen.[331] Für das andere Strafverfahren gilt, dass dieses schon im Moment der Entnahme der Körperzellen anhängig sein muss. Unzulässig ist die Verwendung zu außerstrafrechtlichen Zwecken, also z.B. im Zivilprozess.[332]

Bei der Verwendung, Speicherung sowie Vernichtung ist zwischen dem Material mit der DNA-Spur und dem ermittelten DNA-Muster zu unterscheiden: Wie bereits oben geschildert, darf das Körpermaterial des *Beschuldigten* nur für das zugrunde liegende oder ein anderes anhängiges Strafverfahren benutzt werden, § 81e Abs. 2 Satz 2 StPO i.V.m. § 81a Abs. 3 1. Hs. StPO. Das Material ist nach Abschluss des Verfahrens zu vernichten, § 81a Abs. 3 2. Hs. StPO. Die Pflicht zur Vernichtung gemäß § 81a Abs. 3 Hs. 2 StPO entsteht mit Rechtskraft des Anlassverfahrens. In Einzelfällen kann eine frühere oder spätere Vernichtung geboten sein, wenn z.B. das Material sicher unbrauchbar ist oder wenn mit der Wiederaufnahme des Verfahrens oder einer Wiedereinsetzung in den vorigen Stand zu rechnen ist.[333] Die Pflicht zur Vernichtung gemäß § 81a Abs. 3 StPO bezieht sich jedoch *nicht* auf das ermittelte DNA-Identifizierungsmuster. Denn dieses wird zur Akte genommen.[334]

Für Material, das gemäß § 81e Abs. 2 Satz 1 StPO untersucht wurde, gilt § 81a Abs. 3 StPO entsprechend; der Verweis in § 81e Abs. 2 Satz 2 StPO bezieht sich in diesem Zusammenhang allerdings *nicht* auf § 81a Abs. 3 Hs. 2 StPO, sondern nur auf § 81a Abs. 3 1. Hs. StPO. Dies bedeutet, dass der Verweis sich nur auf die eingeschränkte Verwendung im Ausgangsverfahren oder einem anderen anhängigen Strafverfahren, nicht jedoch auf die Vernichtung bezieht. Das Material ist daher *nicht* zu vernichten. Eine Asservierung ist sogar ratsam. Hintergrund ist, dass Körpermaterial beim Beschuldigten oder Dritten jederzeit erneut gewonnen werden kann, aufgefundenes Material nach einer Vernichtung dagegen für immer verloren wäre – deshalb kann die Aufbewahrung auch im Interesse des Beschuldigten sein. Durch die fehlende Pflicht zur Vernichtung wird auch gewährleistet, dass das Material z.B. im Rahmen eines Wiederaufnahmeverfahrens – dann möglicherweise mit weiterentwickelten Untersuchungsmethoden – untersucht werden kann.[335]

---

331 MüKo StPO/*Trück*, § 81a Rn. 36.

332 SK-StPO/*Rogall*, § 81a Rn. 124; SSW/*Bosch*, § 81a Rn. 40; MüKo StPO/*Trück*, § 81a Rn. 36.

333 MüKo StPO/*Trück*, § 81a Rn. 37.

334 LR/*Krause*, § 81e Rn. 34.

335 MüKo StPO/*Trück*, § 81e Rn. 26; LR/*Krause*, § 81e Rn. 39.

Für Spuren unbekannter Herkunft gilt dagegen etwas anderes: Auf die Vernichtungsregelung des § 81a Abs. 3 2. Hs. StPO verweist § 81e Abs. 2 Satz 2 StPO *nicht*, sodass offenes Material *nicht* zu vernichten ist, sondern zu asservieren ist. Dieses Material wäre auch – anders als Körpermaterial des Beschuldigten – unwiederbringlich verloren.[336]

Gemäß § 81g Abs. 5 StPO darf das Bundeskriminalamt das DNA-Muster unter bestimmten Voraussetzungen speichern und verwenden: Wird im Rahmen von § 81e Abs. 1 StPO eine molekulargenetische Untersuchung beim Beschuldigten durchgeführt, kann dieses Muster unter den zusätzlichen Voraussetzungen des § 81g Abs. 1 StPO, also insbesondere bei einer Straftat von erheblicher Bedeutung oder einer Straftat gegen die sexuelle Selbstbestimmung, gespeichert werden, § 81g Abs. 5 S. 2 Nr. 1 StPO. Gespeichert werden dürfen auch offene Spuren nach § 81e Abs. 2 StPO i.V.m. § 81g Abs. 5 Satz 2 Nr. 2 StPO. Hierbei erfolgt die Speicherung der Daten des Beschuldigten ohne richterliche Anordnung.[337] Der Beschuldigte ist in den Fällen des § 81g Abs. 5 S. 2 Nr. 1 StPO unverzüglich von der Speicherung zu benachrichtigen und darauf hinzuweisen, dass er die gerichtliche Entscheidung beantragen kann, § 81g Abs. 5 S. 4 StPO. Die Speicherung erfolgt in der DNA-Analyse-Datei des Bundeskriminalamtes gemäß § 81g Abs. 5 StPO, die weitere Verwendung richtet sich gemäß § 81g Abs. 5 Satz 1 StPO nach dem BKAG.

j) Beweisverwertungsverbot

Hinsichtlich der Beweisverwertungsverbote muss differenziert werden: Ein Beweisverwertungsverbot kann sich bei § 81e Abs. 1 StPO ergeben, wenn das Material, das untersucht werden soll, aus einer Maßnahme gemäß §§ 81a, 81c StPO stammt und insofern ein Beweisverwertungsverbot vorliegt.[338] So ist die Untersuchung von Material, das durch unzulässige heimliche Ermittlungsmethoden – und somit nicht gemäß §§ 81a, 81c StPO – gewonnen worden ist, unverwertbar; dies würde einen Revisionsgrund darstellen.[339] Bei § 81e Abs. 2 StPO wird das Material nicht durch eine Maßnahme gemäß §§ 81a, 81c StPO, sondern am Tatort gewonnen, sodass insofern (wegen Verstoßes gegen §§ 81a, 81c StPO) kein Beweisverwertungsverbot bestehen kann. Ein Beweisverwertungsverbot könnte sich aber ggf. ergeben, wenn Überschussinformationen

336 *Eisenberg*, Beweisrecht, Rn. 1686; LR/*Krause*, § 81e Rn. 39.
337 Meyer-Goßner/*Schmitt*, § 81g Rn. 12; KK/*Senge*, § 81g Rn. 24.
338 LR/*Krause*, § 81e Rn. 47; *Eisenberg*, Beweisrecht, Rn. 1684a.
339 SSW*Bosch*, § 81e Rn. 14; *Eisenberg*, Beweisrecht, Rn. 1684 f.

bei der DNA-Analyse gemäß § 81e Abs. 2 StPO gewonnen werden, also z.B. Informationen über die Haarfarbe, die nach aktuellem Gesetzesstand verboten sind. Ob nach bisheriger Rechtslage aus der unzulässigen Beweiserhebung im Rahmen der FDNAP wegen des Verstoßes gegen das Untersuchungsverbot des § 81e Abs. 1 Satz 2 StPO ein Beweisverwertungsverbot folgt, ist in der Literatur umstritten: Überwiegend wird vertreten, ein Verstoß gegen das Verbot des § 81e Abs. 1 Satz 2 StPO führe aufgrund des kodifizierten Beweiserhebungsverbots immer zu einem Beweisverwertungsverbot.[340] Ein solches Beweisverwertungsverbot hat wohl auch der Gesetzgeber angestrebt: „*Um die Ausforschung schutzbedürftiger genetischer Anlagen des Betroffenen und die Feststellung genetisch bedingter schutzbedürftiger Persönlichkeitsmerkmale (psychische, charakterbezogene und krankheitsbezogene Persönlichkeitsmerkmale) als den Kern der Persönlichkeit berührende Eingriffe auszuschließen*“, enthält § 81e Abs. 1 Satz 2 Regelungen zu unzulässigen Untersuchungen und Feststellungen.[341] Zufällig oder unvermeidbar ermittelte Informationen über schutzbedürftige Persönlichkeitsmerkmale dürften in keiner Weise vom Sachverständigen festgestellt, weitergegeben oder in das Verfahren eingeführt werden.[342] Der Gesetzgeber hat das Beweisverwertungsverbot allerdings nicht kodifiziert. Die StPO sieht allgemein nur wenige ausdrückliche Beweisverwertungsverbote vor: Diese finden sich in §§ 81a Abs. 3, 81c Abs. 3 Satz 5, 108 Abs. 2, 160a Abs. 1 Satz 2 StPO sowie § 136a Abs. 3 Satz 2 StPO. Darüber hinaus sieht die StPO für rechtswidrige Beweiserhebungen keine ausdrücklichen Rechtsfolgen, also Beweisverwertungsverbote, vor. Solche Verwertungsverbote können im Einzelfall aus einer ungeschriebenen Abwägung der widerstreitenden Interessen folgen. Eine solche Abwägung sehen manche auch für § 81e StPO vor: Im Rahmen der Abwägung seien einerseits Individualinteressen und andererseits die Schwere der Rechtsgutverletzung und das sich daraus ergebende Bedürfnis nach Strafverfolgung zu berücksichtigen.[343] Insbesondere bei schwerwiegenden, bewussten oder willkürlichen Verstößen hat ein Verstoß gegen Vorschriften der Erhebung ein Beweisverwertungsverbot

340 Meyer-Goßner/*Schmitt*, § 81e StPO Rn. 4; *Graalmann-Scherer*, FS Rieß, S. 153, 163; SSW/*Bosch*, § 81e Rn. 14; SK-StPO/*Rogall*, § 81e Rn. 13; *Eisenberg*, Beweisrecht, Rn. 1682a; HK/*Brauer*, § 81e Rn. 8; LR/*Krause*, § 81e Rn. 46; *Härtel*, ZG 2005, 300, 308; für ein Beweisverwertungsverbot auch schon Taschke/Bredenstein/*Keller*, S. 160, 180.

341 BT-Drs. 13/667, S. 6.

342 BT-Drs. 13/667, S. 7 linke Spalte.

343 *Senge*, NJW 1997, 2409, 2411; KK/*Senge*, § 81e Rn. 7; MüKo StPO/*Trück*, § 81e Rn. 20.

zur Folge.[344] Richtigerweise muss aus dem Beweiserhebungsverbot des § 81e Abs. 1 Satz 2 StPO ein Beweisverwertungsverbot folgen. Andernfalls würde die Beschränkung leerlaufen, was insbesondere in Hinblick auf die Untersuchung von Krankheiten allgemein ausgeschlossen sein muss. Dieses Verbot muss für zufällige, unvermeidbar ermittelte, jedoch auch gezielt ermittelte Informationen gelten.

k) Zusammenfassung

Gemäß § 81e Abs. 1 StPO dürfen mittels molekulargenetischer Untersuchung an dem durch Maßnahmen nach § 81a Abs. 2 oder § 81c erlangten Material das DNA-Identifizierungsmuster, die Abstammung und das Geschlecht der Person festgestellt und diese Feststellungen mit Vergleichsmaterial abgeglichen werden. § 81e Abs. 2 ermöglicht die Untersuchung von Material unbekannter Herkunft. Als einziges phänotypisches Merkmal ist also die Ermittlung des Geschlechts erlaubt. Andere Merkmale – unabhängig davon, ob äußerlich oder innerlich – gelten als Überschussinformationen, für sie besteht ein Beweisverwertungsverbot. Damit ist die FDNAP, soweit sie mehr als das Geschlecht bestimmt, unzulässig.

l) Kritik in der Literatur an der molekulargenetischen Untersuchung

Aufgrund dieses Verbots plädieren manche für eine Ausweitung der klassischen DNA-Analyse auf äußerliche Merkmale.[345] Mit der Festlegung, dass die Ermittlung des Geschlechts zulässig sei, habe der Gesetzgeber selbst bereits eine Differenzierung zwischen äußerlich erkennbaren und nicht erkennbaren Merkmalen geschaffen.[346] Es stelle sich daher die Frage, wo der Unterschied zwischen dem Geschlecht und anderen äußerlichen Merkmalen sei.[347]

Andere sehen dagegen die DNA-Analyse insgesamt kritisch und lehnen jede Ausweitung ab: Die DNA sei besonders fehleranfällig.[348] Ein Handy, das auch in verschiedener Weise überwacht werden könne, könne man bewusst zu Hause

---

344 BVerfG, Beschl. v. 12.04.2005 – 2 BvR 1027/02, NJW 2005, 1917 3. Leitsatz; BGH, Urt. v. 18.04.2007 – 5 StR 546/06, NJW 2007, 2269 Leitsatz.

345 SK-StPO/*Rogall*, § 81e Rn. 9; diesem folgend MüKo StPO/*Trück*, § 81e Rn. 18; wohl offen SSW/*Bosch*, § 81e Rn. 6 sowie *Volk*, NStZ 2002, 561, 564.

346 *Beck*, S. 108.

347 *Beck*, S. 108; MüKo StPO/*Trück*, § 81e Rn. 18 hinsichtlich äußerer Merkmale mit Ausnahme der ethnischen Zugehörigkeit; *Anslinger/Brodersen/Eisenmenger*, DRiZ 2005, 165, 168.

348 *Schultz* als Vertreterin des Gen-ethischen Netzwerks e.V., https://videoportal.uni-freiburg.de/video/Erweiterung-polizeilicherDNA-Analyse-und-Datenspeicherung-

lassen und dadurch eine Überwachung vermeiden, dies gelte für DNA-Spuren allerdings nicht, diese Spuren könne man nicht vermeiden. Es sei nicht erkennbar, wo man überall DNA-Spuren hinterlasse. Zusätzlich seien diese sehr lange noch und zunehmend umfassender analysierbar. Die DNA-Analyse stelle eine *„Black Box“* der Biostatistik sowie des Labors dar, die für den Beteiligten und auch für Richter und Anwälte intransparent sei, sodass man dem Gutachten gezwungenermaßen vertrauen müsse.[349]

III. Die Forensische DNA-Phänotypisierung in Kombination und im Vergleich

Nachfolgend geht es um die Forensische DNA-Phänotypisierung in Kombination und im Vergleich mit anderen strafprozessualen Maßnahmen.

1. Kombination der Forensischen DNA-Phänotypisierung mit anderen Maßnahmen der StPO

Die FDNAP lässt sich mit verschiedenen Maßnahmen kombinieren: Vorstellbar ist es, die im Rahmen der FDNAP ermittelten Informationen für ein Phantombild gemäß § 131b StPO zu nutzen. Die äußeren Merkmale aus der FDNAP können auch für eine Rasterfahndung gemäß § 98a StPO genutzt werden. Die Informationen können zudem eingesetzt werden, um – solange der Tatverdächtige noch nicht gefunden wurde und man keine klassische DNA-Analyse durchführen kann – Zeugenaussagen zu verifizieren. Eine besonders gute Kombination bietet die FDNAP zusammen mit dem Reihengentest: Dabei können die Ergebnisse der FDNAP als *„bestimmte, auf den Täter vermutlich zutreffende Prüfungsmerkmale“* (§ 81h Abs. 1 StPO) bei einer DNA-Reihenuntersuchung gemäß § 81h StPO genutzt werden. Je detaillierter ein solches Täterprofil durch die FDNAP bestimmt werden kann, umso erfolgversprechender wird der Reihengentest sein. Solche Tests werden bisher häufig eingesetzt, wenn die Beweislage besonders schlecht sei. Häufig wird das Täterprofil nur durch die drei Kriterien Alter, Geschlecht und Wohnort bestimmt. Hierbei wird die Altersgrenze regelmäßig mangels Informationen bewusst weit gezogen. Das Merkmal

---

Dimensionen-zivilgesellschaftlichen-Protestes/faea4c50334c346b4d094b8f3b2c8aae, ab 14:10 Minute, abgerufen am 28. Juni 2017.

349 *Schultz* als Vertreterin des Gen-ethischen Netzwerks e.V., https://videoportal.uni-freiburg.de/video/Erweiterung-polizeilicherDNA-Analyse-und-Datenspeicherung-Dimensionen-zivilgesellschaftlichen-Protestes/faea4c50334c346b4d094b8f3b2c8aae, ab Minute 10:55, abgerufen am 28. Juni 2017.

der Ortsansässigkeit wird ebenfalls oft nur gewählt, um den Kreis in irgendeiner Form einzuschränken. Hätte man durch die FDNAP verlässliche Informationen über äußere Merkmale, könnte man den Teilnehmerkreis spürbar beschränken. Gleichzeitig würden potentielle Teilnehmer, die die Merkmale nicht aufweisen, von vornherein vom Reihengentest ausgeschlossen und damit würde vermieden, dass dadurch unnötig Unschuldige belastet werden. Für die Ermittlungsbehörden ist insbesondere die Bestimmung des Alters attraktiv: DNA-Reihenuntersuchungen werden oft bei allen Männern (einer Region oder Stadt) im Alter von 18 bis 50 Jahren durchgeführt. Es dürfte hierbei deutlich werden, dass die Bestimmung des Alters sehr hilfreich sein könnte, um das Raster zu verkleinern. Zusätzlich ist das Alter ein Merkmal, das für den Tatverdächtigen unveränderbar und aufgrund dessen für die Behörden äußerst sicher ist.[350]

Schließlich ist die FDNAP regelmäßig mit der klassischen DNA-Analyse gemäß § 81e Abs. 1 StPO zu verbinden, um die DNA-Spuren am Tatort und die der verdächtigten Person abgleichen zu können. Die FDNAP kann eine Person nicht eindeutig bestimmen, bloß die klassische DNA-Analyse kann eine Person eindeutig identifizieren.[351]

2. Der Umfang und die Zuverlässigkeit anderer gängiger Beweismittel

An dieser Stelle soll auf andere strafprozessuale Maßnahmen eingegangen werden, die sich mit der FDNAP vergleichen lassen. Dazu gehört die körperliche Untersuchung, die sogar und insbesondere Krankheiten, also möglicherweise verdeckte, persönliche Merkmale, aufdecken kann. Der Zeuge dagegen kann wie die FDNAP Auskunft über äußerliche Merkmale geben. Es soll hierbei verdeutlicht werden, dass die FDNAP zum einen sensible Daten in vergleichbarer Weise offenbart bzw. offenbaren kann wie andere bereits bestehende Maßnahmen auch, zum anderen soll hervorgehoben werden, dass der Zeuge als bereits bestehende und anerkannte Ermittlungsmaßnahme besonders unzuverlässig ist und dass der Einsatz der FDNAP demgegenüber viele Vorteile bringen kann.

a) Körperliche Untersuchung gemäß §§ 81a, 81c StPO

§ 81a Abs. 1 StPO erlaubt die körperliche Untersuchung des Beschuldigten, wobei auch Blutproben oder andere körperliche Eingriffe zulässig sind. Diese Entnahme steht unter Richtervorbehalt, § 81a Abs. 2 Satz 1 StPO. Davon ausgenommen sind nach § 81a Abs. 2 Satz 2 StPO Fälle, in denen der Verdacht

---

350 *Beck*, KriPoZ 2017, 160, 163.

351 *Matheson*, Cell 2016, Vol. 166, 1061, 1062.

besteht, dass eine Straftat nach § 315a Abs. 1 Nr. 1, Abs. 2 und 3, § 315c Abs. 1 Nr. 1a), Abs. 2 und 3 oder § 316 StGB begangen worden ist. Die körperliche Untersuchung ist nur bei einem Beschuldigten zulässig: Der Begriff des Beschuldigten gilt nach §§ 157, 170 StPO von der Einleitung des Ermittlungsverfahrens wegen eines Anfangsverdachts bis zur rechtskräftigen Verurteilung.[352] Bei der Untersuchung nach § 81a StPO sollen verfahrenserhebliche Tatsachen wie der Zustand des Körpers und seiner Bestandteile, des Blutes, des Magensaftes oder das Vorhandensein von Fremdkörpern ermittelt werden.[353] Hauptanwendungsfall des § 81a StPO ist die Blutentnahme zur Messung der Blutalkoholkonzentration. Zu den anderen körperlichen Eingriffen im Sinne von § 81a StPO wird u.a. die Entnahme von Liquor, Samen oder Urin gezählt.[354] Die klassische Untersuchung von Blut oder Urin kann u.a. Aufschluss über die Blutgruppe, Diabetes oder Drogenkonsum geben.[355] Das Blut kann für eine DNA-Analyse gemäß § 81e Abs. 1 StPO verwendet werden.[356] Auch Personen, die nicht Beschuldigte sind, können in gleicher Weise – gemäß § 81c StPO – untersucht werden. Wie sich zeigt, ermöglicht die körperliche Untersuchung, höchstpersönliche Informationen über Krankheiten zu geben, und geht daher mit einem gewissen Missbrauchsrisiko einher, denn es kann nicht ausgeschlossen werden, dass z.B. die Blutalkoholprobe noch zu anderen Untersuchungszwecken genutzt wird. Die Praxis zeigt bisher allerdings einen verantwortungsvollen Umgang mit körperlichen Untersuchungen oder Proben.

b) Der Zeuge

Der Zeuge ist in den §§ 48 ff. StPO geregelt. Zeugen können Aussagen über alle denkbaren Tatumstände und den Tatverdächtigen machen. Der Nachteil an Zeugen ist, dass ihre Aussagen besonders fehleranfällig sind. Diese Fehlerträchtigkeit kann verschiedene Gründe haben: Der Zeuge kann das Geschehen nicht gänzlich wahrgenommen haben, was an der Erwartung, der Art des Geschehens, der Erfahrung oder einer sonstigen Motivation liegen kann. Unsere Erinnerung hängt von zahlreichen äußeren und inneren Faktoren ab.[357] Zu diesen Faktoren gehören z.B. der Zeitraum der Kenntnisnahme des Täters, die Lichtverhältnisse,

---

352 MüKo StPO/*Trück*, § 81a Rn. 2.

353 Karlsruher Kommentar StPO/*Senge*, § 81a Rn. 5.

354 Karlsruher Kommentar StPO/*Senge*, § 81a Rn. 6.

355 *Koops/Schellekens*, The Columbia Science and Technology Law Review 2008, Vol. IX, S. 158, 160.

356 BeckOK-StPO/*Goers*, 30. Edition, Stand: 01.06.2018, § 81a Rn. 9.

357 U.a. *Wells/Olson*, Annual Review of Psychology 2003, Vol. 54, 277 ff.

mögliche Tarnungen durch Masken o.Ä., Unverwechselbarkeit des Aussehens, der Einsatz einer Waffe sowie das Bewusstsein, dass man Zeuge einer Straftat wird. Attraktive Gesichter merken wir uns eher, unattraktive auch, durchschnittliche eher weniger.[358] Gesichter von Personen unserer eigenen Herkunft bleiben besser in Erinnerung als die Gesichter anderer Herkunft.[359] Zusätzlich kann der Zeuge das Geschehen nichtzutreffend wahrgenommen haben, weil er z.B. irrtümlich Schlussfolgerungen für das Geschehen hält, unter dem Einfluss von Drogen, Alkohol oder Medikamenten steht, sich in einer psychischen Ausnahmesituation befindet oder seine Sinnesorgane anderweitig, z.B. aufgrund des Alters oder Krankheit, beeinträchtigt sind. Auch Kinder nehmen Situationen häufig anders wahr. Weitere Risiken hinsichtlich des Zeugens betreffen das Erinnerungsvermögen: Hierbei können Erinnerungsfehler auftreten, z.B. da es mehrere ähnliche Ereignisse gab, der Zeuge Ereignisse verdrängt, vergisst oder seine Erinnerungen verfälscht werden, z.B. durch Einwirkung von außen.[360]

Weitere Probleme können auch bei der Zeugenbefragung selbst auftreten: Sei es, dass der Zeuge sprachliche Probleme hat, unter Stress oder Aufregung steht und/oder die Fragen (daher) nicht versteht.[361] Jüngere Kinder können sich meist nicht richtig ausdrücken. Von wahrgenommenen Unterhaltungen können sich Zeugen in aller Regel nur an sehr markante Sätze erinnern und diese wiederholen. Die Beschreibung von unbekannten Personen ist besonders fehleranfällig. Allgemein tendieren Zeugen zu Beschreibungen von *„durchschnittlichen"* Personen: So wird besonders häufig die Haarfarbe braun genannt. Die durchschnittliche Beschreibung setzt sich bei der Schätzung der Körpergröße fort, darum werden große Personen eher kleiner, kleine Personen größer eingeschätzt.[362] Besonders viele Fehler treten bei Zeit-, Entfernungs-, Geschwindigkeits- und Mengenschätzungen auf.[363] Die Richtigkeit von Aussagen zu beurteilen ist sehr schwer. In diesem Zusammenhang bemängeln manche, dass heutzutage häufig noch der Eindruck des Zeugen auf den Beurteilenden mehr zähle und dass nicht – wie es richtig wäre – die Qualität seiner Aussage bewertet werde.[364] Neben diesen unbewussten Störungen der Wahrnehmung sind auch

358 U.a. *Wells/Olson*, Annual Review of Psychology 2003, Vol. 54, 277, 281.

359 *Meissner/Brigham*, Psychology, Public Policy and Law 2001, Vol. 7, No. 1, 3 ff.

360 MAH/*Jansen*, § 35 Rn. 18.

361 MAH/*Jansen*, § 35 Rn. 18.

362 *Bender*, StV 1982, 484, 486.

363 *Bender/Nack/Treuer*, Tatsachenfeststellung, Rn. 204 ff.; MAH/*Jansen*, § 35 Rn. 18; so schon vor vielen Jahren: *Bender*, StV 1982, 484 ff.

364 MAH/*Jansen*, § 35 Rn. 22.

bewusste Täuschungen durch den Zeugen möglich. Der Zusammenhang von Täuschungen und gewissen nonverbalen sowie paraverbalen Verhaltensweisen ist relativ gründlich erforscht worden. In zahlreichen Studien haben Forscher versucht herauszufinden, ob Zeugen bei Täuschungen ein spezielles nonverbales Verhalten, d.h. Gestik oder Mimik, oder paraverbales Verhalten wie das Stottern oder Abbrechen von Sätzen seltener oder vermehrt zeigen als bei wahren Aussagen. Nach den bisherigen Studien zeigen sich bei Täuschungen einige veränderte nonverbale Verhaltensweisen, jedoch sind diese personenspezifisch, d.h. bei unterschiedlichen Personen zeigen sich unterschiedliche veränderte Verhaltensweisen, und/oder häufig zu unauffällig, um die Glaubhaftigkeit der Aussage anhand dessen angemessen bewerten zu können. Insbesondere wird der Blickkontakt häufig bei der Bewertung der Glaubhaftigkeit der Aussage falsch interpretiert.[365]

Es zeigt sich also, dass die Aussagen von Zeugen – sofern sie überhaupt vorhanden sind – sehr unsicher sind und dementsprechend auch die Ermittlung nicht immer erfolgreich sein wird. Wenn die FDNAP dagegen in Zukunft sichere, zuverlässige Vorhersagewerte erbringen kann, kann sie sinnvoll und erfolgversprechend eingesetzt werden. Auch die FDNAP ist nicht vollkommen und nicht immer einsetzbar, allerdings sind ihre Risiken (z.B. im Hinblick auf Verunreinigung) besser einzuschätzen und ausfindig zu machen als beim Zeugen: Z.B. ist die FDNAP von Spermaspuren bei einem Vergewaltigungsdelikt sicherlich umfassender und allgemein zielführender als die Auswertung von ganz unterschiedlichen Zeugenaussagen, deren Wahrheitsgehalt sich kaum überprüfen lässt.

IV. Abschließende Bemerkungen

Die klassische DNA-Analyse gemäß § 81e StPO wird zum einen für einen Abgleich mit der DNA-Analyse-Datei des Bundeskriminalamts genutzt, um den Tatverdächtigen möglicherweise in dieser Datei zu finden, zum anderen, um einen Spurenabgleich zu ermöglichen, wenn man einen Verdächtigen gefunden hat. Nach dem geltenden § 81e Abs. 2 StPO darf als einziges phänotypisches Merkmal das Geschlecht untersucht werden. Andere Untersuchungen sind unzulässig. Werden andere Merkmale unzulässig analysiert, unterliegen sie einem Beweisverwertungsverbot.

Die FDNAP kann die Ermittlungen voranbringen, wenn die Zeugenaussagen nicht weiterführen oder es keine Zeugen gibt. Sie ist gerade deshalb so

365 MAH/*Köhnken*, § 61 Rn. 37.

gewinnbringend, weil sie gegenüber dem Zeugenbeweis zuverlässiger und genauer ist. Es hat sich gezeigt, dass der Zeuge ein sehr unsicheres Beweismittel ist. In Kombination mit anderen Maßnahmen wie z.B. der Rasterfahndung oder den DNA-Reihenuntersuchungen ist die FDNAP besonders erfolgversprechend. Mit der Begründung des Gesetzgebers, mit der er die Ermittlung des Geschlechts zuließ, lässt sich möglicherweise auch die Ermittlung von weiteren äußeren Merkmalen rechtfertigen.

Betrachtet man die FDNAP im Vergleich mit anderen Maßnahmen, führt dies zu einer gewissen Relativierung der Eingriffsintensität: § 81a StPO ermöglicht äußerst umfassende Untersuchungen, die zahlreiche Informationen über den Betroffenen zutage fördern können. Sie ermöglicht z.B. im Rahmen einer (zulässigen oder unzulässigen) Blutuntersuchung wesentlich konkretere Informationen als bei einer DNA-Analyse – so sind im Blut nicht Krankheitsdispositionen, sondern ganz bestimmte Krankheitsbilder erkennbar. Man sollte sich in diesem Zusammenhang bewusst machen, dass die Gefahr des Missbrauchs bei jeder Blutalkoholuntersuchung besteht, die täglich unzählige Male durchgeführt wird. Blutbilder sind für Unbefugte wie z.B. Versicherer oder Arbeitgeber vermutlich sogar interessanter als bloße Dispositionen in der DNA, denn Dispositionen für Krankheiten trägt jeder von uns in seiner DNA. Zusätzlich ist der Umfang der Informationen bei der FDNAP im Gegensatz zu anderen Ermittlungsmaßnahmen überschaubar: Bei Ermittlungsmaßnahmen wie der Observation (§ 163f StPO), Telefonkommunikationsüberwachung (§ 100a StPO) oder der akustischen Wohnraumüberwachung (§ 100c StPO) werden umfassende Informationen über den Beschuldigten oder Dritte generiert – diese umfassen seine Familie, sonstige Kontakte, Freizeitbeschäftigungen, Arbeit, Gewohnheiten etc. Auch ein psychiatrisches Gutachten zur Schuldfähigkeit oder die Offenlegung einer Krankenakte offenbart diverse persönliche Informationen. Durch die FDNAP werden aber gerade keine umfassenden Informationen über das Privatleben des Tatverdächtigen oder sogar Dritter generiert. Jedenfalls im Ergebnis wirkt die FDNAP nicht belastender oder intensiver als eine Zeugenaussage.

C. Überblick über die Forensische DNA-Phänotypisierung im Ausland

Nach der Darstellung der Rechtslage in Deutschland soll nun die Rechtslage im Ausland hinsichtlich der FDNAP, insbesondere in den Niederlanden, knapp beschrieben werden. Der Zweck dabei ist es, zu erfahren, ob die FDNAP den erhofften Nutzen zeigt und welche Herausforderungen oder Gefahren sie ggf. in der Praxis mit sich bringt. Zusätzlich ist es möglich, sich durch einen Blick ins Ausland Anregungen für eine mögliche Gesetzesgestaltung in Deutschland zu holen.

I. Niederlande

In den Niederlanden ist die FDNAP in einem gewissen Umfang seit 2003 zulässig. Die FDNAP ist in Art. 138a Wetboek van Strafvordering (WvS) definiert und in Art. 151d und Art. 195f WvS näher geregelt.

In Art. 138a WvS heißt es:[366]

> Unter dem Begriff der DNA-Untersuchung versteht man die Analyse von Zellmaterial, die auf den Vergleich von DNA-Profilen gerichtet ist, der Feststellung von außen wahrnehmbaren persönlichen Eigenschaften des unbekannten Verdächtigen oder des unbekannten Opfers oder der Bestimmung der Verwandtschaft dient.

Art. 151d WvS bestimmt, dass der Staatsanwalt die FDNAP anordnen kann; dasselbe Recht hat der Haftrichter gemäß Art. 195f WvS. Nach beiden Befugnisnormen ist die DNA-Analyse nur zulässig, wenn die Voraussetzungen des Art. 67 Abs. 1 WvS erfüllt sind, also insbesondere eine Gefängnisstrafe von vier Jahren oder mehr in Aussicht steht, Art. 67 Abs. 1 lit. a) WvS. Darunter fällt u.a. der Mord nach Art. 289 Wetboek van Strafrecht.

Der Umfang der zulässigen äußerlich erkennbaren Merkmale wird durch Verordnung näher bestimmt, Art. 151d Abs. 3 und Art. 195f Abs. 3 WvS. Die Verordnung erlaubt aktuell die Analyse des Geschlechts, der Rasse, Augenfarbe sowie Haarfarbe.[367] Die Merkmale müssen äußerlich erkennbar sowie

---

366 Onder DNA-onderzoek wordt verstaan het onderzoek van celmateriaal dat slechts gericht is op het vergelijken van DNA-profielen, het vaststellen van uiterlijk waarneembare persoonskenmerken van de onbekende verdachte of het onbekende slachtoffer of het vaststellen van verwantschap.

367 Art. 1b Besluit DNA-onderzoek in strafzaken: Als uiterlijk waarneembare persoonskenmerken van een onbekende verdachte of een onbekend slachtoffer waarop een DNA-onderzoek als bedoeld in artikel 151d, eerste lid, eerste volzin, of artikel 195f, eerste lid, eerste volzin, van de wet gericht kan zijn, worden aangewezen:
   a. het geslacht;
   b. het ras;
   c. de oogkleur;
   d. de haarkleur.

Der Besluit ist abrufbar unter http://wetten.overheid.nl/BWBR0012791/2018-02-01, abgerufen am 2. März 2018.

sichtbar (also durch Hinsehen) sein und seit Geburt bestehen. Grund für die Beschränkung auf äußerlich *erkennbare* Merkmale war, dass man unbekannte Erbkrankheiten und Dispositionen ausschließen wollte; Hintergrund dessen war wiederum das Recht auf Nichtwissen.[368] Das Gesetz schließt Verhaltensmerkmale aus, es bezieht sich ausschließlich auf äußerlich erkennbare Merkmale.[369] Aus den Gesetzesentwürfen[370] ergibt sich, dass nur solche Merkmale als erkennbar gelten sollten, die für ein Phantombild nützlich seien und die auch von Zeugen genannt werden würden.[371] Dabei hat die Ermittlung des Merkmals *„Rasse"* Kritik in der Literatur hervorgerufen: Der Gesetzgeber unternehme Anstrengungen gegen Rassismus und die Vorstellung, dass sich Menschen in Rassen einteilen ließen, um den Begriff dann selbst zur Kategorisierung zu verwenden.[372] Die Ermittlung von äußerlich erkennbaren Merkmalen trage zur Diskriminierung, Stigmatisierung und Vorurteilsbildung bei, zusätzlich führe die FDNAP allgemein zu einer Beweislastumkehr.[373]

Durch die Beschränkung auf äußerlich sichtbare Merkmale schließt das Gesetz andere Formen der Wahrnehmung, also z.B. durch Geruch oder Stimme der Person, aus.[374] Manche bemängeln diese Beschränkung: Auch andere nicht sichtbare Merkmale – Erbkrankheiten ausgenommen – seien unzulässig, aber eigentlich nützlich. Diese Ausnahme gelte z.B. auch für eine seit Geburt bestehende Farbenblindheit, Taubheit oder die Linkshändereigenschaft.[375] Der Gesetzgeber begründete die Beschränkung damit, dass Ziel der FDNAP die Zeichnung eines Phantombilds sei.[376]

Das niederländische Gesetz zur FDNAP möchte wegen des Rechts auf Nichtwissen verhindern, dass der Betroffene von unbekannten Erbkrankheiten erfährt. Erbkrankheiten könnten jedoch dann ermittelt werden, wenn der Betroffene mit absoluter Gewissheit von der Krankheit weiß, weil er sie seit Geburt hat und sie äußerlich erkennbar ist und sie sich auf andere Weise als durch Verhalten ausdrückt. Als Beispiel wird Albinismus genannt.[377] Auch wenn die eben genannten

368 Kamerstukken I 2002/03, 28 072, Nr. 13b, S. 4.

369 Kamerstukken II 2001/02, 28 072 Nr. 5, S. 10.

370 Kamerstukken I 2002/03, 28 072, Nr. 13b, S. 2 f.

371 *Koops/Prinsen/Schellekens,* Tilburg Law Review 2006, Vol. 13, S. 206, 217.

372 *M'charek,* Bioethics Vol. 22, No. 9, 2008, S. 519, 523 f.

373 *Toom/M'charek,* Nederlands Juristenblad v. 21. Januar 2011, S. 142 ff.

374 Kamerstukken II 2001/02, 28 072 Nr. 5, S. 2; *Koops/Prinsen/Schellekens,* Tilburg Law Review 2006, Vol. 13, S. 206, 215.

375 *Koops/Prinsen/Schellekens,* Tilburg Law Review 2006, Vol. 13, S. 206, 215.

376 Kamerstukken I 2002/03, 28 072, Nr. 13b, S. 2 f.

377 Kamerstukken II 2001/02, 28 072, Nr. 5, S. 10.

Kriterien auf das Downsyndrom zutreffen, ist die Ermittlung des Downsyndroms ausgeschlossen worden, weil nicht zu erwarten sei, dass es zur Ermittlung beitrage.[378]

Die Literatur hat die Gestaltung der zulässigen Merkmale durch Verordnung teilweise kritisiert: Die Aufzählung sei unlogisch – entweder sollte das Gesetz die Merkmale abschließend aufzählen oder gänzlich offenlassen oder die Verordnung sollte alle Merkmale regeln. Außerdem sei die Differenzierung zwischen Geschlecht und Rasse sowie den äußerlich erkennbaren Merkmalen unlogisch.[379]

Nur in zehn Fällen von 50.000 DNA-Analysen, die seit der Einführung der FDNAP in den Niederlanden zu forensischen Zwecken vorgenommen wurden, wurde die DNA auf äußere Merkmale untersucht.[380] Diese Anfragen seien erst nach erfolglosem Abschluss der klassischen Ermittlungsarbeit gestellt worden.[381] Über Fälle, in denen die DNA in unzulässiger oder missbräuchlicher Weise untersucht wurde, wurde nicht berichtet, ebenso nicht darüber, dass es zu Diskriminierungen gekommen ist. So hat die FDNAP zur Entlastung einer Minderheit beigetragen, als ein Angehöriger dieser Minderheit einer Straftat verdächtigt wurde, sich durch die FDNAP indes herausstellte, dass der Tatverdächtige eine europäische Herkunft haben müsse.[382]

II. Frankreich

In Frankreich hat der Oberste Gerichtshof, *Cour de Cassation*, in einem Vergewaltigungsfall die Benutzung von FDNAP als Ermittlungsmethode als rechtmäßig angesehen: Zulässig sei die Ermittlung von erkennbaren morphologischen Merkmalen (nicht dagegen der Herkunft), die Merkmale dürften nur zur Identifizierung einer Person verwendet werden.[383]

---

378 Kamerstukken II 2001/02, 28 072, Nr. 5, S. 10.

379 *Koops/Prinsen/Schellekens,* Tilburg Law Review 2006, Vol. 13, S. 206, 224.

380 *Lossau,* https://www.welt.de/wissenschaft/article163306033/Was-Kommissare-ueber-Taeter-wissen-koennten-aber-nicht-duerfen.html, abgerufen am 4. Juli 2018.

381 *M'charek,* FAS vom 4. Juni 2017, S. 59.

382 *Kayser/de Knijff,* Nature 2011, Vol. 12, S. 179, 183.

383 Cour de cassation – Chambre criminelle, 25. Juni 2014 (No.13–87.493); https://www.legifrance.gouv.fr/affichTexteArticle.do;jsessionid=003A0254A6EDFE50C9E16DAC05A5A73E.tpdila19v_1?cidTexte=JORFTEXT000032377272&idArticle=JORFARTI000032377273&dateTexte=20160409&categorieLien=cid, abgerufen am 13. Juli 2017; http://www.lemonde.fr/societe/visuel/2014/12/18/le-portrait-robot-genetique-arrive-en-france_4541590_3224.html, abgerufen am 12. Juli 2017.

III. USA

In den USA gibt es keine bundesweit einheitliche Regelung: Die Bundesstaaten Rhode Island und Wyoming verbieten FDNAP explizit.[384] Andere Staaten richten sich nach dem US-amerikanischen Bundesrecht: Dieses beschränkt die DNA-Analyse auf Identifizierungszwecke.[385] Teile der Literatur weisen in diesem Zusammenhang darauf hin, dass sich auch codierende Abschnitte der DNA zu Identifizierungszwecke eignen würden – Haarfarbe und Hautfarbe dienten nämlich auch der Identifikation. So habe das FBI das Bundesgesetz dementsprechend auch dahin gehend ausgelegt, dass die Analyse des Geschlechts sowie die Ermittlung der Abstammung und Verwandtschaft zulässig seien. Zudem beziehe sich das Bundesgesetz nur auf die Analyse von Material aus der DNA-Datenbank, sodass Raum für DNA-Material bestehe, das nicht in der DNA-Datenbank gespeichert sei.[386] In Vermont sind nur DNA-Analysen verboten, die sich auf Krankheiten beziehen,[387] sodass die Analyse von anderen körperlichen oder psychischen Merkmalen möglich ist.[388]

IV. Weitere Länder

In Großbritannien wurde FDNAP im Jahr 2009 zeitweise im Rahmen des „*Human Provenance Pilot Project*" eingesetzt, um die Staatsangehörigkeit von Asylbewerbern zu überprüfen.[389] In der Schweiz sind DNA-Analysen nur in

---

384 Rhode Island General Laws § 12-1.5-10 (2016) – Chapter 12-1.5 – DNA Detection of Sexual and Violent Offenders: „*DNA samples and DNA records collected under this chapter shall never be used under the provisions of this chapter for the purpose of obtaining information about physical characteristics, traits or predispositions for disease.*"; Wyoming Code § 7-19-404 (2016): „*The information contained in the state DNA database shall not be collected or stored for the purpose of obtaining information about physical characteristics, traits or predisposition for disease and shall not serve any purpose other than those stated in W.S. 7–19-402(a).*"

385 42 U.S. Code § 1413: „*...pursuant to rules that allow disclosure of stored DNA samples and DNA analyses only to criminal justice agencies for law enforcement identification purposes...*".

386 *Murphy*, NYU Public Law & Legal Theory Research Paper Series, Working Paper No. 13–46, July 2013, S. 1, 10.

387 Vermont Statute § 20-113-1937: „*Analysis of DNA samples obtained pursuant to this subchapter is not authorized for identification of any medical or genetic disorder.*"

388 *Hibbert*, Wake Forest Law Review 1999, Vol. 34, Ausgabe 3, 767, 793.

389 Das Projekt erfuhr größere Kritik, u.a. von *Balding/Weale/Richards et al.*, Significance 2010, Vol. 7, Ausgabe 2, 58 ff.; *Tutton/Hauskeller/Sturdy*, Ethnic and Racial Studies

Hinblick auf die nicht codierenden Abschnitte und hinsichtlich des Geschlechts zulässig.[390] Eine nicht repräsentative Studie unter knapp 300 Schweizern aus dem Jahr 2015 hat ergeben, dass nur knapp 30 % der Befragten eine allgemeine Erfassung aller Bürger in einer Datenbank befürworten.[391] Hingegen sind gut 38 % für die FDNAP, 45 % würden die Anwendung der FDNAP von der Schwere der Straftat abhängig machen. Nur 9 % sprechen sich dagegen aus, 8 % sind unentschieden.[392]

V. Zusammenfassung

Das Beispiel Niederlande zeigt, dass ein bedachter, kritischer Umgang mit der FDNAP möglich ist. Fälle von Missbrauch, fehlerhaften Untersuchungen oder Diskriminierungen sind nicht bekannt. Zu einer großflächigen Anwendung der FDNAP ist es ebenfalls nicht gekommen. Insbesondere ist es nicht zu einer Verwendung der FDNAP bei Bagatelldelikten gekommen, da dies durch das Gesetz ausgeschlossen ist. Auch aus den USA und Frankreich sind bisher keine Missbrauchsfälle bekannt.

2014, Vol. 37, No. 5, 738 ff.; http://news.bbc.co.uk/2/hi/uk_news/8282654.stm, abgerufen am 1. November 2017.

390 Art. 2 Abs. 1 bzw. Abs. 2 des Bundesgesetzes über die Verwendung von DNA-Profilen im Strafverfahren und zur Identifizierung von unbekannten oder vermissten Personen.

391 *Zieger/Utz*, FSI Genetics 2015, Vol. 17, 163, 164.

392 *Zieger/Utz*, FSI Genetics 2015, Vol. 17, 163, 167.

Kapitel 3. Unionsrechtliche Vorgaben sowie Vereinbarkeit mit der EMRK

Die Möglichkeit, FDNAP zu legalisieren, kann durch Unionsrecht oder die EMRK eingeschränkt sein. Daher ist in diesem Kapitel zunächst zu prüfen, ob und inwiefern die FDNAP durch das Unionsrecht determiniert wird. Eine solche Bestimmung kommt zunächst aufgrund der Richtlinie (EU) 2016/680 in Betracht.

A. Vereinbarkeit der Forensischen DNA-Phänotypisierung mit der Richtlinie (EU) 2016/680

Die Datenschutzgrundverordnung (VO (EU) 2016/679) erfasst die Datenverarbeitung im Rahmen des Strafverfahrens explizit nicht, Art. 2 Abs. 2 lit. d) DSGVO. Für die Strafverfolgung gilt stattdessen die Richtlinie (EU) 2016/680. Diese Richtlinie trägt die volle Bezeichnung *„Richtlinie zum Schutz natürlicher Personen bei der Verarbeitung personenbezogener Daten durch die zuständigen Behörden zum Zwecke der Verhütung, Ermittlung, Aufdeckung oder Verfolgung von Straftaten oder der Strafvollstreckung sowie zum freien Datenverkehr und zur Aufhebung des Rahmenbeschlusses 2008/977/JI des Rates.“* Wie ihr Name sagt und es auch in Art. 1 Abs. 1 in Verbindung mit Art. 2 Abs. 1 RL (EU) 2016/680 festgelegt ist, gilt die Richtlinie für die Verarbeitung personenbezogener Daten durch die zuständigen Behörden zum Zwecke der Verhütung, Ermittlung, Aufdeckung oder Verfolgung von Straftaten oder der Strafvollstreckung.

I. Hintergrund der Richtlinie (EU) 2016/680

Die Richtlinie beruht auf dem Kompetenztitel des Art. 16 AEUV: Nach Art. 16 Abs. 1 AEUV hat jede Person das Recht auf Schutz der sie betreffenden personenbezogenen Daten. Das Europäische Parlament und der Rat sind gemäß Art. 16 Abs. 2 AEUV zur Schaffung von Vorschriften über den Schutz natürlicher Personen bei der Verarbeitung personenbezogener Daten ermächtigt. Zusätzlich stützt sich die Richtlinie auf die Erklärung Nr. 21 im Anhang zur Schlussakte der Regierungskonferenz, die den Vertrag von Lissabon schloss.[393] Als Richtlinie im Sinne von Art. 288 Abs. 3 AEUV ist die Richtlinie (EU) 2016/680 anders als die

---

393 Einleitung, Erwägungsgrund 10 der RL (EU) 2016/680.

Datenschutzgrundverordnung nicht unmittelbar anwendbar. Die Struktur und Formulierungen der Richtlinie stimmen teilweise mit der Datenschutzgrundverordnung überein. Auch wenn die Bestimmungen der Verordnung und der Richtlinie stellenweise wortgleich sind, kann die Auslegung der Verordnung nicht ohne Weiteres für die Auslegung der Richtlinie herangezogen werden. Denn anders als die Verordnung richtet sich die Richtlinie *nur* an die Mitgliedsstaaten und deren Umsetzung in nationales Recht.[394] Diese Adressierung schließt jedoch nicht aus, dass man z.B. Definitionen aus der Datenschutzgrundverordnung für die Auslegung der Richtlinie heranzieht.

Hintergrund der Richtlinie ist, dass *„der freie Verkehr personenbezogener Daten zwischen den zuständigen Behörden zum Zwecke der Verhütung, Ermittlung, Aufdeckung oder Verfolgung von Straftaten oder der Strafvollstreckung, einschließlich des Schutzes vor und der Abwehr von Gefahren für die öffentliche Sicherheit innerhalb der Union und die Übermittlung solcher personenbezogener Daten an Drittländer und internationale Organisationen, erleichtert und dabei gleichzeitig ein hohes Schutzniveau für personenbezogene Daten gewährleistet werden"* solle.[395] Die Richtlinie fordert die Mitgliedsstaaten auf, die Grundrechte und Grundfreiheiten von natürlichen Personen zu schützen. Zugleich soll sie zusichern, dass der Austausch personenbezogener Daten zwischen den zuständigen Behörden in der Union – sofern er nach dem Unionsrecht oder dem Recht der Mitgliedstaaten vorgesehen ist – nicht aus Gründen, die mit dem Schutz natürlicher Personen bei der Verarbeitung personenbezogener Daten verbunden sind, beschränkt oder untersagt wird, Art. 1 Abs. 2 RL. Die Richtlinie betont in ihren Erwägungsgründen, dass der Schutz natürlicher Personen bei der Verarbeitung von personenbezogenen Daten ein Grundrecht sei, welches in Art. 8 Abs. 1 GRC sowie in Art. 16 Abs. 1 AEUV geregelt sei.[396] Der Schutz solle unabhängig von Staatsangehörigkeit oder Aufenthaltsort gelten. Die Richtlinie solle einen Beitrag zur Vollendung eines Raums der Freiheit, Sicherheit und des Rechts leisten.[397] Der Datenschutz stehe angesichts von technologischen Entwicklungen und der Globalisierung vor neuen Herausforderungen.[398] Eine wirksame justizielle Zusammenarbeit in Strafsachen und polizeiliche Zusammenarbeit seien nur durch ein einheitliches

---

394 *Weinhold/Johannes*, DVBl. 2016, 1501, 1502; Grabitz/Hilf/Nettesheim/*Nettesheim*, Recht der Europäischen Union, 64. EL, Mai 2018, Art. 288 AEUV Rn. 109.

395 Erwägungsgrund 4 der RL (EU) 2016/680; siehe auch Art. 1 Abs. 1 RL (EU) 2016/680.

396 Erwägungsgrund 1 der RL (EU) 2016/680.

397 Erwägungsgrund 2 der RL (EU) 2016/680; siehe auch Erwägungsgrund 17 der RL (EU) 2016/680.

398 Erwägungsgrund 3 der RL (EU) 2016/680.

und hohes Schutzniveau für die Daten sowie einen vereinfachten Austausch von Daten unter den Mitgliedstaaten zu realisieren.[399] In Erwägungsgrund 104 betont die RL (EU) 2016/680, dass sie mit den Grundrechten und Grundsätzen, die mit der Charta anerkannt wurden und im AEUV verankert sind, insbesondere mit dem Recht auf Achtung des Privat- und Familienlebens, dem Recht auf Schutz personenbezogener Daten sowie dem Recht auf einen wirksamen Rechtsbehelf und ein faires Verfahren vereinbar sei. Die Einschränkungen dieser Rechte seien auch konform mit Art. 52 Abs. 1 GRC, weil sie nötig seien, um die von der Union anerkannten, dem Gemeinwohl dienenden Zielsetzungen oder die Erfordernisse des Schutzes der Rechte und der Freiheiten anderer zu gewährleisten.

II. Anwendungsbereich der Richtlinie (EU) 2016/680

Die Richtlinie regelt zwar auch den Austausch von Daten unter den Mitgliedstaaten und mit Drittstaaten, allerdings erfordert die Richtlinie in ihrer Geltung für die Mitgliedstaaten *keine* Grenzüberschreitung. Die Art. 4 ff. RL (EU) 2016/680 gelten daher unabhängig von einer Grenzüberschreitung für jeden Mitgliedsstaat.

Wie bereits erwähnt, gilt die Richtlinie für die Verarbeitung personenbezogener Daten durch die zuständigen Behörden zwecks Verhütung, Ermittlung, Aufdeckung oder Verfolgung von Straftaten oder der Strafverfolgung, Art. 1 Abs. 1 RL (EU) 2016/680. Die Richtlinie betrifft damit vorrangig die Ermittlungsbehörden, nachrangig aber auch die nationalen Gerichte.[400] Nach Art. 3 Nr. 1 RL (EU) 2016/680 bezeichnet der Ausdruck personenbezogene Daten alle Informationen, die sich auf eine identifizierte oder identifizierbare natürliche Person beziehen.

Den Begriff *„identifiziert"* definiert die Richtlinie (EU) 2016/680 nicht näher. Es ist davon auszugehen, dass eine Person als identifiziert gelten kann, wenn eine direkte Verbindung zwischen Daten und Namen (als das in der westlichen Kulturgesellschaft am häufigsten genutzte Kennzeichen) besteht oder sich zumindest aus dem Inhalt oder Kontext ergibt.[401]

---

399 Erwägungsgrund 7 der RL (EU) 2016/680.

400 Erwägungsgrund 80 der RL (EU) 2016/680: Die Gerichte allerdings nimmt die Richtlinie von der Kontrolle durch Aufsichtsbehörden aus, um die Unabhängigkeit der Richter zu gewährleisten.

401 So zum ähnlich lautenden, ehemals geltenden § 3 BDSG BeckOK/*Schild*, Datenschutzrecht, 19. Edition, Stand: 01.08.2017, § 3 Rn. 18.

Den Begriff *„identifizierbar"* konkretisiert die Richtlinie (EU) 2016/680 hingegen: Als identifizierbar wird nach Art. 3 Nr. 1 RL (EU) 2016/680 eine natürliche Person angesehen, die direkt oder indirekt, insbesondere mittels Zuordnung zu einer Kennung wie einem Namen, zu einer Kennnummer, zu Standortdaten, zu einer Online-Kennung oder zu einem oder mehreren besonderen Merkmalen, die Ausdruck der physischen, physiologischen, genetischen, psychischen, wirtschaftlichen, kulturellen oder sozialen Identität dieser natürlichen Person sind, identifiziert werden kann. Bei der FDNAP geht es um physische, physiologische und genetische Informationen über eine natürliche Person im Sinne von Art. 3 Nr. 1 RL (EU) 2016/680.[402] Genetische Daten unterliegen nach dem EU-Gesetzgeber in Anbetracht ihrer Komplexität und Sensibilität einem besonderen Missbrauchsrisiko sowie Wiederverwendungsrisiko für verschiedene Zwecke durch den Verantwortlichen. Grundsätzlich sei jede Diskriminierung wegen genetischer Merkmale verboten.[403]

Die Identifizierbarkeit richtet sich gemäß Erwägungsgrund 21 der RL (EU) 2016/680 nach den verfügbaren Mitteln, die ein Verantwortlicher nach allgemeinem Ermessen wahrscheinlich einsetzen wird, um die Person direkt oder indirekt ausfindig zu machen, z.B. durch Aussondern. Ob die Person diese wahrscheinlich nach allgemeinem Ermessen einsetzen wird, beurteilt sich nach allen objektiven Faktoren, also u.a. den Kosten der Identifizierung und dem dafür erforderlichen Zeitaufwand.[404] Dabei sind auch die zum Zeitpunkt der Verarbeitung verfügbare Technologie und die technologischen Entwicklungen miteinzubeziehen.[405] Die Grundsätze des Datenschutzes gelten in diesem

402 In Art. 3 Nr. 12 RL (EU) 2016/680 werden genetische Daten definiert: Als solche gelten personenbezogene Daten zu den ererbten oder erworbenen genetischen Eigenschaften einer natürlichen Person, die eindeutige Informationen über die Physiologie oder die Gesundheit dieser natürlichen Person liefern und insbesondere aus der Analyse einer biologischen Probe der betreffenden natürlichen Person gewonnen wurden. Nähere Erläuterungen dazu finden sich teilweise in den Erwägungsgründen der Richtlinie. U.a. definiert Erwägungsgrund 23 der RL (EU) 2016/680 die genetischen Daten noch näher: Als solche gelten personenbezogene Daten über ererbte oder erworbene genetische Eigenschaften einer natürlichen Person, die eindeutige Informationen über die Physiologie oder die Gesundheit der Person geben können und die aus der Analyse einer biologischen Probe der betreffenden natürlichen Person, insbesondere durch eine Chromosomen-, DNA- oder RNA-Analyse oder der Analyse eines anderen Elements, durch die gleichwertige Informationen gewonnen werden können, stammen.

403 Erwägungsgrund 23 der RL (EU) 2016/680.

404 Erwägungsgrund 21 der RL (EU) 2016/680.

405 Erwägungsgrund 21 der RL (EU) 2016/680.

Zusammenhang nicht für Personen, die nicht identifiziert oder identifizierbar sind, sowie anonymisierte Daten, die eine Identifizierung der Person unmöglich machen.[406] Man könnte behaupten, dass die von der FDNAP Person betroffene Person jedenfalls in denjenigen Fällen anonym bleibe, in denen die bei der FDNAP ermittelte Merkmalskombination so häufig auftritt (z.B. dunkelblond, blaue Augen, hellhäutig), dass eine Ermittlung der Person, deren DNA analysiert wurde, nicht einmal näherungsweise möglich ist, denkbar z.B. in Großstädten. Es könnte dann an einer Identifizierbarkeit fehlen. Allerdings kann die Anwendbarkeit der Richtlinie richtigerweise nicht von dem Erfolg der FDNAP abhängen: Ob der Erfolg eintritt, kann im Vorfeld bei der Entscheidung, die FDNAP anzuwenden, noch gar nicht abgesehen werden. Es ist dagegen gerade Ziel der FDNAP, den Beschuldigten dadurch – oder jedenfalls durch eine nachgelagerte Maßnahme, z.B. einen Massengentest, – ausfindig zu machen.[407] Die Maßnahme zielt damit eben nicht auf anonyme Informationserhebung oder Anonymität,[408] also z.B. darauf, sich einen Überblick über eine Personengruppe zu schaffen (z.B. zur Planung), bei dem der Einzelne unbeachtlich bleibt. Vielmehr sollen die Ermittler aus zunächst anonymen Informationen personenbezogene Informationen über einen Einzelnen generieren.[409] Es ist daher bei der FDNAP von einer Identifizierbarkeit im Sinne der Richtlinie (EU) 2016/680 auszugehen.

Der Begriff der (Daten-)Verarbeitung umfasst nach Art. 3 Nr. 2 RL (EU) 2016/680 jeden mit oder ohne Hilfe automatisierter Verfahren ausgeführten Vorgang oder jede solche Vorgangsreihe im Zusammenhang mit personenbezogenen Daten wie das Erheben, das Erfassen, die Organisation, das Ordnen, die Speicherung, die Anpassung oder Veränderung, das Auslesen, das Abfragen, die Verwendung, die Offenlegung durch Übermittlung, Verbreitung oder eine andere Form der Bereitstellung, den Abgleich oder die Verknüpfung, die Einschränkung, das Löschen oder die Vernichtung. Somit erfasst die Richtlinie mit dem Begriff der Datenverarbeitung bereits die Datenerhebung und nicht nur die weitere Verarbeitung. Bei der FDNAP werden genetische, personenbezogene Daten erhoben, erfasst, ausgelesen und verwendet, sodass eine Verarbeitung im Sinne von Art. 3 Nr. 2 RL (EU) 2016/680 vorliegt.

---

406 Erwägungsgrund 21 der RL (EU) 2016/680.

407 *West*, Genetischer Fingerabdruck, S. 279. Ebenso im Zusammenhang mit der klassischen DNA-Analyse: *Keller*, NJW 1989, 2289, 2296; *Störzer*, Kriminalistik 2001, 169, 170; *Hother*, Die DNA-Analyse, S. 41; ähnlich auch *Graalmann-Scheerer*, ZRP 2002, 72, 73 und *Krehl/Kolz*, StV 2004, 447, 454.

408 *West*, Genetischer Fingerabdruck, S. 279.

409 *Störzer*, Kriminalistik 2001, 169, 170.

Die Richtlinie gilt für ganz oder teilweise automatisierte Verarbeitungen personenbezogener Daten, aber auch nicht-automatisierte Verarbeitungen personenbezogener Daten, die in einem Dateisystem gespeichert sind oder gespeichert werden sollen.[410] Insbesondere automatisierte Datenerhebungen wie die Vorratsdatenspeicherung, Onlinedurchsuchung, Videoüberwachung oder Kfz-Kennzeichenerfassung sind davon umfasst.[411] Zwar handelt es sich bei der FDNAP nicht um eine automatisierte oder teilautomatisierte Verarbeitung, da die Daten nicht allein durch Software generiert werden. Die Richtlinie erfasst gleichwohl auch nicht-automatisierte Verarbeitungen von personenbezogenen Daten, die in einem Dateisystem gespeichert sind oder gespeichert werden sollen, Art. 2 Abs. 2 RL (EU) 2016/680. Das Dateisystem erfordert hierbei gemäß Art. 3 Nr. 6 RL (EU) 2016/680 *keine* elektronische Verarbeitung: Denn als Dateisystem im Sinne der Richtlinie gilt jede strukturierte Sammlung personenbezogener Daten, die nach bestimmten Kriterien zugänglich sind, unabhängig davon, ob diese Sammlung zentral, dezentral oder nach funktionalen oder geografischen Gesichtspunkten geordnet geführt wird. Dies verdeutlicht auch Erwägungsgrund 18 der RL (EU) 2016/680, nach dem der Schutz natürlicher Personen technologieneutral sein und nicht von den verwendeten Techniken abhängen sollte, um zu verhindern, dass Vorschriften umgangen werden. Der Schutz gilt für die automatisierte Verarbeitung personenbezogener Daten damit gleichermaßen wie für die manuelle Verarbeitung, wenn die personenbezogenen Daten in einem Dateisystem gespeichert sind oder gespeichert werden sollen.[412] Nur Akten oder Aktensammlungen und ihre Deckblätter, die *nicht* nach bestimmten Kriterien sortiert sind, sollten nicht unter die Richtlinie fallen.[413] Abhängig davon, wie weit man das Merkmal *„geordnet"* auslegt, könnte bereits die Sortierung der Strafakten nach dem Namen des Betroffenen, Delikt oder Aktenzeichen genügen. Zusätzlich ist in nächster Zeit mit einer flächendeckenden Verbreitung der elektronischen Aktenverwaltung in der Strafverfolgung zu rechnen, sodass spätestens dann nahezu alle Formen der Datenverarbeitungen unter die Richtlinie fallen.[414]

Der Anwendungsbereich der Richtlinie (EU) 2016/680 ist somit eröffnet, wenn der deutsche Gesetzgeber die FDNAP legalisieren möchte.

---

410 Art. 2 Abs. 2 RL (EU) 2016/680.

411 *Bäcker/Hornung,* ZD 2012, 147, 149; *Weinhold/Johannes,* DVBl. 2016, 1501, 1503.

412 Erwägungsgrund 18 der RL (EU) 2016/680.

413 Erwägungsgrund 18 der RL (EU) 2016/680.

414 *Bäcker/Hornung,* ZD 2012, 147, 149.

III. Die zentralen Regelungen und Vorgaben der Richtlinie (EU) 2016/680

Zunächst erlaubt Art. 1 Abs. 3 RL (EU) 2016/680 den Mitgliedsstaaten, im nationalen Recht strengere Datenschutzregelungen zu treffen, als es die Richtlinie bestimmt. Die Richtlinie ist daher nur mindest harmonisierend. Diese Tatsache ist für die weiteren Ausführungen zur Vereinbarkeit einer gesetzlichen Grundlage über die FDNAP mit der Richtlinie (EU) 2016/680 besonders bedeutsam.

Art. 4 RL (EU) 2016/680 gibt den wesentlichen Rahmen für die Datenverarbeitung für die Mitgliedstaaten vor, indem allgemeine Grundsätze für die Verarbeitung personenbezogener Daten aufgestellt werden: So müssen die Mitgliedstaaten sicherstellen,

- dass personenbezogene Daten auf rechtmäßige Weise und nach Treu und Glauben verarbeitet werden,
- für festgelegte, eindeutige und rechtmäßige Zwecke erhoben und nicht in einer mit diesen Zwecken nicht zu vereinbarenden Weise verarbeitet werden sowie
- dem Verarbeitungszweck entsprechen, maßgeblich und in Bezug auf die Zwecke, für die sie verarbeitet werden, nicht übermäßig sind.[415]

Zusätzlich müssen die personenbezogenen Daten sachlich richtig und erforderlichenfalls auf dem neuesten Stand sein; dabei sind alle angemessenen Maßnahmen zu treffen, also personenbezogene Daten, die im Hinblick auf die Zwecke ihrer Verarbeitung unrichtig sind, unverzüglich gelöscht oder berichtigt werden.[416] Daneben dürfen die Daten nicht länger, als es für die Zwecke, für die sie verarbeitet werden, erforderlich ist, in einer Form gespeichert werden, die die Identifizierung der betroffenen Personen ermöglicht.[417] Schließlich müssen die Daten in einer Weise verarbeitet werden, die eine angemessene Sicherheit der personenbezogenen Daten gewährleistet, einschließlich des Schutzes vor unbefugter oder unrechtmäßiger Verarbeitung und vor unbeabsichtigtem Verlust, unbeabsichtigter Zerstörung oder unbeabsichtigter Schädigung durch geeignete technische und organisatorische Maßnahmen.[418] Bei der Datenverarbeitung muss der Verantwortliche, sprich die zuständige Behörde (Art. 3 Nr. 8 RL (EU) 2016/680), die Einhaltung der Grundsätze sichern und deren

415 Art. 4 Abs. 1 a)-c) RL (EU) 2016/680.
416 Art. 4 Abs. 1 d) RL (EU) 2016/680.
417 Art. 4 Abs. 1 e) RL (EU) 2016/680.
418 Art. 4 Abs. 1 f) RL (EU) 2016/680.

Einhaltung nachweisen, Art. 4 Abs. 4 RL (EU) 2016/680. Zudem sollen Daten auch nur verarbeitet werden, wenn man den Zweck der Verarbeitung nicht in zumutbarer Weise mithilfe anderer Mittel erreichen könne.[419] Die Daten müssten in Anbetracht ihres Zwecks angemessen und erheblich sein.[420] Damit Daten nicht länger als erforderlich gespeichert werden würden, solle der Verantwortliche Löschungs- oder Überprüfungsfristen festlegen.[421] Man müsse die Daten zudem sicher verarbeiten und vor Verarbeitungen schützen, die gegen die Richtlinie verstoßen, sodass Unbefugte keinen Zugang zu den Daten oder Geräten, auf denen die Daten verarbeitet werden, erhalten dürften.[422] Bei der Sicherstellung einer sicheren Verarbeitung seien der Stand der Technik, die Kosten für ihre Einführung im Verhältnis zu den von der Verarbeitung ausgehenden Risiken und die Art der zu schützenden personenbezogenen Daten zu bedenken.[423] Allgemein sieht die Richtlinie vor, dass die Verarbeitung (nur) als rechtmäßig zu erachten ist, wenn und soweit diese Verarbeitung für die Erfüllung einer Aufgabe erforderlich ist, die von der zuständigen Behörde zu den Zwecken der Strafverfolgung wahrgenommen wird und auf Grundlage des Unionsrechts oder des Rechts der Mitgliedstaaten erfolgt, Art. 8 Abs. 1 RL (EU) 2016/680. Die Vorschrift statuiert folglich ein Verbotsprinzip mit Erlaubnisvorbehalt.[424] Art. 8 Abs. 2 RL (EU) 2016/680 verlangt (bloß), dass das Recht der Mitgliedstaaten im Anwendungsbereich dieser Richtlinie zumindest die Ziele der Verarbeitung, die personenbezogenen Daten, die verarbeitet werden sollen, und die Zwecke der Verarbeitung angibt. Die Richtlinie will auf diese Weise ganz offensichtlich nur für einen Mindestschutz sorgen – und dies auch insgesamt nur vage,[425] die Richtlinie arbeitet vielfach mit einem *„zumindest"*,[426] *„ggf."*[427] und *„so weit wie möglich"*[428] und überlässt die konkreten Entscheidungen den Mitgliedstaaten. Sie verpflichtet Mitgliedstaaten gerade nicht zur Einführung bestimmter Maßnahmen, legt keine genauen Tatbestandsmerkmale fest und sieht auch keine Beweisverwertungsverbote vor. Anders war dies noch in einem vorherigen Entwurf.

---

419 Erwägungsgrund 26 der RL (EU) 2016/680.
420 Erwägungsgrund 26 der RL (EU) 2016/680.
421 Erwägungsgrund 26 der RL (EU) 2016/680.
422 Erwägungsgrund 28 der RL (EU) 2016/680.
423 Erwägungsgrund 28 der RL (EU) 2016/680.
424 *Schwichtenberg*, DuD 2016, 605 f.
425 *Bäcker/Hornung*, ZD 2012, 147, 149.
426 Art. 8 Abs. 2 RL (EU) 2016/680.
427 Erwägungsgrund 31 der RL (EU) 2016/680; Art. 6 RL (EU) 2016/680.
428 Erwägungsgrund 31 der RL (EU) 2016/680; Art. 6 und Art. 7 Abs. 1 RL (EU) 2016/680.

Daher meinen manche, die Lockerung der Richtlinie sei auf erhebliche Interventionen zurückzuführen. Man habe verhindern wollen, dass die kriminalbehördlichen Befugnisse durch die Richtlinie begrenzt würden.[429]

Für die Erwägungen zur FDNAP ist insbesondere Art. 10 der RL (EU) 2016/680 relevant: Art. 10 RL (EU) 2016/680 regelt, dass die Verarbeitung personenbezogener Daten, aus denen die rassische oder ethnische Herkunft sowie die Verarbeitung von genetischen Daten, biometrischen Daten zur eindeutigen Identifizierung einer natürlichen Person oder Gesundheitsdaten nur dann erlaubt ist, wenn sie unbedingt erforderlich ist und vorbehaltlich geeigneter Garantien für die Rechte und Freiheiten der betroffenen Person erfolgt und

a) wenn sie nach dem Unionsrecht oder dem Recht der Mitgliedstaaten zulässig ist,
b) der Wahrung lebenswichtiger Interessen der betroffenen oder einer anderen natürlichen Person dient oder,
c) wenn sie sich auf Daten bezieht, die die betroffene Person offensichtlich öffentlich gemacht hat.[430]

Relevant sind bei der FDNAP die rassische oder ethnische Herkunft – denn der Begriff der rassischen oder ethnischen Herkunft erfasst die Hautfarbe –, die genetischen Daten sowie die biometrischen Daten (vgl. Art. 3 Nr. 13 RL (EU) 2016/680), weil die Augenfarbe ein biometrisches Datum ist. Nach den Erwägungsgründen birgt die Verarbeitung von sensiblen Daten erhebliche Risiken für die Grundrechte und Grundfreiheiten.[431] Die Verarbeitung sei deshalb nur zulässig, wenn sie geregelt sei und das Gesetz geeignete Garantien für die Rechte und Freiheiten der betroffenen Person vorsehe.[432] Eine geeignete Garantie sei u.a., dass die erhobenen Daten hinreichend gesichert werden müssten, der Zugang der Mitarbeiter der zuständigen Behörde zu den Daten strenger geregelt und die Übermittlung dieser Daten verboten werde.[433]

---

429 *Bäcker/Hornung*, ZD 2012, 147, 150.

430 Die Ausnahme in Art. 10 lit. a) RL (EU) 2016/680 wird teilweise kritisch als „*catch-all-Klausel*“ gesehen: Dazu *Marquenie*, Computer Law & Security Review 2017, Vol. 33, 324, 332.

431 Erwägungsgrund 37 der RL (EU) 2016/680.

432 Erwägungsgrund 37 der RL (EU) 2016/680.

433 Erwägungsgrund 37 der RL (EU) 2016/680.

IV. Vereinbarkeit sowie Anforderungen an ein Gesetz zur Forensischen DNA-Phänotypisierung mit der Richtlinie (EU) 2016/680

Im Folgenden ist zu prüfen, ob eine gesetzliche Grundlage für die FDNAP mit der Richtlinie (EU) 2016/680 vereinbar ist und welche Anforderungen die Richtlinie an ein solches Gesetz stellt.

Nach Art. 8 Abs. 1 RL (EU) 2016/680 sehen die Mitgliedstaaten vor, dass die Verarbeitung nur dann rechtmäßig ist, wenn und soweit diese Verarbeitung für die Erfüllung einer Aufgabe erforderlich ist, die von der zuständigen Behörde zu den in Art. 1 Abs. 1 RL (EU) 2016/680 genannten Zwecken wahrgenommenen wird, und auf Grundlage des Unionsrechts oder des Rechts der Mitgliedstaaten erfolgt. Nach Art. 8 Abs. 2 RL (EU) 2016/680 müssen im Recht der Mitgliedstaaten, das die Verarbeitung innerhalb des Anwendungsbereichs dieser Richtlinie regelt, *zumindest* die Ziele der Verarbeitung, die personenbezogenen Daten, die verarbeitet werden sollen, und die Zwecke der Verarbeitung angegeben werden.[434] Diese Vorgabe ist vom deutschen Gesetzgeber in § 47 BDSG umgesetzt worden. Ein mögliches Gesetz über die FDNAP muss demzufolge den Zweck und Ziel der Maßnahme festlegen und dabei auch bestimmen, welche Daten erhoben und verarbeitet werden sollen.

Art. 10 a) RL (EU) 2016/680, der die Verarbeitung von genetischen, rassischen und biometrischen Daten regelt, setzt zum einen voraus, dass die Datenverarbeitung unbedingt erforderlich ist. Der Begriff der Erforderlichkeit ist ein unbestimmter Rechtsbegriff. Der Europäische Gerichtshof betont, dass Begriffe einer unionsrechtlichen Vorschrift, die für die Ermittlung ihres Sinnes und ihrer Bedeutung nicht explizit auf das Recht der Mitgliedstaaten verweist, autonom und einheitlich ausgelegt werden müssen, um eine autonome und einheitliche

434 Siehe auch Erwägungsgrund 26 der RL (EU) 2016/680: Insbesondere sollten die bestimmten Zwecke, zu denen die personenbezogenen Daten verarbeitet werden, eindeutig und rechtmäßig sein und zum Zeitpunkt deren Erhebung feststehen. Die personenbezogenen Daten sollten für die Zwecke, zu denen sie verarbeitet werden, angemessen und erheblich sein. Es sollte insbesondere sichergestellt werden, dass nicht übermäßige personenbezogene Daten erhoben werden und sie nicht länger aufbewahrt werden, als dies für den Zweck, zu dem sie verarbeitet werden, erforderlich ist. Personenbezogene Daten sollten nur verarbeitet werden dürfen, wenn der Zweck der Verarbeitung nicht in zumutbarer Weise durch andere Mittel erreicht werden kann. Um sicherzustellen, dass die Daten nicht länger als nötig gespeichert werden, sollte der Verantwortliche Fristen für ihre Löschung oder regelmäßige Überprüfung vorsehen.

Anwendung des Unionsrechts, also ein gleichwertiges Schutzniveau, zu gewährleisten.[435] Dogmatische Konzepte der Mitgliedstaaten könnten aus diesem Grund nicht dafür herangezogen werden. Anknüpfungspunkte für die Auslegung der Erforderlichkeit sind darum der Charta zu entnehmen. Da die Richtlinie 2016/680/EU in anderen Abschnitten auch die Verhältnismäßigkeit nennt,[436] kann die Erforderlichkeit im Sinne von Art. 10 RL (EU) 2016/680 nicht als Verhältnismäßigkeit verstanden werden.[437] Andernfalls hätte man den Begriff der Verhältnismäßigkeit gewählt. Wirft man einen Blick in die DSGVO, fällt auf, dass der Begriff der Erforderlichkeit dort ebenfalls auftaucht: Auch hier werden die Begriffe *„erforderlich"* und *„verhältnismäßig"*, allerdings auch *„notwendig"* genannt.[438] Im Zusammenhang mit dem Datenschutzrecht, Art. 8 GRC, hat der Europäische Gerichtshof vertreten, dass sich die Ausnahmen und Einschränkungen *„auf das absolut Notwendige beschränken müssen."*[439] Es sei zu prüfen, ob *„Maßnahmen vorstellbar sind, die dieses Grundrecht der natürlichen Personen weniger stark beeinträchtigen, den Zielen der in Rede stehenden Unionsrechtsvorschriften aber ebenso in wirksamer Weise dienen."*[440] Der Begriff der unbedingten Erforderlichkeit im Sinne von Art. 10 RL (EU) 2016/680 ist also dahin gehend auszulegen, dass eine Daten verarbeitende Maßnahme dann zulässig ist, wenn keine mildere, gleich wirksame Maßnahme zur Zweckerreichung gegeben ist. Es dürfen auch nicht mehr Daten als erforderlich verarbeitet werden. Die zusätzliche Beschreibung *„unbedingt"* sollte in diesem Zuge jedoch nicht zu eng ausgelegt werden: Denn ein gewisses Maß an Effizienz, Praktikabilität und Schnelligkeit ist in der Strafverfolgung nötig. Dies ist auch im Interesse des Unionsrechts. Wann die FDNAP als unbedingt erforderlich gelten kann, wird unter Kapitel 4. D. III. 2. cb) ausführlich dargestellt.

---

435 EuGH, Urt. v. 18.10.2011 – C-34/10, EuZW 2011, 908, 909 Rn. 26 ff.; EuGH, Urt. v. 26.04.2012 – C-510/10, EuZW 2012, 635, 636 Rn. 33; ähnlich auch zu Art. 7e) RL 95/46/EG (Vorgängerin der DSGVO): EuGH, Urt. v. 16.12.2008 – C-524/06, EuZW 2009, 183, 185 Rn. 52.

436 U.a. Erwägungsgründe 26, 44, 82 der RL (EU) 2016/680; Art. 4 Abs. 2b), Art. 16 Abs. 4 RL (EU) 2016/680.

437 So Sydow/*Reimer*, Art. 6 Rn. 47 zur DSGVO.

438 U.a. Art. 5 Abs. 1 lit. c) und Art. 6 Abs. 1 Satz 1 lit. b), c) DSGVO.

439 EuGH, Urt. v. 09.11.2010 – C-92, 93/09, EuZW 2010, 939, 943 Rn. 77 und 86; EuGH, Urt. v. 07.11.2013 – C-473/12, ZD 2014, 137, 139 Rn. 39; EuGH, Urt. v. 08.04.2014 – C-293/12, C-594/12, EuZW 2014, 459, 463 Rn. 52, 61, 62, 64, 65.

440 EuGH, Urt. v. 09.11.2010 – C-92, 93/09, EuZW 2010, 939, 944 Rn. 86.

Zu den in Art. 10 RL (EU) 2016/680 genannten Anforderungen gehören zum anderen auch Garantien – vorbehaltlich dieser Garantien kann der Mitgliedstaat die Datenverarbeitung zulassen. In Erwägungsgrund 37 der RL (EU) 2016/680 legt die Richtlinie hinsichtlich sensibler Daten fest, dass zu den geeigneten Garantien für die Rechte und Freiheiten der betroffenen Person beispielsweise zählen kann, dass die erhobenen Daten hinreichend gesichert werden müssen, der Zugang der Mitarbeiter der zuständigen Behörde zu den Daten strenger geregelt und die Übermittlung dieser Daten verboten wird. In Erwägungsgrund 33 der RL (EU) 2016/680 heißt es, dass im Recht der Mitgliedstaaten, das die Verarbeitung personenbezogener Daten innerhalb des Anwendungsbereichs dieser Richtlinie regelt, zumindest die Ziele, die zu verarbeitenden personenbezogenen Daten, die Zwecke der Verarbeitung sowie Verfahren zur Wahrung von Integrität und Vertraulichkeit der personenbezogenen Daten und Verfahren für ihre Vernichtung angegeben werden sollten, um hinreichende Garantien gegen die Gefahr des Missbrauchs und der Willkür zu bieten. Eine solche Konzeption entspricht insgesamt auch dem Gedanken des unionsrechtlichen Datenschutzrechts im Sinne von Art. 8 der Europäischen Grundrechtecharta, wonach das Datenschutzrecht ein von *„checks und balances"* geprägtes Recht ist.[441] In § 48 Abs. 2 BDSG hat der deutsche Gesetzgeber diese Garantien in nationales Recht umgesetzt: Danach sind geeignete Garantien für die Datenverarbeitung von besonderen Kategorien personenbezogener Daten u.a. spezifische Anforderungen an die Datensicherheit oder die Datenschutzkontrolle, die Festlegung von besonderen Aussonderungsprüffristen, die Sensibilisierung der an Verarbeitungsvorgängen Beteiligten, die Beschränkung des Zugangs zu den personenbezogenen Daten innerhalb der verantwortlichen Stelle, die von anderen Daten getrennte Verarbeitung, die Pseudonymisierung oder Verschlüsselung personenbezogener Daten. Darüber hinausgehende oder eigene Garantien sind im Rahmen einer gesetzlichen Regelung der FDNAP nicht erforderlich, da insoweit § 48 BDSG gilt.

Neben den Voraussetzungen der Erforderlichkeit und der Garantie verlangt Art. 10 RL (EU) 2016/680, dass die Maßnahme der Datenverarbeitung geregelt ist. Dies bestätigt auch Erwägungsgrund 37 der RL (EU) 2016/680, wonach personenbezogene Daten nur dann verarbeitet werden sollten, wenn die Verarbeitung vorbehaltlich geeigneter Garantien für die durch Rechtsvorschriften festgelegten Rechte und Freiheiten der betroffenen Person erfolgt und *in durch Rechtsvorschriften geregelten Fällen erlaubt ist* oder anderenfalls zur Wahrung

441 Peers/*Kranenborg*, Art. 8 Rn. 25–27.

lebenswichtiger Interessen der betroffenen Person oder einer anderen Person erforderlich ist oder aber sich auf Daten bezieht, die die betroffene Person offensichtlich öffentlich gemacht hat. Eine Regelung – in Form eines förmlichen Gesetzes – empfiehlt sich daher. Für das deutsche Recht ergibt sich dies sowieso schon aus dem Vorbehalt des Gesetzes, wonach belastende Maßnahmen nur aufgrund eines Gesetzes ergehen können.[442]

Die FDNAP ist keine automatisierte Entscheidungsfindung oder Profiling im Sinne der Richtlinie, aus diesem Grund kommt es auf die Vorgaben des Art. 11 RL (EU) 2016/680 nicht an. Gemeint sind damit „*Entscheidungen, denen lediglich ein algorithmenbasierter Datenverarbeitungsprozess ohne Dazwischentreten eines Menschen vorausgeht.*" Es soll durch das Verbot von Profiling verhindert werden, dass eine natürliche Person zum Objekt einer Entscheidung wird, die sie rechtlich beeinflusst und gar benachteiligt, bloß weil ein algorithmenbasierter Datenverarbeitungsprozess einzelne persönliche Aspekte voll automatisiert in einer bestimmten Weise bewertet hat.[443] Die Richtlinie verbietet folglich nur das Profiling als automatisierte Datenverarbeitung, indes nicht die Ermittlung bzw. Fahndung nach einer Person aufgrund bestimmter Merkmale. Die Verarbeitung der DNA im Labor läuft automatisiert anhand von Mikrochips ab, trotzdem sind dieser jedenfalls zwei menschliche Entscheidungen vor- und nachgeschaltet: Eine Person nimmt am Tatort gezielt das DNA-Material auf und nach der Verarbeitung des Materials im Labor entscheidet ebenfalls eine Person, ob und wie die Ergebnisse der FDNAP genutzt werden sollen.

In den Art. 12 ff. RL (EU) 2016/680 sind u.a. verschiedene Rechte der von der Datenverarbeitung betroffenen Person geregelt. So hat die Person u.a. ein Auskunftsrecht bzgl. der Datenverarbeitung (Art. 14 RL (EU) 2016/680) oder ein Recht auf Berichtigung oder Löschung der Daten (Art. 16 RL (EU) 2016/680). Diese Rechte sind vom deutschen Gesetzgeber in den §§ 55 ff. BDSG umgesetzt worden. Wenn die allgemeinen Bestimmungen des BDSG auch im Rahmen des Gesetzes zur FDNAP gelten, muss Letzteres insoweit keine eigenen Regelungen treffen. Selbiges gilt für Regelungen zur Sicherheit der Datenverarbeitung (Art. 29 ff. (EU) 2016/680), die u.a. in § 64 („*Anforderungen an die Sicherheit der Datenverarbeitung*"), § 70 („*Verzeichnis von Verarbeitungstätigkeiten*") und § 71

---

442 Zum Vorbehalt des Gesetzes: BVerfG, Urt. v. 08.04.1997 – 1 BvR 48/94, NJW 1997, 1975, 1977.

443 So Paal/Pauly/*Martini*, DSGVO, Art. 22 Rn. 1 zur gleichbedeutenden automatisierten Entscheidung im Sinne der DSGVO.

BDSG („*Datenschutz durch Technikgestaltung und datenschutzfreundliche Voreinstellungen*“) geregelt sind.

V. Zusammenfassung

Wie sich gezeigt hat, werden die Vorgaben der RL (EU) 2016/680 durch das BDSG, insbesondere §§ 47, 48 BDSG, umgesetzt. Die Vorschriften des BDSG gelten für alle strafprozessualen Maßnahmen, die meisten Vorgaben der RL (EU) 2016/680 sind daher nicht gesondert für die FDNAP zu regeln. Ein mögliches Gesetz über die FDNAP muss allerdings entsprechend Art. 8 Abs. 2 RL (EU) 2016/680 den Zweck und Ziel der Datenverarbeitung festlegen und dabei auch bestimmen, welche Daten erhoben und verarbeitet werden sollen. Aufgrund von Art. 10 RL (EU) 2016/680 ist die FDNAP in einem Parlamentsgesetz zu regeln. Daneben muss die FDNAP im Anwendungsfall gemäß Art. 10 RL (EU) 2016/680 „*unbedingt erforderlich*“ sein.

B. Vereinbarkeit der Forensischen DNA-Phänotypisierung mit der Europäischen Grundrechtecharta

Aufgrund der RL (EU) 2016/680 ist möglicherweise auch zu prüfen, ob die FDNAP mit der Europäischen Grundrechtecharta vereinbar ist. Dazu müsste die Europäische Grundrechtecharta (GRC) anwendbar sein.

I. Anwendbarkeit der Europäischen Grundrechtecharta, Art. 51 Abs. 1 Satz 1 GRC

Üblicherweise müssen nationale Maßnahmen gemäß Art. 1 Abs. 3 GG mit dem Grundgesetz vereinbar sein. Abweichend von Art. 1 Abs. 3 GG ist der Mitgliedstaat aber an die Grundrechte der Europäischen Grundrechtecharta gebunden, wenn es sich gemäß Art. 51 Abs. 1 Satz 1 GRC um die „*Durchführung des Rechts der Union*“ handelt. Sollte der deutsche Gesetzgeber die FDNAP legalisieren wollen, stellt sich folglich die Frage, ob er aufgrund der Richtlinie dabei in Durchführung des Rechts der Union im Sinne von Art. 51 Abs. 1 Satz 1 GRC handle, weshalb die nationale Regelung in der StPO mit der Europäischen Grundrechtecharta vereinbar sein müsste. Als Recht der Union gilt das ganze europäische Primär- und Sekundärrecht.[444] Die Durchführung von Unionsrecht kann auch durch nationales Recht erfolgen, insbesondere die Umsetzung von Richtlinien

444 Schwarze/Becker/Hatje/Schoo/*Hatje*, GRC, Art. 51 Rn. 14.

im nationalen Recht,[445] sodass die Charta dann darauf anwendbar wäre. Die Anwendbarkeit der GRC hängt maßgeblich davon ab, wie weit der Anwendungsbereich einer Richtlinie reicht. Der Streit der Anwendbarkeit der Europäischen Grundrechtecharta dreht sich um die Auslegung der *„Durchführung des Rechts der Union“* im Sinne von Art. 51 Abs. 1 Satz 1 GRC. Es leuchtet ein, dass eine Prüfung von (jeweils in nationales Recht umgesetzten) Maßnahmen anhand der 28 nationalen Verfassungen die einheitliche Anwendung und Effektivität des Unionsrechts verhindern würden. Wie weit die Durchführung reicht, ist jedoch unklar.

Die Rechtsprechung des Europäischen Gerichtshof zur Anwendbarkeit der Grundrechtecharta ist nicht eindeutig festzumachen.[446] Teilweise hat der Europäische Gerichtshof den Anwendungsbereich einer Richtlinie sehr weit ausgelegt, um zur Anwendung der Grundrechtecharta zu gelangen. In verschiedenen Urteilen hat er nationales Recht, das bloß in irgendeiner Form in Zusammenhang mit der Umsetzung einer Richtlinie stand, an den Unionsgrundrechten gemessen. Zu denken ist hierbei u.a. an eine Entscheidung, bei der er die in einem österreichischen Gesetz enthaltene Verpflichtung, die Bezüge von Funktionären im öffentlichen Dienst zu veröffentlichen, an der damaligen Datenschutzrichtlinie (95/46/EG) geprüft hat, um dadurch das österreichische Gesetz an den Unionsgrundrechten zu messen.[447] Ähnlich verhielt es sich bei dem Fall von Åkerberg Fransson, bei dem der Europäische Gerichtshof eine Anwendbarkeit der Grundrechte bejahte: In diesem Fall ging es um die Frage, ob das Verbot der Doppelbestrafung bei einem Umsatzsteuerbetrug bei Verhängung einer Kriminalstrafe *sowie* einer steuerrechtlichen Sanktion eingreife. Der Europäische Gerichtshof kam zum Ergebnis, dass die Mitgliedstaaten aufgrund der Richtlinie 2006/112/EG, Art. 4 Abs. 3 EUV sowie Art. 325 AEUV verpflichtet seien, die Erhebung der Mehrwertsteuer sicherzustellen und dem Steuerbetrug entgegenzuwirken, und damit insofern Unionsrecht durchführen würden,[448] weshalb die Unionsgrundrechte in Hinblick auf die Doppelbestrafung für anwendbar erklärt

---

445 Meyer/*Borowsky*, GRC, Art. 51 Rn. 27.

446 Siehe u.a. EuGH, Urt. v. 05.10.2010 – C-400/10 PPU, BeckEuRS 2010, 523574 Rn. 51 – McB; EuGH, Urt. v. 26.02.2013 – C-617/10, EuZW 2013, 302 – Åkerberg; EuGH, Urt. v. 26.02.2013 – C-399/11, EuZW 2013, 305 – Melloni; EuGH, Urt. v. 30.04.2014 – C-390/12, EuZW 2014, 597, 599 Rn. 30 ff.; EuGH, Urt. v. 10.07.2014 – C-198/13, EuZW 2014, 795, 796 Rn. 33 ff. – Hernández.

447 EuGH, Urt. v. 20.05.2003 – C-465/00, C-138/01 und C-139/01, EuR 2004, 276, 282 Rn. 39 ff.

448 EuGH, Urt. v. 26.02.2013 – C-617/10, EuZW 2013, 302, 303 Rn. 16 ff.

wurden. Diese Entscheidung wurde teilweise stark kritisiert: Eine solche Logik kenne kaum noch Grenzen. Es verblieben danach kaum noch Maßnahmen, die man nicht als Durchführung von Unionsrecht erachten könne.[449] Andere meinen, die mit teleologischen Erwägungen verbundene Unschärfe des Europäischen Gerichtshofs sei u.a. aus Gründen der Flexibilität gewollt.[450]

In der Rechtssache *Hernández* schränkte der Europäische Gerichtshof seine Rechtsprechung ein: Im Urteil betont er, dass Art. 51 Abs. 2 GRC den Geltungsbereich des Unionsrechts nicht über die Zuständigkeiten der Union hinaus ausdehne und weder neue Zuständigkeiten noch neue Aufgaben für die Union begründe noch die in den Verträgen festgelegten Zuständigkeiten und Aufgaben ändere.[451] Vielmehr setze die *„Durchführung des Rechts der Union"* im Sinne des Art. 51 Abs. 1 GRC das *„Vorliegen eines Zusammenhangs zwischen einem Unionsrechtsakt und der fraglichen nationalen Maßnahme voraus […], der darüber hinausgeht, dass die fraglichen Sachbereiche benachbart sind oder der eine von ihnen mittelbare Auswirkungen auf den anderen haben kann."*[452] Weiter führt er aus, dass die Unionsgrundrechte (im Verhältnis zu einer nationalen Regelung) nicht anwendbar seien, *„wenn die unionsrechtlichen Vorschriften in dem betreffenden Sachbereich keine bestimmten Verpflichtungen der Mitgliedstaaten im Hinblick auf den im Ausgangsverfahren fraglichen Sachverhalt schaffen."*[453] Er verweist zusätzlich auch darauf, dass bereits entschieden worden sei, dass eine nationale Maßnahme nicht in den Geltungsbereich des Unionsrechts gebracht werden könne, um die Grundrechte als allgemeine Rechtsgrundsätze des Unionsrechts anwenden zu können. Allein die Tatsache, dass eine nationale Maßnahme in einen Bereich falle, für den die Union Zuständigkeiten habe, bringe die Maßnahme nicht in den Anwendungsbereich des Unionsrechts und führe daher auch nicht zur Anwendung der Charta.[454] Vielmehr sei zu prüfen, ob mit der fraglichen nationalen Maßnahme die Durchführung einer Bestimmung des Unionsrechts angestrebt wird, *„welchen Charakter diese Regelung hat und ob mit ihr andere als die unter das Unionsrecht fallenden Ziele verfolgt werden, selbst wenn sie das Unionsrecht mittelbar beeinflussen kann, sowie ferner, ob es eine Regelung*

---

449 *Frenzel*, Der Staat 2014, 1, 20; *Masing*, JZ 2015, 477, 482.

450 *Latzel*, EuZW 2015, 658, 663; Grabenwarter/*Gärditz*, Europäischer Grundrechteschutz, § 4 Rn. 23: *„unvermeidbare Systemabstinenz richterlicher Rechtserzeugung"*.

451 EuGH, Urt. v. 10.07.2014 – C-198/13, EuZW 2014, 795, 796 Rn. 32 – Hernández.

452 EuGH, Urt. v. 10.07.2014 – C-198/13, EuZW 2014, 795, 796 Rn. 34 – Hernández; EuGH, Urt. v. 06.03.2014 – C-206/13, NVwZ 2014, 575 Rn. 24.

453 EuGH, Urt. v. 10.07.2014 – C-198/13, EuZW 2014, 795, 797 Rn. 35 – Hernández.

454 EuGH, Urt. v. 10.07.2014 – C-198/13, EuZW 2014, 795, 797 Rn. 36 – Hernández.

des Unionsrechts gibt, die für diesen Bereich spezifisch ist oder ihn beeinflussen kann."[455] Der Europäische Gerichtshof hat weiter betont, „*dass die Verfolgung des Ziels des Grundrechtsschutzes im Unionsrecht, sei es im Hinblick auf Handlungen der Union oder die Durchführung des Unionsrechts durch die Mitgliedstaaten, in der Notwendigkeit begründet liegt, zu verhindern, dass der Grundrechtsschutz, der je nach dem betreffenden nationalen Recht unterschiedlich sein kann, die Einheit, den Vorrang und die Wirksamkeit des Unionsrechts beeinträchtigt.*"[456] Der Europäische Gerichtshof verdeutlicht auf diese Weise, dass mit der Grundrechtecharta nicht ein Mindeststandard – ähnlich wie durch die EMRK – gewährleistet werden soll, sondern dass es darum geht, die Grundrechtecharta dort (und zwar gänzlich) anzuwenden, wo die Anwendung der nationalen Grundrechte „*die Einheit, den Vorrang und die Wirksamkeit des Unionsrechts*" beeinträchtigen würde. Hierbei sind sich das Bundesverfassungsgericht und der Europäische Gerichtshof einig, dass nationale Maßnahmen, die auf Unionsrecht beruhen und vollharmonisiert sind, nur am Maßstab der Grundrechtecharta zu messen sind.[457] Das Bundesverfassungsgericht ist mit dem Europäischen Gerichtshof der Ansicht, dass dagegen rein nationale Maßnahmen, die nicht durch Unionsrecht determiniert sind, (nur) anhand von nationalen Grundrechten zu prüfen seien.[458] Auch „*kann allein der Umstand, dass eine nationale Maßnahme in einen Bereich fällt, in dem die Union über Zuständigkeiten verfügt, sie nicht in den Geltungsbereich des Unionsrechts bringen und somit zur Anwendbarkeit der Charta führen.*"[459]

1. Mindest- oder teilharmonisierende Richtlinien – Durchführung von Unionsrecht?

Bei mindest- oder teilharmonisierenden Richtlinien setzt der nationale Gesetzgeber zwar teilweise Unionsrecht um, ergänzt dies aber noch in den Bereichen, in denen ihm (explizit oder implizit) Spielräume eröffnet sind, oder füllt einen Bereich selbstständig aus, wenn eine Richtlinie einen bestimmten Bereich nicht vollständig determiniert. Nach dem Europäischen Gerichtshof sind auch bei mindest- und teilharmonisierenden Richtlinien die europäischen Grundrechte

---

455 EuGH, Urt. v. 10.07.2014 – C-198/13, EuZW 2014, 795, 797 Rn. 37 – Hernández; EuGH, Urt. v. 08.11.2012 – C-40/11, NVwZ 2013, 357 Rn. 79 – Iida.

456 EuGH, Urt. v. 10.07.2014 – C-198/13, EuZW 2014, 795, 798 Rn. 47 – Hernández.

457 BVerfG, Urt. v. 31.05.2016 – 1 BvR 1585/13, NJW 2016, 2247, 2253 Rn. 115; EuGH, Urt. v. 10.07.2014 – C-198/13, EuZW 2014, 795, 797 Rn. 35 – Hernández.

458 BVerfG, Urt. v. 02.03.2010 – 1 BvR 256/08 u.a., NJW 2010, 833, 835 Rn. 182.

459 EuGH, Urt. v. 10.07.2014 – C-198/13, EuZW 2014, 795, 797 Rn. 36 – Hernández.

ohne Einschränkungen anwendbar. Nationale Grundrechte kommen nach dem Europäischen Gerichtshof bei nicht vollständig durch Unionsrecht determinierten nationalen Vorschriften *neben* der Charta zur Anwendung (sog. Kumulationstheorie): So „*steht es […] den nationalen Behörden und Gerichten weiterhin frei, nationale Schutzstandards für die Grundrechte anzuwenden, sofern durch diese Anwendung weder das Schutzniveau der Charta, wie sie vom Gerichtshof ausgelegt wird, noch der Vorrang, die Einheit und die Wirksamkeit des Unionsrechts beeinträchtigt werden.*“[460]

Anders sieht es das Bundesverfassungsgericht: Dieses sieht in der Umsetzung über den Rahmen der Richtlinie hinaus keine Durchführung von Unionsrecht im Sinne von Art. 51 Abs. 1 Satz 1 GRC. Es richtet sich vielmehr nach Art. 1 Abs. 3, 93 sowie 100 GG und gelangt damit zur alleinigen Anwendung der nationalen Grundrechte (Alternativitätstheorie). Man könne sich deswegen auf die Grundrechte des Grundgesetzes berufen, wenn der nationale Gesetzgeber die Umsetzung von Unionsrecht frei gestaltet habe, d.h. die Gestaltung nicht durch Unionsrecht determiniert sei.[461] Das Bundesverfassungsgericht hat deshalb z.B. das Gesetz über den nationalen Zuteilungsplan bei Treibhausgasemissionsberechtigungen[462] sowie die Umsetzungsgesetze zur Vorratsdatenspeicherung an den deutschen Grundrechten[463] gemessen, soweit die Richtlinie überschießend umgesetzt wurde. Es hat dabei dargelegt, welche Bereiche die Richtlinie jeweils regelt und welche gerade nicht.[464] Die Alternativitätstheorie hat auch in der Literatur Anhänger.[465] Diese Auslegung wird auch durch den Wortlaut des Art. 51 Abs. 1 Satz 1 GRC bestätigt, der die Charta nur „*bei der Durchführung von Unionsrecht*“ für anwendbar erklärt, und zwar „*ausschließlich*“ bei der Durchführung von Unionsrecht.[466] Soweit der Mitgliedstaat sich

460 EuGH, Urt. v. 26.02.2013 - C-617/10, EuZW 2013, 302, 303 Rn. 29; siehe auch EuGH, Urt. v. 26.02.2013 - C-399/11, EuZW 2013, 305, 309 Rn. 60; für Kumulationstheorie auch *Ehlers*, Europäische Grundrechte, § 14 Rn. 74 f.

461 BVerfG, Urteil vom 02.03.2010 - 1 BvR 256/08 u.a., NJW 2010, 833, 835 Rn. 182; BVerfG, Beschl. v. 11.03.2008 - 1 BvR 256/08, NVwZ 2008, 543 Rn. 135.

462 BVerfG, Beschl. v. 13.03.2007 - 1 BvF 1/05, NVwZ 2007, 937 ff.

463 BVerfG, Urt. v. 02.03.2010 - 1 BvR 256/08 u.a., NJW 2010, 833 ff.

464 BVerfG, Urt. v. 02.03.2010 - 1 BvR 256/08 u.a., NJW 2010, 833, 835 Rn. 186.

465 *Augsberg*, DÖV 2010, 153, 158 f.; *Calliess*, JZ 2009, 113, 120 f.; *Frenz*, Hdb. EuR IV, Rn. 250; *Huber*, NJW 2011, 2385, 2387; *Kingreen/Poscher*, Grundrechte, Rn. 77; *Rengeling/Szczekalla*, Grundrechte, Rn. 313; *Ziegenhorn*, NVwZ 2010, 803, 807 f.; wohl auch *Hofmann* in Emmenegger/Wiedmann, Linien der Rechtsprechung des Bundesverfassungsgerichts, S. 573, 592.

466 *Britz*, S. 3.

im eigenen Gestaltungsraum bewegt, führt er kein Unionsrecht aus.[467] Zugleich lässt sich an Art. 51 Abs. 1 Satz 1 GRC erkennen, dass die Mitgliedstaaten sich gerade nicht dazu verpflichten wollten, dass die Grundrechtecharta umfassend und stets anwendbar sein soll.[468] Für eine solche Entscheidung spricht auch die Änderung des Wortlauts im Rahmen des Grundrechtekonvents, bei dem auch die Begriffe *„Anwendungsbereich"* sowie *„Geltungsbereich"* diskutiert und letztlich *„Durchführung"* gewählt wurde.[469] Die Verwirklichung nationaler Identitäten, wie sie Art. 4 Abs. 2 EUV gewährleistet, wäre erheblich eingeschränkt, wenn unionsrechtlich wissentlich offengelassene Bereiche wie z.B. die Gewährung höherer Schutzniveaus, die Entscheidung zwischen Umsetzungsmöglichkeiten sowie Umsetzungsmittel an unionsrechtlichen Grundsätzen und Grundrechten zu messen seien.[470]

Man sollte sich auch vergegenwärtigen, welches Prinzip sich hinter Art. 51 Abs. 1 Satz 1 GRC verbirgt, nämlich dass der Grundrechtsschutz zur Entscheidungsverantwortung gehört: Wer einen Sachverhalt regelt, dessen Grundrechte sollen gelten. Dagegen ist der Grad der Vereinheitlichung eine Frage, die auf politischer Ebene zu treffen ist, nicht aber über den Kopf von Politikern hinweg durch die Ableitung aus den bzw. Anwendung von Grundrechten.[471] Eine Bindung der Mitgliedstaaten an die Unionsgrundrechte auch im Bereich des Spielraums würde zu einer Erweiterung der unionsrechtlichen Kompetenzen durch die *„grundrechtliche Hintertür"* führen.[472] Dies gilt umso mehr in Anbetracht dessen, dass bereits heute etwa 60 bis 80 % der neuen, in den Mitgliedstaaten geschaffenen Gesetze jedenfalls mittelbar auf Unionsrecht beruhen – in all diesen vielen Fällen hätte die GRC gegenüber nationalen Grundrechten den Vorrang.[473] Eine so weite Auslegung des Art. 51 Abs. 1 GRC führt zu einer (nicht gewollten)

---

467 Calliess/Ruffert/*Kingreen*, GRC, Art. 51 Rn. 14.

468 *Britz*, S. 3.

469 Ausführlich dazu Meyer/*Borowsky*, GRC, Art. 51 Rn. 2 ff.

470 *Latzel*, EuZW 2015, 658, 660 im Zusammenhang mit der überschießenden Umsetzung von Richtlinien und mit Verweis auf *EuGH*, BeckRS 2004, 73418 Rn. 26: *„Der Gerichtshof hat zwar für die Einhaltung der Grundrechte auf dem Gebiet des Gemeinschaftsrechts zu sorgen; er kann jedoch nicht prüfen, ob ein nationales Gesetz, das wie im vorliegenden Fall zu einem Bereich gehört, der in das Ermessen des nationalen Gesetzgebers fällt, mit der Europäischen Menschenrechtskonvention vereinbar ist."*

471 *Masing*, JZ 2015, 477, 482; ähnlich auch *Augsberg*, DÖV 2010, 153, 158, 159.

472 *Hofmann* in Emmenegger/Wiedmann, Linien der Rechtsprechung des Bundesverfassungsgerichts, S. 573, 591; *Scholz*, DVBl. 2014, 197, 201; ähnlich *Kirchhof*, EuR 2014, 267, 270 f.

473 *Scholz*, DVBl. 2014, 197, 201.

Unitarisierung des Rechts.[474] Dagegen werden *„Vorrang, die Einheit und die Wirksamkeit des Unionsrechts“* im Bereich von überschießenden Regelungen durch nationale Grundrechte kaum beeinträchtigt.[475] Gegen eine kumulative Anwendung sprechen auch folgende Überlegungen: Der Europäische Gerichtshof hat im Åkerberg-Fransson-Urteil entschieden, dass Gerichte bei der der Prüfung von Maßnahmen, die nicht vollständig durch Unionsrecht determiniert sind, nationale Schutzstandards für die Grundrechte anwenden können, *„sofern durch diese Anwendung weder das Schutzniveau der Charta, wie sie vom* Gerichtshof *ausgelegt wird, noch der Vorrang, die Einheit und die Wirksamkeit des Unionsrechts beeinträchtigt werden.“*[476] Man kann diesem Satz im Kern zustimmen. Er kann jedoch eigentlich nicht zur kumulativen Anwendung der Unionsgrundrechte und nationalen Grundrechte führen: Die Europäische Grundrechtscharta ist aus Gründen der Sicherung der einheitlichen und wirksamen Anwendung von unionsrechtlichen Bestimmungen anzuwenden, wenn für den betroffenen Sachverhalt zwingende unionsrechtliche Bestimmungen existieren. Zwingende unionsrechtliche Bestimmungen kann man annehmen oder verneinen, ein *„Jein“* gibt es indes nicht, wenn man es genau betrachtet.[477] Schließlich ist noch ein weiterer Aspekt entscheidend: Hat der europäische Gesetzgeber auf eine Harmonisierung verzichtet (sei aus politischen oder aus kompetenzrechtlichen Gründen), gibt es keinen Grund für eine einheitliche effektive Anwendung des Unionsrechts. Vielmehr können die nationalen Grundrechte angewendet werden. Wenn der europäische Gesetzgeber mit der Anwendung nationalen Rechts unzufrieden sein sollte, liegt es an ihm – im Rahmen seiner Kompetenzen –, für eine Harmonisierung zu sorgen. Macht er dies nicht, entscheidet er sich für unterschiedliches Recht in unterschiedlichen Mitgliedstaaten. Darüber kann der Europäische Gerichtshof auch nicht mit einem unitarisierenden Grundrechtsschutz hinweghelfen.[478] Es liegt somit insofern keine Durchführung von Unionsrecht vor, als eine nationale Vorschrift einen Sachverhalt regelt, der nicht durch eine Richtlinie determiniert ist.

---

474 *Bernsdorff/Borowsky*, DRiZ 2005, 188, 191 f.; *Huber*, NJW 2011, 2385, 2387; *Kirchhof*, EuR 2014, 267, 270 f.; *Masing*, JZ 2015, 477, 481 f.

475 *Latzel*, EuZW 2015, 658, 660 und 663.

476 EuGH, Urt. v. 26.02.2013 – C-617/10, EuZW 2013, 302, 303 Rn. 29.

477 *Britz*, S. 10.

478 *Britz*, S. 3.

2. *Nicht-Determination der Richtlinie (EU) 2016/680*

Der Anwendungsbereich und Umfang der Richtlinie ist oben beschrieben worden.[479] Bei der hier entscheidenden Richtlinie handelt es sich um eine mindest harmonisierende Richtlinie, wie die Richtlinie selbst in Art. 1 Abs. 3 RL (EU) 2016/680 explizit regelt. Der Erwägungsgrund 15 der Richtlinie betont, dass die Mitgliedstaaten *nicht* daran gehindert werden sollten, zum Schutz der Rechte und Freiheiten der betroffenen Person bei der Verarbeitung personenbezogener Daten durch die zuständigen Behörden Garantien festzulegen, die strenger sind als die Garantien dieser Richtlinie. Zwar harmonisiert sie die Rechtslage, im Vergleich zur DSGVO zeigt sich jedoch, dass die Richtlinie den Mitgliedstaaten – explizit oder implizit – bewusst viele Regelungsspielräume lässt.[480] Sie gibt für die Datenverarbeitung, wozu die Richtlinie auch die Datenerhebung zählt, nur einen groben Rahmen vor. Zu dem Ob und (dem näheren) Wie der Erhebung, also zu konkreten Maßnahmen, äußert sich die Richtlinie nicht. Die Festlegung von einzelnen, konkreten Tatbestandsmerkmalen ist den Mitgliedstaaten überlassen. Die Richtlinie geht davon aus, dass Regelungen zu konkreten strafprozessualen Maßnahmen bereits in den Mitgliedstaaten existieren.[481] Besonders deutlich zeigt sich dies in Art. 8 Abs. 1 und Art. 10 a) RL (EU) 2016/680, die ausdrücklich auf das Mitgliedstaatenrecht verweisen. Da sich die Richtlinie nicht zu konkreten Ermittlungsmethoden äußert, ist auch die FDNAP nicht in der Richtlinie explizit geregelt.

Da die Schaffung von einzelnen Datenverarbeitungstatbeständen (wie z.B. die FDNAP) nicht determiniert ist, stellt eine solche keine *Durchführung von Unionsrecht* im Sinne von Art. 51 Abs. 1 Satz 1 GRC dar. Die Verweise bzw. Formulierungen, dass Maßnahmen *„auf Grundlage des Rechts der Mitgliedstaaten"* (Art. 8 Abs. 1 RL (EU) 2016/680) sowie *„nach dem Recht der Mitgliedstaaten zulässig"* (Art. 10 lit. a RL (EU) 2016/680) seien, können vielmehr nur als Zuständigkeitsabgrenzung verstanden werden: Zugleich mit der Zuständigkeitsabgrenzung überlässt das Unionsrecht die nähere Ausgestaltung den Mitgliedstaaten. Damit handelt ein Mitgliedstaat im Rahmen seiner eigenen Rechtssetzungsbefugnis.[482] Die nationale Maßnahme muss dabei nur den groben Rahmen der Richtlinie

---

479 Siehe dazu Kapitel 3. A. II. und Kapitel 3. A. III.

480 *Bäcker/Hornung*, ZD 2012, 147.

481 *Bäcker/Hornung*, ZD 2012, 147, 149.

482 Zur Zuständigkeitsabgrenzung bzw. Anerkennung von mitgliedstaatlichem Recht: EuGH, Urt. v. 10.07.2014 – C-198/13, EuZW 2014, 795 Rn. 44; mit Bezug darauf auch Stern/Sachs/*Ladenburger/Vondung*, Art. 51 Rn. 45.

beachten. Abgesehen von diesen wenigen, allgemeinen Vorgaben liegt im Übrigen keine Determination durch Unionsrecht vor. Dies wiederum hat zur Folge, dass insofern keine Durchführung von Unionsrecht im Sinne von Art. 51 Abs. 1 GRC vorliegt. Und dies hat zur Konsequenz, dass die Europäische Grundrechtecharta nicht auf die FDNAP Anwendung findet.

II. Zusammenfassung

Da die RL (EU) 2016/680 die Ausgestaltung von einzelnen Daten verarbeitenden Maßnahmen – wie sie auch bei der FDNAP gegeben wäre – nicht regelt, wird insofern auch *kein* Unionsrecht im Sinne von Art. 51 Abs. 1 Satz 1 GRC durchgeführt. Deshalb ist die Europäische Grundrechtecharta auf die FDNAP nicht anwendbar und diese dementsprechend nicht an der Europäischen Grundrechtecharta zu messen.

C. Vereinbarkeit mit der EMRK

Die FDNAP müsste auch mit der EMRK vereinbar sein. Grundsätzlich hat die EMRK als völkerrechtlicher Vertrag den Rang von einfachem Bundesrecht, Art. 59 Abs. 2 GG. Art. 25 GG (Grundsatz der völkerrechtsfreundlichen Auslegung) regelt, dass die allgemeinen Regeln des Völkerrechtes Bestandteil des Bundesrechtes sind und sie als solche Vorrang vor den Gesetzen hat. Praktisch kommt der EMRK in der Rechtsprechung des Bundesverfassungsgerichts eine noch höhere Bedeutung zu: *„Diese Rangzuweisung führt dazu, dass deutsche Gerichte die Konvention wie anderes Gesetzesrecht des Bundes im Rahmen methodisch vertretbarer Auslegung zu beachten und anzuwenden haben. […] Die Gewährleistungen der Konvention beeinflussen jedoch die Auslegung der Grundrechte und rechtsstaatlichen Grundsätze des Grundgesetzes. Der Konventionstext und die Rechtsprechung des* EGMR *dienen auf der Ebene des Verfassungsrechts als Auslegungshilfen für die Bestimmung von Inhalt und Reichweite von Grundrechten und rechtsstaatlichen Grundsätzen des Grundgesetzes, sofern dies nicht zu einer – von der Konvention selbst nicht gewollten (vgl. Art. 53 EMRK) – Einschränkung oder Minderung des Grundrechtsschutzes nach dem Grundgesetz führt.“*[483] Insofern müsste eine nationale Regelung zur FDNAP auch mit Art. 8 EMRK vereinbar sein.

Nach Art. 8 EMRK hat jede Person das Recht auf Achtung ihres Privat- und Familienlebens, ihrer Wohnung und ihrer Korrespondenz. Nach Art. 8 Abs. 2

483 BVerfG, Beschl. v. 14.10.2004 – 2 BvR 1481/04, NJW 2004, 3407, 3408.

EMRK darf eine Behörde in die Ausübung dieses Rechts nur eingreifen, soweit der Eingriff gesetzlich vorgesehen und in einer demokratischen Gesellschaft notwendig ist für die nationale oder öffentliche Sicherheit, für das wirtschaftliche Wohl des Landes, zur Aufrechterhaltung der Ordnung, zur Verhütung von Straftaten, zum Schutz der Gesundheit oder der Moral oder zum Schutz der Rechte und Freiheiten anderer. Zum Recht auf Achtung des Privatlebens gehört auch der Schutz personenbezogener Daten inklusive der DNA.[484] Aufgrund von Art. 8 Abs. 2 EMRK bedarf ein Eingriff, z.B. in Form einer DNA-Analyse, einer gesetzlichen Regelung.

Der Europäische Gerichtshof für Menschenrechte betont die Bedeutung des Rechts auf Privatleben und hat mit Blick auf das Übereinkommen zum Schutz des Menschen bei der automatischen Verarbeitung personenbezogener Daten aus dem Jahr 1981 entschieden, dass das nationale Recht die Einhaltung des Verhältnismäßigkeitsgrundsatzes gewährleisten und für ausreichende Garantien zur Verhinderung von Missbrauch sorgen muss. Zudem gelten bestimmte Einschränkungen für die Aufbewahrung des Untersuchungsmaterials:

> „*The protection of personal data is of fundamental importance to a person's enjoyment of his or her right to respect for private and family life, as guaranteed by Article 8 of the Convention. The domestic law must afford appropriate safeguards to prevent any such use of personal data as may be inconsistent with the guarantees of this Article (see, mutatis mutandis, Z v. Finland, cited above, § 95). The need for such safeguards is all the greater where the protection of personal data undergoing automatic processing is concerned, not least when such data are used for police purposes. The domestic law should notably ensure that such data are relevant and not excessive in relation to the purposes for which they are stored; and preserved in a form which permits identification of the data subjects for no longer than is required for the purpose for which those data are stored (see Article 5 of the Data Protection Convention and the Preamble thereto and Principle 7 of Recommendation No. R (87) 15 of the Committee of Ministers regulating the use of personal data in the police sector). The domestic law must also afford adequate guarantees that retained personal data were efficiently protected from misuse and abuse (see notably Article 7 of the Data Protection Convention). The above considerations are especially valid as regards the protection of special categories of more sensitive data (see Article 6 of the Data Protection Convention) and more particularly of DNA information, which contains the person's genetic make-up of great importance to both the person concerned and his or her family (see Recommendation No. R (92) 1 of the Committee of Ministers on the use of analysis of DNA within the framework of the criminal justice system).*“[485]

---

484 EGMR, Urt. v. 08.12.2008 – 30562/04 30566/04 (S. und Marper v. Vereinigtes Königreich), Rn. 103 f.

485 EGMR, Urt. v. 08.12.2008 – 30562/04 30566/04 (S. und Marper v. Vereinigtes Königreich), Rn. 103.

Der Europäische Gerichtshof für Menschenrechte berücksichtigt dabei den jeweiligen Zusammenhang der Aufzeichnung und Aufbewahrung von Informationen, die Art der Aufzeichnungen, die Art und Weise der Verarbeitung und Verwendung der Aufzeichnungen sowie die Ergebnisse, die erzielt werden können.[486]

Aufgrund der Ähnlichkeit des Schutzbereichs und der Anforderungen an die Rechtfertigung im Rahmen von Art. 8 Abs. 2 EMRK sowie vom Recht auf informationelle Selbstbestimmung gemäß Art. 2 Abs. 1 in Verbindung mit Art. 1 Abs. 1 GG soll der Schwerpunkt auf der Vereinbarkeit mit dem deutschen Recht liegen (siehe dazu insbesondere Kapitel 4. D).

D. Zusammenfassung hinsichtlich der unionsrechtlichen Vorgaben

Aufgrund der Vorgaben der RL (EU) 2016/680 muss jeder Tatbestand, der in den Bereich der Richtlinie fällt, den Zweck und Ziel der Datenverarbeitung festlegen und zugleich bestimmen, welche Daten erhoben und verarbeitet werden sollen. Dies gilt auch für die FDNAP. Außerdem ist die FDNAP in einem (förmlichen) Gesetz zu regeln. Schließlich ist die FDNAP nur zulässig, wenn sie unbedingt erforderlich ist, d.h., wenn der Abgleich mit der DNA-Analyse-Datei keinen Treffer ergeben hat.

Im Übrigen die Richtlinie determiniert die Datenverarbeitung in der Strafverfolgung nur teilweise und setzt nur Mindeststandards. Diese sind durch das BDSG in nationales Recht umgesetzt worden. Aus dieser bloßen Mindestharmonisierung der RL (EU) 2016/680 und der fehlenden Determinierung folgt, dass die Rechtmäßigkeit der FDNAP nicht anhand der Europäischen Grundrechtecharta zu prüfen ist.

486 EGMR, Urt. v. 08.12.2008 – 30562/04 30566/04 (S. und Marper v. Vereinigtes Königreich), Rn. 67.

Kapitel 4. Verfassungsrechtliche Vorgaben

Im Rahmen der weiteren Erwägungen ist zu prüfen, ob das Grundgesetz eine FDNAP zulässt und wenn ja, in welchen Grenzen. Hierbei wird es vorrangig um die Menschenwürde und das Recht auf informationelle Selbstbestimmung gehen, aber auch um eine mögliche Diskriminierungsproblematik im Rahmen von Art. 3 GG. Sollte die FDNAP verfassungsrechtlich zulässig sein, sind die Vorgaben an ein Gesetz klar herauszuarbeiten, um anhand dieser – im weiteren Verlauf – den Gesetzesentwurf der Länder Bayern und Baden-Württemberg beurteilen sowie einen eigenen Gesetzesentwurf entwickeln zu können.[487]

A. Anwendbarkeit von nationalem Verfassungsrecht

Zunächst stellt sich die Frage, ob und inwiefern das nationale Verfassungsrecht Anwendung findet oder ob es durch die Determinierung durch Unionsrecht, konkret die RL (EU) 2016/680, ausgeschlossen ist. Grundsätzlich übt das Bundesverfassungsgericht bei nationalen Maßnahmen, die auf Unionsrecht beruhen, seine Kompetenz nicht aus und misst diese Maßnahmen nicht am Grundgesetz:

> *„Solange die Europäischen Gemeinschaften, insbesondere die Rechtsprechung des Gerichtshofs der Gemeinschaften einen wirksamen Schutz der Grundrechte gegenüber der Hoheitsgewalt der Gemeinschaften generell gewährleisten, der dem vom Grundgesetz als unabdingbar gebotenen Grundrechtsschutz im Wesentlichen gleich zu achten ist, zumal den Wesensgehalt der Grundrechte generell verbürgt, wird das Bundesverfassungsgericht seine Gerichtsbarkeit über die Anwendbarkeit von abgeleitetem Gemeinschaftsrecht, das als Rechtsgrundlage für ein Verhalten deutscher Gerichte oder Behörden im Hoheitsbereich der Bundesrepublik Deutschland in Anspruch genommen wird, nicht mehr ausüben und dieses Recht mithin nicht mehr am Maßstab der Grundrechte des Grundgesetzes überprüfen; entsprechende Vorlagen nach Art. 100 Abs. 1 GG sind somit unzulässig.“*[488] (Solange II-Entscheidung)

Diese Rechtsprechung hat das Bundesverfassungsgericht u.a. in der Bananenmarkt-Entscheidung bestätigt und präzisiert.[489] Anders verhält es sich bei

---

487 Dazu Kapitel 5. B.

488 BVerfG, Beschl. v. 22.10.1986 – 2 BvR 197/83, NJW 1987, 577 2. Leitsatz.

489 BVerfG, Beschl. v. 07.06.2000 – 2 BvL 1/97, NJW 1987, 3124 1. und 2. Leitsatz. Dabei setzte es die Anforderungen für die Zulässigkeit von Verfassungsbeschwerden gegen Unionsrechtsakte sehr hoch: *„Verfassungsbeschwerden und Vorlagen von Gerichten, die eine Verletzung in Grundrechten des Grundgesetzes durch sekundäres Gemeinschaftsrecht geltend machen, sind von vornherein unzulässig, wenn ihre Begründung*

nationalen Maßnahmen, die nur teilweise durch Unionsrecht determiniert sind. Diese überprüft das Bundesverfassungsgericht anhand des Grundgesetzes:

> *„Die angegriffenen Vorschriften sind schon deshalb an den Grundrechten des Grundgesetzes zu messen, weil sie nicht durch Unionsrecht determiniert sind. Demzufolge liegt auch kein Fall der Durchführung des Rechts der Europäischen Union vor, die allein die Bindung der Mitgliedstaaten an die Grundrechte-Charta nach sich ziehen könnte (Art. 51 Abs. 1 Satz 1 GRC).“*[490]

Ähnlich äußerte sich das Bundesverfassungsgericht auch in der Entscheidung zur Vorratsdatenspeicherung von Telekommunikationsverkehrsdaten:

> *„Die Beschwerdeführer können sich auf die Grundrechte des Grundgesetzes jedoch insoweit berufen, als der Gesetzgeber bei der Umsetzung von Unionsrecht Gestaltungsfreiheit hat, das heißt, durch das Unionsrecht nicht determiniert ist.“*[491]

Bezogen auf die RL (EU) 2016/680 bedeutet dies, dass aufgrund der Nichtdetermination der RL (EU) 2016/680[492] die FDNAP gemäß Art. 1 Abs. 3 GG am Grundgesetz zu prüfen ist.

B. Verletzung der Menschenwürde

Die FDNAP-Analyse – mit der Untersuchung der Merkmale Geschlecht, Haar-, Augen- und Hautfarbe, Alter, biogeografische Herkunft, Körpergröße sowie BMI – könnte aus verschiedenen Gründen einen nicht zu rechtfertigenden Eingriff in die Menschenwürde darstellen, u.a. könnte man die Untersuchung der codierenden Abschnitte als unzulässigen Eingriff in die Intimsphäre ansehen. Die unterschiedlichen Gründe sind im Weiteren jeweils im Detail im Zusammenhang mit der jeweiligen Argumentation aufgeführt.[493]

I. Schutzbereich

Die Einordnung der Menschenwürde als Grundrecht folgt aus Art. 1 Abs. 1 Satz 2 GG, wonach die Verpflichtung aller staatlichen Gewalt ist, sie zu achten und zu

---

nicht darlegt, dass die europäische Rechtsentwicklung einschließlich der Rechtsprechung des Europäischen Gerichtshofs nach Ergehen der Solange II-Entscheidung unter den erforderlichen Grundrechtsstandard abgesunken sei. Deshalb muss die Begründung der Vorlage oder einer Verfassungsbeschwerde im Einzelnen darlegen, dass der jeweils als unabdingbar gebotene Grundrechtsschutz generell nicht gewährleistet ist.“

490 BVerfG, Urt. v. 24.04.2013 – 1 BvR 1215/07, NJW 2013, 1499, 1500 Rn. 88.

491 BVerfG, Urt. v. 02.03.2010 – 1 BvR 256/08 u.a., NJW 2010, 833, 835 Rn. 182.

492 Siehe dazu Kapitel 3. B. I. 2.

493 Dazu Kapitel 4. B. II.

schützen.[494] Der persönliche Schutzbereich umfasst jeden Menschen – *„ohne Rücksicht auf seine Eigenschaften, seine Leistungen und seinen sozialen Status. Sie ist auch dem eigen, der aufgrund seines körperlichen oder geistigen Zustands nicht sinnhaft handeln kann. Selbst durch ‚unwürdiges' Verhalten geht sie nicht verloren. Sie kann keinem Menschen genommen werden. Verletzbar ist aber der Achtungsanspruch, der sich aus ihr ergibt.*"[495] Art. 1 Abs. 1 GG gilt auch für Ausländer und Staatenlose,[496] Minderjährige[497] und Straftäter.[498]

Die Definition des sachlichen Schutzbereichs der Menschenwürde unterliegt bekanntermaßen Schwierigkeiten. Die Menschwürde hat *„zweieinhalbtausend Jahre Geistesgeschichte"* erlebt und unterlag dabei unterschiedlichen theologischen, philosophischen und soziologischen Wertungen und Interpretationen, die sich auch in der juristischen Auslegung niedergeschlagen haben.[499] Der Begriff der Würde unterliegt nicht nur der Zeit, sondern auch der kulturellen, ökonomischen und politischen Situation in einem Land.[500]

Die Menschenwürde lässt sich in vier Anwendungsbereiche unterteilen:

- Achtung und Schutz der körperlichen Integrität,
- Wahrung der Identität und der geistigen und seelischen Integrität,
- Gewährleistung menschengerechter Existenz sowie
- Gewährleistung grundlegender Gleichheit vor dem Gesetz.[501]

---

494 BVerfG, Urt. v. 05.02.2004 – 2 BvR 2029/01, NJW 2004, 739 ff.; Von Münch/Kunig/*Kunig*, Art. 1 Rn. 3; Maunz/Dürig/*Herdegen*, Stand: 82. EL, Januar 2018, Art. 1 Abs. 1 Rn. 29; Von Mangoldt/Klein/*Starck*, Art. 1 Abs. 1 Rn. 28 ff.; a.A. Dreier/*Dreier*, Art. 1 Abs. 1 Rn. 121 ff.; Friauf/Höfling/*Enders*, Berliner Kommentar, Bd. I, 13. Erg.-Lfg. VII/05, Art. 1 Rn. 63 ff.

495 BVerfG, Beschl. v. 20.10.1992 – 1 BvR 698/89, NJW 1993, 1457, 1458 f.

496 BVerfG, Beschl. v. 17.01.1979 – 1 BvR 241/77, NJW 1979, 1100.

497 BVerfG, Urt. v. 14.07.1981 – 1 BvL 28/77, 1 BvL 48/79, 1 BvR 154/79, 1 BvR 170/80, NJW 1981, 1771, 1772; BVerfG, Beschl. v. 12.10.1988 – 1 BvR 818/88, NJW 1989, 519, 520.

498 BVerfG, Beschl. v. 24.04.1986 – 2 BvR 1146/85, NJW 1986, 2241 f.; Von Mangoldt/Klein/*Starck*, Art. 1 Abs. 1 Rn. 23.

499 *Kingreen/Poscher*, Grundrechte, Rn. 378, ähnlich auch Von Münch/Kunig/*Kunig*, Art. 1 Rn. 19.

500 *Kingreen/Poscher*, Grundrechte, Rn. 378.

501 Sachs/*Höfling*, Art. 1 Rn. 19; ähnlich, aber mit drei Kategorien: *Kingreen/Poscher*, Grundrechte, Rn. 384.

Bei Genanalysen ist die Wahrung der Identität und Integrität betroffen. Das Bundesverfassungsgericht knüpft in seiner Rechtsprechung zur Menschenwürde an *Dürigs* Objektformel[502] an: *„Mit ihm [Anm.: gemeint ist der Begriff der Menschenwürde] ist der soziale Wert- und Achtungsanspruch des Menschen verbunden, der es verbietet, den Menschen zum bloßen Objekt des Staates zu machen oder ihn einer Behandlung auszusetzen, die seine Subjektqualität prinzipiell in Frage stellt.“*[503] Das Bundesverfassungsgericht hat hervorgehoben, dass die Verletzung der Würde in der jeweiligen Situation beurteilt werden müsse, es gebe keine allgemeine Definition, wann eine Verletzung vorliege, vielmehr müsse man dies *„in Ansehung des konkreten Falls“* bewerten.[504] Die Objektformel könne nur eine Richtung anzeigen.[505] Regelbeispielhaft zählt der Bayerische Verfassungsgerichtshof auf, dass *„Diffamierung, Diskriminierung, Erniedrigung, Brandmarkung, Verfolgung, Ächtung und grausame Bestrafung“* gegen die Menschenwürde verstießen.[506] Das Bundesverfassungsgericht spricht teilweise von *„Erniedrigung, Brandmarkung oder Ächtung“*[507] oder anderen Verhaltensweisen, *„die dem Betroffenen seinen Achtungsanspruch als Mensch absprechen.“*[508] Unzulässig ist insbesondere auch die Stigmatisierung.[509] Kein staatliches Verhalten darf die Identität des Menschen brechen.[510] Da die Menschenwürde unantastbar ist und mithin nicht mit einem anderen Interesse abgewogen werden darf, ist der Zweck, zu dem der Eingriff vorgenommen wird, gleichgültig.[511] Daraus folgt, dass der Beschuldigte auch bei der Aufklärung von schwersten Straftaten nicht zum Objekt der Strafverfolgung gemacht werden darf.[512] Der Staat darf die Effektivität der Strafrechtspflege nicht über die Wahrung der Menschenwürde des

502 BVerfG, Beschl. v. 20.10.1992 – 1 BvR 698/89, NJW 1993, 1457, 1458 f.; siehe auch *Dürig*, JR 1952, 259; *Dürig*, AöR 81 (1956), 117 ff. *Dürigs* Objektformel selbst ist an *Kant* angelehnt.

503 BVerfG, Beschl. v. 20.10.1992 – 1 BvR 698/89, NJW 1993, 1457, 1458 f.

504 BVerfG, Urt. v. 15.12.70 – 2 BvF 1/69, 2 BvR 929/68, 308/69, BVerfGE 30, 1, 25.

505 BVerfG, Urt. v. 15.12.70 – 2 BvF 1/69, 2 BvR 929/68, 308/69, BVerfGE 30, 1, 25.

506 BayVerfGH, Beschl. v. 13.11.1981 – Vf. 108-VI-80, BayVBl. 1982, 47, 50.

507 BVerfG, Urt. v. 12.12.2000 – 1 BvR 1762/95 u. 1787/95, BVerfGE 102, 347, 367.

508 BVerfG, Beschl. v. 11.03.2003 – 1 BvR 426/02, BVerfGE 107, 275, 284 – Benetton.

509 Dreier/*Dreier*, Art. 1 Abs. 1 Rn. 138.

510 Jarass/Pieroth/*Jarass*, Art. 1 Rn. 11 a.E.

511 *Kingreen/Poscher*, Grundrechte, Rn. 392.

512 BVerfG, Beschl. v. 24.04.1986 – 2 BvR 1146/85, NJW 1986, 2241 f.; Dreier/*Dreier*, Art. 1 Abs. 1 Rn. 139.

Beschuldigten stellen.[513] Zugleich ergibt sich daraus, dass durch die besondere Bedeutung der Menschenwürde und zur Erhaltung dieser besonderen Bedeutung ein Eingriff nur bei tief greifenden Maßnahmen vorliegen kann.[514]

Zum einen verbietet die Menschenwürde die Erhebung und Verarbeitung von Daten aus der Intimsphäre,[515] zum anderen die Totalerhebung der persönlichkeitsbezogenen Daten.[516] Es ist nach dem Bundesverfassungsgericht unzulässig, *„den Menschen zwangsweise in seiner ganzen Persönlichkeit zu registrieren und zu katalogisieren, sei es auch in der Anonymität einer statistischen Erhebung, und ihn damit wie eine Sache zu behandeln, die einer Bestandsaufnahme in jeder Beziehung zugänglich ist."*[517] Dies gilt auch für eine Analyse des gesamten Genoms einer Person.[518] Aus der Objektformel folge, dass eine vollständige Entschlüsselung des genetischen Codes unzulässig sei – gleichgültig, ob diese Entschlüsselung zielgerichtet erfolge oder nicht.[519] Prozesse der Selbstfindung, die Wahrung des Selbstbewusstseins sowie der Selbstdarstellung dürften nicht dadurch erschwert werden, dass unfreiwillig genetische Dispositionen eines Betroffenen offenbart werden.[520] In diesem Zusammenhang fällt auch der Begriff *„gen-gläsern"*.[521] Unzulässig wäre eine DNA-Datei, die alle Menschen zur Identifikation erfasst, weil diese Erfassung eine Katalogisierung darstellen würde.[522]

---

513 BVerfG, Urt. v. 03.03.2004 – 1 BvR 2378/98 u. 1 BvR 1084/99, NJW 2004, 999, 1002.

514 Von Münch/Kunig/*Kunig*, Art. 1 Rn. 23.

515 Von Mangoldt/Klein/*Starck*, Art. 1 Abs. 1 Rn. 87; *Härtel*, ZG 2005, 300, 305.

516 BVerfG, Urt. v. 15.12.1983 – 1 BvR 209/83 u.a., NJW 1984, 419 4. Leitsatz – Volkszählungsurteil.

517 BVerfG, Beschl. v. 16.07.1969 – 1 BvL 19/63, NJW 1969, 1707 – Mikrozensus; ähnlich auch später BVerfG, Urt. v. 15.12.1983 – 1 BvR 209/83 u.a., NJW 1984, 419 4. Leitsatz sowie S. 424.

518 *Burr*, S. 104, 106; *Ritter*, Genomanalyse, S. 81 f.; Von Mangoldt/Klein/*Starck*, Art. 1 Abs. 1 Rn. 58; *Härtel*, ZG 2005, 300, 305; *Limbeck*, S. 117; *Gössel*, GS Meyer, S. 121, 141 spricht von der Ermittlung der *„biologischen Grundlagen der Individualität eines bestimmten Menschen insbesondere auch hinsichtlich seiner genetisch bedingten Abweichungen von der Normalität"*; diesem folgend *Altendorfer*, S. 159 f.; wohl auch SK-StPO/*Rogall*, § 81a Rn. 116; *Sternberg-Lieben*, NJW 1987, 1242, 1244 f. meint eine umfassende Genomanalyse sei *„schon eher ein menschenwürdewidriger Eingriff"* als der genetische Fingerabdruck.

519 *Keller*, NJW 1989, 2289, 2292 f.; *Sternberg-Lieben*, NJW 1987, 1242, 1244; *Krehl/Kolz*, StV 2004, 447, 449.

520 *Burr*, S. 106.

521 *Sternberg-Lieben*, NJW 1987, 1242.

522 *Härtel*, ZG 2005, 300, 312.

Es ist ständige Rechtsprechung des Bundesverfassungsgerichts, dass auch die Sammlung von personenbezogenen Informationen auf Vorrat zu unbestimmten oder noch nicht bestimmbaren Zwecken unzulässig ist.[523]

Die Menschenwürde lässt sich nicht durch ein Gesetz beschränken: Gemäß Art. 79 Abs. 3 GG ist eine Änderung des Grundgesetzes, durch welche die in den Art. 1 und 20 niedergelegten Grundsätze berührt werden, unzulässig.

II. Nicht zu rechtfertigender Eingriff

Die FDNAP könnte einen nicht zu rechtfertigenden Eingriff in die Menschenwürde darstellen. Da es bei einem Eingriff in die Menschenwürde keine Rechtfertigung gibt, stellt ein Eingriff immer eine Verletzung der Menschenwürde dar.[524] Ein solcher Eingriff kann sich aus verschiedenen Gründen ergeben, auf die im Folgenden im Detail einzugehen ist.

1. Eingriff wegen „Eingriffsgefahr"?

Kritiker befürchten perspektivisch eine schleichende Ausweitung der Genomanalyse. Sie wollen eine klare Abgrenzung haben und lehnen die FDNAP darum – ebenso wie die klassische DNA-Analyse – in Gänze ab.[525] Zwar könnten auch die herkömmlichen Untersuchungsmethoden Aufschluss über Krankheiten geben, allerdings ließe die DNA-Analyse weitaus umfassendere Erkenntnisse als die herkömmlichen Methoden zu, insbesondere in Anbetracht der zukünftigen Entwicklung.[526] Man könne keine Grenze zwischen erlaubten sowie unzulässigen Genanalysen ziehen, weswegen ein generelles gesetzliches Verbot für Gentests zu fordern sei.[527] Begründet wird die Forderung eines Verbots von Gentests damit, dass durch die Legalisierung die Möglichkeit bestehe, dass die Maßnahme nicht nur in dem aktuell zulässigen Umfang angewandt, sondern bald noch erweitert werde. Allein ein frühzeitiges gänzliches Verbot könne diese

523 BVerfG, Urt. v. 02.03.2010 – 1 BvR 256/08 u.a., NJW 2010, 833, 839 Rn. 213; BVerfG, Beschl. v. 13.06.2007 – 1 BvR 1550/03 u.a., NJW 2007, 2464, 2467; BVerfG, Urt. v. 14.07.1999 – 1 BvR 2226/94, 2420/95 u. 2437/95, NJW 2000, 55, 57; BVerfG, Urt. v. 15.12.1983 – 1 BvR 209/83 u.a., NJW 1984, 419, 422.

524 BVerfG, Beschl. v. 31.01.1973 – 2 BvR 454/71, NJW 1973, 891, 892.

525 *Kayser/P.M. Schneider*, FSI Genetics 2009, Vol. 3, Ausgabe 3, 154, 158; *Elkins*, Notre Dame Journal of Law, Ethics and Public Policy, Vol. 17, Februar 2014, S. 268, 298.

526 *Keller*, NJW 1989, 2289, 2291.

527 Die Fraktion *„Die Grünen"*, Antrag zur Beendigung von Genom-Analysen durch Strafverfolgungsbehörden, BT-Drs. 11/6092.

Entwicklung aufhalten. Aus Sicht der Kritiker seien Sicherheitsmaßnahmen bei der Anwendung der Genanalyse nicht ausreichend.[528]

Mit dieser Betrachtungsweise bewerten die Kritiker die DNA-Analyse deswegen als Eingriff, weil mögliche Folgemaßnahmen oder eine Weiterentwicklung der DNA-Analyse einen verbotenen Eingriff darstellen könnten. Ein Eingriff liegt in der DNA-Analyse (in ihrem jetzigen Umfang) aber eigentlich noch gar nicht vor und kann daher auch nicht gegen die Menschenwürde verstoßen. Daneben lässt sich sagen, dass diese Argumentation eines Dammbruchs regelmäßig erhoben wird, wenn es um die Einführung einer neuartigen Technologie geht, es ist meist ein Ausdruck von Angst und Unsicherheit in der Bevölkerung, dem mit einer offenen breiten Diskussion und Aufklärung entgegenzuwirken ist.[529] Risiken sind nicht immer völlig abschätzbar und kontrollierbar; eine missbrauchssichere Methode wird es wohl nie geben.[530] Dies betrifft sowohl den Umfang der Untersuchung als auch die unbefugte Weitergabe.[531] Danach dürfte man jedoch nie eine neue Technologie einführen, denn aus dieser Perspektive wäre keine Maßnahme praktikabel. Die Gegner der DNA-Analyse übersehen in diesem Zusammenhang, dass das Verfassungsrecht allgemein Grenzen setzt und somit auch einer DNA-Analyse im Umfang Grenzen setzt. Es ist zudem festzustellen, dass die Gegner von Gentests häufig von falschen Prämissen ausgehen. So haben manche geäußert, dass die Gentechnik *„grundsätzlich von der Verfügbarkeit allen Lebens und von dessen Manipulation ausgehe."*[532] Die Ablehnung von manipulativen Eingriffen in das menschliche Erbgut mag nachvollziehbar sein. An einer solchen Manipulation fehlt es jedoch im Zusammenhang mit der FDNAP, weil die FDNAP nicht mit einer Manipulation des menschlichen Erbguts einhergeht. Sie ist tatsächlich nur eine Analyse von vorhandenen Informationen. Auch wenn

---

528 *Wächtler* in BT-Drs. 11/5320, S. 36, 37; *Rademacher*, StV 1989, 546, 550; ähnlich auch die Fraktion *„Die Grünen"*, BT-Drs. 11/6092, S. 2.

529 *Kayser/P.M. Schneider*, FSI Genetics 2009, Vol. 3, Ausgabe 3, 154, 158; ähnlich auch *Altendorfer*, S. 150.

530 *Altendorfer*, S. 150 f.

531 *Klumpe*, S. 274.

532 Die Fraktion *„Die Grünen"*, BT-Drs. 11/6092, S. 1. Weiter heißt es auf S. 2: *„Weiter fördert die Gentechnik die Tendenz, Unverträglichkeiten im Zusammenwirken von Mensch und Umwelt ausschließlich den Menschen mit ‚unangepassten' Genen anzulasten und somit kollektiv produzierte Umweltrisiken zu individualisieren. Die tatsächliche Verursachung derartiger Gefahren wird dadurch geleugnet. Den Genomanalysen liegt schließlich auch insofern ein verhängnisvolles Bild der Menschen zugrunde, als diese nur noch als Produkt ihrer Gene verstanden werden. Menschliches Leben in seiner ganzen Vielfalt wird einseitig auf molekularbiologische Prämissen reduziert."*

dadurch sensible Daten zutage gefördert werden können, macht diese Tatsache die FDNAP noch nicht zur Manipulation.

2. *Eingriff durch Untersuchung von codierenden DNA-Abschnitten?*

Nachdem die klassische DNA-Analyse in der Praxis erstmals angewandt wurde, war es zunächst der Bundesgerichtshof, der sich zu ihrer Zulässigkeit äußerte: Er entschied im Jahr 1990, dass eine Analyse des nicht codierenden Bereichs der DNA im Rahmen der STR-Analyse nicht zu beanstanden sei.[533] Dies hat er seitdem regelmäßig wiederholt:

> *„Der absolut geschützte Kernbereich der Persönlichkeit, in den auch auf Grund eines Gesetzes nicht eingegriffen werden dürfte, ist nicht betroffen. Dies gilt jedenfalls, solange sich die Eingriffsermächtigung nur auf den nicht codierenden, zu etwa 30 % aus Wiederholungseinheiten bestehenden Anteil der DNA bezieht, ausschließlich die Feststellung des DNA-Identifizierungsmusters zum Zweck der Identitätsfeststellung in künftigen Strafverfahren vorgenommen und das Genmaterial nach der Feststellung des DNA-Identifizierungsmusters vernichtet wird.“*[534]

Das DNA-Muster sei mit dem Fingerabdruck vergleichbar. Durch dessen Bestimmung und Speicherung werde der Kernbereich der Persönlichkeit nicht betroffen. Unerheblich sei dabei, dass der Beweiswert des ermittelten DNA-Musters deutlich höher als der des Fingerabdrucks sei. Die DNA-Analyse gewähre keine Erkenntnisse über persönlichkeitsrelevante Merkmale wie Erbanlagen, Charaktereigenschaften oder Krankheiten.[535]

Das Bundesverfassungsgericht äußerte sich erstmals im Jahr 1996: Die Untersuchung einer gemäß § 81a StPO oder auf freiwilliger Basis vom Beschuldigten genommenen Blutprobe im nicht codierenden Bereich der DNA, die keine Informationen über erbliche Eigenschaften des Beschuldigten vermittele – nur darüber sei zu entscheiden –, begegne nach dem (damaligen) Stand wissenschaftlicher Erkenntnis keinen durchgreifenden verfassungsrechtlichen Bedenken. Das Bundesverfassungsgericht stützt sich darauf, dass die Untersuchung des nicht codierenden Bereichs der DNA bloß das Muster der Basensequenzen derjenigen Abschnitte des DNA-Moleküls zum Gegenstand habe, die gerade nicht Träger der Informationen über Erbinformationen des Menschen seien; die nicht codierenden Abschnitte des DNA-Moleküls seien damit mit Fingerabdrücken vergleichbar.[536] Das Bundesverfassungsgericht ging in diesem Zusammenhang

533 BGH, Urt. v. 21.08.1990 – 5 StR 145/90, NJW 1990, 2944.
534 BVerfG, Beschl. v. 14.12.2000 – 2 BvR 1741/99, NJW 2001, 879, 880.
535 BVerfG, Beschl. v. 14.12.2000 – 2 BvR 1741/99, NJW 2001, 879, 880.
536 BVerfG, Beschl. v. 18.09.1995 – 2 BvR 103/92, NJW 1996, 771, 772 f.

also erkennbar davon aus, dass der nicht codierende Bereich keine Erbinformationen enthalte, was heute nicht mehr gelten kann.

Wenig später, im Jahr 2000 betonte das Bundesverfassungsgericht nochmals die Vergleichbarkeit der klassischen DNA-Analyse mit dem Fingerabdruck (Daktylogramm) und verneinte zugleich eine Nähe zum Kernbereich der Persönlichkeit:

> *„Durch dessen Bestimmung und Speicherung wird der Kernbereich der Persönlichkeit nicht betroffen. Dafür ist nicht von Belang, dass der mit dem ‚genetischen Fingerabdruck' erreichbare Beweiswert denjenigen des herkömmlichen Fingerabdrucks und serologischer Verfahren (‚biochemischer Fingerabdruck') sowie anderer Identifikationsmethoden weit übertrifft und der Vergleich von DNA-Identifizierungsmustern für die Praxis erhebliche technische Vorteile bei der Spurenuntersuchung bietet. Entscheidend ist, dass durch die Feststellung des DNA-Identifizierungsmusters anhand des Probenmaterials […] Rückschlüsse auf persönlichkeitsrelevante Merkmale wie Erbanlagen, Charaktereigenschaften oder Krankheiten des Betroffenen, also ein Persönlichkeitsprofil, nicht ermöglicht werden.“*[537]

Manche schließen aus den angesprochenen Urteilen, dass die Rechtsprechung zwischen dem codierenden und nicht codierenden Bereich der DNA differenziere und die Analyse von codierenden Abschnitten danach unzulässig sei.[538] Die Rechtsprechung bezieht sich allerdings explizit nur auf nicht codierende Abschnitte, zu codierenden Abschnitten hat sie keine Stellung bezogen. Aus der Äußerung zu den nicht codierenden Abschnitten lassen sich auch keine Schlüsse auf eine Stellungnahme zu codierenden Abschnitten ziehen. Die neuere Literatur folgt dieser Differenzierung aus verschiedenen Gründen nicht.[539] Sie entspricht auch nicht der gesetzgeberischen Entscheidung bei Schaffung des § 81e StPO.[540] Die Differenzierung ist in Anbetracht des heutigen Stands der Forschung hinsichtlich codierender und nicht codierender Merkmale überholt.[541] Denn auch dem nicht codierenden Bereich können Krankheiten entnommen werden.[542] Ein

---

537 BVerfG, Beschl. v. 14.12.2000 – 2 BvR 1741/99, NJW 2001, 879, 880.

538 *Beck*, S. 106 f.; für eine solche Differenzierung auch schon *Keller*, NJW 1989, 2289, 2293 f.

539 *West*, Genetischer Fingerabdruck, S. 270 f.; *Klumpe*, Der genetische Fingerabdruck, S. 131 ff.; *Burr*, S. 110 ff.; *Vesting/Müller*, KJ 1996, 466, 479 f.; *Altendorfer*, Rechtsprobleme, S. 152 ff.; *Vath*, Genetischer Fingerabdruck, S. 33; *Hero*, S. 58; zweifelnd *Schulz*, Jahrbuch für Ethik und Recht, Band 7, 1999, S. 195, 205.

540 Siehe Kapitel 2. B. I. 3.

541 *Wiese*, Genetische Analyse, S. 29; *Vesting/Müller*, KJ 1996, 466, 479 f.

542 Kapitel 2. A. III. und Kapitel 2. A. V. 1.

Eingriff in den codierenden Bereich der DNA führt nicht ohne Weiteres zur Verletzung der Menschenwürde. Insofern kann die dargestellte Rechtsprechung des Bundesverfassungsgerichts sowie des Bundesgerichtshofs nicht für die Frage des Verstoßes gegen die Menschenwürde durch die FDNAP herangezogen werden.

3. Eingriff durch Behandlung des Betroffenen als Objekt der Strafverfolgung aufgrund der DNA-Analyse

Im Zusammenhang mit der Verfassungsmäßigkeit des *„Großen Lauschangriffs"* hat das Bundesverfassungsgericht ausgeführt, dass es mit der in Art. 1 Abs. 1 GG verbürgten Würde des Menschen nicht zu vereinen sei, den Beschuldigten zum Objekt der staatlichen Verfolgung zu machen. Der verfassungsrechtlich geschützte soziale Wert- und Achtungsanspruch verbiete es, den Straftäter zum bloßen Objekt der Verbrechensbekämpfung und Strafvollstreckung zu degradieren.[543] Dazu führt es weiter aus: *„Der Mensch ist nicht selten bloßes Objekt nicht nur der Verhältnisse und der gesellschaftlichen Entwicklung, sondern auch des Rechts, dem er sich zu fügen hat. Die Menschenwürde wird nicht schon dadurch verletzt, dass jemand zum Adressaten von Maßnahmen der Strafverfolgung wird, wohl aber dann, wenn durch die Art der ergriffenen Maßnahme die Subjektqualität des Betroffenen grundsätzlich in Frage gestellt wird."*[544]

Manche erkennen in der FDNAP einen solchen Verstoß gegen die Menschenwürde, weil der Mensch dabei zum bloßen Merkmalsträger und Objekt kriminalistischer Begehrlichkeit degradiert werde.[545] Indes ist der gesuchte Beschuldigte auch als *„Träger"* von Merkmalen zu sehen, wenn Zeugen diese Merkmale genannt haben oder wenn sie sich aus Videoüberwachungsaufnahmen ergeben haben. Die Verfahrensrechte stehen dem Betroffenen genauso zur Verfügung wie jedem anderen Beschuldigten auch. Von einem Objekt oder von einer Entwürdigung des Menschen aufgrund der Aufdeckung äußerer Merkmale zu sprechen, geht zu weit. Nur zum Vergleich sei darauf hingewiesen, dass psychiatrische Untersuchungen oder körperliche Untersuchungen, u.a. zum Drogen-, Medikamenten- und Krankheitsnachweis, stark in das Persönlichkeitsrecht eingreifen.[546] Diese Behandlungen werden dagegen nicht infrage gestellt.

---

543 BVerfG, Urt. v. 03.03.2004 – 1 BvR 2378/98 u. 1 BvR 1084/99, NJW 2004, 999, 1001 f.

544 BVerfG, Urt. v. 03.03.2004 – 1 BvR 2378/98 u. 1 BvR 1084/99, NJW 2004, 999, 1001 f.

545 *Oberwetter*, S. 35 f.; ähnlich auch *Rademacher*, NJW 1991, 735, 736; *Weichert*, https://www.datenschutzzentrum.de/polizei/contradna.htm, abgerufen am 20. Mai 2016.

546 *Rath/Brinkmann*, NJW 1999, 2697, 2699 f.

Ein heimliches Vorgehen des Staates im Rahmen der Strafverfolgung verletzt die Würde ebenfalls nicht: Heimliche Ermittlungen sind notwendige Voraussetzung des Erfolgs einer Reihe von Strafverfolgungsmaßnahmen, die nicht allein aufgrund dessen rechtsstaatswidrig sind.[547] Stets ist jedoch der unantastbare Kernbereich privater Lebensgestaltung zu beachten. Teil der freien persönlichen Entfaltung im Kernbereich ist es, dass man Gefühle, Gedanken, Ansichten und Erlebnisse höchstpersönlicher Art zeigen kann, ohne die Befürchtung vor einer staatlichen Überwachung zu haben.[548] Insbesondere Gefühle, Gedanken, Ansichten und Erlebnisse höchstpersönlicher Art werden von der FDNAP nicht erfasst, sodass in diesem Zusammenhang keine Kernbereichsverletzung vorliegt – ob im Übrigen eine Kernbereichsverletzung durch die FDNAP gegeben ist, ist im Weiteren noch zu prüfen.

4. *Eingriff aufgrund von Erkenntnissen über die Gene als Determinanten und* „Innerstes“ *des Menschen*

Einen wesentlichen Beitrag zur Diskussion über molekulargenetische Untersuchungen lieferte *Keller* im Jahr 1989. Ausgangspunkt seiner Überlegungen waren Erkenntnisse aus den Natur- und Sozialwissenschaften: *„Die Natur- und Sozialwissenschaften decouvrieren die Menschen zunehmend als intern und extern determiniert, als ein Ensemble von Auswirkungen. Legt man dies zugrunde, so können die Menschen Würde erlangen in der Weise, wie sie mit ihren Determinationen umgehen. […] Eine der internen Determinationen der Menschen geht von ihrem Körper aus, von seinen Grenzen und Defekten. Für den Schutz der Würde in diesem Zusammenhang ist ein altes Kriterium das Körperinnere, weil die von ihm ausgehenden Determinationen von Natur aus verdeckt sind. Deshalb sind die codierenden Gene als die Träger der innersten und zugleich elementarsten körperlichen Determination für die erzwungene Analyse tabu.“*[549] An dieser Betrachtungsweise ändere sich auch nichts dadurch, dass die Bestimmung durch die Gene nicht fest sei, sondern auch Umwelteinflüsse und autonome Steuerung darin eingreifen oder sie sogar überlagern könnten. Die Gene blieben relativ wirksame Merkmale des Lebens: *„Gerade weil ihre Wirkung sich nicht strikt objektiviert, kann der einzelne mit Würde damit umgehen. Dieser Spielraum der Würde wird durchbrochen, wenn die codierenden Gene selber zwangsweise aufgedeckt werden.“*[550]

547 BVerfG, Urt. v. 03.03.2004 – 1 BvR 2378/98 u. 1 BvR 1084/99, NJW 2004, 999, 1005.
548 BVerfG, Urt. v. 27.02.2008 – 1 BvR 370/07, 1 BvR 595/07, NJW 2008, 822, 833.
549 *Keller*, NJW 1989, 2289, 2292.
550 *Keller*, NJW 1989, 2289, 2292.

Die Genanalyse wird als „*Programm für zwanghaftes Funktionieren*“[551] erachtet. Im Gegensatz zu allen herkömmlichen Untersuchungsmethoden werde bei der molekulargenetischen Untersuchung die DNA, der Ur-Baustein des Menschen und die biologische Grundlage seiner Existenz, untersucht. Diese Untersuchung bedeute einen erheblichen Eingriff in den Intimbereich, denn man missbrauche die biologischen Grundlagen des Menschen zu Zwecken der Ausforschung,[552] andere sprechen von einer Instrumentalisierung zu Strafverfolgungszwecken.[553] Während *Keller* in der Analyse der codierenden Abschnitte der DNA eine Verletzung der Würde sieht, sei eine Analyse der nicht codierenden Abschnitte nach seiner Ansicht mit der Menschenwürde zu vereinen: Denn diese Abschnitte hätten keinen Einfluss auf die Person.[554] *Kellers* Auffassung schlossen sich einige in der Literatur an.[555]

Andere lehnen die DNA-Analyse (allgemein) ab und stützen sich dabei auf die Rechtsprechung zum Lügendetektor: Die Rechtsprechung[556] habe den Lügendetektor sowie die Narkoanalyse verboten, da bei diesen technischen Analysemethoden nur das zwanghafte Funktionieren des Betroffenen bedeutsam sei. Ein Verbot müsse also erst recht für die DNA-Analyse gelten, weil man sich dort die Grundlagen des „*menschlichen Funktionierens*“ zunutze mache und mithin den Kernbereich berühre.[557] Allerdings gibt weder die klassische DNA-Analyse Aufschluss über Gefühle oder Einstellungen des Betroffenen[558] noch die FDNAP. Die FDNAP schaut gerade *nicht* in das seelische Innenleben des Beschuldigten, da sich diese Analyse auf Informationen über äußerlich erkennbare, körperliche Merkmale beschränkt und die gedankliche Freiheit und Gefühle gänzlich

551 *Keller*, NJW 1989, 2289, 2293.

552 *Rademacher*, NJW 1991, 735, 736.

553 *Ritter*, Genomanalyse, S. 82 f.

554 *Keller*, NJW 1989, 2289, 2293 und 2294.

555 *U. Wagner*, Das genetische Fingerabdruckverfahren, S. 67 ff.; *Oberwetter*, Die DNA-Analyse, S. 35 ff.; *Ritter*, Genomanalyse, S. 71 f., 81 f.; ähnlich auch *Benfer*, StV 1999, 402, der die Analyse des codierenden Bereichs zur Überprüfung der Schuldfähigkeit des Beschuldigten nicht als Verletzung des Kernbereichs ansieht, im Übrigen aber wohl schon.

556 BGH, Urt. v. 16.02.1954 – 1 StR 578/53, NJW 1954, 649 ff.; BVerfG, Beschl. v. 18.08.1981 – 2 BvR 166/81, NJW 1982, 375. Diese Rechtsprechung ist inzwischen durch neuere Rechtsprechung überholt worden: Diese stellt auf die fehlende wissenschaftliche Eignung ab: BGH, Urt. v. 17.12.1998 – 1 StR 156-98, NJW 1999, 657, 658.

557 *Keller*, NJW 1989, 2289, 2293.

558 *Sternberg-Lieben*, NJW 1987, 1242, 1244 f.

unberührt lässt.[559] Es ist vom heutigen Stand der Forschung aus unwahrscheinlich, in näherer Zukunft – jedenfalls durch eine molekulargenetische Untersuchung – Zugang zu den Gefühlen und damit dem „*Inneren*" eines Menschen zu bekommen.[560]

Den Anhängern des Determinismus wird zu Recht entgegengehalten, der Mensch sei durch seine Gene „*nicht bis in die kleinste Bewegung hinein vorprogrammiert, nicht jede Muskelzuckung oder jeder Nervenimpuls werden genetisch diktiert oder ließen sich gar von einem Genanalytiker der Zukunft vorhersagen.*"[561] Selbstverständlich bilden Gene die Grundlage für jeden Einzelnen, ohne Gene kann keiner geboren werden oder existieren. Anhand der Gene lassen sich zwar äußere Merkmale bestimmen, im Übrigen jedoch nur Tendenzen bzw. Dispositionen. Man kann nicht das Genom eines Menschen analysieren und anhand dessen seinen Lebensweg, seine Gedanken oder Verhalten eindeutig bestimmen, insofern fehlt es an der Determination. Die Persönlichkeit beruht gerade nicht allein auf den Genen, sondern wird auch von zahlreichen Umweltfaktoren maßgeblich beeinflusst. In diesem Zusammenhang wird auch auf Zwillingsstudien verwiesen, die zeigen, dass Personen trotz der gleichen Gene „*unzählige Möglichkeiten zur individuellen Wesensausprägung und Lebensgestaltung bleiben.*"[562]

Gene verlieren in diesem Zusammenhang auch ihre Brisanz, wenn man sich bewusst macht, dass die Wissenschaft die genetischen Grundlagen von vielen äußeren Merkmalen entschlüsselt hat und diese Grundlagen also nicht mehr geheim sind – und man also umgekehrt auch einer blauäugigen Person eine entsprechende Basenabfolge zuordnen kann.[563] Die FDNAP verstößt deshalb nicht gegen die Menschenwürde, weil sie DNA untersucht.

5. Eingriff aufgrund von Katalogisierung oder Genomkartierung

Es ist nach dem Bundesverfassungsgericht unzulässig, „*den Menschen zwangsweise in seiner ganzen Persönlichkeit zu registrieren und zu katalogisieren, sei es auch in der Anonymität einer statistischen Erhebung, und ihn damit wie eine Sache zu behandeln, die einer Bestandsaufnahme in jeder Beziehung zugänglich*

559 *West*, Genetischer Fingerabdruck, S. 271 f.
560 *West*, Genetischer Fingerabdruck, S. 55 sowie S. 271.
561 *Foldenauer*, S. 131 f.
562 *Foldenauer*, S. 132.
563 So schon vor über 20 Jahren *Foldenauer*, S. 92 f.

ist."[564] Verboten ist daher nach Stimmen in der Literatur auch eine Analyse des gesamten Genoms einer Person (Genomkartierung).[565] Aus der Objektformel folge, dass eine vollständige Entschlüsselung des genetischen Codes unzulässig sei – gleichgültig, ob diese Entschlüsselung zielgerichtet erfolge oder nicht.[566] Eine solche Genomkartierung ist jedoch nicht so leicht anzunehmen, wie zum Teil behauptet wird. Z.B. meint *Bickel*, dass eine Beschränkung auf die nicht codierenden Abschnitte verfassungsrechtlich erforderlich sei, um zu vermeiden, dass das gesamte menschliche Genom aufgedeckt werde.[567] Mit der Untersuchung einiger äußerer Merkmale im codierenden Bereich ist man allerdings noch weit von einer gesamten Aufdeckung des menschlichen Genoms entfernt. Die FDNAP, die sich auf bestimmte festgelegte Merkmale beschränkt, stellt infolgedessen gerade keine Katalogisierung eines Menschen oder Genomkartierung dar: Selbst wenn für jedes Merkmal mehrere Abschnitte untersucht werden (denn meist beeinflussen mehrere Gene ein Merkmal) und insgesamt mehrere Merkmale ermittelt werden sollen, erreicht man damit noch nicht den Grad einer unzulässigen Genomkartierung. Mangels Totalerhebung und Genomkartierung ist die Menschenwürde nicht verletzt.

6. *Kein Eingriff in die Menschenwürde wegen der äußeren Erkennbarkeit und des sozialen Bezugs?*

Wenn man nicht die Untersuchung von DNA insgesamt als kernbereichsrelevant ansieht, könnte man jedoch die anschließende Verwendung der Informationen über Haar-, Hautfarbe etc., die bei der FDNAP aufgedeckt werden, als Kernbereichsverletzung ansehen. So sieht das Bundesverfassungsgericht körperliche

---

564 BVerfG, Beschl. v. 16.07.1969 – 1 BvL 19/63, NJW 1969, 1707 – Mikrozensus; ähnlich auch später BVerfG, Urt. v. 15.12.1983 – 1 BvR 209/83 u.a., NJW 1984, 419 4. Leitsatz und 424.

565 *Burr*, S. 104, 106; *Ritter*, Genomanalyse, S. 81 f.; Von Mangoldt/Klein/*Starck*, Art. 1 Abs. 1 Rn. 58; *Härtel*, ZG 2005, 300, 305; *Limbeck*, S. 117; *Gössel*, GS Meyer, S. 121, 141 spricht von der Ermittlung der „*biologischen Grundlagen der Individualität eines bestimmten Menschen insbesondere auch hinsichtlich seiner genetisch bedingten Abweichungen von der Normalität*"; diesem folgend *Altendorfer*, S. 159 f.; wohl auch SK-StPO/*Rogall*, § 81a Rn. 116; *Sternberg-Lieben*, NJW 1987, 1242, 1244 f. meint eine umfassende Genomanalyse sei „*schon eher ein menschenwürdewidriger Eingriff*" als der genetische Fingerabdruck.

566 *Keller*, NJW 1989, 2289, 2292 f.; *Sternberg-Lieben*, NJW 1987, 1242, 1244; *Krehl/Kolz*, StV 2004, 447, 449.

567 *Bickel*, VerwArch 1996, 169, 182.

Merkmale als höchstpersönlich an: „*Auch wenn hierunter bei sachgerechtem Verständnis nur äußere, mit erkennungsdienstlichen Maßnahmen feststellbare Merkmale zu verstehen sind, werden dadurch höchstpersönliche Eigenheiten erfasst.*"[568] Gleichwohl verbietet das Bundesverfassungsgericht die Nutzung solcher Merkmale nicht ohne Weiteres (ordnet sie also nicht zwingend dem Kernbereich zu).[569] Diese Betrachtungsweise ist zutreffend. Der Betroffene, dessen DNA analysiert wird, offenbart mit der Aufdeckung der äußeren Merkmale faktisch nicht mehr, als jeder auch von außen erkennen kann.[570] Mit äußeren Merkmalen – da krankheitsunabhängig und dauerhaft – ist „*nichts Peinliches oder Kompromittierendes*" verbunden, sodass auch aus diesem Gesichtspunkt keine Verletzung der Intimsphäre angenommen werden kann.[571] Eine ähnliche Begründung führte auch der Gesetzgeber an: Das Geschlecht als äußerlich erkennbares Merkmal gehöre nicht zum besonders schutzbedürftigen Kern der Persönlichkeit. Denn dieses Merkmal sei äußerlich ohne Aufwand, vor allem auch *ohne* genetische Untersuchung, zu erkennen. Die Bestimmung könne deshalb nicht als Ausforschung erachtet werden.[572] In diesem Zusammenhang wird von anderen zu Recht die Frage aufgeworfen, wo der Unterschied zwischen der Ermittlung des Geschlechts und anderer möglicher äußerer Merkmale sei.[573] Äußere Merkmale wie Haar- und Augenfarbe seien (genauso) personenbezogene äußere Merkmale, die jeder von uns tagtäglich der Öffentlichkeit zeige, sie könnten aus diesem Grund nicht dem Kernbereich der Persönlichkeit angehören.[574] Der Einzelne baue auch nicht auf ihre Vertraulichkeit.[575] In diesem Zusammenhang wird auch die Nähe bzw. Vergleichbarkeit mit der Zeugenaussage oder den Aufnahmen

---

568 BVerfG, Urt. v. 24.04.2013 – 1 BvR 1215/07, NJW 2013, 1499, 1511 Rn. 168.

569 BVerfG, Urt. v. 24.04.2013 – 1 BvR 1215/07, NJW 2013, 1499, 1502 Rn. 105 ff.

570 *West*, Genetischer Fingerabdruck, S. 283; *Altendorfer*, S. 163 f.; *Burr*, S. 111; *Foldenauer*, S. 92 f.; *Klumpe*, S. 135.

571 *Foldenauer*, S. 93.

572 BT-Drs. 15/350, S. 12.

573 *Beck*, S. 108.

574 *Foldenauer*, S. 92, 95; *West*, Genetischer Fingerabdruck, S. 283; *Klumpe*, S. 134 f.; *Hero*, S. 58 f.; *Limbeck*, S. 126; *Klumpe*, S. 134; *Burr*, S. 110 ff.; *Altendorfer*, S. 155 ff., 163; *Härtel*, ZG 2005, 300, 306; *Vesting/Müller*, KJ 1996, 466, 479; *Wiese*, Genetische Analysen, S. 30: „*ohne Bedeutung für die Persönlichkeitsstruktur*".

575 Anders z.B. bei der Religion – so das BVerfG, Beschl. v. 04.04.2006 – 1 BvR 518/02, NJW 2006, 1939, 1943 Rn. 101.

einer Videoüberwachungskamera betont:[576] Eine FDNAP ausschließlich auf äußere Merkmale bezogen bringe im Ergebnis keine anderen Informationen hervor als eine Zeugenaussage.[577] Bei einer Zeugenaussage käme niemand auf den Gedanken, diese als unzulässige Kernbereichsverletzung anzusehen.[578] Die bloße Veränderung des Mediums und die erweiterten wissenschaftlichen Möglichkeiten würden nicht zu einer anderen rechtlichen Bewertung führen.[579] Die FDNAP würde auch keine anderen Informationen hervorbringen, als sie ebenfalls bei einer erkennungsdienstlichen Behandlung durch Fotos, Messungen oder Beschreibungen zu ermitteln wären.[580] Erkennungsdienstliche Maßnahmen seien verfassungsrechtlich unbedenklich, sodass für die FDNAP nichts anderes gelten könne.[581] Manche betonen noch, dass der Kernbereich insofern nicht betroffen sei, als ein Gemeinschaftsbezug hergestellt werde: Dass der Tatverdächtige nach außen aufgetreten sei und hiermit den Bereich der Intimsphäre verlassen habe, sei für die Annahme eines Gemeinschaftsbezugs aber zu ungenau. Der Gemeinschaftsbezug entstehe nur hinsichtlich der *Physiognomie*, nicht dagegen hinsichtlich nicht äußerlich erkennbarer Erbkrankheiten oder Krankheitsdispositionen, bei diesen fehle es am Bezug zur Straftat.[582] Dieser Argumentation ist zu folgen: Die Verwendung von äußeren Merkmalen im Rahmen der FDNAP zwecks Strafverfolgung verletzt nicht den Kernbereich der Menschenwürde.

7. Eingriff in die Menschenwürde aufgrund von Erkenntnissen über den Zellkern?

Zu Recht wird darauf hingewiesen, dass die Würde den Menschen schützt, es jedoch keine „*Würde der menschlichen Zelle bzw. die Würde des menschlichen Zellkerns*“ gebe, wo die DNA gespeichert sei.[583] Vielmehr ginge es um den Menschen

---

576 *Beck*, S. 107; *Hasselbach*, Novellierung der forensischen DNA-Analyse, S. 176 f.: Diese erachtet die FDNAP als „*Fortentwicklung des Zeugenbeweises*“; *Klumpe*, S. 134; *West*, Genetischer Fingerabdruck, S. 283.

577 *Beck*, S. 107.

578 *Beck*, KriPoZ 2017, 160, 164.

579 *West*, Genetischer Fingerabdruck, S. 283; dem zustimmend: *Hasselbach*, Novellierung der forensischen DNA-Analyse, S. 176 f.

580 *Hasselbach*, Novellierung der forensischen DNA-Analyse, S. 176 f.

581 *Hasselbach*, Novellierung der forensischen DNA-Analyse, S. 176 f.

582 *Kopf*, Selbstbelastungsfreiheit und Genomanalysen, S. 95; *Burr*, S. 111.

583 *West*, Genetischer Fingerabdruck, S. 271; ähnlich auch *Hilgendorf*, Jahrbuch für Recht und Ethik, Band 7, 1999, S. 137, 154.

in seiner Ganzheit, nicht dagegen um einzelne Körperteile oder gar einzelne Zellen. Der soziale Wert- und Achtungsanspruch komme dem Menschen insgesamt als menschliches, körperliches, geistiges und eigenständiges Individuum zu.[584] Insofern ist eine Untersuchung der DNA nicht ohne Weiteres als Verletzung der Menschenwürde anzusehen.

8. *Eingriff aufgrund von Herabwürdigung durch Persönlichkeitsprofil infolge der DNA-Analyse*

Der Bundesgerichtshof hat zum genetischen Fingerabdruck klargestellt: „*Entscheidend ist, dass durch die Feststellung des DNA-Identifizierungsmusters anhand des Probenmaterials, das gem. § 81g Abs. 2 StPO anschließend zu vernichten ist, Rückschlüsse auf persönlichkeitsrelevante Merkmale wie Erbanlagen, Charaktereigenschaften oder Krankheiten des Betroffenen, also ein Persönlichkeitsprofil, nicht ermöglicht werden.*"[585]

Die Aufzählung ist, wie das Gericht selbst äußert, nur beispielhaft. Ähnlich hatte es das Bundesverfassungsgericht auch schon im Mikrozensus-Urteil von 1969 formuliert:

> „*Mit der Menschenwürde wäre es nicht zu vereinbaren, wenn der Staat das Recht für sich in Anspruch nehmen könnte, den Menschen zwangsweise in seiner ganzen Persönlichkeit zu registrieren und zu katalogisieren, sei es auch in der Anonymität einer statistischen Erhebung, und ihn damit wie eine Sache zu behandeln, die einer Bestandsaufnahme in jeder Beziehung zugänglich ist. Ein solches Eindringen in den Persönlichkeitsbereich durch eine umfassende Einsichtnahme in die persönlichen Verhältnisse seiner Bürger ist dem Staat auch deshalb versagt, weil dem einzelnen um der freien und selbstverantwortlichen Entfaltung seiner Persönlichkeit willen ein ‚Innenraum' verbleiben muss, in dem er ‚sich selbst besitzt' und ‚in den er sich zurückziehen kann, zu dem die Umwelt keinen Zutritt hat, in dem man in Ruhe gelassen wird und ein Recht auf Einsamkeit genießt'.*"[586]

Diesen Ansatz hat das Bundesverfassungsgericht im Volkszählungsurteil bestätigt.[587] Es steht allerdings fest, dass die Strafverfolgungsbehörden bei ihrer Ermittlungsarbeit auf Informationen angewiesen sind. Die Arbeit ist ohne Informationsbeschaffung bzgl. des unbekannten Tatverdächtigen nicht vorstellbar. Das Ermittlungsverfahren soll gerade alle Informationen über den Tathergang

---

584 *West*, Genetischer Fingerabdruck, S. 271 mit Verweis auf *Hilgendorf*, Jahrbuch für Recht und Ethik, Band 7, 1999, S. 137, 154.

585 BVerfG, Beschl. v. 14.12.2000 – 2 BvR 1741/99, NJW 2001, 879, 880.

586 BVerfG, Beschl. v. 16.07.1969 – 1 BvL 19/63, NJW 1969, 1707.

587 BVerfG, Urt. v. 15.12.1983 – 1 BvR 209/83 u.a., NJW 1984, 419, 424.

und den Tatverdächtigen gewinnen. Zu dieser umfassenden Aufklärung gehört es auch, Informationen über die Person und Persönlichkeit zu sammeln, die der Überführung und Verurteilung dienen.[588] Die Notwendigkeit, Täterprofile zu erstellen, ist dabei evident. Denn erst dadurch kann der Tatverdächtige häufig überführt werden. Eingriffe aufgrund der Erstellung solcher Täterprofile können darum nicht per se als komplette Erfassung der Persönlichkeit und als unzulässig eingeordnet werden. Eine Unterscheidung zwischen Täterprofilen, die als verhältnismäßig angesehen werden können, und unverhältnismäßigen Persönlichkeitsprofilen ist nur im Einzelfall anhand des jeweiligen Eingriffs möglich. Jedoch sind in diesem Bereich unzulässige Persönlichkeitsprofile grundsätzlich nur in vereinzelten Fällen anzunehmen.[589]

So erkennt das Bundesverfassungsgericht selbst bei der Kombination von verschiedenen Daten im Rahmen der Antiterrordatei gemäß § 3 Abs. 1 Antiterrordateigesetz (ATDG) kein totales Persönlichkeitsprofil, auch wenn die Informationen teilweise *„einen Teil des Lebenswegs der betreffenden Person erkennbar machen“*[590] können. Zu diesen Informationen gehören nach § 3 Abs. 1 Nr. 1 ATDG u.a. der Name, das Geschlecht, das Geburtsdatum, der Geburtsort, der Geburtsstaat, aktuelle und frühere Staatsangehörigkeiten, gegenwärtige und frühere Anschriften, besondere körperliche Merkmale, Sprachen, Dialekte, Lichtbilder (sog. einfache Grunddaten) sowie eigene oder von ihnen genutzte Telekommunikationsanschlüsse und Telekommunikationsendgeräte, Bankverbindungen, auf die Person zugelassene oder von ihr genutzte Fahrzeuge, Familienstand, Volkszugehörigkeit, Angaben zur Religionszugehörigkeit, soweit diese im Einzelfall zur Aufklärung oder Bekämpfung des internationalen Terrorismus erforderlich sind, Angaben zum Schulabschluss, zur berufsqualifizierenden Ausbildung und zum ausgeübten Beruf (sog. erweiterte Grunddaten). Wie das Bundesverfassungsgericht selbst festhält, werden alle modernen Kommunikationsmittel und Finanzwege ebenso wie die Mobilität erfasst: *„In der Kombination der verschiedenen Angaben, zumal verbunden mit den einfachen Grunddaten, lassen sich detaillierte Aussagen zu den Betroffenen zusammentragen, die sich leicht zu einem verdichteten Steckbrief zusammenfügen.“*[591] Diesen verdichteten Steckbrief sieht das Bundesverfassungsgericht aber noch nicht als unzulässiges

---

588 Maunz/Dürig/*Di Fabio,* Stand: 82. EL, Januar 2018, Art. 2 Abs. 1 Rn. 184; *West,* Genetischer Fingerabdruck, S. 277 f.

589 *West,* Genetischer Fingerabdruck, S. 278.

590 BVerfG, Urt. v. 24.04.2013 – 1 BvR 1215/07, NJW 2013, 1499, 1510 Rn. 168.

591 BVerfG, Urt. v. 24.04.2013 – 1 BvR 1215/07, NJW 2013, 1499, 1511 Rn. 174.

Persönlichkeitsprofil an. Die FDNAP macht keine Aussage zu geistigen Fähigkeiten, Verhalten, Mobilität, Finanzwegen oder sozialen Beziehungen, sie macht lediglich einige wenige Aussagen zum Äußeren. Diese Merkmale können auch in ihrer Summe kein verbotenes Persönlichkeitsprofil ergeben,[592] selbst wenn man die Gesichtsmorphologie eines Tages sicher ermitteln und somit ein äußeres Profil erstellen kann.

III. Stellungnahme und Zusammenfassung

Die Differenzierung zwischen codierenden und nicht codierenden Abschnitten ist in Anbetracht des Stands der Wissenschaft nicht mehr angebracht. Wenn man DNA-Analysen daher angemessen beurteilen möchte, sollte man diese nach deren Intensität, d.h. nach der Sensitivität und dem Umfang der Informationen, beurteilen. Die Differenzierung zwischen codierenden und nicht codierenden Abschnitten berücksichtigt dies nicht: Ebenso wie Eingriffe in den nicht codierenden Bereich können Eingriffe in den codierenden Bereich geringe Bedeutung für den Einzelnen haben.[593] *Beck* weist zu Recht darauf hin, dass die Grenzen angesichts neuer wissenschaftlicher Erkenntnisse neu gezogen werden müssten, man solle die alte Betrachtungsweise nicht als Grenze erachten und deshalb auch nicht von einer *Ausweitung* sprechen.[594] Eine Differenzierung nach der Intensität entspricht auch am ehesten dem Willen des Gesetzgebers von 1997, der im Gesetz nicht zwischen codierenden und nicht codierenden Merkmalen unterscheiden wollte, sondern für Weiterentwicklungen offen sein wollte.[595]

Ein Persönlichkeitsprofil ist mit der Menschenwürde unvereinbar. Die FDNAP sagt jedoch nichts über den Charakter, Verhaltensweisen oder innere Merkmale wie körperliche oder psychische Erkrankungen aus. Man sollte die Menschenwürde als äußerste Grenze ansehen, um ihre besondere Bedeutung zu erhalten. Im Zusammenhang mit Genetik wird sie teilweise inflationär gebraucht.[596] Sie

---

592 *Zöller/Thörnich*, ZIS 2017, 331, 338; *West*, Genetischer Fingerabdruck, S. 285.

593 *West*, Genetischer Fingerabdruck, S. 271; *Beck*, S. 109; *Hasselbach*, Novellierung der forensischen DNA-Analyse, S. 172 f.; *Hero*, S. 58 f.

594 *Beck*, KriPoZ 2017, 160, 165.

595 *Zöller/Thörnich*, ZIS 2017, 331, 337 f.

596 Ebenso *Hilgendorf*, Jahrbuch für Recht und Ethik, Band 7, 1999, S. 137: „*In den aktuellen Auseinandersetzungen um Fragen der Gentechnik, der Keimbahntherapie, der Reproduktionsmedizin und vergleichbare Themen wird der Topos von der Menschenwürde geradezu inflationär verwendet, um die eigene Ansicht gegenüber konkurrierenden Konzeptionen auszuzeichnen. Nicht wenige Autorinnen und Autoren scheinen die Menschenwürde als Passepartout für sämtliche rechtspolitischen Fragen*

stellt eine absolute Tabugrenze dar, sollte dagegen gerade nicht für solche Einschränkungen benutzt werden, die sich auch angemessen anhand von Art. 2 Abs. 1 GG i.V.m. Art. 1 Abs. 1 GG bewerten lassen. Es kann bei weniger als zehn Merkmalen weder von einem Persönlichkeitsprofil noch einer Genomkartierung gesprochen werden. Das Bundesverfassungsgericht hat im Rahmen des Urteils zum Antiterrordateigesetz zwar die Sammlung und Kombination von verschiedenen, teils körperlichen Informationen als intensiveren Eingriff angesehen, es hat eine solche Maßnahme allerdings zu Recht nicht dem Kernbereich zugeordnet. Es lässt sich aus dem Urteil ableiten, dass das Bundesverfassungsgericht – einen entsprechenden Zweck vorausgesetzt – die Sammlung und Kombination von vielen Daten als zulässig erachtet. Die Daten der Antiterrordatei können ein besonders umfassendes Bild vom Betroffenen und seinem Lebensweg zeichnen, vielfach mit Informationen, die vermutlich nicht einmal Freunde des Betroffenen kennen. Die FDNAP bietet dagegen eingeschränktere Informationen.

Die Furcht vor dem gläsernen Menschen, dessen Krankheiten, aber auch Gedanken, Eigenschaften und Gefühle aufgedeckt werden, mag verständlich sein, dennoch beruht die Angst vielfach auf Unwissen. Häufig wird z.B. behauptet, die Beschränkung der DNA-Analyse auf die nicht codierenden Abschnitte sei erforderlich, um eine komplette Genomanalyse zu verhindern.[597] Statt einer solchen Pauschalisierung ist es angemessener, jedes einzelne Merkmal und seinen Informationsgehalt zu bewerten und anhand dessen zu prüfen, ob eine Ermittlung zulässig ist. Man kann man die im Rahmen der Analyse erlaubten Merkmale festlegen und dafür entsprechende Testkits schaffen, um darüber hinausgehende Analysen zu erschweren. Eine solche Begrenzung der Untersuchung besteht in der Praxis bereits bei der klassischen DNA-Analyse durch die Beschränkung auf bestimmte DNA-Abschnitte. Solche Testkits sowie konkrete Anordnungen für die Organisation und Durchführung der FDNAP können zusätzlich Fehlerquellen minimieren.

In der Diskussion zeigt sich auch, dass es weniger um die Merkmale – denn bei einem Zeugen würde sich niemand gegen die Nennung dieser Merkmale wenden –, sondern um den Gegenstand und um die mit der Art der Untersuchung verbundenen Herausforderungen und Risiken geht. Zunächst zu dem Gegenstand: Gene sind ohne Zweifel höchstpersönlich, einzigartig und unveränderbar. Gleichzeitig sollte man ihre Bedeutung jedoch nicht überhöhen, da sie

---

mit Grundlagenbezug anzusehen." Ähnlich auch schon *Sternberg-Lieben*, NJW 1987, 1242, 1244.

597 *Bickel*, VerwArchiv 1996, 169, 182.

zwar vieles über eine Person aussagen, aber nicht alles. Die DNA ist nicht grundsätzlich unantastbar – es gibt Vaterschaftstests, Neugeborenenscreenings und DNA-Tests zur Ermittlung der Herkunft sowie von (unbekannten!) Krankheiten im Internet. Insbesondere bei Neugeborenenscreenings und DNA-Tests zur Ermittlung der Herkunft und von Krankheiten untersucht man bereits jetzt den codierenden Bereich. Insofern kann man nicht sagen, der codierende Bereich sei gänzlich unantastbar. Selbst die Ermittlung oder Untersuchung von Krankheiten sind in der Strafverfolgung nicht ausgeschlossen, wenn man die Verwertung von Krankenakten, körperliche Untersuchungen oder psychiatrische Gutachten bedenkt. Die Nutzung von sensiblen Daten ist der Strafverfolgung allgemein nicht fremd. Deshalb muss es vielmehr um die Herausforderungen und Risiken einer Ermittlungsmaßnahme gehen, also zum einen die Gefahr, dass die DNA nicht ordnungsgemäß und ohne Verunreinigungen gesichert, untersucht und anschließend interpretiert wird, zum anderen die Minimierung des Risikos, dass sensible Bereiche untersucht und deren Ergebnisse unbeteiligten Personen unzulässig zugespielt werden. Die Untersuchung von Krankheiten im Rahmen der FDNAP könnte eine Verletzung des Kernbereichs darstellen. Die Gefahr, dass durch Strafverfolgungsmaßnahmen der Kernbereich berührt wird, besteht auch bei anderen Maßnahmen, dementsprechend hat man z.B. bei der Telekommunikationsüberwachung, Online-Durchsuchung und akustischen Wohnraumüberwachung § 100d StPO geschaffen, der die jeweilige Maßnahme für unzulässig erklärt, wenn tatsächliche Anhaltspunkte für die Annahme vorliegen, dass durch eine Maßnahme nach den §§ 100a bis 100d StPO allein Erkenntnisse aus dem Kernbereich privater Lebensgestaltung erlangt werden (§ 100d Abs. 1 StPO). Erkenntnisse aus dem Kernbereich privater Lebensgestaltung, die durch eine Maßnahme nach den §§ 100a bis 100c StPO erlangt wurden, dürfen nicht verwertet werden, Aufzeichnungen über solche Erkenntnisse sind unverzüglich zu löschen (§ 100d Abs. 2 StPO). Hier hat der Gesetzgeber also einen Ausgleich für die Risiken und die damit verbundenen Beeinträchtigungen der Rechte des Betroffenen geschaffen, ohne die Maßnahme von vornherein zu verbieten. Solche Löschungspflichten und Beweisverwertungsverbote sind auch bei der FDNAP denkbar.

Gewisse Standards und Sicherungen lassen sich somit durch das Gesetz sowie in der praktischen Umsetzung erreichen. Die Gefahr, dass die DNA oder ihre Ergebnisse in falsche Hände geraten, besteht. Allerdings ist nicht davon auszugehen, dass sich alle an der Untersuchung beteiligten Person unrechtmäßig verhalten – im Gegenteil, denn in einem Rechtsstaat sollte man jedenfalls zunächst von einem gesetzesgemäßen Verhalten ausgehen. Außerdem ist zu bedenken, dass es stets – auch im Alltag – zu einer unzulässigen DNA-Analyse kommen kann, auch wenn diese unter Strafe gestellt ist (§ 25 Abs. 1 Nr. 1 GenDG). Dass sich eine solche Missbrauchsgefahr in der Strafverfolgung realisiert, ist unwahrscheinlich. Denn wer Interesse an den Informationen der DNA einer Person hat, wird kaum den Weg über die Strafverfolgungsbehörden gehen. Es sind also weder der Gegenstand noch die Herausforderungen und Risiken, die eine Verletzung der Menschenwürde bei der FDNAP begründen können, da die Herausforderungen und Risiken grundsätzlich überschaubar sind und sich zusätzlich, z.B. durch Beweisverwertungsverbote, auf ein angemessenes, erträgliches Maß begrenzen lassen. Insofern ist festzuhalten, dass die FDNAP – beschränkt auf die Merkmale Geschlecht, Haar-, Augen- und Hautfarbe, Alter, biogeografische Herkunft, Körpergröße, BMI – nicht die Menschenwürde verletzt.

IV. Ergebnis

Der Kernbereich und daher die Menschenwürde sind bei der FDNAP nicht betroffen.

C. Recht am eigenen genetischen Code

Zuweilen wird dafür plädiert, ein Recht am eigenen genetischen Code zu schaffen.[598] Das Recht auf informationelle Selbstbestimmung betreffe verhältnismäßig bedeutungslose Informationen, die regelmäßig erst durch die computergestützte Datenverarbeitung bedeutsam werden würden. Die Übermittlung und das Wissen über den genetischen Code eines Menschen stellten dagegen einen so wichtigen Gegenstand der Persönlichkeit dar, dass die Schranken des informationellen Selbstbestimmungsrechts zu weit seien. Tatsächlich hat der Betroffene ein umso höheres Schutzbedürfnis, je umfangreicher und je persönlichkeitsrelevanter die gewonnenen Informationen sind.[599] Bei der FDNAP können Krankheiten, Abstammung oder Erbanlagen aufgedeckt werden – entweder weil es gesetzlich so im Rahmen der Untersuchung vorgesehen ist, oder im Rahmen eines (unwahrscheinlichen) Missbrauchs der DNA. Fraglich ist allerdings, inwiefern ein neu geschaffenes Grundrecht einen höheren Schutz gewährleisten soll als das bereits bestehende Recht auf informationelle Selbstbestimmung. Dieses hat gegenüber dem allgemeinen Persönlichkeitsrecht bereits erhöhte Anforderungen. So verlangt es u.a. eine strenge Zweckbestimmung für die Daten und die Verarbeitung (dazu gleich noch näher unter Kapitel 4. D. und dort speziell

598 *Fisahn*, ZRP 2001, 49 ff.
599 *Hero*, S. 66.

unter Kapitel 4. D. III. 1.). Je sensibler die Daten sind, umso strenger muss die Verhältnismäßigkeitsprüfung ausfallen. Allerdings genügt dies – jedenfalls bisher – auch bei sensiblen Daten, dafür ist kein neues Grundrecht erforderlich; dies heißt nicht, dass sich die Notwendigkeit eines eigenen Grundrechts ggf. zu einem späteren Zeitpunkt noch ergeben kann.[600] So hat sich das Bedürfnis für das Recht auf informationelle Selbstbestimmung oder auch das Grundrecht auf Gewährleistung der Vertraulichkeit und Integrität informationstechnischer Systeme auch erst später ergeben.[601]

D. Recht auf informationelle Selbstbestimmung

Durch die FDNAP-Analyse sowie die anschließende Verwendung der Ergebnisse in Form der persönlichen Merkmale könnte das Recht auf informationelle Selbstbestimmung betroffen sein.

I. Schutzbereich

Das Recht auf informationelle Selbstbestimmung ist eine konkrete Ausformung des allgemeinen Persönlichkeitsrechts. Das allgemeine Persönlichkeitsrecht ergibt sich aus Art. 2 Abs. 1 in Verbindung mit Art. 1 Abs. 1 GG. Grundlage ist zum einen Art. 2 Abs. 1 GG, da es ebenso wie die allgemeine Handlungsfreiheit nicht auf einzelne Lebensbereiche beschränkt, sondern in allen Bereichen des Lebens des Einzelnen bedeutsam ist. Zum anderen findet das allgemeine Persönlichkeitsrecht seine Grundlage in Art. 1 Abs. 1 GG, da es weniger eine bestimmte Verhaltensweise schützt (dies übernehmen überwiegend die speziellen Grundrechte) als die Möglichkeit, selbstbestimmt zu entscheiden.[602] Da das Recht auf informationelle Selbstbestimmung auf dem allgemeinen Persönlichkeitsrecht und damit der Menschenwürde fußt, besteht ein Kernbereich privater Lebensführung, in den nicht eingegriffen werden darf.[603]

Teil des allgemeinen Persönlichkeitsrechts ist es, sich frei entfalten zu können. Dazu gehört allgemein das Recht der Selbstbestimmung und speziell das Recht auf *informationelle* Selbstbestimmung – also das Recht, selbst über seine Daten entscheiden zu können. Das Recht erstreckt sich auf alle Informationen

---

600 So auch *Mund*, Grundrechtsschutz und genetische Information, S. 105 Fn. 376 zum Schweizer Recht.

601 So erst geschehen im Volkszählungsurteil im Jahr 1983: BVerfG, Urt. v. 15.12.1983 – 1 BvR 209/83 u.a., NJW 1984, 419 ff.

602 *Kingreen/Poscher*, Grundrechte, Rn. 408.

603 *Rudolf*, Handbuch der Grundrechte, Band IV, § 90 Rn. 67.

über eine Person und erfasst grundlegende Daten wie Name und Anschrift, aber auch offenkundige oder allgemein zugängliche Informationen.[604] Das Recht auf informationelle Selbstbestimmung hat das Bundesverfassungsgericht im Rahmen des Volkszählungsurteils erschaffen, um den Einzelnen – *„unter den modernen Bedingungen der Datenverarbeitung“* – *„gegen unbegrenzte Erhebung, Speicherung, Verwendung und Weitergabe seiner persönlichen Daten“* zu schützen.[605] Insbesondere bei sensiblen Daten, jedoch auch bei weniger sensiblen Daten gilt: Wer nicht weiß oder keinen Einfluss darauf nehmen kann, wo und in welchem Umfang Daten über ihn erhoben, gespeichert, verwendet oder weitergegeben werden, wird sein Verhalten so anpassen, dass keine Daten mehr über ihn generiert werden.[606] Dementsprechend soll dieses Recht allgemein Entscheidungsfreiheit ermöglichen.[607] Das Bundesverfassungsgericht hat im späteren Urteil zur automatisierten Kennzeichenerfassung betont, dass der Schutz nicht schon deshalb entfalle, weil die Information öffentlich verfügbar sei. Das informationelle Selbstbestimmungsrecht schütze davor, dass personenbezogene Daten, die dabei entstünden, dass man sich in der Öffentlichkeit aufhalte und bewege, automatisch erhoben, gespeichert und ggf. weitergeleitet werden würden.[608] Eine Konkretisierung dessen, was unter das Recht auf informationelle Selbstbestimmung fällt, findet sich in § 46 Nr. 1 BDSG, der sich sogar konkret auf die Datenverarbeitung im Strafverfahren bezieht: Als personenbezogene Daten gelten danach alle Informationen, die sich auf eine identifizierte oder identifizierbare natürliche Person (betroffene Person) beziehen; als identifizierbar wird eine natürliche Person angesehen, die direkt oder indirekt, insbesondere mittels Zuordnung zu einer Kennung wie einem Namen, zu einer Kennnummer, zu Standortdaten, zu einer Online-Kennung oder zu einem oder mehreren besonderen Merkmalen, die Ausdruck der physischen, physiologischen, genetischen, psychischen, wirtschaftlichen, kulturellen oder sozialen Identität dieser Person sind, identifiziert werden kann. Die Formulierung beruht auf Art. 3 Nr. 1 Richtlinie (EU) 2016/680.[609] Insofern kann auf die Ausführungen in Kapitel 3. A. II., dort insbesondere zur Identifizierbarkeit, verwiesen werden.

---

604 BVerfG NVwZ 2011, 94, 100 Rn. 160.

605 BVerfG, Urt. v. 15.12.1983 – 1 BvR 209/83 u.a., NJW 1984, 419, 422 – Volkszählungsurteil.

606 BVerfG, Urt. v. 15.12.1983 – 1 BvR 209/83 u.a., NJW 1984, 419, 421 f. – Volkszählungsurteil.

607 Maunz/Dürig/*Di Fabio*, Stand: 82. EL, Januar 2018, Art. 2 Abs. 1 Rn. 175.

608 BVerfG, Urt. v. 11.03.2008 – 1 BvR 2074/05, 1 BvR 1254/07, NJW 2008, 1505, 1506.

609 Zur Richtlinie siehe Kapitel 3. A. II.

Bei der FDNAP muss unterschieden werden: Die bloße Blutspur auf der Straße oder der Speichelrest an der Tasse stellen z.B. noch keine Informationen dar, da diese – ohne weitere Untersuchung – keine Verknüpfung zu oder Identifizierbarkeit einer Person ermöglichen. Im Rahmen der FDNAP werden dann allerdings Merkmale einer Person untersucht und ermittelt, die Ausdruck der physischen, physiologischen und genetischen Identität dieser Person sind und anhand derer eine Person direkt oder jedenfalls indirekt identifizierbar ist. Der Spurenverursacher kann dabei nicht entscheiden, ob die bei der FDNAP ermittelten Informationen über ihn erhoben, gespeichert oder verwendet werden. Der Schutzbereich des Rechts auf informationelle Selbstbestimmung ist somit eröffnet.

II. Eingriff

Als Eingriff gilt nach dem modernen Eingriffsbegriff jedes staatliche Verhalten, das dem Grundrechtsträger ein vom Schutzbereich umfasstes Verhalten verwehrt. Dieser kann durch individuelles staatliches Handeln, also Verwaltungsakt oder Gerichtsurteil, aber auch durch generelles staatliches Handeln erfolgen, z.B. in Form eines Gesetzes. Für die Bejahung eines Eingriffs ist es gleichgültig, ob das staatliche Handeln den Einzelnen in seiner Grundrechtsausübung rechtlich oder tatsächlich, final oder unbeabsichtigt, mittelbar oder unmittelbar und mit oder ohne Zwang beschränkt.[610] Einfache Bagatellen in Form von alltäglichen Unannehmlichkeiten oder subjektiven Empfindlichkeiten stellen *keinen* Eingriff dar.[611]

1. Beurteilung der Eingriffsqualität nach der Rechtsprechung

In einer Entscheidung aus dem Jahr 1995 hat das Bundesverfassungsgericht festgestellt, dass der klassische DNA-Test *keinen* Eingriff in das Recht auf informationelle Selbstbestimmung, Art. 2 Abs. 1 in Verbindung mit Art. 1 Abs. 1 GG, darstelle. Denn die hinterlassenen Spuren hätten sich von der Person *„gelöst und objektiviert"*, sodass die Auswertung das Persönlichkeitsrecht regelmäßig nicht berühre. Daran änderten auch der Fortschritt in der Forschung und die hiermit verbundenen neuartigen Ermittlungsmethoden grundsätzlich nichts. Die StPO sei dafür offen. Eine effektive Strafverfolgung sei ohne die modernen

---

610 *Kingreen/Poscher*, Grundrechte, Rn. 231, 261; BVerfG, Beschl. v. 26.06.2002 – 1 BvR 670/91, NJW 2002, 2626, 2629 ff.

611 *Kingreen/Poscher*, Grundrechte, Rn. 268.

Ermittlungsmethoden nicht denkbar.[612] Diese Ansicht, die die DNA-Analyse nicht als Eingriff einordnet, hat teilweise Zuspruch erfahren: Jede andere Betrachtungsweise würde dazu führen, dass man die vom Täter gelegte Spur als seine eigene ansehe und er daher über diese disponieren könne. Dann müsse man auch jegliche Ermittlungsarbeit hinterfragen – also konkret etwa, ob man Fingerabdrücke nehmen oder man den am Tatort hinterlassenen Personalausweis nutzen dürfe.[613] Ähnlich äußerte sich unter den Instanzgerichten das Landgericht Berlin, welches das Ergebnis der DNA-Analyse zwar als individuelles Strichmuster, allerdings als *„völlig persönlichkeitsneutral"* betrachtete.[614]

Es bestehen Zweifel, dass das Bundesverfassungsgericht heute noch so entscheiden würde wie 1995.[615] So hat das Bundesverfassungsgericht im Zusammenhang mit der Speicherung des DNA-Identifizierungsmusters gemäß § 81g StPO im Jahr 2000 festgestellt, dass die Feststellung, Speicherung und (künftige) Verwendung des DNA-Identifizierungsmusters in das Recht auf informationelle Selbstbestimmung eingriffen. Denn dieses Recht umfasse die Befugnis des Einzelnen, grundsätzlich selbst zu entscheiden, wann und innerhalb welcher Grenzen er persönliche Lebenssachverhalte offenbaren möchte.[616] Diese Einordnung als Eingriff fügt sich auch ins Bild der übrigen Entscheidungen des Bundesverfassungsgerichts zum Recht auf informationelle Selbstbestimmung: Entscheidend sei für die Qualifikation als Eingriff, ob sich bei einer Gesamtbetrachtung mit Blick auf den durch den Überwachungs- und Verwendungszweck bestimmten Zusammenhang das behördliche Interesse an den betroffenen Daten bereits derart verdichtet habe, dass ein Betroffensein in einer einen Grundrechtseingriff auslösenden Qualität zu bejahen sei.[617] Auch dann, wenn die Erfassung eines größeren Datenbestands im Ergebnis nur Mittel zum Zweck für eine weitere Verkleinerung der Treffermenge sei, könne bereits die Erhebung der Informationen einen Eingriff darstellen, soweit diese die Informationen für die Behörden zugänglich mache und die Grundlage für einen anschließenden Abgleich mit

612 BVerfG, Beschl. v. 18.09.1995 – 2 BvR 103/92, NStZ 1996, 45, 46; dem BVerfG folgend *Neuser,* Rechtsfragen, S. 94.

613 *Kimmich/Spyra/Steinke,* NStZ 1990, 318, 323.

614 LG Berlin, NJW 1989, 787, 788; ähnlich auch *Krieglstein,* S. 101.

615 So auch schon *Krehl/Kolz,* StV 2004, 447, 454. *Beck,* S. 110 f., meint, dass diese Rechtsprechung in Bezug auf die FDNAP nicht haltbar sei, denn es fehle gerade an einer Loslösung, wenn der Täter durch die Spur ermittelt werden könne.

616 BVerfG, Beschl. v. 14.12.2000 – 2 BvR 1741/99, NJW 2001, 879, 880.

617 BVerfG, Beschl. v. 04.04.2006 – 1 BvR 518/02, NJW 2006, 1939, 1941; BVerfG, Urt. v. 11.03.2008 – 1 BvR 2074/05, 1 BvR 1254/07, NJW 2008, 1505, 1506.

Suchkriterien sei.[618] Die Rechtmäßigkeit möglicher Folgemaßnahmen sei jedoch wie üblich jeweils selbst am Verfassungsrecht zu messen.[619] An einem Eingriff könne es nur fehlen, wenn Daten ungezielt und bloß bedingt durch die Technik erst einmal mit erhoben, allerdings sogleich wieder anonym, spurlos und ohne die Möglichkeit, einen Personenbezug herzustellen, gelöscht würden.[620] Bei einer präventiven polizeilichen Rasterfahndung hat das Gericht einen Eingriff jedenfalls hinsichtlich solcher Personen, *„deren Daten nach einem ersten Datenabgleich noch Gegenstand weiterer, nachfolgender Maßnahmen, insbesondere weitergehender Datenabgleiche, werden sollen"*, bejaht. Denn *„die Übermittlungsanordnung stellt eine Beeinträchtigung des informationellen Selbstbestimmungsrechts dieser Personen dar. Das Verlangen der Datenübermittlung richtet sich zwar nicht unmittelbar an diese Personen, es zielt aber auf die Erfassung ihrer Daten und nimmt sie damit in das Visier staatlicher Überwachungstätigkeit."*[621] Das Gericht betonte zudem, dass das Recht auf informationelle Selbstbestimmung nicht nur sensible Daten schütze. Auch personenbezogene Daten, die an sich keinen großen Informationsgehalt hätten, könnten sich je nach dem Ziel und den Möglichkeiten der Verarbeitung und Verknüpfung mit weiteren Daten auf die Privatheit und Verhaltensfreiheit des Einzelnen auswirken.[622]

2. *Beurteilung der Eingriffsqualität nach der Literatur*

In der Literatur wird ein Eingriff in das Recht auf informationelle Selbstbestimmung durch die FDNAP bejaht: Auch äußerlich erkennbare Merkmale wie Haar- oder Augenfarbe gehörten zur Persönlichkeit eines Menschen. Es gebe keine persönlichkeitsneutralen Daten. Alle Merkmale einer Person bildeten die Individualität und auch seine Identität.[623] Persönlichkeitsneutral könne selbst das einfache DNA-Identifizierungsmuster beim genetischen Fingerabdruck jedenfalls alleine schon deswegen nicht sein, weil damit Verwandtschaftsverhältnisse aufgedeckt werden könnten.[624] Jede Form der Analyse von DNA-Merkmalen stelle einen Eingriff dar, da dadurch dem Betroffenen die Freiheit genommen werde,

618 BVerfG, Urt. v. 11.03.2008 – 1 BvR 2074/05, 1 BvR 1254/07, NJW 2008, 1505, 1506.
619 BVerfG, Urt. v. 11.03.2008 – 1 BvR 2074/05, 1 BvR 1254/07, NJW 2008, 1505, 1507.
620 BVerfG, Beschl. v. 04.04.2006 – 1 BvR 518/02, NJW 2006, 1939, 1941 Rn. 74; BVerfG, Urt. v. 11.03.2008 – 1 BvR 2074/05, 1 BvR 1254/07, NJW 2008, 1505, 1506 f. Rn. 68.
621 BVerfG, Beschl. v. 04.04.2006 – 1 BvR 518/02, NJW 2006, 1939, 1941 Rn. 75.
622 BVerfG, Urt. v. 11.03.2008 – 1 BvR 2074/05, 1 BvR 1254/07, NJW 2008, 1505, 1506.
623 *Klumpe*, S. 134.
624 *Klumpe*, S. 143; *Burr*, S. 104.

über die Erhebung, Untersuchung und Auswertung, ggf. auch Weitergabe der Daten, zu entscheiden.[625] Gleichwohl sei durchaus – in der Rechtfertigung – zwischen äußerlich sichtbaren Merkmalen und inneren verborgenen Merkmalen zu differenzieren, da die Eingriffe durch das Aufdecken jeweils unterschiedlich intensiv seien.[626] Auch andere heben hervor, dass man bei § 81e Abs. 2 StPO mehr Informationen gewinne als bei § 81e Abs. 1 StPO. Das Argument des Bundesverfassungsgerichts, es fehle an einem Eingriff in das Persönlichkeitsrecht des Betroffenen, da sich die Spur von der Person, von der sie stammt, *„gelöst und objektiviert"* habe, hält man für nicht mehr haltbar: Könne man nämlich durch die Spur Informationen über äußere Merkmale des Spurenverursachers gewinnen, sei sie gerade nicht von ihm losgelöst. Vielmehr sei sie so eng mit ihm verbunden, dass die Ermittlungsbehörden den Spurenverursacher ermitteln könnten.[627] Die FDNAP ermögliche die Bestimmung oder Bestimmbarkeit einer Person und stelle damit einen Eingriff dar.[628] Im Zusammenhang mit der klassischen DNA-Analyse wird zusätzlich betont, dass die DNA den Ermittlungsbehörden den Schlüssel zum Kern der Persönlichkeit gäbe und daher deutlich tiefer in das Recht auf informationelle Selbstbestimmung eingriffe als andere Untersuchungsmethoden. Zu denken sei z.B. an Tonbandaufnahmen – wenn jemand schon darüber entscheiden könne, müsse das erst recht für molekulargenetische Untersuchungen gelten.[629]

3. *Stellungnahme*

Die Argumente gegen den Eingriff überzeugen nicht. Jede Form der Analyse von persönlichen Daten stellt einen Eingriff dar, weil dem Betroffenen auf diese Weise die Freiheit genommen wird, über die Erhebung, Untersuchung und Auswertung, ggf. auch Weitergabe der Daten, zu entscheiden. Dies gilt umso mehr, wenn es sich wie bei der DNA um besonders sensible Daten handelt. Man verliert das Recht, darüber zu entscheiden, auch nicht durch eine Straftat. In diesem Zusammenhang ist auch auf die Argumentation hinsichtlich der Identifizierbarkeit zu verweisen: Der Betroffene soll gerade ermittelt werden und nicht

---

625 *West*, Genetischer Fingerabdruck, S. 266, 279; *Foldenauer*, S. 96; *Zöller/Thörnich*, ZIS 2017, 331, 337.

626 *Klumpe*, S. 134.

627 *Beck*, S. 110 f.

628 *Weichert*, DuD 2018, 358, 361 mit Verweis auf EuGH, Urt. v. 19.10.2016 – C-582/14, NJW 2016, 3579 ff.

629 *Benfer*, StV 1999, 402 f.

anonym bleiben. Die (zunächst bestehende) Anonymität des Betroffenen führt nicht dazu, dass dieser keine Rechte hat oder nicht betroffen ist. Die FDNAP stellt daher einen Eingriff dar.

Zu trennen ist der Eingriff durch die FDNAP allerdings von sonstigen, sich möglicherweise anschließenden Maßnahmen wie DNA-Massengentests oder der Veröffentlichung eines Fahndungsbildes. Diese stellen eigenständige Eingriffe dar, deren Verfassungsmäßigkeit unabhängig von der FDNAP zu beurteilen ist.

III. Rechtfertigung

Das Recht auf informationelle Selbstbestimmung gilt nicht schrankenlos.[630] Der Eingriff könnte deshalb aus Gründen der Strafverfolgung gerechtfertigt sein. Trotz der Verbindung mit Art. 1 GG kann das Recht auf informationelle Selbstbestimmung durch die verfassungsmäßige Ordnung eingeschränkt werden, was sich aus Art. 2 Abs. 1 GG ergibt. Da das Recht auf informationelle Selbstbestimmung auf dem allgemeinen Persönlichkeitsrecht und damit auch der Menschenwürde fußt, besteht jedoch ein Kernbereich privater Lebensführung, in den nicht eingegriffen werden darf.[631] Eine genaue abstrakte Definition des Kernbereichs ist nicht möglich. Ist der Kernbereich nicht betroffen, kann der Eingriff unter bestimmten Voraussetzungen gerechtfertigt sein.

Nach Auffassung des Bundesverfassungsgerichts habe der Einzelne kein Recht im Sinne einer absoluten, uneinschränkbaren Herrschaft über seine Daten. Vielmehr lebe, entfalte sich und kommuniziere der Mensch innerhalb einer sozialen Gemeinschaft. Selbst personenbezogene Informationen bildeten ein Abbild sozialer Realität, welches man nicht nur allein jedem Einzelnen zuordnen könne. Das Spannungsverhältnis zwischen Individuum und Gemeinschaft löse das Grundgesetz zugunsten der Gemeinschaftsbezogenheit und Gemeinschaftsgebundenheit der Person: Aus diesem Grund müsse der Einzelne bei überwiegenden Allgemeininteressen eine Einschränkung des informationellen Selbstbestimmungsrechts akzeptieren.[632] Prüfungsmaßstab sei vorrangig das allgemeine Persönlichkeitsrecht.[633] In diesem Zusammenhang hat das Bundesverfassungsgericht insbesondere im Volkszählungsurteil einige spezifische Kriterien für das informationelle Selbstbestimmungsrecht herausgearbeitet. In

---

630 BVerfG, Urt. v. 15.12.1983 – 1 BvR 209/83 u.a., NJW 1984, 419, 422.
631 *Rudolf*, Handbuch der Grundrechte, Band IV, § 90 Rn. 67.
632 BVerfG, Urt. v. 15.12.1983 – 1 BvR 209/83 u.a., NJW 1984, 419, 422.
633 BVerfG, Urt. v. 15.12.1983 – 1 BvR 209/83 u.a., NJW 1984, 419, 421.

Kurzform lassen sich diese mit dem zweiten Leitsatz des Volkszählungsurteils zusammenfassen:

> *„Einschränkungen dieses Rechts auf ‚informationelle Selbstbestimmung' sind nur im überwiegenden Allgemeininteresse zulässig. Sie bedürfen einer verfassungsgemäßen gesetzlichen Grundlage, die dem rechtsstaatlichen Gebot der Normenklarheit entsprechen muss. Bei seinen Regelungen hat der Gesetzgeber ferner den Grundsatz der Verhältnismäßigkeit zu beachten. Auch hat er organisatorische und verfahrensrechtliche Vorkehrungen zu treffen, welche der Gefahr einer Verletzung des Persönlichkeitsrechts entgegenwirken."*[634]

Dabei gilt: Die Anforderungen an die aufgezählten Kriterien sind jeweils umso höher, je persönlicher die Informationen sind und je intensiver die Benutzung der Daten (Auswertung, Speicherung, Übermittlung etc.) ausfällt.[635]

Auf die einzelnen Voraussetzungen an ein Gesetz ist im Folgenden einzugehen.

1. *Allgemeine Anforderungen an die Rechtfertigung beim Recht auf informationelle Selbstbestimmung*

a) *Vorbehalt des Gesetzes*

Für einen Eingriff in das Recht auf informationelle Selbstbestimmung ist ein formelles Gesetz erforderlich.[636] Es soll sicherstellen, dass der parlamentarische Gesetzgeber die wesentlichen Entscheidungen über Grundrechtseingriffe und deren Reichweite selbst trifft.[637]

b) *Normenbestimmtheit und Normenklarheit sowie Zweckbestimmung*

Für die Rechtfertigung von Eingriffen in das Recht auf informationelle Selbstbestimmung fordert das Bundesverfassungsgericht eine Normenbestimmtheit und Normenklarheit der eingreifenden Rechtsgrundlage.[638] Die Normenbestimmtheit und Normenklarheit konkretisieren das Gebot der Rechtssicherheit.[639] Eine

---

634 BVerfG, Urt. v. 15.12.1983 – 1 BvR 209/83 u.a., NJW 1984, 419 2. Leitsatz.

635 Von Mangoldt/Klein/*Starck*, Art. 2 Abs. 1 Rn. 116; Maunz/Dürig/*Di Fabio*, Stand: 82. EL, Januar 2018, Art. 2 Abs. 1 Rn. 181 ff.

636 BVerfG, Beschl. v. 11.08.2009 – 2 BvR 941/08, NJW 2009, 3293, 3294; BVerfG, Beschl. v. 25.07.1988 – 1 BvR 109/85, NJW 1988, 3009; BVerfG, Urt. v. 15.12.1983 – 1 BvR 209/83 u.a., NJW 1984, 419 2. Leitsatz; BVerwG, Urt. v. 20.02.1990 – 1 C 30/86, NJW 1990, 2768, 2770.

637 BVerfG, Urt. v. 24.04.2013 – 1 BvR 1215/07, NJW 2013, 1499, 1507 Rn. 140.

638 BVerfG, Beschl. v. 04.04.2006 – 1 BvR 518/02, NJW 2006, 1939, 1947 Rn. 149 ff.

639 *Papier/Möller*, AöR 122 (1997), 177, 179.

genaue Abgrenzung der beiden Begriffe hat das Gericht nicht vorgenommen. Ein Ansatz zur Differenzierung ist von der Literatur geliefert worden: Nach dem Grundsatz der Normenbestimmtheit müsse die Rechtsgrundlage hinreichend konkret gefasst sein. Das Gebot der Normenklarheit verlange, dass die Rechtsgrundlage die Bedingungen und den Umfang der Einschränkung nachvollziehbar und in sich schlüssig festlege.[640]

Das Bundesverfassungsgericht betont, das Gesetz sei als *„steuernder und begrenzender Handlungsmaßstab"* nicht nur für die Verwaltung wichtig, sondern auch für die Gerichte zur Rechtskontrolle und müsse daher bestimmt und klar sein. Daneben solle sich auch der Bürger auf mögliche Belastungen einstellen können.[641] Die konkreten Anforderungen an die Bestimmtheit und Klarheit der Rechtsgrundlage würden mit der Intensität des Eingriffs steigen.[642]

Beim Recht auf informationelle Selbstbestimmung sind nach dem Bundesverfassungsgericht die spezifische Funktion, eine Umgrenzung des Anlasses und des möglichen Verwendungszwecks festzulegen.[643] Eine Einschränkung des Rechts auf informationelle Selbstbestimmung sei nur zulässig, wenn der *„Verwendungszweck bereichsspezifisch und präzise"* bestimmt sei und *„die Angaben für diesen Zweck geeignet und erforderlich sind."*[644] Man dürfe aus diesem Grund keine Daten ohne bestimmten oder bestimmbaren Zweck erheben und speichern.[645] Hierbei genüge es allerdings, wenn der Zweck sich aus dem Gesetzestext und dem zu regelnden Lebensbereich ergebe.[646]

Die Erstellung eines Persönlichkeitsprofils sei als Zweck unzulässig (*„auch in der Anonymität statistischer Erhebungen"*).[647] Wenn die Erhebung der Daten in ihrem Umfang und ihrer Art nach nicht begrenzt sei, könne diese sich einem (unzulässigen) Persönlichkeitsprofil annähern.[648] Sensibel seien nicht nur Daten

640 Lisken/Denninger/*Petri*, Handbuch des Polizeirechts, H. Rn. 27.

641 BVerfG, Urt. v. 24.04.2013 – 1 BvR 1215/07, NJW 2013, 1499, 1507; BVerfG, Urt. v. 27.07.2005 – 1 BvR 668/04, NJW 2005, 2603, 2607.

642 BVerfG, Urt. v. 24.04.2013 – 1 BvR 1215/07, NJW 2013, 1499, 1507 Rn. 140.

643 BVerfG, Urt. v. 11.03.2008 – 1 BvR 2074/05, 1 BvR 1254/07, NJW 2008, 1505, 1509; BVerfG, Beschl. v. 04.04.2006 – 1 BvR 518/02, NJW 2006, 1939, 1947; BVerfG, Beschl. v. 03.03.2004 – 1 BvF 3/92, NJW 2004, 2213, 2215; BVerfG, Urt. v. 15.12.1983 – 1 BvR 209/83 u.a., NJW 1984, 419, 422.

644 BVerfG, Urt. v. 15.12.1983 – 1 BvR 209/83 u.a., NJW 1984, 419, 422; BVerfG, Beschl. v. 04.04.2006 – 1 BvR 518/02, NJW 2006, 1939, 1947.

645 BVerfG, Urt. v. 15.12.1983 – 1 BvR 209/83 u.a., NJW 1984, 419, 422.

646 BVerfG, Urt. v. 15.12.1983 – 1 BvR 209/83 u.a., NJW 1984, 419, 424.

647 BVerfG, Urt. v. 15.12.1983 – 1 BvR 209/83 u.a., NJW 1984, 419, 424.

648 BVerfG, Beschl. v. 04.04.2006 – 1 BvR 518/02, NJW 2006, 1939, 1942 f. Rn. 101.

über intime Vorgänge.[649] Für die Beurteilung der Bedeutung von Informationen seien vielmehr Verwendungs- und Verknüpfungsmöglichkeiten entscheidend: Aus dem Gesetz müsse die Umgrenzung des Anlasses der Maßnahme und auch des möglichen Verwendungszwecks der betroffenen Informationen hervorgehen. Sei der Verwendungszweck nicht festgelegt, bestehe die Gefahr, dass Daten für Zwecke genutzt werden, für die sie nicht erhoben worden seien.[650]

c) Organisations- und Verfahrensrecht

Der Einzelne kann Eingriffe in das Recht auf informationelle Selbstbestimmung, wie das Bundesverfassungsgericht festgestellt hat, oft nicht direkt wahrnehmen bzw. wird die Freiheitsgefährdung nur mittelbar oder erst später im Zusammenwirken mit weiteren Maßnahmen deutlich.[651] Darum habe der Gesetzgeber das Recht auf informationelle Selbstbestimmung zu schützen, indem er die Durchführung und Organisation der Datenerhebung verfassungskonform gestalte und somit der Gefahr vorbeuge, dass das Persönlichkeitsrecht verletzt werde.[652] Nach einer Entscheidung des Bundesverwaltungsgerichts ist daher z.B. selbst innerhalb einer Behörde der Kreis der Beschäftigten, die mit persönlichen Informationen zu tun haben, möglichst klein zu halten.[653] Der Grundsatz der Verhältnismäßigkeit erfordert dabei ein entsprechendes Maß an Transparenz, Rechtsschutz und eine Kontrolle (z.B. durch eine Aufsicht).[654] Konkret können dazu Aufklärungs-, Auskunfts- und Löschungspflichten[655] oder aber auch ein Richtervorbehalt[656] gehören. Zweck der Transparenz bei der Datenverarbeitung ist es, Vertrauen und Rechtssicherheit zu entwickeln und zu stärken.[657] Ist Transparenz aufgrund des Zwecks und der Funktionsweise der Maßnahme nur eingeschränkt möglich, wie z.B. bei der Antiterrordatei, führt dies auch zu eingeschränkten Rechtsschutzmöglichkeiten des Betroffenen. Insofern ist die Kontrolle darüber durch eine Aufsicht, z.B. einen Datenschutzbeauftragten, wesentlich. Im Volkszählungsurteil hat das Bundesverfassungsgericht die Beteiligung eines unabhängigen Datenschutzbeauftragten empfohlen – ohne ihn verfassungsrechtlich für

---

649 BVerfG, Urt. v. 11.03.2008 – 1 BvR 2074/05, 1 BvR 1254/07, NJW 2008, 1505, 1507.
650 BVerfG, Urt. v. 11.03.2008 – 1 BvR 2074/05, 1 BvR 1254/07, NJW 2008, 1505, 1509.
651 BVerfG, Urt. v. 24.04.2013 – 1 BvR 1215/07, NJW 2013, 1499, 1515 Rn. 207.
652 BVerfG, Urt. v. 15.12.1983 – 1 BvR 209/83 u.a., NJW 1984, 419 2. Leitsatz.
653 BVerwG, Beschl. v. 20.02.1989 – 2 B 129/88, NJW 1989, 1942.
654 BVerfG, Urt. v. 24.04.2013 – 1 BvR 1215/07, NJW 2013, 1499, 1515 Rn. 207.
655 BVerfG, Urt. v. 15.12.1983 – 1 BvR 209/83 u.a., NJW 1984, 419, 422.
656 Zum Richtervorbehalt insbesondere beim genetischen Fingerabdruck: *Hero*, S. 80 ff.
657 BVerfG, Urt. v. 24.04.2013 – 1 BvR 1215/07, NJW 2013, 1499, 1515 Rn. 206.

zwingend erforderlich zu halten.[658] Der Verhältnismäßigkeitsgrundsatz stellt in Fällen eingeschränkter Transparenz gesteigerte Anforderungen an eine wirksame Ausgestaltung einer Aufsicht – nicht nur auf gesetzlicher Ebene, sondern auch in der Verwaltungspraxis. Eine Aufsicht ergänzt – als objektiv-rechtliche Instanz – den Rechtsschutz des Einzelnen. Sie hat nicht nur administrative Zwecke, sondern soll auch die Gesetzmäßigkeit der Verwaltung gewährleisten. Sie schützt zugleich die Rechte Einzelner. Das Erfordernis einer Aufsicht ist umso größer, desto weniger eine Kontrolle durch den Einzelnen sichergestellt ist.[659] Bei der Entscheidung zum Antiterrordateigesetz hat das Bundesverfassungsgericht detaillierte Vorgaben hinsichtlich der Speicherung und Nutzung personenbezogener Daten gemacht: So sei eine mit wirksamen Befugnissen ausgestattete Aufsicht erforderlich (wie durch die Datenschutzbeauftragten), Zugriffe und Änderungen des Datenbestands seien vollständig zu protokollieren. Kontrollen durch die Aufsicht seien regelmäßig erforderlich.[660] Zusätzlich seien regelmäßige Berichte gegenüber Parlament und Öffentlichkeit gesetzlich zu regeln: Diese seien erforderlich und müssten tief gehend und umfassend sein, um folglich eine Grundlage für eine öffentliche Diskussion sowie Kontrolle und Überprüfung zu schaffen.[661] Das Bundesverfassungsgericht hat klargestellt, dass der Gesetzgeber zunächst darauf vertrauen dürfe, dass die Behörden kooperativ seien und die Gesetze entsprechend den Anforderungen wirksam umsetzen. Der Gesetzgeber müsse gleichwohl darauf achten, ob in der Praxis Konflikte entstünden, die eine gesetzliche Klarstellung oder eine Erweiterung von Klagebefugnissen erforderten.[662]

d) Zusammenfassung

Abschließend lässt sich sagen, dass nach der Rechtsprechung des Bundesverfassungsgerichts für einen Eingriff in das Recht auf informationelle Selbstbestimmung ein formelles Gesetz erforderlich ist. Dieses muss bestimmt und klar sein. Darin sind die spezifische Funktion, eine Umgrenzung des Anlasses und des möglichen Verwendungszwecks festzulegen. Der Verwendungszweck muss bereichsspezifisch und präzise bestimmt und die Angaben für diesen Zweck

658 BVerfG, Urt. v. 15.12.1983 – 1 BvR 209/83 u.a., NJW 1984, 419, 422; ähnlich auch bei der Antiterrordatei: BVerfG, Urt. v. 24.04.2013 – 1 BvR 1215/07, NJW 2013, 1499, 1515 Rn. 205.

659 BVerfG, Urt. v. 24.04.2013 – 1 BvR 1215/07, NJW 2013, 1499, 1515 f. Rn. 205 ff.

660 BVerfG, Urt. v. 24.04.2013 – 1 BvR 1215/07, NJW 2013, 1499, 1515, 1516 f. Rn. 214 ff.

661 BVerfG, Urt. v. 24.04.2013 – 1 BvR 1215/07, NJW 2013, 1499, 1517 Rn. 222.

662 BVerfG, Urt. v. 24.04.2013 – 1 BvR 1215/07, NJW 2013, 1499,1517 Rn. 220.

geeignet und erforderlich sein. Es ist ausreichend, wenn der Zweck sich aus dem Gesetzestext und dem zu regelnden Lebensbereich ergibt. Zusätzlich hat der die Durchführung und Organisation der Datenerhebung verfassungskonform zu gestalten und somit der Gefahr von Verletzungen des Persönlichkeitsrechts vorzubeugen. Der Grundsatz der Verhältnismäßigkeit erfordert dabei ein entsprechendes Maß an Transparenz, Rechtsschutz und eine Kontrolle. Diese Kriterien können durch Aufklärungs-, Auskunfts- und Löschungspflichten oder aber auch einen Richtervorbehalt[663] realisiert werden.

2. Verhältnismäßigkeit der Forensischen DNA-Phänotypisierung

Die FDNAP ist verhältnismäßig, wenn sie einen legitimen Zweck verfolgt, geeignet, erforderlich und verhältnismäßig im engeren Sinne ist.

a) Legitimer Zweck

Zunächst ist ein legitimer Zweck nötig. Der Gesetzgeber darf jeden Zweck verfolgen, sofern dieser mit der Verfassung übereinstimmt, er hat sich an die Gebote und Verbote im Grundgesetz zu halten.[664]

Die FDNAP dient der Strafverfolgung, indem sie zur Identifikation des Tatverdächtigen und somit zur Aufklärung von Straftaten beiträgt. Sie kann insbesondere bei schweren Straftaten wie Tötungsdelikten oder Sexualdelikten hilfreich sein, bei denen es häufig an Zeugen bzw. tauglichen Zeugenaussagen fehlt, weil das Opfer verstorben ist oder in der Wahrnehmung eingeschränkt war (Narkose, Alter, Täter maskiert etc.). Das Bundesverfassungsgericht hat wiederholt *„die unabweisbaren Bedürfnisse einer wirksamen Strafverfolgung und Verbrechensbekämpfung hervorgehoben, das öffentliche Interesse an einer möglichst vollständigen Wahrheitsermittlung im Strafverfahren – zur Überführung von Straftätern ebenso wie zur Entlastung Unschuldiger – betont und die wirksame Aufklärung gerade schwerer Straftaten als einen wesentlichen Auftrag eines rechtsstaatlichen Gemeinwesens bezeichnet.“*[665] Das in § 152 Abs. 2 StPO kodifizierte Legalitätsprinzip sei im Rechtsstaat besonders wichtig. In diesem Prinzip habe auch das öffentliche Interesse an der Aufklärung von Straftaten seinen Ursprung. Das Bundesverfassungsgericht hat konkret in Hinblick auf das Recht auf informationelle

663 Zum Richtervorbehalt insbesondere beim genetischen Fingerabdruck: *Hero*, S. 80 ff.
664 *Kingreen/Poscher*, Grundrechte, Rn. 298.
665 BVerfG, Urt. v. 14.07.1999 – 1 BvR 2226/94, 2420/95 u. 2437/95, NJW 2000, 55, 65; BVerfG, Beschl. v. 14.09.1989 – 2 BvR 1062/87, NJW 1990, 563, 564; BVerfG, Beschl. v. 01.10.1987 – 2 BvR 1434/86, NJW 1988, 329, 330.

Selbstbestimmung entschieden, dass die Strafverfolgung ein legitimer Zweck zur Einschränkung dieses Rechts sei.[666] Die Sicherung des Rechtsfriedens durch das Strafrecht sei eine besonders wichtige Aufgabe staatlicher Gewalt: *„Die Aufklärung von Straftaten, die Ermittlung des Täters, die Feststellung seiner Schuld und seine Bestrafung wie auch der Freispruch des Unschuldigen sind die wesentlichen Aufgaben der Strafrechtspflege, die zum Schutz der Bürger den staatlichen Strafanspruch in einem justizförmigen und auf die Ermittlung der Wahrheit ausgerichteten Verfahren in gleichförmiger Weise durchsetzen soll. Strafnormen und deren Anwendung in einem rechtsstaatlichen Verfahren sind Verfassungsaufgaben. Der Verhinderung und Aufklärung von Straftaten kommt daher nach dem Grundgesetz eine hohe Bedeutung zu.“*[667]

Ein legitimer Zweck ist mithin gegeben.

b) Intensität des Eingriffs

Vor der weiteren Prüfung der Verhältnismäßigkeit soll im Folgenden zunächst auf die Kriterien eingegangen werden, die das Bundesverfassungsgericht beim Recht auf informationelle Selbstbestimmung als eingriffsintensivierend ansieht. Möglicherweise sind diese auf die FDNAP übertragbar und bieten wertvolle Anhaltspunkte für die weitere Prüfung der Verhältnismäßigkeit.

ba) Die Kriterien nach der Rechtsprechung des Bundesverfassungsgerichts

Das Bundesverfassungsgericht hat sich in verschiedenen Urteilen, bei denen das Recht auf informationelle Selbstbestimmung betroffen war, zur Intensität des Eingriffs geäußert. Danach wirken verschiedene Faktoren intensivierend auf den Eingriff. Zu diesen zählen Folgende:

1) Anlass und Anzahl der betroffenen Personen,
2) Persönlichkeitsrelevanz der Daten,
3) Heimlichkeit der Maßnahme,
4) (mögliche) Verknüpfung mit anderen Daten,
5) Nachteile für den Betroffenen.

(1) Anlass und Anzahl der betroffenen Personen

Anlass und Einschreitschwellen der Erhebung sind nach dem Bundesverfassungsgericht für die Intensität entscheidend: Maßgeblich sei, *„ob der Betroffene*

---

666 BVerfG, Urt. v. 02.03.2006 – 2 BvR 2099/04, NJW 2006, 976, 980 Rn. 98.
667 BVerfG, Urt. v. 02.03.2006 – 2 BvR 2099/04, NJW 2006, 976, 980 Rn. 98.

einen ihm zurechenbaren Anlass, etwa durch eine Rechtsverletzung, für die Erhebung geschaffen hat oder ob sie anlasslos erfolgt und damit praktisch jeden treffen kann."[668] Der Einzelne sei in seiner grundrechtlichen Freiheit umso intensiver betroffen, je weniger er selbst für einen staatlichen Eingriff Anlass gegeben habe, also kein Fehlverhalten gezeigt habe.[669] Wenn Informationen von vielen Personen ohne deren zurechenbaren Anlass erfasst werden würden, könne die Maßnahme allgemein einschüchternd wirken und mithin zu Beeinträchtigungen bei der Ausübung von Grundrechten führen, weil der Betroffene sich nicht mehr frei und unbefangen verhalte, es entstehe das Gefühl des Überwachtwerdens. Dieses Gefühl sei problematisch, da eine Demokratie erst von der Handlungs- und Mitwirkungsfähigkeit und somit der Selbstbestimmung ihrer Bürger lebe. Die anlasslose Einschränkung wirke intensiver und einschüchternder, wenn die Streubreite einer Maßnahme und damit die Anzahl der betroffenen Personen groß sei.[670] Als solche gelte z.B. die automatisierte Erfassung von Autokennzeichen, sie könne zu Missbrauchsrisiken führen.[671]

Es ist in diesem Zusammenhang zunächst festzustellen, dass die Probe, die die Grundlage der FDNAP-Analyse bildet, nicht anlasslos, sondern anlässlich einer Straftat genommen und ausgewertet wird. Sachlich besteht also ein Bezug. Es muss durch die Ermittler dafür gesorgt werden, dass die DNA mit großer Wahrscheinlichkeit vom Tatverdächtigen und nicht unbeteiligten Dritten stammt, sodass auch insofern ein sachlicher Bezug zwischen Straftat und DNA bzw. Person gegeben ist. Zwar wird das Ergebnis der FDNAP zu einer gewissen Streubreite führen, weil die Merkmale häufig auf mehrere Personen zutreffen werden. Diese Gefahr besteht gleichwohl ebenfalls, wenn z.B. anhand einer Zeugenbeschreibung nach einem bestimmten Tatverdächtigen gefahndet wird. Hierbei ist ein sorgsamer, kritischer Umgang mit den ermittelten bzw. eingesetzten Informationen besonders wichtig. Ein erhöhtes Missbrauchsrisiko aufgrund der Streubreite ist bei der FDNAP nicht zu erwarten, weil nicht Daten von verschiedenen (unbeteiligten) Personen erfasst werden, sondern nur einer Person. Das Missbrauchsrisiko betrifft hier vielmehr das DNA-Material, da sich darin

---

668 BVerfG, Urt. v. 11.03.2008 – 1 BvR 2074/05, 1 BvR 1254/07, NJW 2008, 1505, 1507; BVerfG, Urt. v. 03.03.2004 – 1 BvR 2378/98 u. 1 BvR 1084/99, NJW 2004, 999, 1012; BVerfG, Urt. v. 12.03.2003 – 1 BvR 330/96 u. 1 BvR 348/99, NJW 2003, 1787, 1791; BVerfG, Urt. v. 14.07.1999 – 1 BvR 2226/94, 2420/95 u. 2437/95, NJW 2000, 55, 62.

669 BVerfG, Beschl. v. 04.04.2006 – 1 BvR 518/02, NJW 2006, 1939, 1944 Rn. 117.

670 BVerfG, Beschl. v. 04.04.2006 – 1 BvR 518/02, NJW 2006, 1939, 1944 Rn. 117.

671 BVerfG, Urt. v. 11.03.2008 – 1 BvR 2074/05, 1 BvR 1254/07, NJW 2008, 1505, 1508; BVerfG, Beschl. v. 04.04.2006 – 1 BvR 518/02, NJW 2006, 1939, 1944 Rn. 117.

Informationen über Krankheiten und Krankheitsdispositionen befinden. Dieser Missbrauchsgefahr kann indes durch das Gesetz und die praktische Organisation größtenteils entgegengewirkt werden.

(2) Persönlichkeitsrelevanz

Bezüglich der Erhebung der Daten kommt es nach dem Bundesverfassungsgericht darauf an, wie intensiv die Maßnahmen sind, denen die Betroffenen ausgesetzt sind: Als intensiv gilt die Maßnahme, wenn die von der Maßnahme betroffenen Daten Persönlichkeitsrelevanz aufweisen.[672] Das Gewicht der individuellen Beeinträchtigung richtet sich zudem danach, ob die von der Maßnahme Betroffenen als Personen anonym bleiben.[673] In diesem Zusammenhang ist auch zu berücksichtigen, welche Informationen man durch die Verarbeitung und Verknüpfung der erhobenen Informationen gewinnen möchte.[674] Im Urteil zum Antiterrordateigesetz hat sich das Bundesverfassungsgericht näher mit verschiedenen Daten und ihrer Nutzung auseinandergesetzt: Eine besonders hohe Persönlichkeitsrelevanz haben danach allgemein Informationen, die anderweitig verfassungsrechtlich geschützt sind, wie etwa in Art. 3 Abs. 3 GG oder Art. 140 GG in Verbindung mit Art. 136 Abs. 3 WRV.[675] Zusätzlich ordnet das Bundesverfassungsgericht Namen, Anschrift, Tag und Ort der Geburt, allerdings auch (besondere) körperliche Merkmale als Daten mit hoher Persönlichkeitsrelevanz ein: *„Auch wenn hierunter bei sachgerechtem Verständnis nur äußere, mit erkennungsdienstlichen Maßnahmen feststellbare Merkmale zu verstehen sind, werden dadurch höchstpersönliche Eigenheiten erfasst. Ähnliches gilt für die in die Datei aufzunehmenden Informationen, die der Sache nach die Herkunft betreffen.“*[676] Damit sieht das Bundesverfassungsgericht Angaben zu Haar-, Augen- und Hautfarbe sowie zum Geschlecht und Alter als persönlichkeitsrelevant und höchstpersönlich an. Teilweise relativiert es die Einordnung als höchstpersönlich, wenn es feststellt, dass man *„ein zwar aussagekräftiges, aber letztlich doch auf äußerliche Parameter beschränktes Grundprofil zur genaueren Identifizierung der Betroffenen“* erhalte.[677] Es betont zugleich, die Angaben seien gleichwohl nicht

---

672 BVerfG, Urt. v. 27.07.2005 – 1 BvR 668/04, NJW 2005, 2603, 2609 (zu Art. 10 GG); BVerfG, Urt. v. 11.03.2008 – 1 BvR 2074/05, 1 BvR 1254/07, NJW 2008, 1505, 1507; BVerfG, Beschl. v. 13.06.2007 – 1 BvR 1550/03 u.a., NJW 2007, 2464, 2469 Rn. 132.

673 BVerfG, Beschl. v. 04.04.2006 – 1 BvR 518/02, NJW 2006, 1939, 1942 Rn. 94.

674 BVerfG, Urt. v. 15.12.1983 – 1 BvR 209/83 u.a., NJW 1984, 419, 422; BVerfG, Beschl. v. 04.04.2006 – 1 BvR 518/02, NJW 2006, 1939, 1942 Rn. 97.

675 BVerfG, Beschl. v. 04.04.2006 – 1 BvR 518/02, NJW 2006, 1939, 1942 Rn. 99.

676 BVerfG, Urt. v. 24.04.2013 – 1 BvR 1215/07, NJW 2013, 1499, 1511 Rn. 168.

677 BVerfG, Urt. v. 24.04.2013 – 1 BvR 1215/07, NJW 2013, 1499, 1511 Rn. 169.

belanglos.[678] Auch wenn das Bundesverfassungsgericht bestimmte Angaben wegen Art. 3 Abs. 3 GG als besonders persönlich und sensibel ansieht, kommt es nicht zum Schluss, dass die Verwendung dieser Merkmale grundsätzlich unzulässig sei – im Gegenteil: Sensible Daten wie z.B. die Volkszugehörigkeit seien vor dem Hintergrund der Terrorismusabwehr nicht von vornherein unbeachtet zu lassen. Die Verfassung zwinge hierbei jedoch zu einer zurückhaltenden Anwendung. Konkret bedeute dies, dass die Informationen nur zu Identifikationszwecken aufgenommen werden dürften, aber keine darüber hinausgehende Bedeutung haben dürften.[679]

Die Bundesverfassungsrichterin *Haas* hat in einem abweichenden Votum (zur präventiven polizeilichen Rasterfahndung) den Eingriff aufgrund der Rasterfahndung aus verschiedenen Gründen als weniger intensiv eingeordnet. Sie sieht z.B. die Anknüpfung an Merkmale des Art. 3 Abs. 3 GG nicht als eingriffsintensivierend an: Denn dass nach Art. 3 Abs. 3 GG niemand wegen seiner Religionszugehörigkeit diskriminiert werden dürfe, verhelfe der Religionszugehörigkeit im Zusammenhang mit der Rasterfahndung nicht zu einem größeren Gewicht oder höheren Sensibilität als der gleichfalls offen zutage liegenden Verwendung der Sprache oder des Geschlechts – Merkmale, an die ebenfalls keine nachteiligen Folgen geknüpft werden dürften:[680]

> *„Um Diskriminierung geht es hier ohnehin nicht. Ebenso wenig rechtfertigt es der Schutz der Wohnung in Art. 13 Abs. 1 GG im vorliegenden Zusammenhang, das Merkmal Wohnsitz oder Ort des Wohnsitzes als besonders sensibel zu beurteilen. Dies schon deshalb nicht, weil nicht die Adresse, also die Kenntnis vom Wohnsitz, sondern die Unverletzlichkeit der Wohnung grundrechtlich geschützt ist. Um diese Unverletzlichkeit geht es hier ersichtlich nicht.“*[681]

Eine stigmatisierende Wirkung erkennt sie gerade nicht, da die Maßnahme nicht öffentlich durchgeführt werde und die Öffentlichkeit auch nichts Näheres erfahre.[682] Dem ist zuzustimmen: Nur weil die Diskriminierung verboten ist, bedeutet dies nicht unbedingt, dass der Gegenstand des Rechts ohne Weiteres

678 BVerfG, Urt. v. 24.04.2013 – 1 BvR 1215/07, NJW 2013, 1499, 1511 Rn. 168.

679 BVerfG, Urt. v. 24.04.2013 – 1 BvR 1215/07, NJW 2013, 1499, 1513 Rn. 188 f.; ähnlich auch BVerfG, Beschl. v. 04.04.2006 – 1 BvR 518/02, NJW 2006, 1939, 1942 Rn. 99.

680 BVerfG, Beschl. v. 04.04.2006 – 1 BvR 518/02, NJW 2006, 1939, 1949 Rn. 171 (abweichendes Votum).

681 BVerfG, Beschl. v. 04.04.2006 – 1 BvR 518/02, NJW 2006, 1939, 1949 Rn. 171 (abweichendes Votum).

682 BVerfG, Beschl. v. 04.04.2006 – 1 BvR 518/02, NJW 2006, 1939, 1949 Rn. 171 (abweichendes Votum).

besonders vertraulich ist. Man denke an das Geschlecht, die Hautfarbe und Sprache, die in Art. 3 Abs. 3 GG genannt, indes trotzdem nicht vertraulich sind, da sie äußerlich erkennbar bzw. hörbar sind. Das Recht auf informationelle Selbstbestimmung hat einen eigenen Zweck – genauso, wie Art. 3 Abs. 3 GG ihn auch hat. Es gibt jedoch nicht ohne Weiteres einen Grund, das eine Grundrecht in das andere zu integrieren. Bei Art. 3 Abs. 3 GG ging es dem Gesetzgeber darum, vor Diskriminierung und Ungleichbehandlung zu schützen. Ungleichbehandlung geht trotzdem nicht zwangsläufig mit Geheimhaltung einher: Eine Geschlechterdiskriminierung ist nach Art. 3 Abs. 2, 3 GG unzulässig. Trotzdem ist das Geschlecht nicht besonders vertraulich, wie der Gesetzgeber selbst schon geäußert hat.[683]

Die Persönlichkeitsrelevanz von Daten ist insbesondere im Vergleich verschiedener Daten zu bewerten: Die Ergebnisse der FDNAP ermöglichen es nicht, einen Teil des Lebenswegs und damit ein sehr konkretes Bild der betroffenen Person nachzuzeichnen. Hingegen ist dies z.B. bei der Antiterrordatei möglich, da diese nicht nur aktuelle Informationen, sondern u.a. auch frühere Namen, andere Namen, Geburtsdatum, Geburtsort, Geburtsstaat, aktuelle und frühere Staatsangehörigkeiten, gegenwärtige und frühere Anschriften, besondere körperliche Merkmale, Sprachen, Dialekte und Lichtbilder, aber auch den Familienstand, die Religionszugehörigkeit und den Schulabschluss speichert, § 3 Abs. 1 Nr. 1a und b ATDG. Trotz der vielen Informationen hat das Bundesverfassungsgericht selbst dabei kein verbotenes Persönlichkeitsprofil angenommen. In Verhältnis zur Antiterrordatei und in Anbetracht der Vielzahl der dabei ermittelten Informationen ist die FDNAP mit ihren Angaben zu ein paar, bloß äußerlich erkennbaren Merkmalen als weniger intensiver Eingriff anzusehen.

(3) Heimlichkeit der Maßnahme

Die Heimlichkeit einer Maßnahme führe nach Ansicht des Bundesverfassungsgerichts zu einem intensivierten Eingriff. Die Heimlichkeit sei deswegen kritisch, weil der Betroffene sich erst dann mit rechtlichen Mitteln gegen den Eingriff zur Wehr setzen könne, wenn die Maßnahme bereits vollzogen sei und er überhaupt über die Maßnahme informiert worden sei bzw. auf anderen Wegen davon erfahren habe. Sowohl vorher als auch nachher sei es also schwer für ihn, Rechtsschutz zu suchen, da er häufig keine Kenntnis darüber habe.[684] Er könne demzufolge

683 BT-Drs. 15/350, S. 12.

684 BVerfG, Urt. v. 11.03.2008 – 1 BvR 2074/05, 1 BvR 1254/07, NJW 2008, 1505, 1508; BVerfG, Urt. v. 27.07.2005 – 1 BvR 668/04, NJW 2005, 2603, 2609 f.; BVerfG, Beschl. v. 13.06.2007 – 1 BvR 1550/03 u.a., NJW 2007, 2464, 2469 f. Rn. 134.

nicht selbst die Eingriffsintensität durch erfolgreichen Rechtsschutz verringern, etwa für die Zukunft beseitigen. Die Heimlichkeit staatlicher Informationseingriffe betreffe zusätzlich die Gesellschaft insgesamt:[685] Nach dem Bundesverfassungsgericht ist die Heimlichkeit einer Maßnahme insbesondere problematisch, weil die bloße Existenz der heimlichen Maßnahme einschüchternd wirken könne und man aus Angst vor der Maßnahme sein Verhalten anpassen und damit seine grundrechtlich geschützten Freiheiten einschränken könne, z.B. könne man aus Angst abgehört zu werden, es unterlassen, zu telefonieren.[686] Mit der Heimlichkeit korrespondiere daher regelmäßig ein Benachrichtigungsanspruch des Einzelnen. Dieser folge aus Art. 19 Abs. 4 GG: Der Betroffene solle die Möglichkeit bekommen, die Rechtmäßigkeit gerichtlich überprüfen zu lassen und u.U. eine Löschung zu erreichen.[687] Diese Aussagen zur Heimlichkeit haben auch unter den Verfassungsrichtern selbst teilweise Kritik hervorgerufen – so hat sich die Bundesverfassungsrichterin *Haas* in einem abweichenden Votum (zur präventiven polizeilichen Rasterfahndung) anders als ihr Senat positioniert: Eine Maßnahme könne nicht heimlich, also ohne Wissen des Betroffenen, vorgenommen werden und zugleich einschüchternd wirken. Wissen wie auch Nichtwissen wirkten nach dem Votum der Richterkollegen eingriffsintensivierend. Der Senat zeige diesbezüglich keine Möglichkeit auf, die schonender für den Betroffenen sei. Es sei üblich, den Betroffenen über ergebnislos verlaufene Fahndungsmaßnahmen *nicht* zu informieren.[688] Sie betont, dass die bei der Rasterfahndung zugrunde gelegten Kriterien wie Geschlecht, Wohnsitz, Elternschaft, Studienrichtung ohnehin bekannt seien; jedermann könne sich Erkenntnisse über die Merkmale und Lebensumstände verschaffen. Dies gelte auch für den Staat, zumal der Bürger diese Daten dem Staat zuvor sowieso schon offenbart habe. Der Eingriff könne auch nicht wegen der besonderen Streubreite als intensiv angesehen werden, da der Eingriff stets nur beim Einzelnen auftreten könne und

---

685 BVerfG, Urt. v. 11.03.2008 – 1 BvR 2074/05, 1 BvR 1254/07, NJW 2008, 1505, 1508 zur automatisierten Kennzeichenerfassung; BVerfG, Urt. v. 14.07.1999 – 1 BvR 2226/94, 2420/95 u. 2437/95, NJW 2000, 55, 63 zur Fernmeldeüberwachung durch BND; BVerfG, Urt. v. 12.03.2003 – 1 BvR 330/96 u. 1 BvR 348/99, NJW 2003, 1787, 1793 zur Auskunft über Telefonverbindungsdaten von Journalisten; BVerfG, Urt. v. 03.03.2004 – 1 BvR 2378/98 u. 1 BvR 1084/99, NJW 2004, 999, 1003 zum *„Großen Lauschangriff"*.

686 BVerfG, Beschl. v. 04.04.2006 – 1 BvR 518/02, NJW 2006, 1939, 1944 Rn. 117.

687 BVerfG, Urt. v. 14.07.1999 – 1 BvR 2226/94, 2420/95 u. 2437/95, NJW 2000, 55, 57.

688 BVerfG, Beschl. v. 04.04.2006 – 1 BvR 518/02, NJW 2006, 1939, 1949 Rn. 169 (abweichendes Votum).

dort zu beurteilen sei. Für den Einzelnen sei es gleichgültig, ob neben ihm noch weitere Personen betroffen seien. Vielmehr wirke sich eine große Anzahl anderer Betroffener vorteilhaft aus, denn der Einzelne könne dort faktisch anonym bleiben. Erst bei einer geringen Anzahl Betroffener (bei der Rasterfahndung im zweistelligen Bereich) sei der Einzelne bei der konkreten Überprüfung in seiner Individualität wahrnehmbar. Diese Anzahl sei für die Frage der Intensität des Eingriffs entscheidend. Man könne bei einer erheblichen Streubreite bei der Rasterfahndung nicht von vornherein von einem besonders belastenden Eingriff sprechen.[689] Schonender als zunächst ohne Wissen der betroffenen Person könnten die Strafverfolgungsbehörden nicht vorgehen.[690] *Haas* führt diesen Gedanken nicht näher aus, es ist jedoch davon auszugehen, dass sie damit meint, dass der Betroffene bei heimlichen Maßnahmen – anders als bei offen durchgeführten Maßnahmen – nicht beunruhigt werde.

Bei der heimlich durchgeführten FDNAP sollte differenziert werden: Die Personen, nach denen anhand der durch die FDNAP ermittelten äußeren Merkmale gesucht wird, können in aller Regel tatsächlich anonym bleiben. Der Eingriff ist insofern nicht sonderlich intensiv. Auch bei einer Zeugenbeschreibung oder Videoüberwachungsaufnahme werden Personen, die zufällig auch die Merkmale der Beschreibung aufweisen, nicht informiert und können somit auch keinen Rechtsschutz suchen. Selbiges gilt für die klassische DNA-Analyse, bei der man die DNA analysiert, den Betroffenen jedoch nie ermitteln kann. Dagegen gibt es eine Person, die von der FDNAP in besonderer Weise betroffen ist, nämlich die Person, deren DNA der FDNAP unterzogen und genauer untersucht wurde. Diese Person ist insofern benachteiligt, als sie sich erst dann mit rechtlichen Mitteln gegen den Eingriff zur Wehr setzen kann, wenn die Maßnahme bereits vollzogen ist. Für sie wirkt die Heimlichkeit daher durchaus intensivierend. In diesem Zusammenhang ist es unbeachtlich, dass Maßnahmen von Strafverfolgungsbehörden regelmäßig zwingend ohne Wissen des Betroffenen durchgeführt werden. Die Heimlichkeit einer Maßnahme führt also insgesamt zu einer Intensivierung des Eingriffs.

---

689 BVerfG, Beschl. v. 04.04.2006 – 1 BvR 518/02, NJW 2006, 1939, 1949 Rn. 172 (abweichendes Votum); gegen eine pauschale Intensivierung des Eingriffs bei Heimlichkeit auch *Rudolf*, Handbuch der Grundrechte, Band IV, § 90 Rn. 69.

690 BVerfG, Beschl. v. 04.04.2006 – 1 BvR 518/02, NJW 2006, 1939, 1949 Rn. 169 (abweichendes Votum).

(4) Nutzungs- und Verknüpfungsmöglichkeiten

Für das Bundesverfassungsgericht sind zusätzlich die allgemeinen Nutzungs-, aber auch Verknüpfungsmöglichkeiten mit anderen Daten bei der Bewertung der Intensität des Eingriffs entscheidend, da es dadurch zu Folgemaßnahmen – und auf diese Weise weiteren Grundrechtseingriffen der Betroffenen – kommen könne. Je mehr Möglichkeiten es gebe, umso schwerer sei der Eingriff zu beurteilen.[691] Diese Betrachtungsweise leuchtet ein, denn je mehr Daten von einer Person gesammelt und verknüpft werden, desto umfassender und intensiver wird der Eingriff in das Recht auf informationelle Selbstbestimmung. Eine weitere Nutzung der Daten der FDNAP ist insofern denkbar, als die Ergebnisse der FDNAP z.B. für einen DNA-Reihenuntersuchungen genutzt werden können. Eine Verknüpfung mit anderen persönlichen Daten, die man bereits anderweitig über den Tatverdächtigen erlangt hat, ist ebenfalls möglich.

(5) Folgen der Maßnahme

Zur Beurteilung der Intensität gehören nach dem Bundesverfassungsgericht auch die weiteren Folgen der Maßnahme: Ein Eingriff sei als weniger intensiv zu bewerten, wenn die erhobenen Informationen sofort nach einem Abgleich gelöscht werden würden und die Missbrauchsrisiken sehr gering seien.[692] Zu den Folgen könnten neben dem Missbrauch auch die Stigmatisierung des Betroffenen gehören und folglich mittelbar die Gefahr, im Privat- oder Berufsleben diskriminiert zu werden.[693] Eine solche Gefahr der Stigmatisierung und Diskriminierung bestehe vor allem für besondere persönlichkeitsbezogene Merkmale aus Art. 3 Abs. 3 GG oder Art. 140 GG in Verbindung mit Art. 136 Abs. 3 WRV. Selbst wenn nicht an solche Merkmale angeknüpft werde, steige die Intensität, *„je mehr sich die Merkmale, nach denen staatliche Maßnahmen differenzieren, den in Art. 3 Abs. 3 GG genannten annähern."*[694] Beispielhaft nennt das Bundesverfassungsgericht Rasterfahndungen, die Behörden anlässlich des Terroranschlags vom 11. September 2001 durchführten und die sich gegen Ausländer bestimmter Herkunft und muslimischen Glaubens wandten. Dadurch entstehe immer das Risiko, dass man Vorurteile reproduziere und betroffene Personen öffentlich stigmatisiere. Denn man erfasse alle Anhänger einer Religion, ohne

---

691 BVerfG, Urt. v. 11.03.2008 – 1 BvR 2074/05, 1 BvR 1254/07, NJW 2008, 1505, 1508.

692 *Rudolf*, Handbuch, Band IV, § 90 Rn. 69; BVerfG, Urt. v. 11.03.2008 – 1 BvR 2074/05, 1 BvR 1254/07, NJW 2008, 1505 1. Leitsatz und 1508 Rn. 78; BVerfG, Beschl. v. 04.04.2006 – 1 BvR 518/02, NJW 2006, 1939, 1944 Rn. 117.

693 BVerfG, Beschl. v. 04.04.2006 – 1 BvR 518/02, NJW 2006, 1939, 1943 Rn. 108.

694 BVerfG, Beschl. v. 04.04.2006 – 1 BvR 518/02, NJW 2006, 1939, 1944 Rn. 111.

dabei zu unterscheiden. Diese fehlende Unterscheidung führe zu einem starken Eingriff und dadurch zu erhöhten Anforderungen an die Rechtfertigung.[695] Die Gefahr von Missbrauch ist bei der FDNAP nicht gänzlich auszuschließen. Da sie allerdings auch bisher im Umgang mit der klassischen DNA-Analyse nicht aufgetreten ist, sollte mit dieser auch nicht bei der FDNAP zu rechnen sein. Im Zusammenhang mit der FDNAP lassen sich gewisse Risiken nicht leugnen: Z.B. kann es zur Stigmatisierung von bestimmten Gruppen kommen, wenn zum wiederholten Male Personen mit bestimmten Merkmalen aufgrund der FDNAP gesucht werden, die (womöglich sogar vermeintlich) einer bestimmten Gruppe zugeordnet werden. Um dieser vorzubeugen, müssen Ermittler für den Umgang mit Daten der FDNAP geschult und die Bevölkerung sensibilisiert bzw. aufgeklärt werden. Zu einer solchen Schulung gehört insbesondere, dass Ermittler verstehen, mit den Informationen der FDNAP äußerst vorsichtig und kritisch umzugehen, was auch bedeutet, dass diese Informationen erst veröffentlicht und für öffentliche Fahndungen verwendet werden dürfen, wenn es erforderlich ist.

bb) Abschließende Stellungnahme

Es hat sich gezeigt, dass der Argumentation des Bundesverfassungsgerichts im Hinblick auf die Intensität des Eingriffs überwiegend zugestimmt werden kann. Ein Anlass für die FDNAP ist in Form eines Tatverdachts gegeben, die Anzahl der von den Ergebnissen der FDNAP Betroffenen ist gering. Beides wirkt im Hinblick auf die Eingriffsintensität entlastend. Ein Eingriff in das Recht des Spurenlegers der DNA liegt tatsächlich vor, lässt sich jedoch ggf. rechtfertigen, insbesondere weil ein Anlass dafür besteht. Die Heimlichkeit der Maßnahme hat bei der FDNAP wie bei vielen anderen strafprozessualen Maßnahmen durchaus eine eingriffsintensivierende Wirkung, sollte zugleich aber nicht überbewertet werden. Eine (weitere) Nutzung und Verknüpfung der Ergebnisse der FDNAP mit anderen Daten sind möglich, was den Eingriff intensiviert. Dagegen ist ein Missbrauch der FDNAP unwahrscheinlich. Die bei der FDNAP ermittelten äußeren Merkmale sind zudem ohne Weiteres für jedermann erkennbar, sodass der Eingriff durch die FDNAP – gerade auch in Anbetracht des Anlasses und der geringen Anzahl der Betroffenen (es wird nur die DNA *einer* Person ermittelt) – insgesamt als von mittlerer Intensität zu bewerten ist.

695 BVerfG, Beschl. v. 04.04.2006 – 1 BvR 518/02, NJW 2006, 1939, 1944 Rn. 112.

c) Verhältnismäßigkeit der Ermittlung des Geschlechts

Die Ermittlung des Geschlechts anhand der FDNAP im Rahmen der Strafverfolgung ist nur gerechtfertigt, wenn sie auch verhältnismäßig ist.

ca) Geeignetheit

Dazu müsste die Ermittlung des Geschlechts für die Strafverfolgung geeignet sein. Dies ist der Fall, wenn die Maßnahme den Zweck fördert.[696] Die Geeignetheit setzt nicht voraus, dass der Erfolg in jedem Einzelfall auch tatsächlich erreicht werden oder erreichbar sein muss, vielmehr genügt die abstrakte Möglichkeit, dass der Zweck erreicht wird.[697] Ob es andere möglicherweise geeignetere Mittel gibt, ist der Entscheidung des Gesetzgebers überlassen: Denn für die Wahl zwischen verschiedenen geeigneten Wegen zur Zielerreichung besitzt der Gesetzgeber die Einschätzungs- und Entscheidungsprärogative. Diesen Beurteilungsspielraum überschreitet er erst, wenn seine Erwägungen so erkennbar falsch sind, dass sie vernünftigerweise keine Grundlage für gesetzgeberische Maßnahmen sein können.[698]

Gegen die Geeignetheit spricht, dass zunehmend geringere Mengen an DNA genügen, um diese analysieren zu können. Dies birgt die Gefahr, dass die DNA von Unbeteiligten analysiert wird, die sich zufällig vor der Straftat an dem Tatort aufgehalten haben und auf diese Weise ins Visier der Ermittler geraten. Problematisch ist auch die Manipulationsmöglichkeit, also dass gezielt fremde DNA am Tatort hinterlassen wird. Diese Gefahr besteht jedoch auch bei anderen Strafverfolgungsmaßnahmen: Wenn z.B. Kleidungsstücke einer bestimmten Person am Tatort gefunden werden, wird dies den Verdacht auf diese Person lenken, ohne dass sie sich zwingend dort aufgehalten hat oder von dem gezielten Ablegen von Kleidungsstücken Kenntnis hat.

Manche bemängeln, im Vergleich zur üblichen Zeugenaussage könne die FDNAP nur dekontextualisierte Informationen über das statistisch wahrscheinlichste Äußere einer Person vermitteln. Der Zeuge hingegen könne häufig wichtige Kontextinformation über die Straftat erbringen.[699] Dies ändert gleichwohl nichts an der Geeignetheit der FDNAP bei der Ermittlung: Zunächst geht es (nur) um die ansonsten aussichtslose Ermittlung des Tatverdächtigen. Dabei

---

696 BVerfG, Beschl. v. 20.06.1984 – 1 BvR 1494/78, NJW 1985, 121, 122.

697 BVerfG, Beschl. v. 20.06.1984 – 1 BvR 1494/78, NJW 1985, 121, 123.

698 BVerfG, Beschl. v. 06.10.1987 – 1 BvR 1086/82 u.a., NJW 1988, 1195, 1196; BVerfG, Beschl. v. 09.03.1994 – 2 BvL 43/92 u.a., NJW 1994, 1577, 1581.

699 *Toom/Wienroth/M'charek et al.,* Correspondence, FSI Genetics 2016, Vol. 22, e1, e2.

ist nicht ausgeschlossen, dass sich noch weitere Beweismittel bei der weiteren Ermittlung eröffnen und zur Grundlage einer Verurteilung werden. Der Kontext ist bei der FDNAP daher nachrangig und sein Fehlen führt nicht zur Ungeeignetheit.

Der Gesetzgeber meinte, mit der Bestimmung des Geschlechts einen wertvollen Ermittlungs- und Fahndungsansatz zu gewinnen, der *„für eine effektive Strafverfolgung nicht nur äußerst hilfreich, sondern im Einzelfall auch der einzige Erfolg versprechende Ermittlungsansatz“* sein könnte.[700] Zusätzlich können Personen als Spurenverursacher früh und zuverlässig ausgeschlossen werden.[701] Das Geschlecht könne Anhaltspunkte für ein Täterprofil, Fahndungsmaßnahmen und ggf. auch für ein taktisches Vorgehen liefern.[702] Die Ermittlung des Geschlechts ist in der Literatur teilweise auf Kritik gestoßen: Insbesondere im Bereich der Gewaltdelikte seien die Täter überwiegend männlich, sodass die Bestimmung des Geschlechtes wenig wertvoll sei.[703] Statistisch gesehen werden die meisten Gewaltdelikte tatsächlich von Männern verübt,[704] sodass man den Nutzen der Bestimmung des Geschlechts bezweifeln könnte. Freilich wird nicht jede Straftat von einem Mann verübt, sodass die Ermittlung nicht überflüssig ist. Sollten die Ermittler bei einem Fall gänzlich im Dunkeln tappen, kann gerade die Ermittlung des Geschlechts einen guten Hinweis für die Ermittler bilden, weil durch die Aufdeckung des Geschlechts aus dem Kreis aller Verdächtigen schlagartig 50 % wegfallen, nämlich die männliche oder die weibliche Hälfte der Bevölkerung (wenn man jeweils von einem Anteil von 50 % an der Bevölkerung ausgeht). Vorteil der Bestimmung des Geschlechts ist zusätzlich, dass es nur unter größeren Umständen veränderbar ist und aufgrund dessen als besonders sicheres Merkmal gelten kann. Zwar kann es vorkommen, dass das biologisch ermittelte Geschlecht nicht dem äußerlichen Bild entspricht, doch werden das soziale *(„Gender“)* und biologische Geschlecht nach Wahrnehmung der Verf. in der Vielzahl von Fällen übereinstimmen, sodass die Ermittlung des Geschlechts

---

700 BT-Drs. 15/350, S. 12; so auch *Duttge/Hörnle/Renzikowski*, NJW 2004, 1065, 1071; *Volk*, NStZ 2002, 561, 564.

701 *Volk*, NStZ 2002, 561, 564.

702 *Graalmann-Scherer*, ZRP 2002, 72, 74; dieser folgend *West*, Genetischer Fingerabdruck, S. 281.

703 *Graalmann-Scherer*, ZRP 2002, 72, 74; zustimmend MüKo StPO/*Trück*, § 81e Rn. 18.

704 Statistisches Bundesamt Lange Reihe Strafverfolgungsstatistik für Deutschland nach Straftaten, Geschlecht und Altersgruppen, Stand 29.04.2016, https://www.destatis.de/DE/Publikationen/Thematisch/Rechtspflege/StrafverfolgungVollzug/StrafverfolgungsstatistikDeutschland.html, abgerufen am 26. Oktober 2017.

sinnvoll ist.[705] Es ist deshalb zu erwarten, dass die FDNAP ihren Zweck insofern erreichen kann. Sie ist darum geeignet.

cb) Erforderlichkeit

Die Ermittlung des Geschlechts müsste auch erforderlich sein. Die Erforderlichkeit ist gegeben, wenn es kein gleich wirksames, aber weniger belastendes Mittel zur Zweckerreichung gibt.[706] Manche verneinen die Erforderlichkeit der FDNAP, da die Aufklärungsquote bei schweren Gewaltverbrechen schon sehr hoch und eine Ausweitung der Ermittlungsmethoden deshalb nicht erforderlich sei.[707] Diese ist hoch, gleichwohl nicht bei 100 %, sodass die FDNAP für diese ungelösten Fälle sinnvoll ist. Die StPO sieht tatsächlich eine ganze Bandbreite von Ermittlungsmethoden vor. Viele von ihnen sind jedoch nur zum Nachweis der Täterschaft nützlich, nicht dagegen zum Finden des Tatverdächtigen. Andere Mittel, die zur Ermittlung eingesetzt werden können wie z.B. Zeugenaussagen oder die Auswertung von Videoüberwachungsaufnahmen, existieren zwar, auf sie kann gleichwohl nicht zurückgegriffen werden, wenn das Opfer keine Aussage machen kann und/oder es gar keinen Zeugen gibt, weil eine Straftat z.B. an einem verlassenen Ort verübt wurde und das Opfer verstorben ist. Man könnte statt der FDNAP alle Bundesbürger und Einreisenden in einer DNA-Datenbank registrieren, sodass die FDNAP überflüssig wäre, da man stets einen Treffer in der DNA-Datenbank erzielen würde.[708] Diese äußerst umfassende, anlasslose Registrierung wäre gleichwohl belastender für alle Betroffenen, also kein milderes Mittel. Möglich wäre aus Sicht der Verf. Indes, vor der Anwendung der FDNAP eine klassische DNA-Analyse durchzuführen und zu prüfen, ob ein Abgleich des DNA-Identifizierungsmusters mit der DNA-Analyse-Datei einen Treffer ergibt – und zwar einen Treffer zu einem Profil einer namentlichen bekannten Person. Denn die Verbindung zu einer anderen anonymen DNA-Spur wäre in der Regel wenig erfolgversprechend und daher kein gleich geeignetes Mittel. Ein solcher Treffer wäre sogar besser geeignet als die FDNAP, weil er direkt zu der gesuchten Person führen würde. Ein derartiger Abgleich mit der DNA-Analyse-Datei (inkl. der dafür erforderlichen DNA-Analyse) würde zwar etwas Zeit erfordern, allerdings dauert die FDNAP inkl. Untersuchung und

---

705 *E. Butler/Li*, Journal of Forensic Investigation 2014, Vol. 2, Ausgabe 3, S. 10.

706 BVerfG, Beschl. v. 06.10.1987 – 1 BvR 1086/82 u.a., NJW 1988, 1195, 1197.

707 *Weitz/Buchanan*, Freispruch 11/2017, S. 13, 16.

708 So vom Rechtsmediziner *Püschel* gefordert in *Sprengel*, Spiegel vom 9. Mai 2017; ähnlich auch *Mansdörfer*, LTO vom 3. März 2017.

Erstellung eines Gutachtens auch eine gewisse Zeit, sodass die kurze zeitliche Verzögerung durch die klassische DNA-Analyse und die Prüfung anhand der DNA-Analyse-Datei zumutbar ist. Dieser Abgleich verhindert, dass Merkmale unnötig untersucht und offengelegt werden. Die Ermittlung des Geschlechts ist (nur) unter dieser Voraussetzung erforderlich.

Dieses Ergebnis hat nicht nur für eine mögliche FDNAP Konsequenzen, sondern auch für die klassische DNA-Analyse gemäß § 81e StPO. Denn soweit bei dieser – gemäß § 81e Abs. 1 StPO bzw. § 81e Abs. 2 Satz 1 StPO – auch das Geschlecht ermittelt wird, handelt es sich insoweit um eine FDNAP. Gemäß § 81e StPO werden bei der klassischen DNA-Analyse das DNA-Profil und das Geschlecht zeitgleich ermittelt. In den Fällen des § 81e Abs. 2 StPO wird die DNA eines unbekannten Spurenlegers untersucht: Dabei können das Profil des Spurenlegers sowie Angaben zu ihm in der DNA-Analyse-Datei gespeichert sein, wenn sein DNA-Profil zuvor gespeichert wurde. In diesem Fall ist die Ermittlung des Geschlechts per DNA-Analyse nicht erforderlich, weil ein milderes, gleich wirksames Mittel – nämlich ein Abgleich mit der DNA-Datenbank – möglich ist. Sollte das Profil des Spurenlegers nicht in der DNA-Analyse-Datei gespeichert sein, lässt sich das Geschlecht noch nachträglich ermitteln. Die Begründung des Gesetzgebers für die zeitgleiche Ermittlung des DNA-Profils und des Geschlechts war u.a., dass die verfügbaren Standardtestkits neben dem DNA-Code auch stets das Geschlecht ermitteln würden.[709] Die Verwendung von Standardtestkits mag praktisch sein, allerdings überwiegt das Interesse des Betroffenen, dass seine Daten nicht erhoben, gespeichert oder verwendet werden, das Interesse an der Verwendung von Standardtestkits. Dieses Überwiegen gilt insbesondere in Anbetracht dessen, dass die Untersuchung des Geschlechts numerische Chromosomenaberrationen aufdecken kann – also z.B. auch das Downsyndrom.[710] Im Falle der DNA-Analyse gemäß § 81e Abs. 1 StPO ist die Person, deren DNA analysiert wird, bekannt, da ihr die Probe gemäß § 81a StPO oder § 81c StPO entnommen wurde. Damit ist auch das Geschlecht der Person bekannt. Die Ermittlung des Geschlechts hat daher keinen legitimen Zweck, sie ist unnötig.

Der fehlende Zweck bzw. die fehlende Erforderlichkeit der Ermittlung des Geschlechts beim geltenden § 81e Abs. 1 StPO sowie § 81e Abs. 2 Satz 1 StPO führt dazu, dass diese im Hinblick auf die Ermittlung des Geschlechts

---

709 Dazu Kapitel 2. B. I. 4.

710 Zu numerischen Chromosomenaberrationen: Kapitel 2. A. V. 1.

verfassungswidrig sind. Die Ermittlung des Geschlechts ist erst erforderlich, wenn bisher anderweitig keine Informationen darüber vorliegen.

cc) Verhältnismäßigkeit

Die Ermittlung des Geschlechts müsste verhältnismäßig im engeren Sinne sein. Das Recht auf informationelle Selbstbestimmung unterliegt einer strengen Verhältnismäßigkeitsprüfung. Es darf somit nur aufgrund von überwiegenden Allgemeininteressen eingeschränkt werden, die Einschränkung darf nicht weiter gehen als sie zum Schutz öffentlicher Interessen geboten ist.[711] Diese erhöhten Anforderungen beim allgemeinen Persönlichkeitsrecht ergeben sich aus der Verbindung mit Art. 1 GG.[712] Die Verhältnismäßigkeit verlangt, dass die Schwere des Eingriffs bei einer Gesamtabwägung nicht außer Verhältnis zu dem Gewicht der ihn rechtfertigenden Gründe stehen darf. Ergebnis dieser Prüfung kann sein, dass ein eigentlich geeignetes und erforderliches Mittel nicht angewandt werden darf, da die Grundrechtsbeeinträchtigungen, die von ihm ausgehen, die Steigerung an Rechtsgüterschutz überwiegen, sodass der Einsatz des Schutzmittels unverhältnismäßig ist.[713] Man muss den Einzelnen vor ungerechtfertigten Eingriffen schützen und gleichzeitig auch die öffentlichen Interessen und das Strafverfolgungsinteresse des Staates berücksichtigen. Bei der Abwägung können schwerwiegende Eingriffe nur dann als angemessen und gerechtfertigt bewertet werden, wenn die Interessen der anderen Seite erheblich sind: Das Strafverfolgungsinteresse ist umso höher, je schwerwiegender die aufzuklärende Straftat ist. Umso schwerer die Straftat ist, desto eher dürfen Grundrechte eingeschränkt werden. Umgekehrt gilt: Je stärker in Grundrechte eingegriffen wird, umso größer muss das Strafverfolgungsinteresse, welches wiederum von der Schwere und der Bedeutung der aufzuklärenden Straftat abhängt, sein.[714] Die Abwägung der widerstreitenden Interessen kann zur Folge haben, dass Eingriffe einer bestimmten Intensität erst ab einer bestimmten Verdachts- oder Gefahrenstufe zulässig sind.[715]

---

711 BVerfG, Urt. v. 15.12.1983 – 1 BvR 209/83 u.a., NJW 1984, 419 2. Leitsatz, 422; BVerfG, Beschl. v. 11.08.2009 – 2 BvR 941/08, NJW 2009, 3293, 3294; BVerfG, Beschl. v. 14.12.2000 – 2 BvR 1741/99, NJW 2001, 879, 880.

712 Sachs/*Murswiek*, Art. 2 Rn. 62; *Martini*, JA 2009, 839, 843.

713 BVerfG, Beschl. v. 04.04.2006 – 1 BvR 518/02, NJW 2006, 1939, 1941; BVerfG, Beschl. v. 09.03.1994 – 2 BvL 43/92 u.a., NJW 1994, 1577, 1582.

714 BVerfG, Urt. v. 12.03.2003 – 1 BvR 330/96 u. 1 BvR 348/99, NJW 2003, 1787, 1791; BVerfG, Urt. v. 14.07.1999 – 1 BvR 2226/94, 2420/95 u. 2437/95, NJW 2000, 55.

715 BVerfG, Urt. v. 11.03.2008 – 1 BvR 2074/05, 1 BvR 1254/07, NJW 2008, 1505, 1515.

Das Bundesverfassungsgericht hat sich zur Ermittlung des Geschlechts anhand von DNA-Tests, soweit ersichtlich, nicht geäußert. Nach Stimmen in der Literatur stehe dem gering zu bewertenden Geheimhaltungsinteresse, insbesondere bei schwerwiegenden Delikten, ein großes Interesse an der Ermittlung des Geschlechts gegenüber, sodass ein überwiegendes Allgemeininteresse bestehe.[716] Das Geschlecht sei grundsätzlich äußerlich im Alltag erkennbar. Das Geschlecht habe daher einen begrenzten individuellen und persönlichen Informationsgehalt.[717] Würden äußere Merkmale aufgedeckt, würden damit letztlich nur Merkmale aufgedeckt, die im Laufe von (erfolgreichen) Ermittlungen sowieso erkennbar würden.[718] Würde man die Merkmale auf konventionellem Wege ermitteln, wäre es umgekehrt auch möglich, Rückschlüsse auf die Gene zu ziehen. Denn die Wissenschaft hat die genetischen Grundlagen von äußeren Merkmalen entschlüsselt, weshalb diese Grundlagen also nicht mehr geheim sind.[719]

Äußere Merkmale wie das Geschlecht stellen bloß eine Feststellung frei zugänglicher Informationen dar, die gerade keine Auskunft über Veranlagungen, Gefühle, Geisteszustände oder Verhalten, also das Innerste eines Menschen, zulassen.[720] In diesem Zusammenhang sei auch auf die Rechtsprechung des Bundesverfassungsgerichts hingewiesen: Danach stehen Informationen – auch solche über die persönlichen (wirtschaftlichen) Verhältnisse – nicht bloß dem Betroffenen allein im Sinne einer absoluten, unbegrenzbaren Herrschaft über seine Daten zu, da sich die Persönlichkeit innerhalb der sozialen Gemeinschaft entfalte und auf Kommunikation angewiesen sei und die Informationen aufgrund dessen ein Abbild der sozialen Realität seien.[721] Es wird auch auf andere nicht-molekulargenetische Untersuchungsmethoden verwiesen, die nach der StPO zulässig sind und ebenfalls – sogar gezielt – Informationen über Krankheiten erbringen können.[722] Die FDNAP wird auch zu Recht mit Videoüberwachungsaufnahmen verglichen, die unzweifelhaft verwertbar sind und auch Informationen über äußere Merkmale geben.[723] Zwar gewinne man bei der

---

716 *West*, Genetischer Fingerabdruck, S. 281; LR/*Krause*, § 81e Rn. 24 a.E.

717 *Duttge/Hörnle/Renzikowski*, NJW 2004, 1065, 1070 f.

718 *P.M. Schneider*, https://causa.tagesspiegel.de/ethik/vom-erbgut-zum-phantombild-ein-noetiger-tabubruch/schutz-vor-unberechtigten-verdaechtigungen.html, abgerufen am 17. Oktober 2017.

719 So schon vor über 20 Jahren *Foldenauer*, S. 92 f.

720 *Altendorfer*, S. 163.

721 BVerfG, Beschl. v. 14.12.2001 – 2 BvR 152/01, NJW 2002, 2164 f.

722 *Altendorfer*, S. 164.

723 *Altendorfer*, S. 163 f.

FDNAP die Informationen aus den Genen, sie seien daher personenbezogene Daten. Alleine die Tatsache, dass die Art der Erhebung durch eine molekulargenetische Untersuchung erfolge, dürfe jedoch nicht zu einer anderen juristischen Bewertung führen.[724]

Was die FDNAP vom Zeugen unterscheidet, ist die Art der Untersuchung und somit auch die Missbrauchsmöglichkeit: Anders als der Zeuge kann die DNA über den gesetzlich festgelegten Zweck hinaus untersucht werden und/oder die Daten können an unbefugte Dritte weitergegeben werden. Diese Gefahren bestehen, sollten indes auch nicht überbewertet werden. Missbrauch ist immer möglich und sollte den Gesetzgeber nicht von vornherein von der Einführung abhalten: In einem Rechtsstaat sollte man zudem grundsätzlich von einer rechtmäßigen Anwendung ausgehen.

Wie es schon der Gesetzgeber geäußert hat, steht dem Interesse an der Geheimhaltung des Geschlechts ein großes öffentliches Interesse gegenüber: Zwar beruht das Geschlecht auf den Genen und ist ein personenbezogenes Merkmal, das zum Schutzbereich des Rechts auf informationelle Selbstbestimmung gehört. Gleichzeitig ist es allerdings regelmäßig von außen ohne Probleme erkennbar – und das auch ohne eine genetische Untersuchung.[725] Man kann die Feststellung deshalb nicht als Ausforschung von schutzbedürftigen genetischen Anlagen oder Persönlichkeitsmerkmalen betrachten.[726] Bei dem klassischen DNA-Test ist bereits jetzt nicht nur das Geschlecht ermittelbar, sondern auch damit verbundene Erkrankungen wie z.B. Trisomie 21.[727] Man könnte die Ermittlung des Geschlechts darum aus den gleichen Gründen wie bei der Ermittlung von Krankheiten ablehnen.[728] Dennoch führt dies – aus guten Gründen – nicht dazu, dass das Geschlecht nicht ermittelt wird. Denn bei der Ermittlung des Geschlechts wird ganz vorrangig das Geschlecht untersucht – zufällig und in äußerst seltenen Fällen wird dabei auch die Trisomie 21 festgestellt, ohne dass dies eine sichere Diagnose ist.[729] Zusätzlich ist die Trisomie 21 äußerlich erkennbar und besteht von Geburt an, sodass niemand mit einer Diagnose konfrontiert wird, die er noch nicht kennt oder die ihn in irgendeiner Weise

---

724 *Altendorfer*, S. 163 f.; ähnlich auch *West*, Genetischer Fingerabdruck, S. 283.

725 BT-Drs. 15/350, S. 12; *König*, Kriminalistik 2004, 262, 263; *Rackow*, Kriminalistik 2003, 474, 478.

726 BT-Drs. 15/350, S. 12.

727 *Benecke* auf https://www.gen-ethisches-netzwerk.de/ethnische-marker-der-dna-analyse, abgerufen am 17. Oktober 2017.

728 Siehe zu Krankheiten Kapitel 2. A. VII. 8. j).

729 BT-Drs. 15/1513, S. 25.

gegenüber anderen bloßstellen oder kompromittieren würde, weil sie äußerlich nicht erkennbar ist.

Dem Recht des Betroffenen steht dagegen ein erhebliches Strafverfolgungsinteresse gegenüber: Dieses ist umso höher, desto schwerer die aufzuklärende Straftat ist. Bei den schwerwiegenden Straftaten, insbesondere Tötungsdelikten, bei denen die FDNAP eingesetzt werden soll, überwiegt das Strafverfolgungsinteresse. Die Ermittlung des Geschlechts im Rahmen der FDNAP ist darum verhältnismäßig.

Da es sich um einen mittelschweren Eingriff handelt,[730] kann und soll die FDNAP nicht für alle Straftaten eingesetzt werden, sondern nur für schwere Straftaten wie Tötungsdelikte und Vergewaltigung, da diese in besonderer Weise die Rechte anderer berühren und deshalb erheblich den Rechtsfrieden stören sowie für Ängste in der Bevölkerung sorgen. Deswegen ist die FDNAP für Ordnungswidrigkeiten ausgeschlossen. Sie ist – aus Kostengründen, aber insbesondere zum Schutz des Betroffenen – nur dann einzusetzen, wenn ein Abgleich mit der DNA-Analyse-Datei keinen Treffer ergeben hat.

cd) Ergebnis

Die Ermittlung des Geschlechts ist insgesamt verhältnismäßig.

d) Verhältnismäßigkeit der Ermittlung der Haar- und Augenfarbe

Zum Teil wird die Geeignetheit der Ermittlung von Haar- und Augenfarbe[731] bezweifelt, weil der Beschuldigte seine Haare färben, Kontaktlinsen oder Perücken tragen und seinen Bart färben oder rasieren könnte.[732] Dem Einwand, dass diese Merkmale veränderbar seien, wird teilweise damit entgegentreten, dass die Veränderbarkeit die Ermittlungsarbeit betreffe, nicht dagegen die verfassungsrechtlichen Grundlagen.[733] Solche Veränderungen betreffen tatsächlich die praktische Ermittlungsarbeit, allerdings ist die Geeignetheit auch ein Kriterium der

---

730 Siehe Kapitel 4. D. III. 2. b).

731 Es wird hier und bei den folgenden Merkmalen insofern von der Geeignetheit der FDNAP für die Ermittlung ausgegangen, als sie verlässliche Ergebnisse hervorbringt. Diese Annahme erfolgt, auch wenn es bisher keine sichere Zahlengrundlage gibt, dass die FDNAP tatsächlich allgemein verlässliche Ergebnisse erbringt, aus Gründen einer umfassenden Prüfung der FDNAP: Dazu Kapitel 2. A. VII. 7. und Kapitel 2. A. VII. 8.

732 *Graalmann-Scherer*, ZRP 2002, 72, 74; dieser zustimmend *Hasselbach,* Novellierung der forensischen DNA-Analyse, S. 177; *Weichert,* DuD 2018, 358, 362.

733 MüKo StPO/*Trück*, § 81e Rn. 18. Ebenso *Rackow*, ZRP 2002, 236; *West*, Genetischer Fingerabdruck, S. 284.

verfassungsrechtlichen Prüfung der Verhältnismäßigkeit. Dadurch sind Maßnahmen verfassungsrechtlich ausgeschlossen, die praktisch gänzlich ungeeignet sind. Eine solche vollständige Ungeeignetheit ist hier jedoch aufgrund äußerer Veränderbarkeit nicht anzunehmen. Denn das Problem, dass der Tatverdächtige nach der Tat sein Äußeres verändert, besteht genauso bei Zeugenaussagen.[734] Erkennungsdienstliche Maßnahmen wären dann ebenso sinnlos[735] wie die Bekanntgabe von äußeren Merkmalen im Rahmen einer Öffentlichkeitsfahndung.[736] Die Entdeckung des Fingerabdrucks und später der DNA haben weder dazu geführt, dass Täter flächendeckend Handschuhe noch einen Schutzanzug bei der Tatbegehung tragen.[737] Ein US-amerikanisches Unternehmen behauptet, ein Spray namens „*Invisible*" entwickelt zu haben, das die DNA unsichtbar machen können soll, von einer kommerziellen Verbreitung und breiten Nutzung ist man jedoch aktuell noch weit entfernt.[738] Sicherlich wird ein Tatverdächtiger versuchen, möglichst wenig Spuren zu hinterlassen. Allerdings wird er kaum alle Fälle ausschließen können – sei es, weil es tatsächlich unmöglich ist, er bestimmte Vorkehrungen nicht trifft oder er sich sicher fühlt.[739] Eine Veränderung des Äußeren ist selten und für die Ermittler nicht unlösbar, da eine solche Veränderung nicht nur aufwendig, sondern auch auffällig ist und deshalb sogar zur Festnahme beitragen kann.[740] Erkennungsdienstliche Maßnahmen oder auch die FDNAP verlieren durch äußere Veränderungen nicht ihren Nutzen. *West* fragt zu Recht, ob allein ein neuer Bart oder Brille die Wiedererkennung ernsthaft verhindern könne.[741] Dass Fotos oder Videoüberwachungsaufnahmen möglicherweise geeigneter sind, ist unerheblich, ebenso wie die Einwände, dass der Täter sich äußerlich verändern könnte. Denn in verschiedenen Urteilen hat das Bundesverfassungsgericht klargestellt, dass dies irrelevant sei: Es reiche auf Gesetzesebene aus, wenn durch die Maßnahme die Zweckerreichung abstrakt möglich sei, die zugelassenen Maßnahmen also nicht von vornherein unbrauchbar seien, sondern den gewünschten Erfolg fördern könnten.[742]

---

734 *West*, Genetischer Fingerabdruck, S. 284.

735 *West*, Genetischer Fingerabdruck, S. 284.

736 *Rackow*, ZRP 2002, 236; *West*, Genetischer Fingerabdruck, S. 284.

737 Ähnlich auch *West*, Genetischer Fingerabdruck, S. 284 f.

738 http://biogenfutur.es/, abgerufen am 21. Februar 2018.

739 *West*, Genetischer Fingerabdruck, S. 284 f.

740 Ähnlich auch *West*, Genetischer Fingerabdruck, S. 285.

741 *West*, Genetischer Fingerabdruck, S. 284.

742 BVerfG, Urt. v. 14.07.1999 – 1 BvR 2226/94, 2420/95 u. 2437/95, NJW 2000, 55, 61; ähnlich auch BVerfG, Beschl. v. 04.04.2006 – 1 BvR 518/02, NJW 2006, 1939, 1941.

Die Ermittlung der Haar- und Augenfarbe ist auch erforderlich. Es gelten in diesem Zusammenhang die obigen Ausführungen (Kapitel 4. D. III. 2. cb)). Dies gilt auch für die Ausführungen zur Verhältnismäßigkeit (Kapitel 4. D. III. 2. cc)). Die Ermittlung der Haar- und Augenfarbe ist somit verhältnismäßig.

e) Verhältnismäßigkeit der Ermittlung der Hautfarbe

Die Ermittlung der Hautfarbe müsste geeignet sein, Straftaten aufzuklären. Der Hautton lässt sich farblich verändern, z.B. durch Sonne, Kosmetika oder Solarium. Neben altersbedingten Veränderungen wie Falten sind auch Änderungen des Äußeren durch chirurgische Eingriffe oder beispielsweise Tattoos möglich.[743] Gleichwohl sind diese mit Aufwand und Kosten verbunden und daher nicht sonderlich wahrscheinlich, zusätzlich werden diese Veränderungen regelmäßig nicht zur Unkenntlichkeit der Person führen. Da die Hautfarbe, abgesehen von den geschilderten Möglichkeiten, für jedermann leicht zu erkennen ist (noch leichter als z.B. die Augenfarbe), ist sie als besonders geeignet anzusehen.[744] Die Analyse der Hautfarbe ist auch erforderlich (siehe dazu Kapitel 4. D. III. 2. cb)). Sie ist schließlich auch verhältnismäßig im engeren Sinne (Kapitel 4. D. III. 2. cc)).

f) Verhältnismäßigkeit der Ermittlung des Alters

Das biologische Alter lässt sich nicht verändern,[745] die Erkennbarkeit des Alters nach außen lässt sich nur eingeschränkt z.B. durch Kosmetik oder plastische Chirurgie beeinflussen. Zusätzlich ist den Behörden das Alter einer Person bekannt, sodass man nach der Ermittlung des Alters Behördendatenbanken nach der gesuchten Person durchsuchen könnte. Es ist damit für die Ermittlungsarbeit gut geeignet. Die Ermittlung des Alters ist auch erforderlich (Kapitel 4. D. III. 2. cb). Zusätzlich ist das Alter äußerlich für jedermann erkennbar und hat keine besondere persönliche Bedeutung, die das Strafverfolgungsinteresse überwiegen könnte. Die Ermittlung des Alters ist deshalb auch verhältnismäßig (siehe dazu auch Kapitel 4. D. III. 2. cc)).

---

743 *Fox*, American Journal of Criminal Law Vol. 38, Ausgabe 49, S. 1, 15; *Wolinsky*, EMBO reports 2015, Vol. 16, S. 782, 784.

744 *West*, Genetischer Fingerabdruck, S. 283 ff.; *Hasselbach*, Novellierung der forensischen DNA-Analyse, S. 176 f.

745 Ähnlich auch *Beck*, KriPoZ 2017, 160, 163.

g) Verhältnismäßigkeit der Ermittlung der biogeografischen Herkunft

West sowie *Hasselbach* sprechen von der ethnischen Zugehörigkeit,[746] meinen aber die biogeografische Herkunft. Die Ethnie kann nicht durch DNA-Tests ermittelt werden.[747] Die biogeografische Herkunft ist aus *Wests* Sicht – wenn man wie er von drei großen Hauttypen ausgeht – ein Merkmal, das regelmäßig äußerlich erkennbar sei. Ebenso wie das Geschlecht sei die Herkunft keine besondere persönliche Information, sondern offensichtlich, man zeige sie auch in der Öffentlichkeit.[748] Die Ermittlung der biogeografischen Herkunft gehe auch nicht mit einer Totalerfassung der Persönlichkeit einher.[749] Diese sei – wie jedes persönliche Merkmal – für die Strafverfolgung hilfreich. Je mehr Merkmale ermittelt und je präziser diese bestimmt werden könnten, desto kleiner werde der Kreis. Seiner Auffassung nach gebe es in aller Regel mehrere Ermittlungsansätze: Zusammen mit weiteren Beweisen ließe sich mithilfe der FDNAP ein (noch stärker) eingegrenzter Personenkreis ausmachen. Das Merkmal der biogeografischen Herkunft habe nur eine geringe persönliche Bedeutung, sodass dieses Merkmal nicht nur nützlich, sondern auch verfassungsgemäß sei.[750] Auch von anderer Seite ist geäußert worden, dass die Kenntnis der Herkunft für die Ermittler viel wichtiger als die Kenntnis der Haar- oder Augenfarbe sei.[751] *Hasselbach* schätzt dagegen den Erkenntniswert der biogeografischen Herkunft als gering ein, weil es im *„ethnisch homogenen“* Deutschland weit überwiegend Personen kaukasischer Abstammung gebe, sodass die Erkenntnis, dass der Spurenleger diese Abstammung habe, keine wertvollen Informationen für die Strafverfolgungsbehörden liefere.[752] Diese Betrachtungsweise müsste jedenfalls zu Zweifeln an der Geeignetheit führen. Im Ergebnis kommt sie trotzdem zur Verfassungsmäßigkeit der Ermittlung der biogeografischen Herkunft.[753]

---

746 *West*, Genetischer Fingerabdruck, S. 282; *Hasselbach*, Novellierung der forensischen DNA-Analyse, S. 175 f.

747 Siehe zur Falschbezeichnung Kapitel 2. A. VII. 8. e).

748 *West*, Genetischer Fingerabdruck, S. 282; ähnlich auch *Hasselbach*, Novellierung der forensischen DNA-Analyse, S. 175 f.

749 *West*, Genetischer Fingerabdruck, S. 282; diesem folgend *Hasselbach*, Novellierung der forensischen DNA-Analyse, S. 175 f.

750 *West*, Genetischer Fingerabdruck, S. 282 f.

751 *Roewer* in https://www.welt.de/wissenschaft/article163306033/Was-Kommissare-ueber-Taeter-wissen-koennten-aber-nicht-duerfen.html, abgerufen am 27. Juli 2017.

752 *Hasselbach*, Novellierung der forensischen DNA-Analyse, S. 175.

753 *Hasselbach*, Novellierung der forensischen DNA-Analyse, S. 175 f.

West und *Hasselbach* ist zu widersprechen. Die Ermittlung der biogeografischen Herkunft ist ungeeignet und daher unverhältnismäßig. Bereits die Grundlage für die Ermittlung, nämlich die Datenbanken, sind zweifelhaft, da die Datenbanken nicht nur lückenhaft sind, sondern auch auf fraglichen Informationen beruhen (siehe dazu unter Kapitel 2. A. VII. 8. e)). Daneben ist fraglich, welchen Erkenntnisgewinn man sich erhofft. Denn es gibt keine eindeutige Korrelation zwischen geografischer Region und dort häufig auftretenden Genen und somit dort auftretenden Merkmalen. Es ist aus diesem Grund zweifelhaft, ob es sich bei der biogeografischen Herkunft überhaupt um ein *äußerlich* erkennbares Merkmal handelt.[754] Hilfreich für die Ermittlungsbehörden sind Informationen über die Staatsangehörigkeit oder das Aussehen einer Person. Die Staatsangehörigkeit ist *nicht* ermittelbar durch FDNAP. Angaben über das Aussehen kann die biogeografische Herkunft ebenfalls nicht machen, weil es nicht *das* Aussehen einer bestimmten biogeografischen Herkunft gibt. Z.B. werden mit der Herkunft „*Afrika*“ bestimmte Ausprägungen assoziiert, so seien Afrikaner dunkelhäutig und hätten bestimmte Gesichtszüge. Diese Assoziation ist schon deswegen zweifelhaft, weil z.B. auch Ureinwohner von Neuguinea sowie Australien diese Merkmale aufweisen können.[755] Sie mag also in *manchen* Fällen zutreffen, doch bleibt das Problem, wann eine Person als „*afrikanisch*“, „*asiatisch*“ etc. gelten soll – welches geografische Gebiet soll davon umfasst sein und wann kann jemand als „*asiatisch*“ gelten – wenn seine Eltern dort geboren sind? Großeltern? Urgroßeltern? Dieses Problem lässt sich nicht lösen und sollte es auch nicht: Denn anders als bei den anderen Merkmalen, die man individuell feststellt, kategorisiert man Personen durch die biogeografische Herkunft ein und greift dabei auf Stereotypen zurück, die nicht nur in der Gesellschaft, sondern insbesondere auch beim Staat als überkommen gelten sollten. Man entfernt sich in diesem Zusammenhang von aktuellen seriösen naturwissenschaftlichen Erkenntnissen. Neben diesem Problem stellt sich noch die Frage des Nutzens: Zwar fahndet die Polizei nach einem Tatverdächtigen mit „*südländischem Aussehen*“,[756] allerdings ist die Frage, was sich dahinter mehr als dunkle Haare und dunklere Haut verbergen soll. Diese Merkmale sind durch die FDNAP einzeln und sicher feststellbar – der Rückschluss von der biogeografischen Herkunft auf die Haar- oder Hautfarbe ist dagegen eine bloße Vermutung.

---

754 *Pfaffelhuber*, Freispruch 11/2017, S. 18, 19.

755 *Kayser/P.M. Schneider*, FSI Genetics 2012, Vol. 6, Ausgabe 1, e18.

756 Z.B. https://www.polizei.hamburg/raub-spielhalle-eidelstedt/, abgerufen am 2. Januar 2018.

Zusätzlich ist die biogeografische Herkunft eines jeden stärker als die Augen- oder Haarfarbe identitätsbildend. Auch das Bundesverfassungsgericht ordnet die Herkunft als *„höchstpersönliche Eigenheit"* ein, auch wenn das Gesetz – in diesem Fall das Antiterrordateigesetz – nicht differenzierend und potentiell stigmatisierend an eine bestimmte Herkunft anknüpfe, sondern alle Personen gleichermaßen erfasse.[757] Hinzu kommt in diesem Zusammenhang, dass die Ermittlung der biogeografischen Herkunft mit der Erkenntnis einhergehen kann (z.B. im Prozess), dass der Vater tatsächlich nicht der biologische Vater ist. Diese Erkenntnis könne den Betroffenen in eine Identitätskrise stürzen.[758] Dieser Aspekt ist insbesondere in Anbetracht der durch das Strafverfahren bereits bestehenden psychischen Belastung des Betroffenen nicht zu verharmlosen. Anders als die Merkmale Geschlecht, Haar-, Augen- und Hautfarbe ist die biogeografische Herkunft auch nicht etwas, was für jedermann in der Öffentlichkeit erkennbar ist, da sich vom Aussehen nicht sicher auf die Herkunft schließen lässt.

Die Ermittlung der biogeografischen Herkunft ist nicht verhältnismäßig.

h) Verhältnismäßigkeit der Ermittlung von Körpergröße und BMI

Hasselbach bezweifelt die Geeignetheit von Körpergröße und BMI.[759] Dem ist entgegenzuhalten, dass gerade diese Merkmale – anders als die Haarfarbe – nicht (so bei der Körpergröße) bzw. nur in einem größeren Zeitraum (BMI) verändert werden können und deshalb besonders geeignet sind. Hinzu kommt, dass diese Merkmale nicht geheim sind, sondern äußerlich für jedermann erkennbar. Sicherlich sind sie äußerlich nicht so exakt erkennbar wie durch die FDNAP – kein Zeuge wird mit bloßem Auge erkennen können, ob eine Person 1,72 m (oder etwa 1,73 m) groß ist oder einen BMI von 20 oder 21 hat. Dieser Aspekt, dass die FDNAP genauer als das menschliche Auge ist, ist gleichwohl zu vernachlässigen, weil keine nennenswerte Intensivierung des Eingriffs damit verbunden ist. Durch die Ermittlung der Körpergröße sowie des BMI lassen sich

---

757 BVerfG, Urt. v. 24.04.2013 – 1 BvR 1215/07, NJW 2013, 1499, 1511 Rn. 168 und 169 – Antiterrordateigesetz.

758 *Luo*, Unnamed Man indicted by DNA, Newsday, August 9, 2000, A3; *Hansen*, A.B.A.J. 2001, Vol. 87, Ausgabe 4, S. 36, 40; *Duster*, Race and Genetic Revolution, 99, 102.

759 *Hasselbach*, Novellierung der forensischen DNA-Analyse, S. 177; anders noch auf S. 170 *„Von großem Nutzen wäre es weiter, […] Aussagen über die Körperstatur des Spurenverursachers treffen zu können."* Kritisch auch *Anslinger/Brodersen/Eisenmenger*, DRiZ 2005, 165, 168: Die Information, dass der Täter *„wahrscheinlich braunhaarig, schlank und zwischen 1,75 m und 1,85 m groß"* sei, sei ohne einen konkreten Tatverdacht nutzlos.

krankhafte Ausprägungen erkennen, nämlich z.B. Übergewicht oder auch Kleinwuchs. Es gilt jedoch auch hier das, was bereits zur Trisomie 21 gesagt wurde: Es wird bei der Analyse zufällig und in äußerst seltenen Fällen daneben eine krankhafte Ausprägung festgestellt. Diese Ausprägung ist allerdings äußerlich erkennbar, sodass niemand mit einer Diagnose konfrontiert wird, die er noch nicht kennt oder die ihn in irgendeiner Weise gegenüber anderen bloßstellen oder kompromittieren würde, da sie äußerlich nicht erkennbar ist. Die Ermittlung der Körpergröße und des BMI sind somit verhältnismäßig.

i) Verhältnismäßigkeit der Ermittlung der Gesichtsmorphologie

Wenn die Forschung bzgl. der Ermittlung der Gesichtsmorphologie in Zukunft ausgereift ist, kann sich eine DNA-Reihenuntersuchung – anders als jetzt – möglicherweise erübrigen, weil mithilfe der Ergebnisse ein genaues Phantombild erstellt werden kann, anhand dessen der Tatverdächtige direkt ermittelt werden kann. Die Gesichtsmorphologie ist für Ermittler daher besonders geeignet. Sie ist auch erforderlich (siehe schon Kapitel 4. D. III. 2. cb)). Die Konsequenzen wären bei der Nutzung eines Phantombilds, das infolge der Ermittlung der Gesichtsmorphologie erstellt wurde, erheblicher, wenn die DNA versehentlich gar nicht vom Tatverdächtigen, sondern einem unbeteiligten Dritten stammen würde. Umgekehrt ist die Gesichtsmorphologie aber umso nützlicher bei Ermittlung des („richtigen") Tatverdächtigen, da man auf diese Weise mehr Unschuldige ausschließen kann. Aufgrund der Schwere der Straftat und der mit der Gesichtsmorphologie verbundenen Chancen bei der Strafverfolgung überwiegt das Strafverfolgungsinteresse das Interesse des Einzelnen. Ebenso wie die anderen Merkmale ist die Gesichtsmorphologie äußerlich für jedermann erkennbar. Die Ermittlung der Gesichtsmorphologie ist also verhältnismäßig.

j) Verhältnismäßigkeit der Ermittlung von mehreren Merkmalen in Kumulation

Die eben aufgezählten Merkmale (die biogeografische Herkunft ausgenommen) lassen sich auch kumuliert ermitteln. Ob dies mit dem Recht auf informationelle Selbstbestimmung vereinbar ist, ist im Folgenden zu klären.

ja) Geeignetheit

Trotz der Kumulation von verschiedenen Merkmalen und hiermit verbundenen höheren Erfolgschancen, den Tatverdächtigen zu finden, könnte man die Geeignetheit der FDNAP bestreiten: Tatsächlich werden insbesondere in Großstädten bestimmte Merkmalskombinationen nicht weiterführend sein, weil zu viele Personen die gesuchten Merkmale aufweisen.[760] Auch andere sprechen der FDNAP ihren Nutzen ab: Nützlicher als die FDNAP sei es, den DNA-Code jeder Person in Deutschland zu speichern, denn (nur) dann könne man jede Spur problemlos einer Person zuordnen.[761] Andere bezweifeln den Nutzen der FDNAP, da die FDNAP keine Auskunft darüber geben könne, wo sich eine Person aufhalte.[762] Dieses Problem ist indessen ein Problem, das sich bei sämtlichen Ermittlungsmaßnahmen gleichermaßen stellt. Mit demselben Argument könnte man auch den Nutzen von Zeugenaussagen bezweifeln. Trotzdem nutzt man Täterbeschreibungen (infolge von Zeugenaussagen, Videoüberwachungsaufnahmen etc.) mit Erfolg – denn es gibt nicht nur polizeiliche Datenbanken oder Datenbanken von Bezirksämtern, wo Passbilder und Adressen gespeichert werden, sondern z.B. auch öffentliche Aufrufe.

In der Tat kann die FDNAP in großen Städten nicht immer den gewünschten Erfolg bringen, weil die ermittelten Merkmale auf zu viele Personen zutreffen, weshalb eine weitere gezielte Ermittlung hinsichtlich des Beschuldigten unmöglich oder zu aufwendig ist. Auch kann man nicht ausschließen, dass ein Täter keinerlei DNA oder gezielt fremde DNA am Tatort hinterlässt. Entscheidend für die Beurteilung der Geeignetheit ist aber, dass die FDNAP zur Strafverfolgung nicht gänzlich ungeeignet ist. Insbesondere kann sie der weiteren internen Ermittlung dienen, indem sie die Relevanz von Zeugenaussagen überprüft oder diese ergänzt. Daneben kann sie die Rasterfahndung und den DNA-Reihenuntersuchungen erleichtern bzw. erst ermöglichen.

Mansdörfer hält die FDNAP für überschätzt und spielt damit auch auf die Ungeeignetheit bzw. Unverhältnismäßigkeit an: Bei einer Kombination von Augenfarbe und Haarfarbe sinke das Ergebnis der FDNAP leicht auf eine Wahrscheinlichkeit von 80 % ab. Von 100 möglichen Personen, die z.B. für einen Reihengentest infrage kämen, fielen 20 Personen fälschlicherweise infolge der FDNAP unter den Tisch.[763] Auch wenn eine Verurteilung nicht auf die FDNAP gestützt werden kann, muss man auch schon im Vorverfahren bedacht handeln, da ein Verdacht reichen kann, um die Reputation und die Existenz einer Person zu beeinträchtigen. Allerdings überrascht es, wenn Wahrscheinlichkeiten von

---

760 Diesen Gedanken im Kontext der Diskriminierung erwähnend: *Plümecke/Schultz*, ak Nr. 627 vom 16. Mai 2017.

761 *Püschel* in *Sprengel*, Spiegel vom 9. Mai 2017.

762 *Momsen*, Freispruch 11/2017, S. 20, 21.

763 *Mansdörfer*, LTO vom 3. März 2017.

80 % (als Ergebnis für ein Merkmal bei der FDNAP) kritisiert werden:[764] Denn die Wahrscheinlichkeiten von anderen Beweismitteln der StPO liegen meist nicht nur niedriger, sondern lassen sich überhaupt nicht beziffern.[765]

Kritisiert wird im Zusammenhang mit den Wahrscheinlichkeiten bzw. den Gutachten für die FDNAP, jedoch auch im Zusammenhang mit der klassischen DNA-Analyse,[766] dass sich insbesondere Verteidiger zunehmend mit komplizierten Gutachten auseinanderzusetzen hätten, die molekulargenetische und statistische Aspekte enthielten. Dagegen lässt sich indes einwenden, dass sich Juristen allgemein kritisch mit Beweisen auseinanderzusetzen haben – sei es die Glaubwürdigkeit des Zeugen oder die Glaubhaftigkeit seiner Aussage.[767] Rechtswissenschaftler müssen sich in diesem Fall mit der Aussagepsychologie beschäftigen. Schon früh hat der Bundesgerichtshof entschieden, dass der Richter sich zwar eines Sachverständigen bedienen darf, das Gutachten jedoch trotzdem auf Plausibilität zu überprüfen habe.[768] Juristen und Ermittlungsbeamten können sich schulen lassen;[769] das fehlende Wissen kann nicht dafür herangezogen werden, eine Ermittlungsmaßnahme allgemein zu verbieten. Andere Berufsstände müssen sich ebenfalls mit neuen und/oder fachfremden Thematiken auseinandersetzen.

Denkbar ist es, dass Täter bewusst Spuren von anderen Personen hinterlassen, um den Verdacht auf diese zu lenken. Insofern könnte die FDNAP als ungeeignet anzusehen sein. Eine solche Manipulationsmöglichkeit besteht allerdings bereits jetzt (auch bei anderen Beweismitteln): Die klassische DNA-Analyse im Sinne von § 81e Abs. 1 StPO vermag nicht zu erklären, wie DNA an den Tatort gelangt ist. Es wäre falsch, sich aufgrund der Manipulationsmöglichkeit gegen die FDNAP auszusprechen. Das Problem der Manipulation besteht im Übrigen nicht nur bei der DNA: Ein Täter kann seine Tatwaffe oder Beute auch gezielt bei einem Dritten hinterlassen, um den Verdacht auf ihn zu lenken. Dessen

764 *V. Lipphardt*, https://www.aerzteblatt.de/treffer?mode=s&wo=17&typ=1&nid=73698&s=lipphardt#, abgerufen am 27. Juli 2017.

765 *Beck*, KriPoZ 2017, 160, 165.

766 *Schultz* bezeichnet die DNA-Gutachten als *„Blackbox der Biostatistik"* auf https://videoportal.uni-freiburg.de/video/Erweiterung-polizeilicherDNA-Analyse-und-Datenspeicherung-Dimensionen-zivilgesellschaftlichen-Protestes/faea4c50334c346b4d094b8f3b2c8aae, abgerufen am 8. Februar 2018.

767 Zu Recht *Beck*, KriPoZ 2017, 160, 165.

768 BGH, Urt. v. 08.03.1955 – 5 StR 49/55, NJW 1955, 840, 841.

769 *Beck*, KriPoZ 2017, 160, 165.

ungeachtet ist bisher noch niemand auf den Gedanken gekommen, deswegen die Verfassungsmäßigkeit der Durchsuchung gemäß §§ 102 ff. StPO anzuzweifeln.[770]

jb) Erforderlichkeit

Manche verneinen die Erforderlichkeit der FDNAP, da die Aufklärungsquote bei schweren Gewaltverbrechen schon sehr hoch sei und eine Ausweitung der Ermittlungsmethoden daher nicht erforderlich.[771] Sie ist indes tatsächlich erforderlich (vergleiche dazu die Ausführungen in Kapitel 4. D. III. 2. cb)), weil gleich geeignete, weniger intensive Mittel nicht ersichtlich sind und man die wenigen – zudem schweren – unaufklärbaren Straftaten nicht ignorieren sollte. Denn gerade diese erschüttern den Rechtsfrieden erheblich.

jc) Verhältnismäßigkeit

Teilweise werden der Nutzen und damit die Verhältnismäßigkeit der FDNAP bezweifelt: Viele schwere Delikte wie Mord oder Sexualdelikte seien Beziehungstaten,[772] darum sei der Tatverdächtige dem Opfer bekannt und/oder relativ leicht ermittelbar. Insofern sei die FDNAP überflüssig und unverhältnismäßig. Es bestehe zusätzlich die Gefahr, dass man die FDNAP anfangs nur bei schweren Delikten einsetze, diese dann aber schrittweise auf andere weniger schwere Straftaten angewandt werde.[773] Eine Ausweitung ist nicht auszuschließen, doch setzt das Verfassungsrecht einer maßlosen Anwendung Grenzen. Trotz einer hohen Anzahl an Beziehungstaten bleiben Fälle, in denen der Tatverdächtige nicht ermittelbar ist, da der Tatverdächtige wahllos getötet hat und in denen es auch keine anderen Hinweise gibt.

Je mehr Merkmale gleichzeitig kumuliert ermittelt werden, desto intensiver wird der Eingriff, weil mehr Daten und Informationen über den Betroffenen generiert werden und diese ein genaueres Bild des Betroffenen ergeben. Gleichwohl werden die Erfolgschancen dabei zugleich höher, was bei der Abwägung berücksichtigt werden muss. Hinzu kommt, dass weniger Unschuldige belastet

---

770 *Beck*, KriPoZ 2017, 160, 164.

771 *Weitz/Buchanan*, Freispruch 11/2017, S. 13, 16.

772 Zur Statistik: *Bielicki*, SZ vom 23. Mai 2012; https://www.bka.de/DE/Presse/Listenseite_Pressemitteilungen/2016/Presse2016/161122_Partnerschaftsgewalt.html, abgerufen am 24. Mai 2017.

773 *Deckers*, DRiZ 2017, 89; zur fehlenden Erforderlichkeit bei schweren Gewaltverbrechen auch *Weitz/Buchanan*, Freispruch 11/2017, S. 13, 16.

werden, je enger der Kreis aufgrund der Merkmale gezogen werden kann. Geht man davon aus, dass in naher Zukunft nicht nur die Merkmale Geschlecht, Haar-, Augen-, Hautfarbe sowie Alter, Körpergröße und BMI bestimmt werden können, führt auch diese kumulierte Bestimmung nicht zu einem Verstoß gegen das Recht auf informationelle Selbstbestimmung. Denn diese Merkmale bleiben auch bei Kumulation *äußerlich* erkennbare und damit nicht sensible Merkmale, die für die Strafverfolgung einen hilfreichen Ermittlungsansatz bieten können – gerade wenn sie kumuliert werden. Sie erreichen hierbei nicht die Stufe eines Persönlichkeitsprofils. Anders als z.B. bei der Antiterrordatei verschaffen die Merkmale auch keinen Überblick über das Leben des Einzelnen und sind daher nicht durch ihre Kombination vertraulicher, als sie es einzeln sind. Die Merkmale legen auch zusammen nicht mehr offen als ein Foto, Videoüberwachungsaufnahme oder eben ein besonders genauer Zeuge.[774] Die Informationen dürfen nur zu Identifikationszwecken aufgenommen und genutzt werden, allerdings keine darüber hinausgehende Bedeutung haben.[775] Zu berücksichtigen ist von den Ermittlern in jedem Einzelfall, wie hoch die Wahrscheinlichkeit ist, dass die Spur vom Täter stammt, und ob die FDNAP Tatsachen aufdeckt, die für das Strafverfahren tatsächlich bedeutsam sind.[776] Nur wenn sich beide Aspekte bejahen bzw. bestimmen lassen, darf die FDNAP eingesetzt werden.

Bei der Intensität des Eingriffs und der Verhältnismäßigkeit ist die Missbrauchsgefahr zu berücksichtigen, doch ist diese sehr überschaubar: Missbrauch ist bei der FDNAP in zweierlei Hinsicht möglich: Denkbar ist eine Untersuchung über den Untersuchungszweck hinaus und/oder eine Untersuchung durch Unbefugte zu eigenen Zwecken.[777] Manche fürchten, das Interesse an den Informationen aus dem codierenden Bereich werde mit der Weiterentwicklung der Genforschung und der Möglichkeit, zunehmend mehr Informationen daraus zu gewinnen, wachsen.[778]

Zunächst lässt sich sagen, dass die Missbrauchsgefahr keine Besonderheit der Genanalyse ist – auch bei der nach § 81a StPO zulässigen Untersuchung von Blut (z.B. zum Zweck der Ermittlung der Blutalkoholkonzentration) besteht eine

774 *West,* Genetischer Fingerabdruck, S. 285; ebenso *Wolf,* NJW aktuell 3/2017, S. 16; *Hasselbach,* Novellierung der forensischen DNA-Analyse, S. 176: *„Fortentwicklung des Zeugenbeweises"; Altendorfer*, S. 164.

775 BVerfG, Urt. v. 24.04.2013 – 1 BvR 1215/07, NJW 2013, 1499, 1513 Rn. 188 f.; ähnlich auch BVerfG, Beschl. v. 04.04.2006 – 1 BvR 518/02, NJW 2006, 1939, 1942 Rn. 99.

776 *West,* Genetischer Fingerabdruck, S. 280.

777 *Altendorfer*, S. 151.

778 *Keller*, NJW 1989, 2289, 2294.

Missbrauchsgefahr.[779] Anhand von Blut lassen sich unzählige Werte bestimmen. Es wird wohl niemals eine Art von Untersuchung geben, die vor Missbrauch gänzlich sicher ist.[780]

Die Gefahr, dass DNA unzulässig vom Arbeitgeber oder einem Versicherer untersucht wird, besteht – allerdings unabhängig von der strafprozessualen Legalisierung der FDNAP, da es bereits heute Tests im Internet gibt, mit denen man die DNA analysieren kann. Hierfür genügt eine Zigarettenkippe oder eine benutzte Tasse.[781] Diese Gefahr kann durch eine Regelung der FDNAP zu strafprozessualen Zwecken weder verhindert noch eingeschränkt werden.

Eine unbefugte Untersuchung ist auch mithilfe des Sachverständigen denkbar, jedoch unwahrscheinlich. Der Sachverständige ist an Auftrag und Gesetz gebunden. Er darf aus diesem Grund persönlichkeitsrelevante Abschnitte *nicht* analysieren. Die bisherigen Erfahrungen zeigen, dass die Sachverständigen sorgfältig und verantwortungsbewusst mit Laborbefunden umgehen.[782] Bisher ist kein Fall von Missbrauch bekannt.[783] So weisen manche darauf hin, dass jeder die DNA eines anderen analysieren könnte, weshalb der Einwand der Missbrauchsgefahr bei einem an Auftrag und Gesetz gebundenen Sachverständigen irritiere.[784] Es ist umständlich (und deswegen unwahrscheinlich), dass der Interessent den Umweg über die Ermittler gehen würde, um an DNA einer bestimmten Person zu gelangen. Er selbst benötigt nicht mehr als ein Haar oder eine benutzte Tasse des Beschuldigten für die Analyse, zumal der Interessent gerade Interesse an der DNA eines *Beschuldigten* (und nicht irgendeiner anderen Person) haben müsste.[785] Aufgrund des sorgsamen Umgangs in der Vergangenheit ist auch davon auszugehen, dass die Ermittler und Sachverständigen sich rechtmäßig verhalten und keine Merkmale über die zulässigen Merkmale hinaus

---

779 *Sternberg-Lieben*, NJW 1987, 1242, 1244; ähnlich auch *Altendorfer*, S. 151; *C. Wagner*, RuP 2005, 75, 78; *U. Wagner*, Das genetische Fingerabdruckverfahren, S. 76 f.; *Härtel*, ZG 2005, 300, 308.

780 *Altendorfer*, S. 151.

781 Dazu Kapitel 2. A. II. und Kapitel 2. A. VI.

782 *Stadler-Brehm*, S. 27 f. Ähnlich auch *Schmitter*, FS Herold, S. 397, 418: *„Betrachtet man [aber] die weltweite Entwicklung seit der Einführung der DNA-Analytik im forensischen Bereich seit nunmehr mehr als einer Dekade, wird deutlich, dass die Befürchtungen unbegründet sind oder zumindest nicht den Stellenwert einnehmen, der ihnen in der politischen Diskussion beigemessen wird.“*

783 *Beck*, KriPoZ 2017, 160, 166 im Jahr 2017; so auch schon *Altendorfer*, S. 151 im Jahr 2001 sowie *Härtel*, ZG 2005, 300, 308.

784 *Beck*, S. 84 f. Fn. 379.

785 *Härtel*, ZG 2005, 300, 308.

analysieren werden. Diese Einschätzung gilt umso mehr, da in einem Rechtsstaat grundsätzlich anzunehmen ist, dass sich alle oder jedenfalls der Großteil der Personen an Gesetze halten. Die Missbrauchsgefahr ist daher insgesamt eher als gering einzuschätzen. Sie ist nicht so hoch, dass die FDNAP deshalb nicht eingesetzt werden darf.

Abschließend lässt sich sagen, dass trotz der besonderen Bedeutung der Strafverfolgung nicht jedes Mittel zur Wahrheitsfindung zulässig ist.[786] Der Rechtsstaat muss Straftaten verfolgen, gleichzeitig darf er dies gleichwohl auch nur mit rechtsstaatlichen Mitteln tun. Aufgrund des Prinzips der Verhältnismäßigkeit ist die FDNAP darum nur anzuwenden, wenn kein Treffer in der DNA-Analyse-Datei vorliegt. Die FDNAP ist aufgrund der Eingriffsintensität zudem auf Tötungs- und Vergewaltigungsdelikte zu beschränken.[787] Mit der Analyse von äußerlich erkennbaren, alltäglichen Merkmalen ist nichts Peinliches oder Kompromittierendes verbunden. Das Interesse des Einzelnen, seine äußeren Merkmale verborgen zu halten, ist geringer als das Interesse der Allgemeinheit an einer Sachverhaltsaufklärung und wirksamen Strafverfolgung zu bewerten.[788]

Die FDNAP ist damit sogar bei der Kumulation von verschiedenen Merkmalen verhältnismäßig.

IV. Zusammenfassung und Fazit

Die FDNAP ist nicht nur besonders geeignet, ihr Einsatz ist auch – sofern ein Abgleich mit der DNA-Analyse-Datei keinen Treffer zu einer Person ergeben hat – erforderlich für das Ermittlungsverfahren. Sie ist schließlich auch verhältnismäßig: Die DNA ist unveränderbar und einzigartig und enthält diverse Informationen über den Betroffenen, u.a. dessen Veranlagungen für Krankheiten. Man muss mithin besonders bedacht und sorgsam mit ihr umgehen und den Zugang sowie den Umfang der Untersuchung einschränken. Andrerseits ist sie ein hilfreiches Ermittlungswerkzeug, insbesondere bei schweren unaufklärbaren Straftaten. Wenn man die FDNAP auf äußerlich erkennbare Merkmale beschränkt und Vorkehrungen gegen Missbrauch und typische Fehlerquellen trifft, nähert sich die FDNAP in vielerlei Hinsicht der Beschreibung eines Zeugen an. Sie bietet zugleich den Vorteil, dass sie sicherere und teilweise umfassendere Angaben als der Zeuge liefern kann. Es ist dem Bundesverfassungsgericht Recht zu geben, wenn es meint, personenbezogene Daten seien auch ein *„Abbild*

786 BVerfG, Beschl. v. 18.08.1981 – 2 BvR 166/81, NJW 1982, 375.
787 So auch *West*, Genetischer Fingerabdruck, S. 285.
788 So auch *Foldenauer*, S. 95; *West*, Genetischer Fingerabdruck, S. 284.

sozialer Realität" und würden aufgrund dessen nicht ausschließlich dem Betroffenen zur Verfügung stehen.[789]

Die Missbrauchsgefahr, die zu einer gewissen Intensivierung des Eingriffs führt, lässt sich auf verschiedene Weise angemessen begrenzen: Zum einen kann man strenge Verfahrensvorschriften für die Untersuchung schaffen, zum anderen kann man Beweisverwertungsverbote kodifizieren. Denkbar sind weiter standardisierte DNA-Testkits für die Praxis, um Missbrauch jedenfalls zu erschweren. Weitere Probleme lassen sich u.a. durch Standardisierungen, Zertifizierungen, Dokumentations- und Berichtspflichten, interne Organisation und ggf. die Kontrolle durch einen Datenschutzbeauftragten regeln. Aus diesem Grund ist auch eine Pflicht zur Vernichtung von unbekanntem Spurenmaterial nach Auswertung denkbar (dazu mehr unter Kapitel 5. C. XII.).

Bei der Gestaltung eines Gesetzes zur FDNAP sind des Weiteren die Vorgaben des Bundesverfassungsgerichts zum Recht auf informationelle Selbstbestimmung zu berücksichtigen, die zuvor dargestellt wurden und u.a. die Bestimmtheit und Klarheit des Gesetzes sowie den Rechtsschutz betreffen.[790]

V. Ergebnis

Der Eingriff ist – außer bei der Ermittlung der biogeografischen Herkunft – gerechtfertigt. Die FDNAP ist damit in Hinsicht auf das Recht auf informationelle Selbstbestimmung verfassungsgemäß.

Im Rahmen der Prüfung der Verhältnismäßigkeit der Ermittlung des Geschlechts hat sich herausgestellt, dass die Ermittlung des Geschlechts bei der klassischen DNA-Analyse gemäß § 81e Abs. 1 StPO sowie § 81e Abs. 2 Satz 1 StPO nicht erforderlich und diese Regelung damit verfassungswidrig ist.

E. Recht am eigenen Bild

Das Recht am eigenen Bild ist eine Ausprägung des allgemeinen Persönlichkeitsrechts. Es gewährleistet dem Einzelnen, über die Anfertigung und Verwendung von Fotografien oder Aufzeichnungen seiner Person zu bestimmen. Ein Schutzbedürfnis ergibt sich *„vor allem aus der Möglichkeit, das Erscheinungsbild eines Menschen in einer bestimmten Situation von diesem abzulösen, datenmäßig zu fixieren und jederzeit vor einem unüberschaubaren Personenkreis zu reproduzieren. Diese Möglichkeit ist durch den Fortschritt der Aufnahmetechnik, der*

789 BVerfG, Urt. v. 15.12.1983 – 1 BvR 209/83 u.a., NJW 1984, 419, 422.
790 Dazu Kapitel 4. D. III. 1.

Abbildungen auch aus weiter Entfernung, jüngst sogar aus Satellitendistanz, und unter schlechten Lichtverhältnissen erlaubt, noch weitergewachsen."[791]

Im Zusammenhang mit der Erstellung des DNA-Musters im Rahmen eines Vaterschaftstests, d.h. der klassischen DNA-Analyse ist vereinzelt vertreten worden, dass die Erstellung des DNA-Profils das Recht am eigenen Bild betreffe: Bei dem individuellen Bandenmuster eines jeden handele es sich um ein persönliches Kennzeichen, anhand dessen man so ähnlich wie bei dem Passbild oder daktyloskopischen Fingerabdruck die Identität einer Person feststellen könnte.[792] Dem ist zu Recht widersprochen worden: Der Schutzbereich des Rechts am eigenen Bild ist bei der FDNAP-Analyse nicht eröffnet. Anders als bei einem Passbild genügt bei einem DNA-Profil nämlich nicht der Blick auf das Foto bzw. das DNA-Profil, um die Person eindeutig zu erkennen, vielmehr ist stets eine weitere DNA-Probe erforderlich, um die Profile abzugleichen.[793] Zusätzlich handelt es sich bei der Ermittlung der Merkmale nicht um eine *Abbildung der Person*, andernfalls müsste man auch die Ermittlung von Blutwerten o.Ä. als Abbildung ansehen.

F. Recht auf Nichtwissen

Auf das Recht auf Nichtwissen, das bei der Aufdeckung von Krankheiten und Krankheitsveranlagungen betroffen ist, soll hier bewusst nur kurz eingegangen werden.[794] Denn die Genforscher betonen, dass sie kein Interesse an der Erforschung von Krankheiten im Rahmen der Forensik haben und dies wenig nützlich sei.[795]

Nichtwissen bezeichnet die – bewusste oder unbewusste – Nichtkenntnis von bestimmten Gegebenheiten. Dieses Nichtwissen kann sich auch auf gesundheitliche Daten, u.a. genetische Informationen, beziehen. Diese sind insbesondere dann für den Betroffenen problematisch, wenn es bisher keine Präventions- oder Therapiemöglichkeiten gibt. Das bedeutet, dass das Recht auf Nichtwissen den Einzelnen insbesondere im Zusammenhang mit Gentests davor schützt,

---

791 BVerfG, Urt. v. 15.12.1999 – 1 BvR 653/96, NJW 2000, 1021, 1022 – Caroline von Monaco.

792 *Reichelt*, FamRZ 1991, 1265, 1266; *Krieglstein*, S. 103 f.

793 *Burr*, S. 117.

794 Zu Krankheiten: *West*, Genetischer Fingerabdruck, S. 288 ff., differenziert zwischen Krankheiten und Krankheitsveranlagungen. *Beck*, S. 109 erachtet pauschal Krankheiten und Veranlagungen als unzulässig.

795 Dazu Kapitel 2. A. VII. 8. j).

ungewollt mit Informationen über Krankheiten oder Krankheitsdiagnosen konfrontiert zu werden. Der Bundesgerichtshof leitet das Recht auf Nichtwissen aus dem allgemeinen Persönlichkeitsrecht (Art. 2 Abs. 1 i.V.m. Art. 1 Abs. 1 GG) ab und geht noch näher auf genetische Informationen ein: *„Das allgemeine Persönlichkeitsrecht umfasst deshalb ein ‚Recht auf Nichtwissen der eigenen genetischen Veranlagung', das den Einzelnen davor schützt, Kenntnis über ihn betreffende genetische Informationen mit Aussagekraft für seine persönliche Zukunft zu erlangen, ohne dies zu wollen.“*[796]

Auf das Recht auf Nichtwissen soll hier bewusst nur insoweit kurz eingegangen werden, als klargestellt werden soll, wann das Recht auf Nichtwissen praktisch überhaupt betroffen ist und ob die Ermittlung von Krankheiten in einem solchen Fall überhaupt für die Strafverfolgung geeignet wäre: Denkbar ist es, dass der Tatverdächtige von seiner Krankheit weiß und daher auch in ärztlicher Behandlung ist. Sofern er in ärztlicher Behandlung ist, wissen jedenfalls auch Ärzte von seiner Erkrankung. Ggf. zeigt sich die Krankheit auch äußerlich, so z.B. auch wenn bei der Ermittlung des Geschlechts die Trisomie 21 festgestellt wird. Hierbei können also das Wissen der Ärzte sowie die äußere Erkennbarkeit für die Strafverfolgung nützlich sein. In diesen Fällen ist aber *nicht* das Recht auf Nichtwissen betroffen, weil der Tatverdächtige das Wissen über seine Krankheit bereits hat, also kein Nichtwissen gegeben ist.

Möglich ist auch, dass der Tatverdächtige die Krankheit bereits hat oder sie ausbrechen wird, er dagegen noch kein Wissen davon hat. In diesen Fällen haben weder Ärzte noch Versicherer Kenntnis davon, er wird höchstwahrscheinlich auch keine Auffälligkeiten zeigen. In diesen Fällen ist das Recht auf Nichtwissen zwar betroffen, die Kenntnis über die mögliche Krankheit ist allerdings nicht hilfreich für die Strafverfolgungsbehörden. Die FDNAP wäre somit nicht geeignet.

---

796 BGH, Urt. v. 20.05.2014 – VI ZR 381/13, ZD 2014, 465, 467; etwas konkreter OLG Celle, Urt. v. 29.10.2003 – 15 UF 84/03, NJW 2004, 449, 450: Das OLG hat das Recht auf Nichtwissen als *„negative Variante des Rechts auf informationelle Selbstbestimmung“* bezeichnet. *Damm*, MedR 2002, 375, 379 f., sieht den positiven sowie negativen informed consent als Ausprägung des informationellen Selbstbestimmungsrechts; für eine Ausprägung des Recht auf Nichtwissen als Teil des informationellen Selbstbestimmungsrechts auch *Duttge*, DuD 2010, 34, 38; Maunz/Dürig/*Di Fabio*, Stand: 82. EL, Januar 2018, Art. 2 Abs. 1 GG Rn. 192; *Menzel*, NJW 1989, 2041, 2042; *Ruderisch*, ZRP 1992, 260, 262.

G. Art. 3 Abs. 3 GG

Im Folgenden ist zu prüfen, ob die Ermittlung der Haut-, Haar- und Augenfarbe sowie des Geschlechts und deren anschließende Verwendung bei Folgemaßnahmen in der Ermittlung zu einem Verstoß gegen Art. 3 Abs. 3 GG führt.[797] Art. 3 Abs. 3 Satz 1 GG verbietet die Benachteiligung oder Bevorzugung wegen der Rasse und des Geschlechts. Die Merkmale Haut-, Haar- und Augenfarbe könnten unter dem Begriff der Rasse zu subsumieren sein. Das Geschlecht ist in Art. 3 Abs. 3 GG sogar explizit aufgezählt.

I. Problemaufriss

Während die Ergebnisse der FDNAP nutzlos seien, wenn sie sehr häufig auftretende Merkmale ergäben, erwarten Kritiker erhebliche Diskriminierungen von Minderheiten, da die Ergebnisse der FDNAP besonders nützlich seien, wenn und da sie auf seltene Merkmale hinwiesen.[798] Sie befürchten dadurch, dass Minderheiten unter Generalverdacht geraten könnten: *„Diskriminierend wird es, wenn sich die Prozedur bei diversen Straftaten wiederholt. Die gesamte Bewohnerschaft wird so immer wieder mit kriminellen Vorfällen in Verbindung gebracht, das Gebiet kommt in den Ruf einer Hochburg der Kriminalität. Selbst wenn sich ergeben sollte, dass kein Bewohner etwas mit einer Tat zu tun hatte und niemand zu Unrecht verurteilt wird, bedeutet allein die Duldung der Ermittlungsmaßnahmen einen erheblichen Eingriff in verschiedene Grundrechte.“*[799]

Andere bezweifeln nicht, dass die Ergebnisse der FDNAP die betroffene Bevölkerungsgruppe belasteten, von Diskriminierung wird dabei jedoch nicht gesprochen. Nach dieser Ansicht müsse sich die Gesellschaft damit auseinandersetzen, dass Ausländer ebenso wie Deutsche Straftaten begingen. Die Frage nach dem Umgang mit Minderheiten sei ein gesellschaftliches Problem. Dies könne

---

797 Die Ermittlung der anderen Merkmale kommt für einen Verstoß gegen Art. 3 Abs. 3 GG nicht in Betracht.

798 *V. Lipphardt,* https://www.aerzteblatt.de/treffer?mode=s&wo=17&typ=1&nid=73698&s=lipphardt#, abgerufen am 9. November 2017; *Momsen,* Freispruch 11/2017, S. 20 ff.; Offener Brief zum kritischen Umgang mit erweiterten DNA-Analysen in der Forensik, https://stsfreiburg.wordpress.com/offener-brief/, abgerufen am 9. November 2017.

799 *Momsen,* https://causa.tagesspiegel.de/ethik/vom-erbgut-zum-phantombild-ein-noetiger-tabubruch/vorurteile-werden-zur-ermittlungsgrundlagenbsp.html, abgerufen am 19. Oktober 2017; ähnlich auch *Hansen,* A.B.A.J. 2001, Vol. 87, Ausgabe 4, S. 36, 42.

aber nicht durch eine Ermittlungsmethode gelöst werden. Aus diesem Grund sei es falsch, nur deswegen eine Ermittlungsmaßnahme nicht zuzulassen.[800]

II. Rasse

Als Gegenentwurf zum NS-Staat und seiner Rassenlehre wurde das Kriterium der Rasse in den Art. 3 Abs. 3 Satz 1 GG aufgenommen.[801] Der Begriff Rasse ist wissenschaftlich nicht fundiert, sondern ist nach dem allgemeinen Sprachgebrauch zu verstehen. Darunter fallen „*Menschengruppen mit bestimmten wirklich oder vermeintlich vererbbaren Eigenschaften.*"[802] Das Kriterium soll Personengruppen schützen, die verfolgt werden.[803] Zu dem Merkmal Rasse gehören u.a. die Hautfarbe, die Form der Augen, des Gesichts oder des Schädels sowie die Haarfarbe.[804] Diese Merkmale sind, ebenso wie die anderen in Art. 3 Abs. 3 GG genannten Merkmale, persönliche Eigenschaften – es kennzeichnet sie, dass sie unveränderbar vorgegeben sind.[805] Auch bei Haut-, Haar- und Augenfarbe handelt es sich um unveränderbare Merkmale, sodass auch sie unter den Begriff der Rasse im Sinne von Art. 3 Abs. 3 Satz 1 GG fallen.

III. Geschlecht

Als Geschlecht bezeichnet man die Eigenschaft eines Menschen als Frau oder Mann.[806] Genau diese Eigenschaft wird im Rahmen der FDNAP ermittelt, sodass Art. 3 Abs. 3 Satz 1 GG betroffen ist.

IV. Ungleichbehandlung

Eine Ungleichbehandlung ist gegeben, wenn vergleichbare Sachverhalte von einem Grundrechtsverpflichteten und durch die gleiche Stelle unterschiedlich

---

800 *Beck*, KriPoZ 2017, 160, 166.
801 Dreier/*Heun*, Art. 3 Rn. 129.
802 Dreier/*Heun*, Art. 3 Rn. 129.
803 Dreier/*Heun*, Art. 3 Rn. 129.
804 Maunz/Dürig/*Langenfeld*, Stand: 82. EL, Januar 2018, Art. 3 Abs. 3 Rn. 45; ähnlich auch Schmidt-Bleibtreu/Hofmann/Henneke/*Krieger*, Art. 3 Rn. 79; Von Mangoldt/Klein/*Baer/Markard*, Art. 3 Abs. 3 Rn. 470.
805 Von Mangoldt/Klein/*Baer/Markard*, Art. 3 Abs. 3 Rn. 439; BVerfG, Beschl. v. 08.10.1997 – 1 BvR 9/97, NJW 1998, 131 f.
806 Stern/Becker/*Englisch*, Art. 3 Rn. 79.

behandelt werden.[807] Bei Art. 3 Abs. 3 Satz 1 GG muss die Ungleichbehandlung abhängig von den in Art. 3 Abs. 3 Satz 1 GG genannten Merkmalen sein.

Möglicherweise führt die FDNAP zu einer unmittelbaren oder jedenfalls mittelbaren Diskriminierung von Minderheiten, weil sich die Folgemaßnahmen direkt auf diskriminierende Merkmale stützen (unmittelbare Diskriminierung), die durch die FDNAP ermittelt wurden, oder Angehörige einer Minderheit ggf. überdurchschnittlich häufig von Folgemaßnahmen betroffen sind oder besonders häufig verurteilt werden (mittelbare Diskriminierung).

1. Voraussetzungen einer Ungleichbehandlung

Für die weitere Prüfung sind zunächst die theoretischen Voraussetzungen einer Ungleichbehandlung zu erläutern.

a) Wesentlich gleiche Gruppen

Für die Beantwortung der Frage, ob zwei Sachverhalte wesentlich gleich seien und dort eine Ungleichbehandlung gegeben sei, sind zuerst Vergleichsgruppen zu bilden. Dabei geht das Bundesverfassungsgericht davon aus, dass „*die Anwendung … des allgemeinen Gleichheitssatzes den Vergleich von Lebensverhältnissen [verlangt], die einander nicht in allen, sondern stets nur in einzelnen Elementen gleichen. Grundsätzlich ist es Sache des Gesetzgebers, darüber zu entscheiden, welche von diesen Elementen er für eine Gleich- oder Ungleichbehandlung als maßgebend ansieht.*“[808] Daher ist keine Identität der Gruppen erforderlich, sondern nur eine Vergleichbarkeit.[809] Die beiden Sachverhalte oder Gruppen sollten sich möglichst ähneln und möglichst viel gemeinsam haben. Sie müssen sich unter einen gemeinsamen Oberbegriff fassen lassen. Dieser gemeinsame Oberbegriff soll möglichst nur auf diese beiden Sachverhalte oder Gruppen zutreffen, sodass das Differenzierungsmerkmal deutlich wird. Die Vergleichsgruppe oder der -sachverhalt ist so, wie der Betroffene behandelt werden möchte.[810] Es zeigt sich hierbei jedoch, dass sich die Gruppenbildung sowie das Unterscheidungskriterium zwischen dem Betroffenen und der Vergleichsgruppe nicht nach Grundsätzen der Logik ergeben, sondern aufgrund von Wertungen.[811] Es gibt deshalb nicht nur die *eine* Betrachtung.

---

807 Jarass/Pieroth/*Jarass*, Art. 3 Rn. 7, 118; Sachs/*Nußberger*, Art. 3 Rn. 80 ff.

808 BVerfG, Beschl. v. 11.02.1992 – 1 BvL 29/87, NJW 1992, 1815.

809 *Epping*, Grundrechte, Rn. 780.

810 *Epping*, Grundrechte, Rn. 782.

811 Dreier/*Heun*, Art. 3 Rn. 24 f.

b) Diskriminierung

Art. 3 Abs. 3 Satz 1 GG schützt vor unmittelbarer Diskriminierung: Eine solche liegt vor, wenn eine Maßnahme (direkt) an das Merkmal im Sinne des Art. 3 Abs. 3 Satz 1 GG rechtlich anknüpft.[812]

Eine neuere Ansicht möchte im Rahmen von Art. 3 Abs. 3 Satz 1 GG auch die mittelbare Diskriminierung erfassen.[813] Nach dem Bundesverfassungsgericht liegt eine mittelbare Diskriminierung vor, wenn *„der vom Gesetzgeber gewählte, durch Art. 3 Abs. 3 GG nicht verbotene sachliche Anknüpfungspunkt in der gesellschaftlichen Wirklichkeit weitgehend nur für eine Gruppe zutrifft, oder die differenzierende Regelung sich weitgehend nur auf eine Gruppe im Sinne einer faktischen Benachteiligung auswirkt, deren Ungleichbehandlung nach Art. 3 Abs. 3 GG strikt verboten ist.“*[814] Es sieht Art. 3 Abs. 3 GG also als Anknüpfungsverbot an, leitet aber aus Art. 3 Abs. 3 Satz 1 GG auch ein Verbot der mittelbaren Diskriminierung ab – wenn auch bisher nur bzgl. des Geschlechts. Die Rechtsprechung wird allgemein als *„schwankend“* bezeichnet,[815] da die Gerichte die endgültige Einordnung selbst offengelassen haben.[816] Die Subsumtion der mittelbaren Diskriminierung unter Art. 3 Abs. 3 Satz 1 GG hängt maßgeblich von der Auslegung des Wortes *„wegen“* in Art. 3 Abs. 3 Satz 1 GG ab: Die Rechtsprechung hatte dies anfangs als Finalität verstanden.[817] Manche interpretieren dies als Begründungsverbot, d.h., dass in der Begründung für die Ungleichbehandlung nicht auf das Merkmal zurückgegriffen werden darf,[818] andere als absolutes Anknüpfungsverbot.[819] Viele Stimmen in der Literatur lehnen die Einordnung der mittelbaren Diskriminierung unter Art. 3 Abs. 3 Satz 1 GG ab und ordnet diese bei Art. 3

---

812 *Sachs*, HStR VIII, § 182 Rn. 95 f.

813 Sachs/*Nußberger*, Art. 3 Rn. 255; Jarass/Pieroth/*Jarass*, Art. 3 Rn. 87, 119; ablehnend Münch/Kunig/*Boysen*, Art. 3 Rn. 144 f.; Epping/Hillgruber/*Kischel*, BeckOK GG, 37. Edition, Stand: 15.05.2018, Art. 3 Rn. 215.

814 BVerfG, Beschl. v. 18.06.2008 – 2 BvL 6/07, BVerfGE 121, 241, 254 f.

815 Maunz/Dürig/*Langenfeld*, Stand: 82. EL, Januar 2018, Art. 3 Abs. 3 Rn. 37.

816 Zur mittelbaren Diskriminierung: BVerfG, Urt. v. 20.12.2007 – III ZR 144/07, NJW 2008, 987, 988; BVerfG, Urt. v. 30.01.2002 – 1 BvL 23/96, NJW 2002, 1256, 1259; dem folgend BVerwG, Urt. v. 28.11.2002 – 2 CN 1/01, NVwZ 2003, 617, 619; BGH, Urt. v. 15.11.2007 – RiZ (R) 3/06, NVwZ 2008, 452, 454 f.

817 BVerfG, Beschl. v. 24.09.1965 – 1 BvR 228/65, NJW 1965, 2247, 2248; BVerfG, Beschl. v. 22.05.1975 – 2 BvL 13/73, NJW 1975, 1641, 1647.

818 Dreier/*Heun*, Art. 3 Rn. 125.

819 Epping/Hillgruber/*Kischel*, BeckOK GG, 37. Edition, Stand: 15.05.2018, Art. 3 Rn. 212; Münch/Kunig/*Boysen* Art. 3 Rn. 131.

Abs. 1 GG ein[820] bzw. Art. 3 Abs. 2 Satz 1 GG (für das Geschlecht).[821] U.a. stützt sie sich dabei auf den Wortlaut des Art. 3 Abs. 3 GG: Die Formulierung *„wegen“* sei zu eindeutig und direkt, um die mittelbare Diskriminierung zu erfassen. Der Streit kann im Ergebnis dahinstehen: Zwar schließt an Art. 3 Abs. 1 GG eine Verhältnismäßigkeitsprüfung an, die für Art. 3 Abs. 2 und Abs. 3 GG eigentlich nicht vorgesehen ist. Befürworter der Zuordnung zu Art. 3 Abs. 2 GG bzw. Art. 3 Abs. 3 GG lassen gleichwohl ausnahmsweise eine Rechtfertigung nach den Maßstäben des Art. 3 Abs. 1 GG zu, obwohl diese Merkmale eigentlich absolut wirkende Differenzierungsverbote darstellen.[822]

2. Ungleichbehandlung durch die Forensische DNA-Phänotypisierung

Für die Beantwortung der Frage, ob eine Ungleichbehandlung bei der Forensischen DNA-Phänotypisierung gegeben ist, muss zwischen dem Gesetz und dem tatsächlichen Verwaltungshandeln differenziert werden.

a) Gesetz

Eine unmittelbare Diskriminierung liegt bei einem Gesetz über die FDNAP nicht vor: Das Gesetz knüpft nicht unterschiedliche Rechtsfolgen an unterschiedliche Merkmale, z.B. werden durch das Gesetz nicht Personen mit einer bestimmten Hautfarbe gegenüber Personen mit einer anderen Hautfarbe benachteiligt. Das Gesetz erlaubt nur allgemein die Analyse von Genen, deren Ergebnisse bloß Informationen wiedergeben. Eine mittelbare Diskriminierung liegt auch nicht vor, da die FDNAP zu einem Zeitpunkt angewandt wird, zu dem noch keine Informationen über den Tatverdächtigen vorliegen, jeder also gleichermaßen und unabhängig von seinem Äußeren von dem Gesetz betroffen ist.

---

820 Von Münch/Kunig/*Boysen*, Art. 3 Rn. 145; *Sachs*, Grenzen, S. 483 f.; *Sachs*, Das Staatsrecht IV/2, 2011, S. 1759; Dreier/*Heun*, Art. 3 Rn. 124.

821 *Bieback*, ZIAS 1990, 1, 26 ff.; *Ebsen*, Recht der Arbeit 1993, 11, 13 f.; *Hanau/Preis*, ZfA 1988, 177, 184 ff.

822 Münch/Kunig/*Gubelt*, 5. Auflage, Art. 3 Rn. 91; so wohl auch Sachs/*Nußberger* Art. 3 Rn. 256; Epping/Hillgruber/*Kischel*, BeckOK GG, 37. Edition, Stand: 15.05.2018, Art. 3 Rn. 218; ähnlich auch *Hanau/Preis*, ZfA 1988, 177, 190 ff; wohl auch *Bieback*, ZIAS 1990, 1, 33.

b) Tatsächliches Verwaltungshandeln

ba) Unmittelbare Diskriminierung

Es könnte eine unmittelbare Diskriminierung im tatsächlichen Verwaltungshandeln gesehen werden, wenn die Ermittlungsbehörden die Ergebnisse nutzen, um daran ihr weiteres Vorgehen auszurichten. Die Ermittlungsmaßnahmen knüpfen konkret an die ermittelten und von Art. 3 Abs. 3 Satz 1 GG erfassten Merkmale an, indem nur bestimmte Merkmalsträger zu Folgemaßnahmen wie z.B. zum Reihen-Gen-Test aufgefordert werden. Diese Personen könnten gegenüber anderen Personen, die nicht Merkmalsträger sind, benachteiligt sein.

Die FDNAP ist zunächst vom Racial Profiling abzugrenzen:[823] Racial Profiling beschreibt Maßnahmen z.B. der Polizei, die auf rassistischen Vorurteilen beruhen, nicht jedoch auf einem begründeten Verdacht oder wahrscheinlichen Grund.[824] Racial Profiling ist nach ganz herrschender Meinung unzulässig und verstößt gegen Art. 3 Abs. 3 Satz 1 GG.[825] Bei der FDNAP dagegen besteht der konkrete Verdacht einer Straftat; es geht darum, die Zahl der möglichen Tatverdächtigen durch die Kenntnis über äußere Merkmale zu reduzieren.[826] Alle Merkmalsträger sind hierbei potentiell benachteiligt, weil ihre Merkmale mit dem des Tatverdächtigen übereinstimmen und diese Personen somit Folgemaßnahmen unterworfen werden können. Allerdings ist keine wesentliche Gleichheit gegenüber denen gegeben, die die jeweilige Merkmalskombination nicht tragen. Diese Situation ist mit derjenigen vergleichbar, bei der Personen (mit einer bestimmten Merkmalskombination) aufgrund einer Zeugenbeschreibung verdächtigt werden.

Im Urteil zur präventiven polizeilichen Rasterfahndung ist das Bundesverfassungsgericht nicht auf eine Verletzung des Art. 3 Abs. 1 und Abs. 3 Satz 1 GG eingegangen, da bereits eine Verletzung des Rechts auf informationelle Selbstbestimmung vorlag.[827] Die Bundesverfassungsrichterin *Haas* hat dagegen in einem

---

823 *Stenger*, Kriminalistik 2017, 491, 496.

824 *Frederickson/Siljander*, Racial Profiling, S. 15.

825 Schmidt-Bleibtreu/Hofmann/Henneke/*Krieger*, Art. 3 Rn. 63; *Cremer*, AnwBl 2012, 896 ff.; *Tischbirek/Wihl*, JZ 2013, 219 ff.; BT-Drs. 17/11971, S. 3: *„Racial Profiling… [bezeichnet] die Einleitung von hoheitlichen Maßnahmen alleine aufgrund von äußeren Erscheinungsmerkmalen von Personen unabhängig von konkreten Verdachtsmomenten. […]. Ein solches Racial Profiling ist mit dem geltenden deutschen Recht unvereinbar…"*

826 Ähnlich auch *Stenger*, Kriminalistik 2017, 491, 496.

827 BVerfG, Beschl. v. 04.04.2006 – 1 BvR 518/02, NJW 2006, 1939, 1949 Rn. 163.

Sondervotum desselben Urteils das Kriterium der Religion – die Religion gehört ebenfalls zu den Merkmalen in Art. 3 Abs. 3 Satz 1 GG – im Zusammenhang mit dem Recht auf informationelle Selbstbestimmung als wenig sensibel erachtet: Jedermann, auch der Staat, könne diese herausfinden. Nur weil man wegen seiner Religion nicht gemäß Art. 3 Abs. 3 Satz 1 GG diskriminiert werden dürfte, führe dies nicht zu einem größeren Gewicht oder einer höheren Sensibilität als der – ebenfalls leicht ermittelbaren – Sprache, Geschlecht – also Merkmalen, für die ebenfalls ein Diskriminierungsverbot besteht. Um Diskriminierung gehe es hier sowieso nicht. Sie bezweifelt im Übrigen auch die stigmatisierende Wirkung: *„Der Bürger wird verstehen, dass etwa bei der Ermittlung extremistischer religiöser Fundamentalisten die Religionszugehörigkeit ebenso Zielvorgabe sein muss wie das Geschlecht es bei der Suche nach einem weiblichen Täter ist. Niemand käme ernsthaft auf den Gedanken, damit würden Frauen stigmatisiert.“*[828]

Im Urteil zum Antiterrordateigesetz hat sich das Bundesverfassungsgericht zum Merkmal der Herkunft – wenn auch nur indirekt – und einem möglichen Verstoß gegen das Recht auf informationelle Selbstbestimmung geäußert: Danach knüpfe § 3 Abs. 1 Nr. 1a Antiterrordateigesetz nicht differenzierend und potentiell stigmatisierend an eine bestimmte Herkunft an, sondern sehe entsprechende Angaben für alle erfassten Personen vor.[829]

Kritiker befürchten eine Diskriminierung von Minderheiten und eine Verschlechterung ihrer öffentlichen Wahrnehmung durch die FDNAP. Dabei zeichnet die Realität bisher ein anderes Bild: In den Niederlanden gab es bisher keine Fälle von Diskriminierung. Stattdessen hat die FDNAP dort teilweise sogar zur Entlastung einer Minderheit beigetragen, als in einem Fall der Tatverdächtige unter einer Minderheit vermutet wurde, sich durch die FDNAP aber herausstellte, dass der Täter eine europäische Herkunft haben müsse.[830] Zudem ist ein solcher Generalverdacht bei jeder anderen Ermittlungsmethode gleichermaßen denkbar. Zwar können Zeugenaussagen oder Videoüberwachungsaufnahmen noch weitere Informationen über Kleidung, Verhalten, Gang etc. enthalten und beschränken sich daher nicht ausschließlich auf potentiell diskriminierende Merkmale. Doch können bei der FDNAP, anders als bei einem Zeugen, rassistische oder diskriminierende Tendenzen ausgeschlossen werden.[831] Die Strafverfolgungsbehörden müssen sich stets kritisch mit ihren eigenen Methoden und

---

828 BVerfG, Beschl. v. 04.04.2006 – 1 BvR 518/02, NJW 2006, 1939, 1949 Rn. 171.

829 Zu § 3 Abs. 1 Nr. 1a ATDG: BVerfG, Urt. v. 24.04.2013 – 1 BvR 1215/07, NJW 2013, 1499, 1511 Rn. 168 und 169.

830 *Kayser/de Knijff*, Nature 2011, Vol. 12, S. 179, 183.

831 *Fox*, American Journal of Criminal Law Vol. 38, Ausgabe 49, S. 1, 15.

Thesen und damit auch mit der Anwendung, Verwendung und den Ergebnissen der FDNAP auseinandersetzen. Das bedeutet u.a., dass möglichst nur solche Spuren ausgewertet werden sollen, die aus Sicht der Ermittler wahrscheinlich einen engen Bezug zur Tat haben. Die Zigarettenkippe am Tatort erfüllt z.B. in aller Regel den engen Zusammenhang nicht.[832] Deshalb sollte man die FDNAP bevorzugt restriktiv einsetzen. Neben dem engen Zusammenhang zwischen Tat und Spur müssen alle beteiligten Personen, d.h. insbesondere die Labormitarbeiter, Polizisten und Staatsanwälte, für den Umgang mit der FDNAP geschult werden – von der DNA-Probe bis zur Verwendung der Ergebnisse. Sie müssen bedacht und kritisch arbeiten, um zu vermeiden, dass Personen – gleichgültig, ob Minderheiten betroffen sind – diskriminiert werden. Dies bedeutet auch, dass man die Öffentlichkeit darüber aufklären muss, dass die FDNAP keine absolut sichere Methode ist und dass DNA-Analysen grundsätzlich gewisse Risiken bergen. Schließlich dürfen die Informationen nur zu Identifikationszwecken aufgenommen und genutzt werden, aber keine darüber hinausgehende Bedeutung haben, wie es das Bundesverfassungsgericht im Zusammenhang mit dem Antiterrordateigesetz geäußert hat.[833] Folgemaßnahmen, die an die durch die FDNAP ermittelten Merkmale anknüpfen, stellen unter diesen Voraussetzungen keine unmittelbare Diskriminierung dar.

Dass äußere Merkmale in der Strafverfolgung verwendet werden, entspricht auch der Handhabung der Ermittlungsbehörden in den USA: Ein Fact Sheet des US-amerikanischen US Department of Justice (US-Justizministerium) zum Thema Racial Profiling erlaubt die Verwendung von äußeren Merkmalen zur Täterbeschreibung.[834] Das Fact Sheet verbietet dagegen Racial Profiling:

> „*Acting on specific suspect identification does not constitute impermissible stereotyping. The situation is different when a federal officer acts on the personal identifying characteristics of potential suspects, including age, sex, ethnicity or race. Common sense dictates that when a victim or witness describes the assailant as being of a particular race, authorities may properly limit their search for suspects to persons of that race. In such circumstances, the federal officer is not acting based on a generalized assumption about persons of different races; rather, the officer is helping locate a specific individual previously identified as involved in crime.*“[835]

---

832 *P.M. Schneider*, https://causa.tagesspiegel.de/ethik/vom-erbgut-zum-phantombild-ein-noetiger-tabubruch/schutz-vor-unberechtigten-verdaechtigungen.html, abgerufen am 19. Oktober 2017.

833 BVerfG, Urt. v. 24.04.2013 – 1 BvR 1215/07, NJW 2013, 1499, 1513 Rn. 188 f.; ähnlich auch BVerfG, Beschl. v. 04.04.2006 – 1 BvR 518/02, NJW 2006, 1939, 1942 Rn. 99.

834 Fact Sheet Racial Profiling, US Department of Justice, TDD (202) 514-1888.

835 Fact Sheet Racial Profiling, US Department of Justice, TDD (202) 514-1888 S. 3.

Ein zulässiger Ermittlungsansatz könne sich ergeben, wenn die Information über äußere Merkmale vertrauenswürdig sei, die Information Bezug zu Ort oder Zeit der Straftat habe und sie sich auf eine konkrete Straftat, ein bestimmtes Strafverfahren oder eine bestimmte kriminelle Vereinigung beziehe.[836] Dies ist ein vernünftiger Ansatz: Bei der FDNAP stellen die Informationen über die äußeren Merkmale vertrauenswürdige Informationen dar, sie haben auch einen Bezug zu einem Ort oder Zeit der Straftat bzw. sollen sie nur dann genutzt werden und schließlich beziehen sie sich auch auf eine konkrete Straftat.

bb) Mittelbare Diskriminierung

Es könnte eine mittelbare Diskriminierung in der Form gegeben sein, dass straffällige Personen mit seltenen Merkmalen statistisch gesehen eher Folgemaßnahmen unterworfen werden, wie z.B. einem Reihengentest, und daher benachteiligt werden. Denn Personen, die seltene Merkmale aufweisen, lassen sich einfacher ausfindig machen und können dadurch Folgemaßnahmen unterzogen, allerdings auch verurteilt werden. Dagegen ist die Suche nach einer Person mit häufigen Merkmalen in aller Regel hoffnungslos, da zu viele Personen betroffen wären und die Ermittler den Tatverdächtigen daher nicht finden können. Es kommt deswegen in diesen Fällen weder zu Folgemaßnahmen noch zu einem Urteil.

Ob Minderheiten in der Praxis tatsächlich häufiger den FDNAP-Folgemaßnahmen unterworfen oder dadurch verurteilt werden würden, ist offen. Aus anderen Ländern ist nichts über derartige statistische Häufungen bekannt. Man könnte infolgedessen die statistische Relevanz und damit die mittelbare Diskriminierung bezweifeln. Eine statistische Relevanz ist indes nicht auszuschließen, weshalb die mittelbare Diskriminierung hier problematisiert werden soll. Rechtsprechung zu dieser Problematik – mittelbare Diskriminierung in der Strafverfolgung – ist nicht ersichtlich.

Bei der Frage, ob eine mittelbare Diskriminierung gegeben ist, kommt der Grundsatz „*keine Gleichheit im Unrecht*“[837] zum Tragen: Dieser Satz wird meist im Zusammenhang mit Art. 3 Abs. 1 GG thematisiert, allerdings ist er grundsätzlich auf alle Gleichheitssätze anwendbar, insbesondere auch Art. 3 Abs. 3 Satz 1 GG. Behandelt wird „*keine Gleichheit im Unrecht*“ meist im Kontext der Verwaltung, jedoch betreffen die Gleichheitssätze nach Art. 1 Abs. 3 GG alle Staatsgewalten.[838] Der Satz betrifft die Konstellation, dass A und B unterschiedlich

836 Fact Sheet Racial Profiling, US Department of Justice, TDD (202) 514-1888 S. 4.

837 Dazu BVerfG, Beschl. v. 17.01.1979 – 1 BvL 25/77, NJW 1979, 1445 ff.; Sachs/*Nußberger*, Art. 3 Rn. 46 ff., 213; Dreier/*Heun*, Art. 3 Abs. 1 Rn. 61.

838 *Reimer*, RW 2017, 1, 3, 5.

behandelt wurden. As Behandlung war rechtswidrig. B strebt an, so wie A behandelt zu werden. Manche bezeichnen dieses Begehren demgemäß als *„Gleichheit ins Unrecht“*: Denn hier führt die Anwendung des Gleichheitssatzes ins Unrecht, weil die dann hergestellte Gleichheit gegen andere Normen verstoßen würde.[839] Der Gleichheitssatz bezweckt aber, eine Gleichheit innerhalb des Rechts zu schaffen, indes nicht außerhalb des Rechts,[840] denn der Anspruch aus Art. 3 GG ist kein Selbstzweck.[841]

Der Satz *„keine Gleichheit im Unrecht“* betrifft besonders gebundene, ohne Ermessen auf gleichmäßigen Gesetzesvollzug verpflichtete staatliche Entscheidungen wie z.B. die Strafverfolgung und das dort geltende Legalitätsprinzip gemäß § 152 Abs. 2 StPO.[842] Das Legalitätsprinzip verpflichtet den Staat zum Eingreifen. Das Legalitätsprinzip ist darum auch als *„Aktualisierung des Willkürverbots als eines allgemeinen Rechtsgrundsatzes des Grundgesetzes“* bezeichnet worden.[843] Dies gilt freilich nur, wenn die Strafverfolgungsbehörden Kenntnis von einer Straftat bzw. einem Beschuldigten haben. Es kann sein, dass den Behörden nicht alle Fälle bzw. Täter bekannt sind oder diese ausfindig gemacht werden können. Die Behörde kann das Recht nur in den ihr bekannten Sachverhalten gleichmäßig anwenden, hinsichtlich der unbekannten Fälle kann sie kein Recht anwenden. Ein Straftäter könne nach dem Bundesverfassungsgericht nicht *„seine Straflosigkeit mit dem Hinweis darauf fordern […], dass andere Gesetzesbrecher nicht verfolgt worden sind“*;[844] es bezieht sich hierbei auf unbekannte Fälle und Dunkelziffern. In der Literatur ist die Unmöglichkeit einzuschreiten als *„ultra posse nemo obligatur“* beschrieben worden: *„[Die] Sachverhaltsunkenntnis rechtfertigt damit grundsätzlich die Nichtanwendung des Rechts in den Vergleichsfällen.“*[845] Diese ungleiche Rechtsanwendung verstößt mangels Kenntnis nicht gegen § 152 Abs. 2 StPO. Art. 3 Abs. 3 Satz 1 GG begründet in diesen Fällen

---

839 *Kirchhof*, FS Merten, Gleichheit, S. 109, 110, 115.

840 *Kirchhof*, FS Merten, Gleichheit, S. 109, 116.

841 So zu Art. 3 Abs. 1 GG: Friauf/Höfling/*Huster*, Art. 3 Rn. 130.

842 *Reimer*, RW 2017, 1, 8.

843 BVerfG, Beschl. v. 23.07.1982 – 2 BvR 8/82, NStZ 1982, 430.

844 BVerfG, Beschl. v. 17.01.1979 – 1 BvL 25/77, NJW 1979, 1445, 1448; ähnlich auch HansOLG Hamburg, Beschl. v. 07.07.1988 – 1 Ss 104/88 OWi, NStZ 1988, 467: *„Es besteht kein Grund für die Zulassung der Rechtsbeschwerde, wenn der Betroffene nur geltend macht, die im Hinblick auf Straftaten von Bewohnern der Hafenstraße in Hamburg vorkommenden Verletzungen des Legalitätsprinzips führten in seinem Fall zu einem Verfolgungshindernis.“*

845 *Kölbel*, Gleichheit im Unrecht, S. 79 Rn. 125.

zugleich keinen Anspruch auf Nichtverfolgung durch den Staat, denn das Nichteinschreiten ist nicht willkürlich. Unkenntnis rechtfertigt das Nichteinschreiten dagegen dann nicht, wenn ein Ermittlungsdefizit besteht, die Behörde also nicht alle möglichen Ermittlungsmaßnahmen unternommen hat.[846] Von mangelndem Ermittlungseinsatz oder Willkür ist bei der FDNAP grundsätzlich nicht auszugehen.

Es ist wegen Art. 3 Abs. 3 Satz 1 GG nicht erlaubt, bestimmte Personengruppen willkürlich zu verfolgen: Der Staat darf aus diesem Grund nicht nur eine bestimmte Gruppe herausgreifen, obwohl das Verhalten der Gruppe in Bezug auf den Unrechtsgehalt nicht schwerer wiegt als das anderer Personengruppen.[847] Jedoch kann Art. 3 Abs. 3 Satz 1 GG eine Anwendung von Folgemaßnahmen bei Tatverdächtigen mit seltenen Merkmalen, die sich auf der Grundlage der FDNAP ergeben haben, richtigerweise nicht verbieten, bloß weil eine Verfolgung von Tatverdächtigen mit häufigen Merkmalen nicht erfolgversprechend ist. Es gilt hier *„keine Gleichheit im Unrecht“*, sodass Personen, auch Angehörige von Minderheiten, anhand ihrer (ggf. seltenen) Merkmale identifiziert und Strafverfolgungsmaßnahmen unterworfen werden dürfen. Folgemaßnahmen, die an die durch die FDNAP ermittelten Merkmale anknüpfen, stellen somit keine mittelbare Diskriminierung dar. Auch Urteile, bei denen die Ermittlung des Tatverdächtigen maßgeblich auf der FDNAP beruht, führen zu keiner mittelbaren Diskriminierung.

V. Zusammenfassung und Ergebnis

Die Strafverfolgungsbehörden sind bei der Suche nach unbekannten Tatverdächtigen ganz besonders auf äußerliche Merkmale angewiesen. Es ist mit der Ermittlung und Nutzung äußerlicher Merkmale für Folgemaßnahmen aufgrund der FDNAP weder eine unmittelbare noch eine mittelbare Diskriminierung verbunden. Dies gilt auch für eine Verurteilung infolge der FDNAP.

H. Selbstbelastungsfreiheit

Die Selbstbelastungsfreiheit stellt ein grundlegendes Prinzip im deutschen Strafprozessrecht dar. Es ist nicht ausdrücklich in der StPO geregelt, zeigt sich jedoch indirekt u.a. in solchen Vorschriften, die dem Beschuldigten ein Recht zu schweigen einräumen wie z.B. §§ 136 Abs. 1 Satz 2, 136a Abs. 1, 2, 243 Abs. 5 Satz 1

846 *Kölbel*, Gleichheit im Unrecht, S. 86 Rn. 143.

847 BVerfG, Beschl. v. 17.01.1979 – 1 BvL 25/77, NJW 1979, 1445, 1447.

StPO. Über die Herleitung des Nemo-tenetur-Grundsatzes ist man sich nicht einig: Einige stellen auf das Rechtsstaatsprinzip in Art. 20 Abs. 3 GG ab,[848] andere leiten es aus Art. 2 Abs. 1 GG in Verbindung mit Art. 1 Abs. 1 GG ab.[849] Das Bundesverfassungsgericht sieht die Selbstbelastungsfreiheit als *„selbstverständlichen Ausdruck einer rechtsstaatlichen Grundhaltung, die auf dem Leitgedanken der Achtung vor der Menschenwürde beruht"* und positioniert sich dadurch auf der Seite der Grundrechte als Rechtsgrundlage.

> *„Der einzelne solle vom Staat grundsätzlich nicht in eine Konfliktlage gebracht werden, in der er sich selbst strafbarer Handlungen oder ähnlicher Verfehlungen bezichtigen muss oder in Versuchung gerät, durch Falschaussagen ein neues Delikt zu begehen, oder wegen seines Schweigens in Gefahr kommt, Zwangsmitteln unterworfen zu werden."*[850]

Der Beschuldigte darf nicht als Objekt der Wahrheitsfindung betrachtet werden, sondern als Subjekt mit vielen differenziert ausgestalteten Verfahrensrechten.[851] Die Selbstbelastungsfreiheit umfasst das Verbot des Selbstbezichtigungszwangs, allerdings auch die Entscheidung des Beschuldigten darüber, ob er sich aktiv an der Aufklärung der Straftat beteiligen möchte.[852] Sie ermöglicht dem Beschuldigten, sich im Strafverfahren passiv zu verhalten und entlastet ihn von der aktiven Mitwirkung an seiner Verurteilung. Obschon die passiven Maßnahmen der Ermittlungsbehörden zur Überführung beitragen können, hat der Beschuldigten sie über sich zu ergehen lassen. Dies zeigt sich auch in der StPO, konkret z.B. an den §§ 81 ff. StPO.[853] Die Ermittlungsbehörden dürfen den Betroffenen nicht durch Täuschung zu Aussagen zwingen und somit in seine Entscheidungsfreiheit hinsichtlich der Aufklärung eingreifen. Gleichwohl schützt der Grundsatz der Selbstbelastungsfreiheit nicht vor unbewusster Selbstbelastung, indem man z.B. Spuren am Tatort hinterlässt.[854] Vielmehr ist es ein allgemeines Lebensrisiko, dass man Spuren hinterlässt, die auch für ein Ermittlungsverfahren von Bedeutung sein können.[855] Andernfalls müsste man die Ermittlungsarbeit allgemein infrage stellen, denn dann dürfte man auch nicht den am Tatort verlorenen Ausweis des Tatverdächtigen für die Strafverfolgung nutzen. Zwar stammt die

848 Kindhäuser/Neumann/Paeffgen/*Kretschmer*, StGB, § 142 Rn. 19.

849 SK-StPO/*Rogall*, Vor § 133 Rn. 132.

850 BVerfG, Beschl. v. 26.02.1997 – 1 BvR 2172/96, NJW 1997, 1841, 1843.

851 *Beulke*, Strafprozessrecht, Rn. 110; BVerfG, Beschl. v. 25.09.2001 – 2 BvR 1152/01, StV 2001, 601, 602.

852 BGH, Beschl. v. 13.05.1996 – GSSt 1/96, NJW 1996, 2940, 2942.

853 SK-StPO/*Rogall*, Vor § 133 Rn. 141.

854 MüKo StPO/*Trück*, § 81e Rn. 11.

855 BGH, Urt. v. 24.02.1994 – 4 StR 317/93, NJW 1994, 1807, 1808 (Stimmvergleich).

DNA vom Beschuldigten selbst, doch betrifft die Selbstbelastungsfreiheit nur die Entscheidung über die aktive Beteiligung der Aufklärung. Der Betroffene ist bei der FDNAP nicht zur aktiven Mitwirkung verpflichtet. Vielmehr liest man aus der DNA bloß Informationen heraus – wie die Adresse aus dem am Tatort gefundenen Ausweis. Der Schutzbereich der Selbstbelastungsfreiheit ist somit nicht eröffnet.

I. Zusammenfassung

Die Ermittlung des Geschlechts, der Haar-, Augen- und Hautfarbe, Alter, Größe, BMI sowie der Gesichtsmorphologie verstößt nicht gegen die Menschenwürde oder das Recht auf informationelle Selbstbestimmung. Das Recht auf informationelle Selbstbestimmung gibt bzgl. der Anwendung und Nutzung der FDNAP gewisse Vorgaben (dazu Kapitel 4. D. III. 1.).

Die Ermittlung der biogeografischen Herkunft ist nicht mit dem Recht auf informationelle Selbstbestimmung vereinbar (Kapitel 4. D. III. 2. g)).

Die FDNAP führt nicht zu einer unzulässigen mittelbaren oder unmittelbaren Diskriminierung im Sinne von Art. 3 GG (Kapitel 4. G.).

Kapitel 5. Gesetzesvorschläge

Nachdem die unions- und verfassungsrechtlichen Vorgaben im vorigen Kapitel geprüft wurden, soll es nun zunächst insbesondere um den Gesetzesentwurf der Länder Baden-Württemberg und Bayern zur FDNAP gehen. Dieser wird im Folgenden näher dargestellt und anhand der herausgearbeiteten verfassungsrechtlichen Kriterien bewertet. Mithilfe der Kriterien und des Wissens über die praktische Nutzbarkeit von FDNAP soll schließlich ein eigener Gesetzesentwurf entwickelt werden.

A. Gesetzesentwurf des Bundesgesetzgebers

Der Bundesgesetzgeber hat zuletzt durch das Gesetz zur effektiveren und praxistauglicheren Ausgestaltung eines Strafverfahrens einige Änderungen in der StPO vorgenommen.[856] Dabei wird nun erstmals der Umgang mit Beinahetreffern gesetzlich geregelt. In dem Gesetzgebungsverfahren hatte der Bundesrat in einer Stellungnahme u.a. darum gebeten, im weiteren Gesetzgebungsverfahren zu prüfen, ob § 81e Abs. 2 StPO um die Zulässigkeit der Feststellung äußerlich erkennbarer Merkmale erweitert werden sollte.[857] Einen konkreten Gesetzesentwurf enthielt die Stellungnahme des Bundesrates nicht. Es geht aus der Stellungnahme nicht hervor, ob der fehlende Treffer in der DNA-Analyse-Datei des Bundeskriminalamts nach dem Bundesrat Voraussetzung für die Anwendung der FDNAP sein soll, also die FDNAP subsidiär sein soll. Die Stellungnahme des Bundesrates hatte keinen Erfolg; § 81e Abs. 2 StPO ist insofern unverändert geblieben und ist nur in anderer Hinsicht, nämlich der Formulierung der klassischen DNA-Analyse, verändert worden.

B. Gesetzesentwurf der Länder Baden-Württemberg und Bayern

Anfang 2017 brachte zunächst das Land Baden-Württemberg einen Gesetzesentwurf in den Bundesrat ein,[858] der später durch einen gemeinsamen Antrag

856 BR-Drs. 796/16 (30.12.16) Gesetzesentwurf der Bundesregierung; dazu Kapitel 2. B. I. 6.

857 BR-Drs. 796/16 (10.02.17) Stellungnahme des Bundesrates, S. 1.

858 BR-Drs. 117/17 (03.02.17).

der Länder Baden-Württemberg und Bayern um die biogeografische Herkunft ergänzt wurde.[859] Dieser soll im Folgenden näher besprochen werden.

I. Kompetenz des Bundesgesetzgebers

Die Kompetenz des Bundesgesetzgebers ergibt sich aus Art. 74 Abs. 1 Nr. 1 GG (in Verbindung mit Art. 72 Abs. 1 GG), wonach der Bundesgesetzgeber nicht nur für das Strafrecht, sondern auch das gerichtliche Verfahren die konkurrierende Gesetzgebungskompetenz besitzt. Zum gerichtlichen Verfahren gehören insbesondere auch die vorgelagerte Aufklärung und Ermittlung der Straftat.[860] Durch die Schaffung der StPO hat der Bundesgesetzgeber von seiner Gesetzgebungszuständigkeit Gebrauch gemacht.

II. § 81e-E StPO

Der neue § 81e StPO soll lauten:[861]

(1) [1]An dem durch Maßnahmen nach § 81a Abs. 1 erlangten Material dürfen auch molekulargenetische Untersuchungen durchgeführt werden, soweit sie zur Feststellung der Abstammung oder der Tatsache, ob aufgefundenes Spurenmaterial von dem Beschuldigten oder dem Verletzten stammt, erforderlich sind; ~~hierbei darf auch das Geschlecht der Person bestimmt werden.~~[862] [2]Untersuchungen nach Satz 1 sind auch zulässig für entsprechende Feststellungen an dem durch Maßnahmen nach § 81c erlangten Material. [3]Feststellungen über andere als die in Satz 1 bezeichneten Tatsachen dürfen nicht erfolgen; hierauf gerichtete Untersuchungen sind unzulässig.

(2) [1]Nach Absatz 1 zulässige Untersuchungen dürfen auch an aufgefundenem, sichergestelltem oder beschlagnahmtem Spurenmaterial durchgeführt werden. [2]Ist unbekannt, von welcher Person das Spurenmaterial stammt, dürfen auch Feststellungen über das Geschlecht, die Augen-, Haar- und Hautfarbe sowie das biologische Alter der Person getroffen werden. [3]Feststellungen über andere als die in Satz 2 bezeichneten Tatsachen dürfen nicht erfolgen; hierauf gerichtete Untersuchungen sind unzulässig. [4]§ 81a Abs. 3 erster Halbsatz gilt entsprechend.

---

859 BR-Drs. 117/1/17 (28.03.17), S. 1.

860 BVerfG, Urt. v. 15.12.1970 – 2 BvF 1/69, 2 BvR 629/68, 308/69, NJW 1971, 275, 279 f.; BVerfG, Beschl. v. 14.12.2000 – 2 BvR 1741/99, NJW 2001, 879 f.

861 Anm.: Der Entwurf entstand kurz vor der letzten und jetzt geltenden Änderung des § 81e StPO, sodass der Wortlaut weitgehend mit dem alten § 81e StPO übereinstimmt.

862 Dieser Halbsatz sollte nach dem Gesetzesentwurf gestrichen werden.

Mit dem Beitritt Bayerns zum Gesetzeswurf wurde das Merkmal der biogeografischen Herkunft in der Aufzählung von § 81e Abs. 2 Satz 2 StPO-E hinzugefügt.[863] Außerdem war darin eine Präzisierung der Speicherung der Ergebnisse der FDNAP gemäß § 81g Abs. 5 Satz 2 Nr. 2 StPO-E vorgesehen – dieser sollte lauten:

> (5) Die erhobenen Daten dürfen beim Bundeskriminalamt gespeichert und nach Maßgabe des BKA-Gesetzes verwendet werden. ²Das Gleiche gilt
> Nr. 1 [...],
> Nr. 2 für die nach § 81e Abs. 2 *zur Feststellung des DNA-Identifizierungsmusters sowie des Geschlechts* erhobenen Daten. (Hervorhebung durch Verf.)

III. Ziel und Begründung des Entwurfs

Der Entwurf bewertet schwerwiegende Straftaten wie Entführungs- und Mordfälle oder Sexualstraftaten als großes Problem, da diese in erheblichem Maße das Sicherheitsgefühl der Bevölkerung berührten. Die Aufklärung solcher Taten erfordere viel und mehrjährige Ermittlungsarbeit der Polizei, so müsse die Polizei in manchen Fällen bis zu 10.000 Spuren nachgehen. Angesichts dessen sei dringender gesetzgeberischer Handlungsbedarf gegeben. Während die Forschung und Wissenschaft immer weiter Fortschritte im Bereich der DNA-Analyse machen würden, habe sich die StPO in diesem Bereich seit 2004 nicht geändert.[864] Zwar sei die Einführung der neuartigen DNA-Analyse mit Investitionskosten verbunden, allerdings gingen Erleichterungen bei der Ermittlungsarbeit und damit eine Vermeidung von anderen sonst notwendigen Ermittlungsarbeiten mit entsprechenden Kosten einher.[865]

Seit einigen Jahren könnten DNA-Analysen mit hohen Wahrscheinlichkeiten auch Aussagen zu Augen- und Haarfarbe, zur Hautfarbe und zum biologischen Alter einer Person treffen. Die Ermittlungen bei schweren Sexual- und Gewaltstraftaten gestalteten sich zeitaufwendig und personalintensiv, gerade bei diesen Taten falle aber DNA an. Diese Tatsachen könnte man im Rahmen einer neuen DNA-Analyse nutzen: Wenn die Ermittler schon früh Informationen dadurch gewinnen könnten, könnten sie ihre Ermittlungen zielführender gestalten. Somit würden auch Unbeteiligte von weiteren Maßnahmen wie z.B. einer

---

863 BR-Drs. 117/1/17.
864 BR-Drs. 117/17 (03.02.17), S. 1.
865 BR-Drs. 117/17 (03.02.17), S. 2.

DNA-Reihenuntersuchung verschont bleiben können, wenn sie nicht die ermittelten Merkmale aufwiesen.[866]

Die erweiterte DNA-Analyse sei auch verfassungsrechtlich nicht zu beanstanden: „*Die vorgesehene Erweiterung der Untersuchung von DNA-fähigem Material auf Augenfarbe, Haarfarbe, Hautfarbe sowie das biologisches Alter berührt wie schon die Untersuchung im Hinblick auf das Geschlecht nicht den absolut geschützten Kernbereich der Persönlichkeit, da sie regelmäßig von außen ohne weiteres – insbesondere auch ohne genetische Untersuchung – erkennbare Merkmale einer Person betreffen.*“[867] Zwar betreffe die erweiterte DNA-Analyse aufgrund der Offenlegung von persönlichen Merkmalen das Recht auf informationelle Selbstbestimmung. Der Eingriff sei jedoch gerechtfertigt, da in dieses Recht durch oder aufgrund eines Gesetzes eingegriffen werden könne. Es würden die Strafverfolgungsinteressen der Allgemeinheit des Einzelnen überwiegen. Der Eingriff sei daher nicht unverhältnismäßig.[868]

Die Wahrscheinlichkeiten beziffert der Entwurf wie folgt:

- Augenfarbe blau oder braun: 90–95 %,
- Haarfarben rot, blond, braun oder schwarz: 75–90 %,
- Hautfarbe: helle und dunkle Hauttypen: 98 %.

Die Vorhersagegenauigkeit des biologischen Alters beziffert der Entwurf auf +/- 3 bis 5 Jahre, wobei die Abweichung in Einzelfällen auch 10 Jahre betragen könnte. Hierbei sei schon einkalkuliert worden, dass insbesondere ab dem mittleren Alter das Erscheinungsbild und biologische Alter auseinanderfallen könnten. Damit seien zwar gewisse Ungenauigkeiten verbunden, indes gebe es diese auch und insbesondere bei Beschreibungen oder Einschätzungen von Augenzeugen.[869]

Auf die Frage eines Richtervorbehalts geht der Entwurf nicht ein. Aus der Formulierung des Entwurfs hinsichtlich § 81e StPO und der Beibehaltung des § 81f StPO ergibt sich, dass ein Richtervorbehalt für die FDNAP nicht vorgesehen ist, da § 81f StPO unverändert bleiben soll und der in Abs. 1 geregelte Richtervorbehalt sich nur auf die DNA-Analyse nach § 81e Abs. 1 StPO bezieht.

Neue Regelungen zur Vernichtung sind im Entwurf ebenfalls nicht vorgesehen. Es bliebe daher bei den geltenden Regelungen.[870]

---

866 BR-Drs. 117/17 (03.02.17), S. 2.
867 BR-Drs. 117/17 (03.02.17), S. 2.
868 BR-Drs. 117/17 (03.02.17), S. 3.
869 BR-Drs. 117/17 (03.02.17), S. 5.
870 Siehe dazu oben unter Kapitel 2. B. II. 1. i).

IV. Begründung zur biogeografischen Herkunft

Der ergänzende Antrag, der gemeinsam von Bayern und Baden-Württemberg gestellt wurde, geht in der Begründung speziell auf die biogeografische Herkunft ein. Die kontinentale Herkunft einer Person ließe sich mit einer Wahrscheinlichkeit von 99,9 % festlegen, zusätzlich könne man bestimmte regionalspezifische Aussagen treffen.[871] Die Untersuchung der biogeografischen Herkunft berühre den Kernbereich der Persönlichkeit nicht.[872] In der weiteren Begründung (nur gegenüber dem Plenum) wird ausgeführt, dass die Ergänzung der biogeografischen Herkunft erforderlich sei, um die Strafprozessordnung dem Stand der Wissenschaft und Technik anzupassen sowie den Ermittlern eine zielgerichtete und effektive Ermittlung zu ermöglichen. Man könnte dadurch Unbeteiligte von Folgemaßnahmen, wie z.B. Reihengentests, verschonen. Die Ermittlung der biogeografischen Herkunft sei auch kein Racial Profiling. Racial Profiling liege nur vor, wenn man eine Person z.B. anhand von der ethnischen Zugehörigkeit, Religion oder nationaler Herkunft ohne konkrete Verdachtsmomente trotzdem als verdächtig einstufe. Hingegen sei Ziel der Feststellung der biogeografischen Herkunft, den Kreis möglicher Tatverdächtiger zu verkleinern, sodass die Ermittler zielgerichteter vorgehen können.[873]

Zur Präzisierung des § 81g Abs. 5 Satz 2 Nr. 2 StPO-E führt der Entwurf in seiner Begründung aus, dass mit dieser Präzisierung die bisherige Rechtslage (mit der Speicherung allein des DNA-Identifizierungsmuster) erhalten bleiben solle. Ohne die Präzisierung würde bei einer Gesetzesänderung des § 81e StPO in § 81g Abs. 5 Satz 2 Nr. 2 StPO auf den gesamten § 81e Abs. 2 StPO-E verwiesen werden, sodass künftig auch Augen-, Haar- und Hautfarbe, biologisches Alter sowie biogeografische Herkunft in der DNA-Analyse-Datei gespeichert werden würden, ohne dass dafür ein Bedarf besteht.[874] Man wolle damit Ängsten vor einer umfassenden Speicherung entgegenwirken.[875]

---

871 BR-Drs. 117/1/17 (28.03.17), S. 4 f.
872 BR-Drs. 117/1/17 (28.03.17), S. 3.
873 BR-Drs. 117/1/17 (28.03.17), S. 5.
874 BR-Drs. 117/1/17 (28.03.17), S. 5.
875 BR-Drs. 117/1/17 (28.03.17), S. 6.

V. Beweisverwertungsverbot

Der Entwurf geht von einem Beweisverwertungsverbot beruhend auf § 81e StPO-E aus, sollten in der Praxis Überschussinformationen gewonnen werden:[876] Der § 81e Abs. 1 Satz 3 und Abs. 2 Satz 3 StPO-E verböten eine Ausforschung schutzbedürftiger genetischer Anlagen und genetisch bedingter schutzbedürftiger Persönlichkeitsmerkmale. Dieses Verbot erfasse auch *„im Einklang mit der Gesetzesbegründung bei der Einführung des § 81e StPO (BT-Drs. 13/667, S. 7) und der wohl überwiegenden Kommentarliteratur (Löwe-Rosenberg/Krause, StPO, 26. Aufl. 2008, § 81e Rn. 32; Meyer-Goßner/Schmitt, StPO, 59. Aufl. 2016, § 81e Rn. 4) – auch das Verbot der Verwertung sogenannter Überschussinformationen, also Informationen über schutzbedürftige Persönlichkeitsmerkmale, die im Rahmen einer Untersuchung gegebenenfalls unvermeidbar anfallen.“*[877]

VI. Beiträge in der Sitzung

In der Sitzung des Bundesrats kamen der baden-württembergische Justizminister *Wolf* sowie der bayerische Staatsminister *Bausback* zu Wort. Nach *Wolf* sei der Gesetzesantrag zweifellos verfassungsgemäß. Die unmittelbar äußerlich wahrnehmbaren Merkmale würden z.B. in Form von Zeugenaussagen oder Videoüberwachungsaufnahmen häufig und selbstverständlich für Ermittlungen genutzt. Es sei kein Grund erkennbar, warum man diese Merkmale nicht anhand der DNA ermitteln solle, zumal diese in Zweifelsfällen eindeutig zuverlässigere Aussagen liefere als Zeugenaussagen. Die Bürger würden kein Verständnis dafür haben können, wenn man eine solch bedeutende Ermittlungsmaßnahme unberücksichtigt lasse.[878] *Bausback* widerspricht denjenigen, die meinten, dass die erweiterte DNA-Analyse im Zusammenhang mit dem Racial Profiling stehe. Ebenso wie bei Augen-, Haar- und Hautfarbe sei bei der Ermittlung der biogeografischen Herkunft das Ziel, – gänzlich objektiv – ein weiteres äußeres Merkmal zu ermitteln, das den Meldebehörden sowieso schon bekannt sei.[879]

---

876 BR-Drs. 117/17 (03.02.17), S. 2; so auch *Zöller,* https://causa.tagesspiegel.de/ethik/vom-erbgut-zum-phantombild-ein-noetiger-tabubruch/die-ausweitung-ist-ein-begrenzter-erfolgnbsp.html, abgerufen am 19. Oktober 2017.

877 BR-Drs. 117/17 (03.02.17), S. 2.

878 Der baden-württembergische Minister *Wolf* im Bundesrat, 953. Sitzung, 10. Februar 2017, S. 21.

879 Der bayerische Staatsminister *Bausback* im Bundesrat, 953. Sitzung, 10. Februar 2017, S. 21.

VII. Anforderungen der RL (EU) 2016/680

Der Gesetzesentwurf kann die Anforderungen der RL (EU) 2016/680 (dazu Kapitel 3. A. IV.) nur zum Teil erfüllen. Der Entwurf erfüllt das Kriterium der Regelung in einem förmlichen Gesetz (Art. 10 (EU) 2016/680). Darin legt es – ebenfalls erforderlich – den Zweck und Ziel der Datenverarbeitung fest und bestimmt zugleich, welche Daten erhoben und verarbeitet werden sollen (Art. 8 Abs. 2 (EU) 2016/680). Der Entwurf sieht allerdings keinerlei Beschränkungen der FDNAP vor – sei es eine Beschränkung auf bestimmte Delikte, sei es eine Subsidiarität. Eine solche Beschränkung würde man jedoch mit Hinblick auf Art. 10 RL (EU) 2016/680, der die Datenverarbeitung von genetischen Daten nur erlaubt, wenn sie *„unbedingt erforderlich"* ist, erwarten.

VIII. Anforderungen des Bundesverfassungsgerichts

Die Anforderungen des Bundesverfassungsgerichts (siehe dazu Kapitel 4. D. III. 1.) erfüllt der Gesetzesentwurf teilweise: Es handelt sich um ein förmliches Gesetz, welches als bestimmt und klar gelten kann. Die spezifische Funktion, Umgrenzung des Anlasses und des möglichen Verwendungszwecks sind darin ausreichend festgelegt, so darf die DNA-Analyse nur zu Strafverfolgungszwecken eingesetzt werden. Die im Gesetz genannten Daten, also die Merkmale, sind für den Zweck, der Ermittlung des Tatverdächtigen, geeignet (siehe dazu ab Kapitel 4. D. III. 2. ca)). Dies gilt indes nicht für die biogeografische Herkunft (dazu Kapitel 4. D. III. 2. g)). Die Ermittlung der biogeografischen Herkunft ist verfassungswidrig. Es ist fraglich, ob der Entwurf in Hinblick auf die übrigen Merkmale und deren Erforderlichkeit verfassungsgemäß ist, da der Entwurf keine Einschränkung im Gesetz vorsieht, z.B. eine Beschränkung auf bestimmte Delikte oder eine Subsidiarität. Dabei hat sich gezeigt, dass ein zunächst eingesetzter Abgleich mit der DNA-Analyse-Datei milder und gleich wirksam gegenüber der FDNAP wäre (dazu Kapitel 4. D. III. 2. cb)).

IX. Kritik in der Literatur

Der Gesetzesentwurf traf auf geteilte Meinungen: Einige begrüßen den Gesetzesentwurf.[880] In Anbetracht des Verhältnismäßigkeitsgrundsatzes sei es positiv hervorzuheben, dass der Entwurf von Baden-Württemberg und Bayern die FDNAP auf Material unbekannter Herkunft beschränkt sei. Untersuchungsmaterial, das am Beschuldigten oder Zeugen genommen wurde, dürfe *nicht* auf

880 *Beck*, KriPoZ 2017, 160, 165; *Zöller/Thörnich*, ZIS 2017, 331, 339 f.

äußerliche Merkmale untersucht werden. In diesem Zusammenhang sei auch die Einschränkung des § 81g Abs. 5 Satz 2 Nr. 2 StPO folgerichtig. Es bestehe kein Bedarf für die Speicherung äußerlich erkennbarer Merkmale in der DNA-Analyse-Datei.[881]

Von anderer Seite kommt teilweise erhebliche Kritik: So werde zum einen die Genauigkeit überschätzt: Die Wahrscheinlichkeit sinke bei der Kumulierung der Wahrscheinlichkeiten von zwei Merkmalen leicht auf unter 80 % ab, sodass 20 % der Personen bei der Ermittlung unter den Tisch fielen.[882] Bemängelt werden auch die Wahrscheinlichkeiten, auf denen der Gesetzesentwurf fußt: Die im Entwurf erwähnten 98 % seien nicht wissenschaftlich validiert.[883] Hiermit ist vermutlich gemeint, dass der Entwurf nur die AUC-Werte angibt, aber keine positiven prädiktiven Werte angeben kann, weil es bisher keine gibt. Die fehlende wissenschaftlich festgestellte Zuverlässigkeit der FDNAP bemängeln auch andere – es mangele an umfassenden Studien zur FDNAP.[884] Deswegen wird die Geeignetheit der FDNAP bezweifelt.[885]

Kritik erfahren hat zum anderen die Ungenauigkeit der Altersbestimmung: Ergebe die Ermittlung ein Alter von 30 Jahren, könne der Tatverdächtige zwischen 20 und 40 Jahren sein. Dieser Zeitraum sei sehr weit. Der Gesetzesentwurf nenne zudem kein Beispiel für einen Erfolgsfall. Die Debatte um die erweiterte DNA-Analyse sei zudem falsch – eigentlich müsse die Debatte sich um die Frage drehen, ob man nicht die DNA-Profile aller Bundesbürger speichern wolle. Im Zusammenhang mit besonders schweren Straftaten sei dies nicht abwegig, zumal man sich dann Massengentests und Rasterfahndungen, die im Übrigen Unbeteiligte miteinbeziehen würden, ersparen könnte.[886] Ob

---

881 *Zöller/Thörnich*, ZIS 2017, 331, 340; gegen eine Speicherung auch *P.M. Schneider*, Stellungnahme der Spurenkommission, S. 4.

882 *Mansdörfer*, LTO vom 3. März 2017.

883 *Staubach* in https://detektor.fm/politik/dna-auslese-tatort?utm_source=feedburner&utm_medium=feed&utm_campaign=Feed%3A+detektorfm_politik_podcasts+%28Politik+Podcasts+%C2%B7+detektor.fm+%7C+Internetradio+mit+Journalismus+und+alternativer+Popmusik%29&utm_content=FeedBurner, abgerufen am 27. März 2017.

884 *Pfaffelhuber*, Freispruch 11/2017, S. 18, 19; *Buchanan/Staubach/Wienroth et al.*, FSI Genetics 2018, Vol. 34, e13; *A.Lipphardt/V.Lipphardt/Pfaffelhuber*, https://www.focus.de/wissen/experten/analyse-von-dna-proben-die-versprechen-des-bayerischen-polizeigesetz-sind-wissenschaftlich-nicht-haltbar_id_8924601.html, abgerufen am 3. Juli 2018.

885 Siehe dazu oben Kapitel 2. A. VII. 8. k).

886 *Mansdörfer*, LTO vom 3. März 2017.

dies verfassungsgemäß ist äußerst zweifelhaft, da in diesem Zusammenhang die DNA-Profile *aller* Bürger gespeichert werden, auch wenn diese *keinerlei* Verbindung zu der Straftat aufweisen und auch noch nie straffällig geworden sind.[887]

Teilweise wird ergänzend die Einbindung multidisziplinärer Experten in jede Entscheidung vorgeschlagen.[888] Wie diese Einbindung ausgestaltet sein soll, bleibt offen: Soll dieses Gremium anstatt eines Richtervorbehalts entscheiden? Oder soll das Gremium den Ermittlern nur beratend hinsichtlich der Interpretation der Ergebnisse und der weiteren Ermittlung beistehen? Andere kritisieren, dass der Entwurf nicht offen für weitere Merkmale sei, die in Zukunft möglicherweise ermittelbar sind.[889] Gewünscht ist also eine dynamische Regelung ähnlich wie in den Niederlanden, wo einzelne Merkmale durch Verordnung hinzugefügt werden können und das Gesetz nur festlegt, dass es äußere Merkmale sein müssen.[890] *Weichert* kritisiert, dass der Gesetzesentwurf sich nicht auf schwere Straftaten beschränke. Zusätzlich sehe er keine verfahrensrechtlichen Vorkehrungen vor. Die (hohen) Wahrscheinlichkeiten betrachtet er als falsch bzw. tendenziös. Er kritisiert schließlich auch, dass keine sonstigen Abwägungsparameter im Gesetz vorgesehen seien.[891]

Zum Teil wird auch dafür plädiert, die FDNAP auf solche Fälle zu beschränken, in denen alle anderen Ermittlungsansätze ausgeschöpft sind, die FDNAP solle also subsidiär sein.[892] Ähnlich formulieren es auch andere: So sei in Hinblick auf die Erforderlichkeit die FDNAP nur als verfassungskonform anzusehen, wenn der Abgleich von zwei DNA-Identifizierungsmustern (eines vom Verdächtigen, eines vom Tatort) keinen Erfolg gebracht hätte und/oder ein Abgleich mit der DNA-Analyse-Datei keinen Treffer erzielt habe.[893]

Anders als der bayerische Antrag es vorsehe, sei ein Richtervorbehalt allerdings sinnvoll. Denn es bestehe eine sensible Balance zwischen Grundrechten

887 *Mansdörfer,* LTO vom 3. März 2017; so auch *Momsen,* Freispruch 11/2017, S. 20, 21.

888 *V. Lipphardt,* https://www.aerzteblatt.de/treffer?mode=s&wo=17&typ=1&nid=73698 &s=lipp-hardt#, abgerufen am 20. April 2017; für multidisziplinäre Gremien auch *Momsen,* Freispruch 11/2017, S. 20, 21.

889 Editorial, Nature 2017, Vol. 543, S. 589 f.

890 Dazu Kapitel 2. C. I.

891 https://videoportal.uni-freiburg.de/video/Genetische-Forensik-und-der-Datenschutz/11d7698940a3c62c7b1d8239fefd924b, Minute 23:41, abgerufen am 28. Juni 2017; für Beschränkung auf bestimmte schwere Straftaten auch *Momsen,* Freispruch 11/2017, S. 20, 21.

892 *Momsen,* Freispruch 11/2017, S. 20, 21.

893 *Zöller/Thörnich,* ZIS 2017, 331, 340.

und öffentlichen Interessen, die bei Erweiterungen von Befugnissen drohe aus dem Gleichgewicht zu geraten. Rechtsstaatliche Maßnahmen seien zum Ausgleich erforderlich. Auch sollte im Gesetz ausgeschlossen werden, dass die FDNAP für Bagatelldelikte eingesetzt wird.[894]

Manche sehen schließlich Ergänzungsbedarf: So werden Schulungen von Juristen und Ermittlungsbeamten vorgeschlagen: Diese müssten wissen und möglichst erkennen können, dass DNA-Spuren manipuliert oder verfälscht sein könnten. Der Umgang mit den Wahrscheinlichkeiten intern, aber auch gegenüber der Öffentlichkeit müsse geübt sein, der Öffentlichkeit müsse auch vermittelt werden, dass DNA-Tests keine absolute Sicherheit vermittelten.[895] Andere haben noch die explizite Kodifikation eines Beweisverwertungsverbotes vorgeschlagen: Ein gesetzlich kodifiziertes Beweisverwertungsverbot bei der FDNAP habe den Vorteil, dass die Verwertung nicht von der Bewertung des Einzelfalls abhängen würde. Damit dürften Versuche, weitere Ermittlungsansätze durch die Ermittlung von Krankheiten oder Persönlichkeitsmerkmalen zu gewinnen, verhindert werden.[896]

X. Kritik

Die FDNAP ist, wie im vorhergehenden Teil der Arbeit ausführlich dargestellt wurde, mit einigen Herausforderungen verbunden, die im Entwurf nicht oder nur knapp berücksichtigt werden. So vermisst man im Gesetzesentwurf eine kritische Auseinandersetzung mit den Wahrscheinlichkeiten: Wie bereits oben geschildert wurde, bestehen mangels verlässlicher Studien erhebliche Zweifel an der Geeignetheit der Ermittlung der im Entwurf genannten Merkmale, davon ausgenommen das Geschlecht.[897] Der Entwurf geht nicht darauf ein, dass es sich bei den darin genannten Werten nicht um positive prädiktive Werte, sondern AUC-Werte[898] handelt. Die Wahrscheinlichkeiten haben entscheidende Bedeutung in der Nutzung der Ergebnisse und somit für die Ermittlung. Der

---

894 *Zöller/Thörnich*, ZIS 2017, 331, 339 f.

895 *Beck*, KriPoZ 2017, 160, 165; *Momsen*, Freispruch 11/2017, S. 20, 21; *Kayser/P.M. Schneider*, FSI Genetics 2012, Vol. 6, Ausgabe 1, e18, e19; für ein Training ebenfalls *Duster/Toom/Heinemann et al.*, FSI Genetics 2012, Vol. 22, e1, e2; für Training und Anweisungen: *Zieger/Utz*, FSI Genetics 2015, Vol. 17, 163, 171.

896 *Beck*, KriPoZ 2017, 160, 166.

897 Dazu Kapitel 2. A. VII. 7. und Kapitel 2. A. VII. 8.

898 Zu der Unterscheidung von AUC-Werten und positiv prädiktiven Werten siehe Kapitel 2. A. VII. 7.

Gesetzgeber unterstellt die Geeignetheit der FDNAP ohne sichere Grundlage, was sehr bedenklich ist.

Unabhängig davon ist die Erweiterung des § 81e Abs. 2 StPO systematisch richtig gewählt. In Betracht gekommen wäre noch die Regelung in einem eigenen Paragrafen, da allerdings auch die aufgefundene, sichergestellte oder beschlagnahmte unbekannte DNA und die Ermittlung des Geschlechts dort geregelt waren, ist die Erweiterung des § 81e Abs. 2 StPO logisch. Durch die Integration des FDNAP in § 81e StPO gelten für die FDNAP alle Vorschriften, die auch für die klassische DNA-Analyse gelten. Dies ist aufgrund der Ähnlichkeit der beiden verschiedenen DNA-Analysen richtig und sinnvoll.

Die Einschränkung des § 81g Abs. 5 Satz 2 Nr. 2 StPO ist sinnvoll. Es besteht kein Bedarf für die Speicherung äußerlich erkennbarer Merkmale in der DNA-Analyse-Datei.[899] Worin der Vorteil bestehen soll, lassen selbst die Befürworter offen.

Die explizite Aufzählung der Merkmale gibt Rechtssicherheit und -klarheit. Die Aufzählung legt genau fest, welche Merkmale ermittelt werden dürfen. Sollten durch neue wissenschaftliche Entwicklungen mehr oder andere Merkmale ermittelbar sein, kann der Gesetzgeber darauf selbst reagieren. Ein Konzept wie in den Niederlanden mit einer Verordnung über die zulässigen Merkmale ist nicht erforderlich, da solche Entwicklungen kaum über Nacht erfolgen werden.[900] Für eine Festlegung der erlaubten Merkmale im Gesetz spricht auch der Parlamentsvorbehalt. Auch für ein Beweisverwertungsverbot ist die Aufzählung bedeutsam. Das im Gesetzesentwurf angesprochene Beweisverwertungsverbot bei Ermittlung von äußerlich nicht erkennbaren genetischen Anlagen und genetisch bedingten Merkmalen wie psychischen, charakter- oder krankheitsbezogenen Persönlichkeitsmerkmalen oder Erbanlagen geht nicht unmittelbar aus dem Gesetz hervor. Allgemein führt nicht jedes Erhebungsverbot zwangsläufig zum Beweisverwertungsverbot. In der StPO sind nur wenige Beweisverwertungsverbote explizit festgelegt. Für nicht explizite Beweisverwertungsverbote haben sich deshalb verschiedene Theorien herausgebildet, die eine Abwägung der Interessen des staatlichen Strafverfolgungsinteresses und der Persönlichkeitsrechte des Betroffenen vornehmen. Diese Abwägung kann im Ergebnis dazu gelangen, dass die Strafverfolgungsinteressen überwiegen und die Daten doch verwertbar

---

899 *Zöller/Thörnich*, ZIS 2017, 331, 340; gegen eine Speicherung auch *P.M. Schneider*, Stellungnahme der Spurenkommission, S. 4; mehr dazu auch noch unter Kapitel 5. C. X.

900 So auch kritisch zum niederländischen Recht *Koops/Prinsen/Schellekens*, Tilburg Law Review 2006, Vol. 13, S. 206, 224.

sind. Möchte man als Gesetzgeber die Verwertung also ganz sicher ausschließen, muss dies im Gesetz explizit so geregelt werden. Dies ist auch unproblematisch möglich.

Weniger gelungen ist dagegen die Aufzählung der zu ermittelnden Merkmale in § 81e Abs. 1 StPO-E: Die Ermittlung von äußeren Merkmalen ist beim DNA-*Abgleich* nicht nötig und greift unnötig in die Rechte des Betroffenen ein. Dass das Geschlecht beim DNA-Abgleich in § 81e Abs. 1 StPO auch ermittelt werden darf, hat den Hintergrund, dass bei Einführung des § 81e StPO nur DNA-Tests auf dem Markt erhältlich waren, die neben dem DNA-Identifizierungsmuster auch das Geschlecht analysierten. Eine Auswertung von weiteren äußeren Merkmalen im Rahmen von § 81e Abs. 1 StPO ist nicht erforderlich und darum auch nicht in § 81e Abs. 1 StPO-E vorzusehen, sondern in § 81e Abs. 2 StPO-E.

Die Anmerkungen zum Verfassungsrecht sind im Entwurf eher knapp: Daraus, dass der Kernbereich nicht verletzt ist, wie der Entwurf schreibt, folgt nicht automatisch, dass ein Eingriff verhältnismäßig ist, hier hätte man daher weitergehende Ausführungen zur Rechtfertigung erwartet. § 81e StPO-E erfüllt die verfassungsrechtlichen Vorgaben teilweise: Insbesondere will der Entwurf keine Charaktereigenschaften, Erbanlagen oder Krankheiten analysieren oder Persönlichkeitsprofile erstellen.[901] Verfassungswidrig ist jedoch die Ermittlung der biogeografischen Herkunft (Kapitel 4. D. III. 2. g)).

Der Entwurf sieht, wie zu Recht kritisiert wird, tatsächlich keine Differenzierung nach Katalogtaten vor, auch die Subsidiarität und ein Richtervorbehalt sind weder vorgesehen noch werden sie vom Entwurf erwähnt. Schon aus Kostengründen, aber auch aus Gründen der Verhältnismäßigkeit sollte eine Subsidiarität in der Form vorgesehen werden, dass die FDNAP nur zulässig sein soll, wenn man keinen Treffer in der DNA-Analyse-Datei erzielen konnte. Aufgrund der Verhältnismäßigkeit sollte auch eine Beschränkung auf bestimmte Straftaten erfolgen. Der Richtervorbehalt ist insofern diskussionswürdig, als der geltende § 81f Abs. 1 StPO den Richtervorbehalt nicht für § 81e Abs. 2 StPO, also DNA unbekannter Herkunft, vorsieht. Einige sprechen sich dafür aus, dass der Richtervorbehalt des § 81f StPO auch auf DNA unbekannter Herkunft angewendet werden sollte.[902]

---

901 Ähnlich auch *Zöller*, https://causa.tagesspiegel.de/ethik/vom-erbgut-zum-phantombild-ein-noetiger-tabubruch/die-ausweitung-ist-ein-begrenzter-erfolgnbsp.html, abgerufen am 19. Oktober 2017.

902 *Zöller/Thörnich*, ZIS 2017, 331, 340.

XI. Ausgang des Verfahrens

Der gemeinsame „*Entwurf eines Gesetzes zur Erweiterung des Umfangs der Untersuchungen von DNA-fähigem Material*“ bekam nicht die erforderlichen Stimmen, sodass kein Beschluss des Bundesrates erreicht wurde, den Gesetzesentwurf beim Bundestag einzubringen.[903] Angesichts des Koalitionsvertrags, nach dem die FDNAP legalisiert werden soll,[904] ist allerdings damit zu rechnen, dass es erneut einen Gesetzesentwurf zur FDNAP geben wird.

XII. Zusammenfassung

Der Gesetzesentwurf der Länder Bayern und Baden-Württemberg wollte die Ermittlung des Geschlechts, der Augen-, Haar- und Hautfarbe, des biologischen Alters sowie der biogeografischen Herkunft regeln. Ein Richtervorbehalt oder eine Subsidiarität oder sonstige Beschränkung war nicht vorgesehen. Der Entwurf geht von einem Beweisverwertungsverbot beruhend auf § 81e StPO-E aus, sollten in der Praxis Überschussinformationen gewonnen werden. Er unterstellt ohne weitere Auseinandersetzung, dass die FDNAP sicher und zuverlässig einsetzbar – allein fehlt es an belastbaren Studien dazu, sodass die Geeignetheit stark bezweifelt werden muss.[905] Aufgrund der fehlenden Subsidiarität fehlt es dem Entwurf darüber hinaus an der Erforderlichkeit im Sinne der RL (EU) 2016/680 (Kapitel 3. A. IV.) sowie des Verfassungsrechts (Kapitel 4. D. III. 2. cb)): Die FDNAP sollte nur angewandt werden, wenn ein Abgleich mit der DNA-Analyse-Datei keinen Treffer ergeben hat. Es hat sich im Rahmen der Prüfung der Verfassungsmäßigkeit (Kapitel 4. D. III. 2. g) zusätzlich gezeigt, dass die Ermittlung der biogeografischen Herkunft verfassungswidrig ist. Aus diesen Gründen ist der Gesetzesentwurf insofern unions- und verfassungswidrig.

C. Ausarbeitung eines eigenen Entwurfs

Grundsätzlich ist die Einführung von allen o.g. Merkmalen – außer der biogeografischen Herkunft aufgrund ihrer Verfassungswidrigkeit – denkbar.[906] Wie zuvor bereits angesprochen, kann die FDNAP erst in diesem Umfang legalisiert werden, wenn umfangreiche, verlässliche Studien ihren Nutzen und Erfolg

---

903 Bundesrat, 956. Sitzung, 31. März 2017, S. 184.

904 Koalitionsvertrag zwischen CDU, CSU und SPD, S. 123, https://www.cdu.de/system/tdf/media/dokumente/koalitionsvertrag_2018.pdf?file=1, abgerufen am 6. März 2018.

905 Siehe dazu Kapitel 2. A. VII. 7. und Kapitel 2. A. VII. 8.

906 Kapitel 4. D. IV.

bestätigen.[907] Da mit solchen Studien zu rechnen ist und sich eigene Überlegungen am besten in einem eigenen Gesetzesentwurf diskutieren lassen, wird im Folgenden ein eigener solcher Entwurf entwickelt werden.

I. Vorgaben

Bei diesem Entwurf ist zu berücksichtigen, dass aufgrund der Vorgaben der RL (EU) 2016/680 jeder Tatbestand, der in den Bereich der Richtlinie fällt, den Zweck und Ziel der Datenverarbeitung festlegen und auch bestimmen muss, welche Daten erhoben und verarbeitet werden sollen. Dies gilt auch für die FDNAP. Außerdem ist die FDNAP in einem (förmlichen) Gesetz zu regeln. Schließlich ist die FDNAP nur zulässig, wenn sie unbedingt erforderlich ist.[908]

Diese Vorgaben lassen sich mit den Vorgaben des Bundesverfassungsgerichts verbinden: Aus den Vorgaben des Bundesverfassungsgerichts (siehe dazu Kapitel 4. D. III. 1.) zum Recht auf informationelle Selbstbestimmung folgt, dass für einen Eingriff in das Recht auf informationelle Selbstbestimmung ein formelles Gesetz erforderlich ist.[909] Dieses muss bestimmt und klar sein.[910] Darin sind die spezifische Funktion, eine Umgrenzung des Anlasses und des möglichen Verwendungszwecks festzulegen.[911] Der Verwendungszweck muss bereichsspezifisch und präzise bestimmt und die Angaben für diesen Zweck geeignet und erforderlich sein.[912] Dabei genügt es, wenn der Zweck sich aus dem Gesetzestext und dem zu regelnden Lebensbereich ergibt.[913] Zusätzlich hat der Gesetzgeber die Durchführung und Organisation der Datenerhebung verfassungskonform zu gestalten und somit der Gefahr von Verletzungen des Persönlichkeitsrechts vorzubeugen.[914] Der Grundsatz der Verhältnismäßigkeit erfordert dabei ein

---

907 Kapitel 2. A. VII. 7.

908 Zu den Anforderungen aufgrund der RL (EU) 2016/680: Kapitel 3. A. IV.

909 BVerfG, Beschl. v. 11.08.2009 – 2 BvR 941/08, NJW 2009, 3293, 3294; BVerfG, Beschl. v. 25.07.1988 – 1 BvR 109/85, NJW 1988, 3009; BVerfG, Urt. v. 15.12.1983 – 1 BvR 209/83 u.a., NJW 1984, 419 2. Leitsatz; BVerwG, Urt. v. 20.02.1990 – 1 C 30/86, NJW 1990, 2768, 2770.

910 BVerfG, Beschl. v. 04.04.2006 – 1 BvR 518/02, NJW 2006, 1939, 1947 Rn. 149 ff.

911 BVerfG, Urt. v. 11.03.2008 – 1 BvR 2074/05, 1 BvR 1254/07, NJW 2008, 1505, 1509; BVerfG, Beschl. v. 04.04.2006 – 1 BvR 518/02, NJW 2006, 1939, 1947; BVerfG, Beschl. v. 03.03.2004 – 1 BvF 3/92, NJW 2004, 2213, 2215; BVerfG, Urt. v. 15.12.1983 – 1 BvR 209/83 u.a., NJW 1984, 419, 422.

912 BVerfG, Urt. v. 15.12.1983 – 1 BvR 209/83 u.a., NJW 1984, 419, 422; BVerfG, Beschl. v. 04.04.2006 – 1 BvR 518/02, NJW 2006, 1939, 1947.

913 BVerfG, Urt. v. 15.12.1983 – 1 BvR 209/83 u.a., NJW 1984, 419, 424.

914 BVerfG, Urt. v. 15.12.1983 – 1 BvR 209/83 u.a., NJW 1984, 419 2. Leitsatz.

entsprechendes Maß an Transparenz, Rechtsschutz und eine Kontrolle.[915] Diese Kriterien können durch Aufklärungs-, Auskunfts- und Löschungspflichten[916] oder auch einen Richtervorbehalt[917] realisiert werden. Diese Vorgaben sind im Folgenden bei einem Gesetz über die FDNAP zu berücksichtigen.

II. Regelung in § 81e Abs. 2 StPO

Es empfiehlt sich, die Regelung in § 81e Abs. 2 StPO für die FDNAP zu erweitern. Die Formulierung des geltenden § 81e Abs. 2 Satz 1 StPO wird, wie bereits oben erwähnt,[918] kritisiert, weil auch *„aufgefundenes"* Material zunächst sichergestellt werde und die Aufzählung von *„aufgefundenem Material"* daher überflüssig sei.[919] In der Kritik steht zusätzlich die Formulierung *„an"* aufgefundenem, sichergestelltem oder beschlagnahmtem Material. Sichergestellt oder beschlagnahmt würden Gegenstände und *„an"* diesen befände sich das Material.[920] Um diese Kritik aufzugreifen, empfiehlt es sich, nur von sichergestelltem oder beschlagnahmtem Material (nicht aber aufgefundenem) zu sprechen. Im Übrigen ist die Formulierung beizubehalten, da die Formulierung *„an sichergestelltem oder beschlagnahmtem Material"* zwar nicht ganz präzise ist, sich das Material jedoch nicht zwingend an Gegenständen befinden muss, sondern sich auch im oder am Körper des Opfers befinden kann.

In der Regelung zur FDNAP ist in § 81e Abs. 2 StPO zudem festzulegen, dass die FDNAP nur zur Ermittlung des unbekannten Beschuldigten eingesetzt werden darf, indes nicht, um Zeugen zu finden. § 81e Abs. 1 StPO ermöglicht die klassische DNA-Analyse auch für Zeugen und damit u.a. einen DNA-Abgleich, um DNA zuordnen zu können, wenn verschiedene Personen, insbesondere Täter und Opfer, in Betracht kommen. Der Einsatz der FDNAP gegenüber Zeugen wäre dagegen ungeeignet: Am Tatort werden sich zu viele Spuren befinden, die alle von Zeugen stammen könnten. Woher sollte man wissen, ob gerade diese eine Spur von einem Zeugen stammt und nicht von jemandem, der zufällig vor oder kurz nach der Tat am späteren Tatort war? Dies ist bei (Täter-)DNA, die im oder am Opfer gefunden wird, anders, denn diese ist eher dem Täter zuzuordnen als beliebige DNA am Tatort. Zusätzlich wäre eine FDNAP beim Zeugen

915 BVerfG, Urt. v. 24.04.2013 – 1 BvR 1215/07, NJW 2013, 1499, 1515 Rn. 207.

916 BVerfG, Urt. v. 15.12.1983 – 1 BvR 209/83 u.a., NJW 1984, 419, 422.

917 Zum Richtervorbehalt insbesondere beim genetischen Fingerabdruck: *Hero*, S. 80 ff.

918 Kapitel 2. B. II. 1. l).

919 SK-StPO/*Rogall*, § 81e Rn. 15; LR/*Krause*, § 81e Rn. 36.

920 SK-StPO/*Rogall*, § 81e Rn. 15.

unverhältnismäßig, weil der Zeuge im Gegensatz zum Täter keinen Anlass für die Untersuchung der DNA gegeben hat und die Untersuchung wie geschildert mit gewissen Risiken und Aufwand verbunden ist, die einem Zeugen mangels Anlass nicht zumutbar sind.

III. Bestimmung der Merkmale

Durch die Regelung in § 81e Abs. 2 StPO wird deutlich, dass die FDNAP nur zu Strafverfolgungszwecken und dabei konkret bei Anlass einer Straftat zur Ermittlung des Täters eingesetzt werden darf. Gleichzeitig müssen aus Gründen der Normenklarheit und Normenbestimmtheit sowie Rechtssicherheit alle Merkmale aufgezählt werden, die ermittelt werden dürfen. In den vorangegangenen Ausführungen hat sich gezeigt, dass die Merkmale Geschlecht, Haar-, Haut- und Augenfarbe, Alter, Körperstatur/BMI, Körpergröße und Gesichtsmorphologie im Hinblick auf den Zweck der Strafverfolgung geeignet, erforderlich und insgesamt verhältnismäßig sind. Die explizite Aufzählung der Merkmale ist auch im Zusammenhang mit einem Beweisverwertungsverbot (dazu sogleich unter Kapitel 5. C. XI.) ratsam.

IV. Verdachtsgrad

Es ist kein besonderer Verdachtsgrad erforderlich – denn die FDNAP soll gerade helfen, den Verdächtigen zu ermitteln. Da die FDNAP aber eine innerprozessuale Maßnahme darstellt, muss zum Zeitpunkt der FDNAP ein Ermittlungsverfahren eingeleitet sein. Diese Voraussetzung stellt jedoch kein Problem dar, es wird regelmäßig ein Ermittlungsverfahren gegen Unbekannt gegeben sein.

V. Straftat von erheblicher Bedeutung

Bei der üblichen DNA-Analyse gemäß § 81e StPO hat der Gesetzgeber keinen Katalog an Straftaten vorgesehen, bei denen die klassische DNA-Analyse anwendbar ist. Eine solche Beschränkung ist allerdings für die FDNAP empfehlenswert, um die besondere Bedeutung der FDNAP hervorzuheben und von vornherein unverhältnismäßige Eingriffe (aufgrund der fehlenden Schwere des Delikts) auszuschließen. Mit der Festlegung der erlaubten Delikte würde sich auch ein expliziter Ausschluss von Bagatelldelikten erübrigen, wie er teilweise vorgeschlagen wird.[921]

---

921 So *Zöller/Thörnich*, ZIS 2017, 331, 340.

Die StPO kennt eine Beschränkung auf Katalogstraftaten z.B. in § 100a Abs. 2 StPO. Nur bei Verdacht einer der darin aufgezählten Katalogstraftaten kann eine Telekommunikationsüberwachung angeordnet werden, § 100a Abs. 1 Nr. 1 StPO. Die Aufzählung von Katalogstraftaten beschränkt die Anwendbarkeit einer Maßnahme und trägt somit auch zur Verhältnismäßigkeit bei. Es sind in § 100a Abs. 2 StPO jedoch mehrere Delikte, z.B. der Sportwettenbetrug (§ 100a Abs. 2 Nr. 1p StPO), genannt, bei denen die Nutzung von DNA häufig nicht zur Aufklärung der Straftat beitragen kann, weil – anders als z.B. bei einem Mord mit einer Leiche – unklar ist, wo DNA des Tatverdächtigen für die Durchführung der FDNAP gesichert werden kann. Ein Verweis auf § 100a Abs. 2 StPO wäre deshalb unpassend. Stattdessen bietet sich eine flexible Lösung wie bei §§ 81g, 131, 131a, 131b, 163f StPO an, bei denen jeweils eine Straftat von erheblicher Bedeutung bzw. deren Verdacht[922] vorausgesetzt wird. Hierbei ergibt sich *„eine aus dem Grundsatz der Verhältnismäßigkeit folgende systemimmanente Begrenzung"*, dass mangels Erforderlichkeit der Maßnahme solche Delikte nicht umfasst sind, bei denen der Täter nicht deliktstypisch im Zusammenhang mit der Straftat Identifizierungsmaterial am Tatort hinterlässt.[923]

Daneben kann der Begriff der Straftat von erheblicher Bedeutung den durch die Maßnahme verursachten Grundrechtseingriff angemessen begrenzen, freilich befreit dies nicht von einer konkreten Beurteilung des Einzelfalls sowie damit verbunden einer Prüfung des Vorliegens eines Tatverdachts.[924] Dabei muss die *„Straftat von erheblicher Bedeutung mindestens dem Bereich der mittleren Kriminalität zuzurechnen sein, den Rechtsfrieden empfindlich stören und dazu geeignet sein, das Gefühl der Rechtssicherheit der Bevölkerung erheblich zu beeinträchtigen."*[925] Verbrechen stellen stets eine Straftat von erheblicher Bedeutung dar,[926] ebenso Vergehen, wenn sie mindestens dem Bereich mittlerer Kriminalität zuzurechnen sind.[927] Für die Bewertung der Erheblichkeit bei einem Vergehen sind das Ausmaß des Schadens, die Art und Gefährlichkeit der Tatbegehung und

---

922 Ausführlich zur Straftat von erheblicher Bedeutung: *Rieß*, GA 2004, 623 ff.

923 Ähnlich BT-Dr 13/10791, S. 5, im Zusammenhang mit der Speicherung von DNA-Mustern für zukünftige Straftaten.

924 AG Bonn NStZ-RR 2016, 248.

925 BVerfG, Beschl. vom 14.08.2007 – 2 BvR 1293/07, NStZ-RR 2007, 378; BVerfG, Beschl. v. 14.12.2000 – 2 BvR 1741/99, NJW 2001, 879, 880; BT-Dr. 15/5674, S. 11; *Senge*, NJW 1999, 253, 254; MüKo StPO/*Günther*, § 98a Rn. 25.

926 *Rieß*, GA 2004, 623, 642; *Senge*, NJW 1999, 253, 254.

927 SSW/*Bosch*, § 81g Rn. 5.

die Bedrohung der Allgemeinheit zu berücksichtigen.[928] Hierbei sind auch die Schwere des Eingriffs und das staatliche Strafverfolgungsinteresse abzuwägen, wobei Ordnungswidrigkeiten nicht für eine Straftat von erheblicher Bedeutung infrage kommen.[929] Es kann im Einzelfall auch der strafbare Versuch genügen, wenn und soweit die Tat selbst eine Straftat von erheblicher Bedeutung ist.[930]

Die Beschränkung auf den Verdacht einer Straftat von erheblicher Bedeutung bei der FDNAP schließt Bagatelldelikte aus, umfasst aber insbesondere schwere Delikte wie Mord oder Totschlag, jedoch auch die §§ 177 ff. StGB.[931] Sie sorgt dadurch dafür, dass die FDNAP im Einzelfall verhältnismäßig ist, und ermöglicht zugleich genügend Flexibilität.

VI. Subsidiarität

Die StPO sieht u.a. bei der Telekommunikationsüberwachung gemäß § 100a StPO eine Subsidiaritätsklausel vor: Gemäß § 100a Abs. 1 Nr. 3 StPO darf die Telekommunikation überwacht und aufgezeichnet werden, wenn die Erforschung des Sachverhalts oder die Ermittlung des Aufenthaltsortes des Beschuldigten auf andere Weise wesentlich erschwert oder aussichtslos wäre. Die Ermittlung ist aussichtslos, wenn es keine anderen Ermittlungsmöglichkeiten gibt oder diese keinen Erfolg versprechen. Von einer wesentlichen Erschwerung ist auszugehen, wenn es zwar andere Ermittlungsmöglichkeiten gibt, diese allerdings deutlich mehr Zeit kosten oder diese Ermittlungsmöglichkeiten nicht in kurzer Zeit die Erkenntnisse liefern, die gerade für die zügige Ermittlung und in einem bestimmten Umfang erforderlich sind.[932] Ein größerer Ermittlungsaufwand oder damit verbundene erhöhte Kosten führen nicht ohne Weiteres zur wesentlichen Erschwerung. Etwas anderes gilt jedoch, wenn der Arbeitsaufwand so groß ist, dass andere Ermittlungsverfahren vernachlässigt werden müssten.[933]

---

928 AG Bonn NStZ-RR 2016, 248; *Rieß*, GA 2004, 623, 642 (zu Vergehen); KK-StPO/*Schultheis* § 131 Rn. 16; BeckOK-StPO/*Niesler*, 30. Edition, Stand: 01.06.2018, § 131 Rn. 6.

929 MüKo StPO/*Gerhold*, § 131b Rn. 3.

930 KK-StPO/*Moldenhauer*, § 163e Rn. 13; MüKo StPO/*Trück*, § 81g Rn. 5; *Rieß*, GA 2004, 623, 638.

931 Zur Erheblichkeit der §§ 177 ff. StGB: SSW/*Bosch*, § 81g Rn. 6.

932 Meyer-Goßner/*Schmitt*, § 100a Rn. 13.

933 KK-StPO/*Bruns*, § 100a Rn. 33.

§ 81e StPO enthält bisher keine Subsidiaritätsklausel, weil das Strafverfolgungsinteresse das Interesse des Beschuldigten regelmäßig überwiegt.[934] Subsidiaritätsklauseln begründen eine Rangfolge von Ermittlungsmaßnahmen, sie stellen dadurch ein Mittel zur Minimierung von Grundrechtseingriffen und dienen der Feinsteuerung von Eingriffsbefugnissen.[935] Sie werden daher auch als Ausprägung des Verhältnismäßigkeitsgrundsatzes, konkret der Erforderlichkeit, angesehen.[936] Solche Klauseln sind zweckmäßig, wenn man davon ausgehen kann, dass andere (mildere) Ermittlungsmethoden gleichermaßen zum Ziel führen und man nur in Ausnahmefällen auf eine bestimmte Ermittlungsmethode zurückgreifen können soll.

Wie bereits in der Prüfung der Erforderlichkeit festgestellt (Kapitel 4. D. III. 2. cb)), ist die FDNAP nur erforderlich, wenn der Abgleich mit der DNA-Analyse-Datei keinen Hinweis zu einer konkreten Person ergeben hat. Damit ist auch das Kriterium der *„unbedingten Erforderlichkeit"* im Sinne von Art. 10 RL (EU) 2016/680 erfüllt (Kapitel 3. A. IV.). Im Übrigen sollten keine weiteren Anforderungen an die FDNAP gestellt werden: In manchen Fällen könnten die Ermittler auch zunächst andere Ermittlungsmethoden anwenden. Dies kostet jedoch wertvolle Zeit, die man ggf. nicht verlieren möchte, insbesondere wenn es um schwere Straftaten z.B. gegen Leib und Leben geht und z.B. eine Wiederholungsgefahr besteht. Der Zeitverlust kann zudem problematisch sein, wenn der Täter flüchten und Beweismaterial vernichten kann. Zusätzlich beunruhigen Straftaten gegen den Körper, das Leben sowie Sexualdelikte die Allgemeinheit in besonderem Maße und stören auch den Rechtsfrieden erheblich. Sinnvoll ist es, einen Treffer in der DNA-Datenbank sowie einen möglichen DNA-Abgleich abzuwarten, sofern man bereits einen Verdächtigen hat.[937] Dieser Abgleich ist in kurzer Zeit möglich und verhindert, dass Merkmale unnötig untersucht und offengelegt werden, ohne dass es erforderlich ist. Im Übrigen soll es den Ermittlern überlassen bleiben, ob sie zunächst andere Ermittlungsmaßnahmen ergreifen oder sogleich die FDNAP anwenden.

---

934 SK-StPO/*Rogall*, § 81e Rn. 6; *Senge*, NJW 1997, 2409, 2411; LR/*Krause*, § 81e Rn. 26; SSW/*Bosch* § 81e Rn. 13; für eine Subsidiaritätsklausel dagegen wohl *Gössel*, GS Meyer, S. 121, 145; *Wollweber*, NJW 2002, 1771, 1772.

935 *Glaser/Gedeon*, GA 2007, 415, 422 Fn. 33.

936 *Rieß*, GS Meyer, S. 367, 378.

937 So auch *Zöller/Thörnich*, ZIS 2017, 331, 339.

VII. Multidisziplinäres Entscheidungsgremium

Ein multidisziplinäres Gremium zur Entscheidungsfindung bzw. Anordnung, wie von manchen für die FDNAP vorgeschlagen, ist abzulehnen.[938] Auch wenn es keine eindeutige Äußerung dazu gibt, ist die Entscheidung des Gremiums von den Befürwortern wohl *statt* des Richtervorbehalts vorgesehen, nicht daneben. Es wäre ein Novum in der StPO, über den Richter (und die antragende Staatsanwaltschaft) hinaus z.B. noch Geisteswissenschaftler oder Naturwissenschaftler bei juristischen Fragen, die sich zudem häufig und in ähnlicher Weise stellen, einzubinden. Es ist zu bezweifeln, dass ein Gremium bessere Entscheidungen treffen würde, zumal diese Entscheidung eine juristische ist: Ob alle Tatbestandsmerkmale erfüllt sind und eine Maßnahme verhältnismäßig ist, sind Fragen, die von einem Juristen zu klären sind. Bei der klassischen DNA-Analyse gibt es auch keine Forderungen nach einem multidisziplinären Gremium. Die ethischen oder sozialen Bedenken werden in jedem Fall ähnlich sein – dafür trifft der Gesetzgeber mit der Festlegung der Tatbestandsvoraussetzungen und deren jeweiligen Anforderungen bereits gewisse Vorentscheidungen. Dabei kann der Gesetzgeber beim Gesetzesentwurf multidisziplinäre Gremien zu Rate ziehen. Zwar gibt es in der praktischen Anwendung Kritik am Richtervorbehalt, da diese vielfach überlastet sind und zu wenig Zeit haben, um eine angemessene Entscheidungsgrundlage zu gewinnen. Allerdings besteht deswegen kein Bedürfnis von dem üblichen Richtervorbehalt in der StPO auf ein multidisziplinäres Expertengremium umzusteigen –auch deshalb, weil damit zu rechnen ist, dass die Entscheidung eines Gremiums noch mehr Zeit benötigt als die eines Richters. Stattdessen ist es sinnvoller, die an der FDNAP beteiligten Personen umfassend zu schulen und die naturwissenschaftliche Expertise an den richtigen Stellen, z.B. im Labor und bei der Interpretation der Ergebnisse, einzusetzen.

VIII. Richtervorbehalt

Da der geltende § 81f Abs. 1 StPO den Richtervorbehalt *nicht* für § 81e Abs. 2 StPO, also DNA unbekannter Herkunft, vorsieht, würde ohne Änderung des § 81f Abs. 1 StPO *kein* Richtervorbehalt für die FDNAP gelten. Möglicherweise ist ein solcher aber sinnvoll und erforderlich, um die Rechte des Tatverdächtigen angemessen zu schützen. Denn auch die Beschlagnahme des Materials, also z.B. der Kleidung, auf der sich die DNA befinden könnte, unterliegt nur

---

938 *V. Lipphardt*, https://www.aerzteblatt.de/treffer?mode=s&wo=17&typ=1&nid=73698&s=lipp-hardt#, abgerufen am 17. Oktober 2017.

§ 94 StPO und damit keinem Richtervorbehalt, sodass auch hierbei nicht das Vorliegen der Tatbestandsmerkmale unabhängig überprüft wird und auch keine Abwägung der betroffenen Interessen von einem Richter vorgenommen wird.

1. Allgemeines zum Richtervorbehalt

In Art. 13 Abs. 2 und 3 GG sind explizit Richtervorbehalte für Eingriffe in die Unverletzlichkeit der Wohnung vorgesehen. Das Recht auf informationelle Selbstbestimmung ist im Grundgesetz nicht ausdrücklich kodifiziert, sodass sich aus dem Grundgesetz kein Richtervorbehalt ergeben kann. Es lässt sich aus der fehlenden Kodifikation von Richtervorbehalten indessen nicht der Schluss ziehen, dass diese unnötig wären.[939] Der Richtervorbehalt kann auch im einfachen Gesetz geregelt sein und dadurch Verfassungsrecht konkretisieren.[940]

Manche bezweifeln die Sinnhaftigkeit des Richtervorbehalts bei anonymen Spuren: Denn Voraussetzung für die Erforderlichkeit einer staatlichen Maßnahme sei das Vorliegen eines Eingriffs in geschützte Rechte eines bestimmbaren Rechtsgutsinhabers. Daran fehle es bei anonymen Spuren, es sei unklar, in wessen Rechte man eingreife.[941] Die Maßnahme richte sich nicht gegen einen konkreten Betroffenen, eine Abwägung der betroffenen Rechte sei für den Richter daher nicht möglich; etwas überspitzt wird gefragt, welche Erwägungen ein Richter zum Rechtsgut des informationellen Selbstbestimmungsrechts bei der Entscheidung darüber anstellen sollte, ob das am Opfer einer Vergewaltigung sichergestellte Sperma einer DNA-Analyse unterzogen werden soll.[942] Der Gesetzgeber selbst hat das Erfordernis des Richtervorbehalts für anonyme Spuren, nachdem es zuerst bestand, später mit einer ähnlich lautenden Begründung abgeschafft: „*Die molekulargenetische Untersuchung ist bei Relevanz für das Strafverfahren gemäß § 81e Abs. 2 StPO materiell zulässig und im Hinblick auf die Pflicht der Strafverfolgungsbehörden, Straftaten aufzuklären (Legalitätsprinzip), auch geboten. Regelmäßig bleibt dem Gericht nach der bisherigen Rechtslage mithin keine andere Möglichkeit, als die molekulargenetische Untersuchung anzuordnen.*“[943]

Befürworter des Richtervorbehalts stellen allgemein darauf ab, dass der Richter anders als der Staatsanwalt nicht in den Fall involviert sei und unabhängig

939 *Beck*, S. 122.
940 BVerfG, Urt. v. 12.04.2005 – 2 BvR 581/01, NJW 2005, 1338, 1340.
941 *Sprenger/Fischer*, NJW 1999, 1830, 1833.
942 *Sprenger/Fischer*, NJW 1999, 1830, 1833.
943 BT-Drs. 15/5674, S. 10.

entscheiden könne (Art. 97 GG). Es solle gewährleistet werden, dass die Voraussetzungen für den Eingriff tatsächlich vorlägen, denn das materielle Recht (allein) nütze den Rechten des Betroffenen wenig.[944] Der Richtervorbehalt diene daher dem Schutz der grundrechtlich geschützten Positionen des Betroffenen durch Kontrolle der Ermittlungsmaßnahme, die die Staatsanwaltschaft begehrt.[945] Die grundrechtlich geschützten Positionen bestünden auch, wenn eine Person nicht bestimmt oder bestimmbar sei. Einzig entscheidend sei, dass ein Grundrechtsträger in seinen Rechten betroffen sein kann:

> *„Ist der von einer beabsichtigten Ermittlungsmaßnahme Betroffene nicht bekannt, so sind typisierend solche Rechte und Interessen zu berücksichtigen, die entweder jedem Grundrechtsträger zuzuordnen sind oder erfahrungsgemäß solchen Grundrechtsträgern, die nach den Eigenarten der beabsichtigten Maßnahme näher abzugrenzen sind. Anders kann der die Anordnung prüfende Richter auch in der Mehrzahl derjenigen Fälle nicht vorgehen, in denen die von der beabsichtigten Ermittlungsmaßnahme Betr. namentlich bekannt sind. Mehr als Name, Geburtsdatum und -ort sowie Adresse ist den Akten zumeist nicht zu entnehmen.“*[946]

Der Richtervorbehalt sei nach dem Verfassungsrecht in bestimmten Fällen – explizit oder implizit – erforderlich, sodass man auch nicht mit dem damit verbundenen organisatorischen oder zeitlichen Aufwand gegen den Richtervorbehalt argumentieren könne. Auf die Umsetzung durch die Gerichte käme es nicht an, für dringende Fälle gebe es Eilbefugnisse der Ermittlungsbehörden.[947]

Diese Begründung ist auch auf die FDNAP übertragbar. Der Richter verlässt sich in der Praxis bei der Anordnung einer Maßnahme auf die Angaben von Polizei und Staatsanwaltschaft und prüft anhand dessen das Vorliegen der Tatbestandsmerkmale. Da die Ausbildung und das Wissen von Richtern und Staatsanwälten identisch sind, kann die richterliche Fachkompetenz kein Argument für den Richtervorbehalt sein. Nicht nur der Richter, auch der Staatsanwalt ist zudem gemäß Art. 20 Abs. 3 GG (als Exekutive) an Recht und Gesetz gebunden.[948] Es kann insofern nur die richterliche Unabhängigkeit sein, die das besondere Vertrauen in den Richter begründet.[949] Polizei und Staatsanwaltschaft stehen häufig unter direktem Ermittlungsdruck der Öffentlichkeit und der Angehörigen, der Richter dagegen nicht. Er ist auch nicht mit dem Verfahren

---

944 *Von Kühlewein*, Richtervorbehalt, S. 418.

945 BVerfG, Beschl. v. 15.05.2002 – 2 BvR 2292/00, NJW 2002, 3161 (zu Art. 2 Abs. 2 GG).

946 LG Hamburg, Beschl. v. 04.10.2000 – 631 Qs 52/00 – 162 Gs 1099/00, NJW 2001, 766.

947 *Krehl/Kolz*, StV 2004, 447, 452.

948 *Hero*, S. 84.

949 *Hero*, S. 84.

vorbefasst und insofern voreingenommen. Er kann das Vorliegen der erforderlichen Tatbestandsmerkmale unabhängig prüfen. Die richterliche Anordnung ist umso wichtiger, als es sich bei der FDNAP um einen Eingriff von mittlerer Intensität handelt und der Schutz des Betroffenen gewährleistet werden muss. Ein Richtervorbehalt ist aus diesem Grund zu empfehlen. Damit wird auch das Erfordernis des Bundesverfassungsgerichts im Hinblick auf Rechtsschutz und Kontrolle beim Recht auf informationelle Selbstbestimmung[950] erfüllt.

2. Eilkompetenz

Es soll keine Eilkompetenz der Staatsanwaltschaft oder der Polizei vorgesehen werden. Die FDNAP wird in den meisten Fällen erst am Ende von erfolglosen Ermittlungen eingesetzt werden; in diesen Fällen, aber auch in anderen Fällen ist es zumutbar, die richterliche Anordnung abzuwarten, zumal die FDNAP (inkl. Gutachten) selbst einige Tage Zeit in Anspruch nimmt. Schließlich ist noch im Hinblick auf die Arbeitsbelastung der Richterschaft anzumerken, dass nicht davon auszugehen ist, dass die FDNAP zukünftig so häufig beantragt wird, dass diese mit einer bemerkenswerten Erhöhung der Arbeitsbelastung der Richter einhergeht und damit die Effektivität der Strafverfolgung allgemein gefährdet ist.

IX. Anforderungen für Sachverständige sowie Ermittler und Staatsanwälte

Die Sicherheit bei der Untersuchung gemäß § 81f Abs. 2 Satz 2 StPO hat bei der FDNAP – wegen der Untersuchung der codierenden Abschnitte – eine hervorgehobene Bedeutung. Es ist daher besonders wichtig, dass die Sachverständigen durch technische und organisatorische Maßnahmen gewährleisten, dass unzulässige molekulargenetische Untersuchungen sowie eine unbefugte Kenntnisnahme Dritter ausgeschlossen sind. Zusätzlich sollen zum Schutz des Rechts auf informationelle Selbstbestimmung nur die direkt an der Untersuchung beteiligten Personen Zugang zu der DNA sowie dem Gutachten haben.

Sollte die FDNAP in Deutschland legalisiert werden, ist damit zu rechnen, dass es kommerzielle standardisierte Tests geben wird. Wenn jemand also unzulässigerweise das Interesse an darüber hinausgehenden Informationen hat, wird dies durch standardisierte Tests zumindest erschwert. Darüber hinaus sollte darauf geachtet werden, dass, wie bereits erwähnt, nur die zuständigen Sachverständigen (und Ermittler) Zugang zu der DNA und den Ergebnissen der FDNAP

---

950 BVerfG, Urt. v. 24.04.2013 – 1 BvR 1215/07, NJW 2013, 1499, 1515 Rn. 207.

haben. Zugleich muss das Verfahren transparent und genau dokumentiert sein, sodass mögliche Fehler später aufgedeckt werden können und der Betroffene ggf. seine Rechte geltend machen kann.

Neben der Beschaffung von entsprechenden Geräten und Vorrichtungen in den Laboren sind umfassende Tests und Validierungen erforderlich, um eine sichere Anwendung der FDNAP zu gewährleisten. Die Sachverständigen müssen für die Analyse der FDNAP umfassend geschult werden. Selbiges gilt für Kriminaltechniker (Spurensicherung), Rechtsmediziner, Ermittler und Staatsanwälte: Dies betrifft nicht nur die Auswertung und Interpretation der Ergebnisse, sondern auch den bedachten Umgang damit, wodurch insbesondere Diskriminierungen und öffentliche Hetzjagden vermieden werden sollen. Zur Vermeidung von Falschdiskriminierungen muss demzufolge ganz besonders darauf geachtet werden, dass nur solche Spuren analysiert werden, bei denen ein sehr wahrscheinlicher Zusammenhang zwischen Spur und Tat besteht. Es empfiehlt sich darüber hinaus, eine interdisziplinäre Kommission mit Naturwissenschaftlern, Ermittlern und Juristen einzurichten, die Standards und Richtlinien für die Arbeit mit der FDNAP entwickelt, um so die Arbeit und Kommunikation unter den verschiedenen Beteiligten zu erleichtern und verbessern.[951]

X. Speicherung der Ergebnisse in einer Datenbank

Teilweise wird die Speicherung von ermittelten äußeren Merkmalen etwa in der DNA-Analyse-Datei befürwortet, weil dann die theoretische Möglichkeit bestünde, *„diese Informationen mit Informationen anderer Datenbanken abzugleichen, wodurch bestimmte Verhaltensmuster konstruiert und körperliche Eigenheiten in einen Zusammenhang gestellt werden könnten.“*[952] Die Speicherung stelle keine Grundrechtsverletzung dar, da diese Informationen auch bei einer erkennungsdienstlichen Maßnahme erfasst und gespeichert werden dürften.[953] Hingegen sprechen sich andere gegen eine Speicherung aus, es bestehe dazu keine Notwendigkeit.[954] So könne der Sachverständige den Ermittlern die Merkmale mit den dazugehörigen Wahrscheinlichkeiten mitteilen; er könne das DNA-Material, sobald dieses für das Strafverfahren nicht weiter gebraucht werde, ebenso wie dazugehörige Aufzeichnungen vernichten.[955]

---

951 *Stenger*, Kriminalistik 2017, 491, 495.
952 *Hasselbach*, Novellierung der forensischen DNA-Analyse, S. 182.
953 *Hasselbach*, Novellierung der forensischen DNA-Analyse, S. 183.
954 *Beck*, KriPoZ 2017, 160, 166; *P.M. Schneider*, RuP 2017, 220.
955 *Beck*, KriPoZ 2017, 160, 166.

Eine solche Speicherung der Ergebnisse der FDNAP ist tatsächlich nicht erforderlich: Die DNA-Analyse-Datei enthält neben den gespeicherten DNA-Mustern von bekannten Personen auch Spuren von unbekannten Tatverdächtigen, diese Spuren lassen sich mithilfe der klassischen DNA-Analyse untersuchen und vergleichen. Anhand der Ergebnisse hinsichtlich der äußeren Merkmale ist dies schwierig und zudem unsicher, da Angaben wie „*männlich, braune Haare, braunäugig, hellhäutig*" mehr als einmal auftreten werden – das DNA-Identifizierungsmuster ist dagegen einmalig. Eine Speicherung ist auch deswegen unnötig, weil, wenn die DNA einer Person bereits in der Datei gespeichert ist, auch bekannt ist, wem diese DNA zuzuordnen und dementsprechend auch klar ist, wie die Person aussieht. Die FDNAP empfiehlt sich erst bzw. ist erst erforderlich, wenn die DNA-Analyse-Datei keinen Treffer ergeben hat. Andernfalls ist die Analyse von äußeren Merkmalen überflüssig.

Eine Speicherung der Merkmale ist auch deswegen nicht nötig, da die Ergebnisse der FDNAP, wenn sie für ein Strafverfahren verfügbar gemacht wurden, – wie andere Strafverfolgungsmaßnahmen – auch für andere Strafverfahren nutzbar sind. Ist also keine Speicherung erforderlich, muss § 81g Abs. 5 Satz 2 Nr. 2 StPO dahin gehend präzisiert werden, dass nur das DNA-Identifizierungsmuster gespeichert werden darf. So sieht es im Übrigen auch der Gesetzesentwurf der Länder Bayern und Baden-Württemberg vor.

XI. Beweisverwertungsverbot

Ein Beweisverwertungsverbot ist besonders wichtig, um zu vermeiden, dass unzulässige Merkmale wie Krankheiten analysiert und im Ermittlungsverfahren genutzt werden. Wie bereits oben erwähnt,[956] hat ein kodifiziertes Beweisverwertungsverbot eine stärkere und absolute Wirkung, da eine solche Formulierung im Gesetz eindeutig ist und damit nicht einer der Theorien zu Beweisverwertungsverboten unterliegt, von denen manche eine Abwägung der widerstreitenden Interessen vorsehen.[957] Es wird zu Recht darauf hingewiesen, dass man durch ein solches kodifiziertes Beweisverwertungsverbot jeden Versuch, über die zulässigen Merkmale hinaus Informationen weitere Ermittlungsansätze zu bekommen, sicher unterbinden könne.[958] Ein kodifiziertes Beweisverwertungsverbot ist demgemäß auch für die FDNAP empfehlenswert.

---

956 Kapitel 2. B. II. 1. j).
957 Zum Beweisverwertungsverbot ähnlich auch *Beck*, KriPoZ 2017, 160, 166.
958 *Beck*, KriPoZ 2017, 160, 166.

XII. Verwendung und Vernichtung

Ebenso wie für die klassische DNA-Analyse muss für die FDNAP gelten, dass die Verwertung der Ergebnisse nur im Ausgangsverfahren oder einem anderen anhängigen Strafverfahren möglich sein darf. Dabei muss sich das Verfahren nicht gegen den Beschuldigten richten, möglich ist es auch gegen einen bisher unbekannten Tatverdächtigen.

Da sich das Rückwirkungsverbot des Art. 103 Abs. 2 GG nur auf das materielle Strafrecht, nicht aber das Strafverfahrensrecht bezieht,[959] ist eine Anwendung der FDNAP auf Altfälle, die vor der Einführung der FDNAP liegen, möglich.

In Bezug auf die Vernichtung des DNA-Materials nach der FDNAP muss gewährleistet werden, dass das Material nicht für andere Zwecke genutzt und damit missbraucht wird. Dies würde für eine sofortige Vernichtung des Materials nach erfolgter Analyse sprechen. Allerdings würde dies dem Interesse an einer transparenten Strafverfolgung zuwiderlaufen und möglicherweise ein Wiederaufnahmeverfahren erschweren. Die Gefahr des Missbrauchs besteht auch aktuell im Rahmen von aufgefundenem Material gemäß § 81e Abs. 2 StPO. Die Regelung des § 81e Abs. 2 Satz 2 StPO – ohne Pflicht zur Vernichtung – hat sich dabei jedoch bewährt. Es empfiehlt sich eine solche Handhabung auch für die FDNAP: Eine Vernichtung des untersuchten Materials ist daher nicht im Gesetz vorzusehen. Insofern ist der Verweis in § 81e Abs. 2 Satz 2 StPO auf § 81a Abs. 3 Hs. 1 StPO (ohne Hs. 2) auch für die FDNAP angebracht und unverändert zu lassen.

Schließlich unterliegt die FDNAP als strafprozessuale Maßnahme aufgrund der Regelungen in den §§ 55 ff. BDSG Auskunfts- und Löschungsansprüchen, sodass dadurch auch die besonderen Anforderungen, die die RL (EU) 2016/680 sowie das Bundesverfassungsgericht beim Recht auf informationelle Selbstbestimmung im Hinblick auf Transparenz, Rechtsschutz und Kontrolle stellen,[960] erfüllt werden.

XIII. Gendiagnostikgesetz

Änderungen im Gendiagnostikgesetz sind nicht nötig, weil dieses gemäß § 2 Abs. 2 Nr. 2a GenDG auf Untersuchungen im Rahmen der Strafprozessordnung nicht anwendbar ist.

---

959 Stern/Becker/*Brüning*, Art. 103 Rn. 56.

960 BVerfG, Urt. v. 15.12.1983 – 1 BvR 209/83 u.a., NJW 1984, 419, 422; siehe dazu oben Kapitel 4. D. III. 1.

D. Abschließender Gesetzesvorschlag

Sollten Studien die Zuverlässigkeit der FDNAP hinsichtlich jedes der genannten folgenden Merkmale bestätigen, bietet sich folgende Gesetzesformulierung an – hierbei wird auch die Verfassungswidrigkeit von § 81e Abs. 1 StPO berücksichtigt:[961]

§ 81e StPO-E

(1) [1]An dem durch Maßnahmen nach § 81a Absatz 1 oder § 81c erlangten Material dürfen mittels molekulargenetischer Untersuchung das DNA-Identifizierungsmuster und die Abstammung ~~und das Geschlecht der Person~~ festgestellt und diese Feststellungen mit Vergleichsmaterial abgeglichen werden, soweit dies zur Erforschung des Sachverhalts erforderlich ist. [2]Andere Feststellungen dürfen nicht erfolgen; hierauf gerichtete Untersuchungen sind unzulässig.

(2) [1]Nach Absatz 1 zulässige Untersuchungen dürfen auch an sichergestelltem oder beschlagnahmtem Material durchgeführt werden. [2]Zusätzlich dürfen auch Feststellungen über das Geschlecht, Augen-, Haar- und Hautfarbe, Alter, Körpergröße, Körperstatur sowie Gesichtsmorphologie der Person getroffen werden, wenn

1. der Abgleich mit der DNA-Analyse-Datei keine Zuordnung zu einer namentlich bekannten Person ergeben hat und
2. diese Person einer Straftat von erheblicher Bedeutung verdächtigt wird.

[3]Feststellungen über andere als die in Satz 2 bezeichneten Tatsachen dürfen nicht erfolgen und nicht verwertet werden; hierauf gerichtete Untersuchungen sind unzulässig.

§ 81f StPO-E

(1) *(Satz 1 und 2 unverändert)* [3]Untersuchungen nach § 81e Abs. 2 Satz 2 StPO dürfen nur durch das Gericht angeordnet werden.

(2) *unverändert*

961 Siehe Kapitel 4. D. III. 2. cb).

Kapitel 6. Schluss

A. Abschließende Bemerkungen

Foldenauer hat im Zusammenhang mit der klassischen DNA-Analyse geäußert, man solle Ängste, aber auch Hoffnungen mäßigen.[962] Diese Betrachtung gilt auch für die FDNAP: Dabei muss die Hoffnung gemäßigt werden, die FDNAP liefere bereits heute zuverlässige, belastbare Ergebnisse und könne bedenkenlos eingesetzt werden. Dafür sind weitere umfangreiche Studien erforderlich. Selbst in Zukunft sollte man mit der FDNAP – wie mit jedem Ermittlungswerkzeug – kritisch umgehen. Zugleich sollte man die Ängste mäßigen: Es ist aus heutiger Sicht nicht zu erwarten, dass sich die von manchen befürchteten Missbrauchsgefahren oder sonstige Risiken realisieren werden.

Diese Arbeit zeigt – ihre Zuverlässigkeit vorausgesetzt –, dass die FDNAP die Strafverfolgung gewinnbringend ergänzen kann, wenn sie unter engen Tatbestandsvoraussetzungen und Vorgaben hinsichtlich Sicherheit, Interpretation und Verwendung der Ergebnisse eingesetzt wird. Sie ist deshalb so attraktiv, weil sie zuverlässiger als der Zeugenbeweis sein kann und insbesondere auch weiterhilft, wenn es keine Zeugen gibt. Zu berücksichtigen bleibt allerdings, dass zunehmend kleinere Mengen DNA für die DNA-Analyse erforderlich sind, sodass es sich bei der Spur auch um eine Zufallsübertragung handeln kann. Die FDNAP wird keine Ermittler ersetzen können, sie kann ihnen gleichwohl Zeit und unnötige Kosten ersparen. Diese Aspekte können damit zur – im Strafverfahren besonders bedeutsamen – Verfahrensbeschleunigung beitragen. Aus Gründen der Verhältnismäßigkeit sowie Kostengründen soll die FDNAP jedoch erst angewandt werden, wenn der Abgleich mit der DNA-Analyse-Datei keinen Treffer ergeben hat.

In der verfassungsrechtlichen Prüfung hat sich gezeigt, dass Eingriffe in den codierenden Bereich nicht ohne Weiteres mit einem Verstoß gegen die Menschenwürde einhergehen. Es wurde herausgearbeitet, dass die Ermittlung der biogeografischen Herkunft ungeeignet und unverhältnismäßig ist, sie verstößt deswegen gegen das Recht auf informationelle Selbstbestimmung. Dagegen bestehen keine Bedenken gegen die Anwendung der FDNAP für die Ermittlung der Merkmale Geschlecht, Augen-, Haar- und Hautfarbe, biologisches Alter sowie die Größe, Gesichtsmorphologie und BMI, sofern es keinen Treffer in

---

962 *Foldenauer*, S. 156.

der DNA-Analyse-Datei gegeben hat. Dieses Ergebnis ist auch im Hinblick auf zahlreiche, bereits zulässige Ermittlungsmaßnahmen wie die Blutuntersuchung angemessen, wo ebenfalls besonders sensible Informationen ermittelt werden können.

Das Gefahrenpotential der FDNAP, was insbesondere in einem möglichen Missbrauch, der Untersuchung, der Interpretation und dem Umgang mit den Ergebnissen liegt, lässt sich durch geeignete Regelungen im Gesetz und Anweisungen für die Praxis reduzieren. Um die Ermittlung und Verwendung von unerlaubten Informationen zu verhindern, ist ein Beweisverwertungsverbot zu schaffen.

B. Zusammenfassung

1. Die FDNAP ist eine Methode, bei der man anhand einer Analyse von DNA, die sich an Spurenmaterial befindet, das man dem Tatverdächtigen zuordnet, Informationen über äußere körperliche Merkmale einer unbekannten Person ermittelt. Diese DNA-Analyse kann sowohl codierende als auch nicht codierende Abschnitte der DNA umfassen.
2. Nach der bestehenden Rechtslage darf als einziges phänotypisches Merkmal das Geschlecht gemäß § 81e StPO im Rahmen einer molekulargenetischen Untersuchung ermittelt werden. Diese Ermittlung hat sich allerdings in ihrer jetzigen Form als verfassungswidrig erwiesen.
3. Es gibt – die Ermittlung des Geschlechts ausgenommen – noch keine belastbaren Studien zur Zuverlässigkeit der FDNAP. Deswegen kann in dieser Hinsicht die Frage der Geeignetheit der FDNAP nicht abschließend geklärt werden. Sollte die Geeignetheit bestätigt werden, ist die Ermittlung des Geschlechts, der Haar-, Augen- und Hautfarbe, des Alters, des BMI, der Körpergröße sowie der Gesichtsmorphologie verfassungsgemäß. Unzulässig – weil von vornherein ungeeignet – ist dagegen die Ermittlung von Charaktereigenschaften sowie der biogeografischen Herkunft. Die Untersuchung von Krankheiten im Rahmen der FDNAP ist bisher nicht vorgesehen, sie wäre ungeeignet oder jedenfalls unverhältnismäßig.
4. Die FDNAP wird teilweise durch Unionsrecht determiniert. Um das Kriterium der *„unbedingten Erforderlichkeit“* im Sinne von Art. 10 RL (EU) 2016/680 zu erfüllen, darf die FDNAP erst angewandt werden, wenn ein DNA-Abgleich mit der DNA-Analyse-Datei des Bundeskriminalamtes keinen Treffer zu einer namentlich bekannten Person ergeben hat.

5. Die Analyse von codierenden Abschnitten der DNA führt nicht grundsätzlich zu einem Verstoß gegen die Menschenwürde. Gene determinieren den Menschen zwar, gleichwohl nicht gänzlich: Die Umwelt prägt jeden Menschen, sodass mit der Untersuchung der codierenden Abschnitte kein Eingriff ins Innerste des Menschen oder eine Herabwürdigung zum Objekt einhergeht. Es wäre allerdings unzulässig, DNA-Analysen zu strafprozessualen Zwecken durchzuführen, die eine Totalerhebung des Genoms darstellen oder zur Erstellung eines unverhältnismäßigen Persönlichkeitsprofils führen. Die Ermittlung von wenigen Merkmalen im Rahmen der FDNAP führt indessen weder zur Totalerhebung noch zu einem Persönlichkeitsprofil.
6. Eingriffe in den unantastbaren Kernbereich sind nur unter engen Voraussetzungen anzunehmen. Die Wahrnehmung oder Ermittlung von äußeren Merkmalen – weil dauerhaft und äußerlich erkennbar – ist nicht als unangenehm oder kompromittierend zu erachten, sodass aus diesem Gesichtspunkt keine Verletzung der Intimsphäre angenommen werden kann.
7. Ein Missbrauchsrisiko, welches sich bei der FDNAP realisieren könnte, kann nicht ausgeschlossen, ist aber eher unwahrscheinlich und kann zudem durch gesetzliche und organisatorische Vorkehrungen eingeschränkt werden. Das verbleibende Risiko ist so gering, dass es mit der Menschenwürde und dem Recht auf informationelle Selbstbestimmung vereinbar ist.
8. Bei der Bewertung der Verfassungsmäßigkeit der FDNAP ist nicht zwischen codierenden und nicht codierenden Abschnitten der DNA zu differenzieren, sondern bei der Ermittlung von jedem einzelnen Merkmal zu prüfen, wie intensiv der Eingriff für den Betroffenen jeweils ist.
9. Das Recht auf informationelle Selbstbestimmung ist durch die Analyse des codierenden Bereichs der DNA betroffen. Eingriffe lassen sich jedoch bei der Ermittlung des Geschlechts, der Haar-, Augen- und Hautfarbe, des BMI, der Körpergröße, des Alters sowie der Gesichtsmorphologie rechtfertigen, sofern ein Abgleich mit der DNA-Analyse-Datei keinen Treffer ergeben hat, der zu einer namentlich bekannten Person mit demselben Identifizierungsmuster geführt hat. Dadurch wird das Kriterium der verfassungsrechtlichen Erforderlichkeit erfüllt. Dieses Abwarten ist zumutbar. Die Ermittlung ist auch verhältnismäßig: Alle Merkmale haben zwar Persönlichkeitsrelevanz, sind indes äußerlich erkennbar und mithin weniger schützenswert. Der Betroffene, dessen DNA analysiert wird, offenbart damit nicht mehr, als jeder von außen erkennen kann oder auch eine Zeugenbeschreibung ergeben könnte. Der Betroffene setzt auch selbst regelmäßig nicht auf die Vertraulichkeit oder den besonderen Schutz seiner äußeren Merkmale.

10. Dem eher geringen Interesse des Betroffenen an seinen Daten steht bei Straftaten von erheblicher Bedeutung ein besonderes Strafverfolgungsinteresse gegenüber. Bei Bagatelldelikten ist die FDNAP unzulässig.
11. Eine Verletzung des Art. 3 Abs. 3 Satz 1 GG ist durch die FDNAP nicht gegeben. Es stellt keine Diskriminierung dar, wenn man einen Tatverdächtigen anhand von Merkmalen sucht, die in Art. 3 Abs. 3 Satz 1 GG genannt sind.
12. Für eine Regelung der FDNAP hat der Bundesgesetzgeber die Kompetenz gemäß Art. 74 Abs. 1 Nr. 1 GG.
13. In einer solchen Regelung wäre zu berücksichtigen, dass die FDNAP nur auf richterliche Anordnung zulässig ist.
14. Wegen des Rechts auf informationelle Selbstbestimmung ist besonders darauf zu achten, dass nur eingeschränkter Zugriff auf die DNA und die Ergebnisse besteht. Diese Einschränkung muss technisch und organisatorisch gewährleistet werden.
15. Um Fehler zu vermeiden, müssen alle an der FDNAP beteiligten Personen gründlich und bedacht vorgehen. Dazu sind sie intensiv zu schulen.

Literaturverzeichnis

Alberts, Bruce/Johnson, Alexander/Lewis, Julian et al., Molekularbiologie der Zelle, 6. Auflage, 2017 (zitiert: Molekularbiologie der Zelle, S. …).

Altendorfer, Reinhold, Rechtsprobleme der DNA-Analyse im Strafverfahren, 2001 (zitiert: *Altendorfer*, S. …).

Anslinger, Katja/Rolf, Burkhard/Eisenmenger, Wolfgang, „Möglichkeiten und Grenzen der DNA-Analyse“ in DRiZ 2005, S. 165 ff. (zitiert: *Anslinger/Rolf/Eisenmenger*, DRiZ 2005, 165, …).

Archontaki, Despina/Lewis, Gary J./Bates, Timothy C., „Genetic Influences on Psychological Well-Being: A Nationally Representative Twin Study“ in Journal of Personality 2013, Vol. 81, Ausgabe 2, 221 ff. (zitiert: *Archontaki/Lewis/Bates*, Journal of Personality 2013, Vol. 81, Ausgabe 2, 221, …).

Augenstein, Seth, „Hair Isotope Analysis Could Reveal Sex, BMI, Diet, Exercise“ in Forensic Magazine vom 4. April 2017, abrufbar unter https://www.forensicmag.com/news/2017/04/hair-isotope-analysis-could-reveal-sex-bmi-diet-exercise, abgerufen am 6. Dezember 2017 (zitiert: *Augenstein*, ForensicMag 2017).

Augsberg, Steffen, „Von der Solange- zur Soweit-Rechtsprechung: Zum Prüfungsumfang des Bundesverfassungsgerichts bei richtlinienumsetzenden Gesetzen“ in DÖV 2010, 153 ff. (zitiert: *Augsberg*, DÖV 2010, 153, …).

Avery, Oswald T./MacLeod, Colin M./McCarty, Maclyn, „Studies on the chemical nature of the substance inducing transformation of pneumococcal types: induction of transformation by a desoxyribonucleic acid fraction isolated from pneumoccus type III“ in The Journal of Experimental Medicine 1944, Vol. 79, Ausgabe 2, 137 ff. (zitiert: *Avery et al.*, The Journal of Experimental Medicine 1944, Vol. 79, Ausgabe 2, 137, …).

Bäcker, Matthias/Hornung, Gerrit, „EU-Richtlinie für die Datenverarbeitung bei Polizei und Justiz in Europa Einfluss des Kommissionsentwurfs auf das nationale Strafprozess- und Polizeirecht“ in ZD 2012, 147 ff. (zitiert: *Bäcker/Hornung*, ZD 2012, 147, …).

Balding, David/Weale, Michael/Richards, Michael et al., „Genetic and isotopic analysis and the UK Border Agency“ in Significance 2010, Vol. 7, Ausgabe 2, 58 ff. (zitiert: *Balding/Weale/Richards et al.*, Significance 2010, Vol. 7, Ausgabe 2, 58, …).

Beck, Maren, „Forensic DNA-Phenotyping – Bestimmung äußerer Merkmale aus der DNA“ in KriPoZ 2017, 160 ff. (zitiert: *Beck*, KriPoZ 2017, 160, …).

Beck, Maren, Die DNA-Analyse im Strafverfahren: De lege lata et ferenda, 2015 (zitiert: *Beck*, S. …).

Bender, Rolf, „Der Irrtum ist der größte Feind der Wahrheitsfindung vor Gericht" in StV 1982, 484 ff. (zitiert: *Bender*, StV 1982, 484, …).

Bender, Rolf/Nack, Armin, Tatsachenfeststellung vor Gericht, Band I, Glaubwürdigkeits- und Beweislehre, 2. Auflage, 1995 (zitiert: *Bender/Nack*, Tatsachenfeststellung, Rn. …).

Bender, Rolf/Nack, Armin/Treuer, Wolf-Dieter, Tatsachenfeststellung vor Gericht, 3. Auflage, 2007 (zitiert: *Bender/Nack/Treuer*, Tatsachenfeststellung, Rn. …).

Benfer, Jost, „Die molekulargenetische Untersuchung (§§ 81e, 81g StPO)" in Strafverteidiger 1999 (zitiert: *Benfer*, StV 1999, 402, …).

Berndt, Christina, „Die trügerische Sicherheit von DNA-Spuren" in Süddeutsche Zeitung vom 23. März 2017, abrufbar unter http://www.sueddeutsche.de/wissen/forensik-die-truegerische-sicherheit-von-dna-spuren-1.3431049, abgerufen am 29. November 2017 (zitiert: *Berndt*, SZ vom 23. März 2017).

Bernsdorff, Norbert/Borowsky, Martin, „Grundrechte in Europa – Von der Grundrechtecharta zur Europäischen Verfassung" in DRiZ 2005, 188 ff. (zitiert: *Bernsdorff/Borowsky*, DRiZ 2005, 188, …).

Beulke, Werner, Strafprozessrecht, 13. Auflage, 2016 (zitiert: *Beulke*, Strafprozessrecht, Rn. …).

Bickel, Heribert, „Möglichkeiten und Risiken der Gentechnik" in Verwaltungsarchiv 87 (1996), S. 169 ff. (zitiert: *Bickel*, VerwArch 1996, 169, …).

Bieback, Karl-Jürgen, „Mittelbare Diskriminierung der Frauen im Sozialrecht" in ZIAS 1990, 1 ff. (zitiert: *Bieback*, ZIAS 1990, 1, …).

Bielicki, Jan, „Tödliche Zweisamkeit" in Süddeutsche Zeitung vom 23. Mai 2012, abrufbar unter http://www.sueddeutsche.de/panorama/frauenmorde-sind-haeufig-beziehungstaten-toedliche-zweisamkeit-1.1365223, abgerufen am 23. Januar 2018 (zitiert: *Bielicki*, SZ vom 23. Mai 2012).

Bliwier, Thomas, „Überschätztes Beweismittel?" in Freispruch 2017, Heft 11, S. 4 ff. (zitiert: *Bliwier*, Freispruch 11/2017, S. 4, …).

Bockemühl, Jan, „Ausweitung der DNA-Analyse? Pro & Contra" in NJW aktuell 3/2017, S. 16 (zitiert: *Bockemühl*, NJW aktuell 3/2017, S. 16).

Bocklandt, Sven/Lin, Wen/Sehl, Mary et al., „Epigenetic Predictor of Age" in PLoS ONE 2011, Vol. 6, Ausgabe 6, e14821 (zitiert: *Bocklandt/Lin/Sehl et al.*, PLoS ONE 2011, Vol. 6, Ausgabe 6, e14821).

Bolnick, Deborah A., „Individual Ancestry Inference and the Reification of Race as a Biological Phenomenon" in Koenig, Barbara A./Lee, Sandra Soo-Jin/Richardson, Sarah S., 2008, Revisiting Race in a Genomic Age, S. 70 ff. (zitiert: *Bolnick*, S. 70, …).

Brinkmann, Bernd, „Forensische DNA-Analytik“ in Deutsches Ärzteblatt 2004, Jahrgang 101, Heft 34–35, A2329 ff. (zitiert: *Brinkmann*, Deutsches Ärzteblatt 2004, Jahrgang 101, Heft 34–35, A2329, …).

Brinkmann, Bernd, „Möglichkeiten und Grenzen der Molekulargenetik in der Rechtsmedizin“ in Festschrift für Wolfgang Eisenmenger, 2004, S. 23 ff. (zitiert: *Brinkmann*, FS Eisenmenger, 2004, 23, …).

Britz, Gabriele, „Grundrechtsschutz durch das Bundesverfassungsgericht und den Europäischen Gerichtshof“ abrufbar auf http://www.uni-giessen.de/fbz/fb01/professuren/britz/mediathek/dateien/grundrechtsschutz-ak-europaisches-verfassungsrecht.pdf, abgerufen am 23. Januar 2018 (zitiert: *Britz*, S. …).

Brookes, Anthony J., „The essence of SNPs“ in Gene 1999, Vol. 234, Ausgabe 2, 177 ff. (zitiert: *Brookes*, Gene 1999, Vol. 234, Ausgabe 2, 177, …).

Buchanan, Nicholas/Staubach, Fabian/Wienroth, Matthias et al., „Correspondence – Forensic DNA phenotyping legislation cannot be based on ‚Ideal FDP‘ – A response to Caliebe, Krawczak and Kayser“ in FSI Genetics 2018, Vol. 34, e13 f. (zitiert: *Buchanan/Staubach/Wienroth et al.*, FSI Genetics 2018, Vol. 34, e13).

Burr, Kai, Das DNA-Profil im Strafverfahren unter Berücksichtigung der Rechtsentwicklung in den USA, 1995 (zitiert: *Burr*, S. …).

Buselmaier, Werner, Biologie für Mediziner, 13. Auflage, 2015 (zitiert: *Buselmaier*, Biologie für Mediziner, S. …).

Buselmaier, Werner/Tariverdian, Gholamali, Humangenetik, 4. Auflage, 2007 (zitiert: *Buselmaier/Tariverdian*, Humangenetik, S. …).

Butler, Erin/Li, Richard, „Genetic Markers for Sex Identification in Forensic DNA Analysis“ in Journal of Forensic Investigation 2014, Vol. 2, Ausgabe 3, 10 ff., abrufbar unter http://www.avensonline.org/fulltextarticles/jfi-2330-0396-02-0013.html, abgerufen am 23. Mai 2017 (zitiert: *E. Butler/Li*, Journal of Forensic Investigation, August 2014, Vol. 2, Ausgabe 3, S. 1, …).

Butler, John M., „Genetics and Genomics of Core Short Tandem Repeat Loci Used in Human Identity Testing“ in Journal of Forensic Science 2006, Vol. 51, Ausgabe 2, 253 ff. (zitiert: *Butler*, Journal of Forensic Science 2006, Vol. 51, Ausgabe 2, 253, …).

Butler, John M., Advanced Topics in Forensic DNA Typing, 2015 (zitiert: *Butler*, Advanced Topics in Forensic DNA Typing, S. …).

Caliebe, Amke/Krawczk, Michael/Kayser, Manfred, „Correspondence – Predictive values in Forensic DNA phenotyping are not necessarily prevalence-dependent“ in FSI Genetics 2018, Vol. 33, e7 f. (zitiert: *Caliebe/Krawczk/Kayser*, FSI Genetics 2018, Vol. 33, e7).

Caliebe, Amke/Walsh, Susan/Liu, Fan et al., „Likelihood ratio and posterior odds in forensic genetics: Two sides of the same coin“ in Forensic Science International Genetics 2017, Vol. 28, 203 ff. (zitiert: *Caliebe/Walsh/Liu et al.,* FSI Genetics 2017, Vol. 28, 203, …).

Calliess, Christian, „Europäische Gesetzgebung und nationale Grundrechte – Divergenzen in der aktuellen Rechtsprechung von EuGH und BVerfG?“ in JZ 2009, 113 ff. (zitiert: *Calliess*, JZ 2009, 113, …).

Calliess, Christian/Ruffert, Matthias, Kommentar zum EUV/AEUV, 5. Auflage, 2016 (zitiert: Calliess/Ruffert/*Bearbeiter*, GRC, Art. … Rn. …).

Clamp, Michele/Fry, Ben/Kamal, Mike et al., „Distinguishing protein-coding and non-coding genes in the human genome“ in Proceedings of the National Academy of Sciences of the USA 2007, Vol. 104, Ausgabe 49, S. 19428 ff. (zitiert: *Clamp et al.,* PNAS 2007, S. 19428, …).

Cobain, Ian, „Killer breakthrough – the day DNA evidence first nailed a murderer“ in The Guardian, abrufbar unter https://www.theguardian.com/uk-news/2016/jun/07/killer-dna-evidence-genetic-profiling-criminal-investigation, abgerufen am 16. Januar 2018 (zitiert: *Cobain*, The Guardian).

Courts, Cornelius/Madea, Burkhard, „Significant Association of TH01 Allele 9.3 and SIDS“ in Journal of Forensic Sciences 2011, Vol. 56, Ausgabe 2, 415 ff. (zitiert: *Courts/Madea*, Journal of Forensic Sciences 2011, Vol. 56, Ausgabe 2, 415, …).

Cremer, Hendrik, „Das Verbot rassistischer Diskriminierung nach Art. 3 Abs. 3 GG“ in AnwaltsBlatt 2012, 896 ff. (zitiert: *Cremer*, AnwBl 2012, 896, …).

Daniel, Runa/Walsh, Simon, „The Continuing Evolution of Forensic DNA Profiling – From STRS to SNPS“ in Australian Journal of Forensic Science 2006, Vol. 38, Ausgabe 2, S. 59 ff. (zitiert: *Daniel/Walsh*, Australian Journal of Forensic Science 2006, Vol. 38, Ausgabe 2, S. 59, …).

Deckers, Rüdiger, „DNA-Analyse ausweiten? Pro & Contra“ in Deutsche Richterzeitung 2017, 89 (zitiert: *Deckers*, DRiZ 2017, 89).

Dembinski, Gina M./Picard, Christine J., „Evaluation of the IrisPlex DNA-based eye color prediction assay in a United States population“ in Forensic Science International Genetics 2014, Vol. 9, 111 ff. (zitiert: *Dembinski/Picard*, FSI Genetics 2014, Vol. 9, 111, …).

Dettmeyer, Reinhard B./Schütz, Harald F./Verhoff, Marcel A., Rechtsmedizin, 2. Auflage, 2014 (zitiert: *Dettmeyer/Schütz/Verhoff*, Rechtsmedizin, S. …).

Diep, Francie, „Modeling Suspects' Faces Using DNA From Crime Scenes“ in Popular Science vom 29. Januar 2015, abrufbar unter http://www.popsci.com/new-service-reverse-engineers-faces-dna-samples-crime-scenes, abgerufen am 19. Januar 2017 (zitiert: *Diep*, Popular Science 2015).

Dölling, Dieter/Duttge, Gunnar/König, Stefan/Rössner, Dieter (Hrsg.), Gesamtes Strafrecht: StGB – StPO – Nebengesetze, 4. Auflage, 2017 (zitiert: Dölling/Duttge/König/Rössner/*Bearbeiter*, § ... Rn. ...).

Donner, Hartwig/Simon, Jürgen, „Genomanalyse und Verfassung" in DÖV 1990, S. 907 ff. (zitiert: *Donner/Simon*, DÖV 1990, 907, ...).

Dreier, Horst (Hrsg.), Grundgesetz Kommentar, Band 1, Artikel 1–19, 3. Auflage, 2013 (zitiert: Dreier/*Bearbeiter*, Art. ... Rn. ...).

Dürig, Günter, „Der Grundrechtssatz von der Menschenwürde" in Archiv für das öffentliche Recht 81 (1956), S. 117 ff. (zitiert: *Dürig*, AöR 81 (1956), 117, ...).

Dürig, Günter, „Die Menschenauffassung des Grundgesetzes" in JR 1952, 259 ff. (zitiert: *Dürig*, JR 1952, 259, ...).

Duster, Troy, „Ancestry Testing and DNA" in Krimsky, Sheldon/Sloan, Kathleen, Race and the Genetic Revolution: Science, Myth and Culture, 2011, S. 99 ff. (zitiert: *Duster*, Race and Genetic Revolution, 99, ...).

Duster, Troy/Toom, Victor/Heinemann, Torsten et al., „Correspondence – Approaching ethical, legal and social issues of emerging forensic DNA phenotyping (FDP) technologies comprehensively: Reply to 'Forensic DNA phenotyping: Predicting human appearance from crime scene material for investigative purposes' by Manfred Kayser" in Forensic Science International Genetics 2012, Vol. 22, e1 ff. (zitiert: *Duster/Toom/Heinemann et al.*, FSI Genetics 2012, Vol. 22, e1, ...).

Duttge, Gunnar, „Das Recht auf Nichtwissen in der Medizin" in Datenschutz und Datensicherheit 2010, 34 ff. (zitiert: *Duttge*, DuD 2010, 34, ...).

Duttge, Gunnar/Hörnle, Tatjana/Renzikowski, Joachim, „Das Gesetz zur Änderung der Vorschriften über die Straftaten gegen die sexuelle Selbstbestimmung" in NJW 2004, 1065 ff. (zitiert: *Duttge/Hörnle/Renzikowski*, NJW 2004, 1065, ...).

Ebsen, Ingwer, „Koordinierung der Rechtsdogmatik beim Gebot der Gleichberechtigung von Männern und Frauen" in Recht der Arbeit 1993, 11 ff. (zitiert: *Ebsen*, Recht der Arbeit 1993, 11, ...).

Ehlers, Dirk (Hrsg.), Europäische Grundrechte und Grundfreiheiten, 4. Auflage, 2014 (zitiert: *Ehlers*, Europäische Grundrechte, § ... Rn. ...).

Eisenberg, Ulrich, Beweisrecht der StPO, 10. Auflage, 2017 (zitiert: *Eisenberg*, Beweisrecht, Rn. ...).

Elkins, Lindsay A., „Five Foot Two with Eyes of Blue: Physical Profiling and the Prospect of a Genetics-Based Criminal Justice System" in Notre Dame Journal of Law, Ethics & Public Policy, Vol. 17, Februar 2014, S. 268 ff. (zitiert: *Elkins*, Notre Dame Journal of Law, Ethics & Public Policy, Vol. 17, Februar 2014, S. 268, ...).

Emmenegger, Sigrid/Wiedmann, Ariane (Hrsg.), Linien der Rechtsprechung des Bundesverfassungsgerichts, Bd. 2, 2011 (zitiert: *Bearbeiter* in Emmenegger/Wiedmann, Linien der Rechtsprechung des Bundesverfassungsgerichts, S. …).

Epping, Volker, Grundrechte, 7. Auflage 2017 (zitiert: *Epping,* Grundrechte, Rn. …).

Epping, Volker/Hillgruber, Christian, Beck'scher Online-Kommentar Grundgesetz (zitiert: Epping/Hillgruber/*Bearbeiter,* BeckOK GG, … Edition, Stand: … Art. … Rn. …).

EUROFORGEN, Network of Excellence, Making Sense of Forensic Genetics, 2017, abrufbar unter http://senseaboutscience.org/wp-content/uploads/2017/01/making-sense-of-forensic-genetics.pdf, abgerufen am 23. Januar 2018 (zitiert: EUROFORGEN, Making Sense of Forensic Genetics, S. …).

EUROFORGEN, Network of Excellence, A Guide to Legal and Ethical Principles and Practices in Forensic Genetics, 2016, abrufbar unter https://www.euroforgen.eu/fileadmin/websites/euroforgen/media/Ethical_documents/Folder_2/D4.05_Guide_Legal_Ethical_Principles_Forensics_2017.pdf, abgerufen am 23. Januar 2018 (zitiert: EUROFORGEN, A Guide to Legal and Ethical Principles and Practices in Forensic Genetics, S. …).

Feuerlein, Monika, „‚Ethnische Marker' in der DNA-Analyse – ein Interview mit Mark Benecke", abrufbar unter https://www.gen-ethisches-netzwerk.de/ethnische-marker-der-dna-analyse, abgerufen am 9. November 2017 (zitiert: *Benecke,* https://www.gen-ethisches-netzwerk.de/ethnische-marker-der-dna-analyse).

Fikentscher, Wolfgang/Pflug, Manuel/Schwermer, Luisa (Hrsg.), Akkulturation, Integration, Migration, 2012 (zitiert: Akkulturation, Integration, Migration, S. …).

Fisahn, Andreas, „Ein unveräußerliches Grundrecht am eigenen genetischen Code" in ZRP 2001, 49 ff. (zitiert: *Fisahn,* ZRP 2001, 49, …).

Foldenauer, Wolfgang, Genanalyse im Strafverfahren, 1995 (zitiert: *Foldenauer,* S. …).

Fox, Dov, „The Second Generation of Racial Profiling" in American Journal of Criminal Law, Vol. 38, Ausgabe 49, S. 1 ff. (zitiert: *Fox,* American Journal of Criminal Law Vol. 38, Ausgabe 49, S. 1, …).

Franke, Nora, Versuche zur Täteridentifizierung an Minimalspuren mittels DNA-Typisierung, 2010 (zitiert: *Franke,* Täteridentifizierung, S. …).

Frederickson, Darin D./Siljander, Raymond P., Racial Profiling: Eliminating the Confusion Between Racial and Criminal Profiling and Clarifying What

Constitutes Unfair Discrimination and Persecution, 2002 (zitiert: *Frederickson/Siljander*, Racial Profiling, S. …).

Frenz, Walter, Handbuch des Europarechts, Band IV, 2009 (zitiert: *Frenz*, Hdb. EuR IV, Rn. …).

Frenzel, Eike Michael, „Die Charta der Grundrechte als Maßstab für mitgliedstaatliches Handeln zwischen Effektivierung und Hyperintegration" in Der Staat 2014, 1 ff. (zitiert: *Frenzel*, Der Staat 2014, 1, …).

Friauf, Karl Heinrich/Höfling, Wolfram (Hrsg.), Berliner Kommentar zum Grundgesetz, Band 1, Art. 1–12a GG (zitiert: Friauf/Höfling/*Bearbeiter*, Berliner Kommentar, Bd. I, … Erg.-Lfg. …, Art. … Rn. …)

Fuchs, Florian, „Biografie in den Knochen" in Süddeutsche Zeitung vom 18. Februar 2017 (zitiert: *Fuchs*, SZ vom 18. Februar 2017).

Fullwiley, Duana, „Can DNA ‚Witness' Race?" in Krimsky, Sheldon/Sloan, Kathleen, Race and the Genetic Revolution: Science, Myth and Culture, 2011, S. 116 ff. (zitiert: *Fullwiley*, Race and Genetic Revolution, 116, …).

Garrett, Brandon L., „Judging Innocence" in Columbia Law Review 2008, Vol. 108, 55 ff. (zitiert: *Garrett*, Columbia Law Review 2008, Vol. 108, 55, …).

Geipel, Andreas, Handbuch der Beweiswürdigung, 3. Auflage, 2017 (zitiert: *Geipel*, Handbuch der Beweiswürdigung, § … Rn. …).

Gercke, Björn/Julius, Karl-Peter/Temming, Dieter/Zöller, Mark A. (Hrsg.), Heidelberger Kommentar zur Strafprozessordnung, 5. Auflage, 2012 (zitiert: HK/*Bearbeiter*, § … Rn. …).

Glaser, Michael/Gedeon, Bertolt, „Dissonante Harmonie: Zu einem zukünftigen ‚System' strafprozessualer verdeckter Ermittlungsmaßnahmen" in GA 2007, 415 ff. (zitiert: *Glaser/Gedeon*, GA 2007, 415, …).

Gola, Peter/Klug, Christoph/Körffer, Barbara/Schomerus, Rudolf, BDSG, 12. Auflage, 2015 (zitiert: Gola/Schomerus/*Bearbeiter*, BDSG, § … Rn. …).

Gössel, Karl Heinz, „Gentechnische Untersuchungen als Gegenstand der Beweisführung im Strafverfahren" in Gedächtnisschrift für Karlheinz Meyer, 1990, S. 121 ff. (zitiert: *Gössel*, GS Meyer, S. 121, …).

Graalmann-Scherer, Kirsten, „DNA-Massentest de lege lata und de lege ferenda" in NStZ 2004, 297 ff. (zitiert: *Graalmann-Scherer*, NStZ 2004, 297, …).

Graalmann-Scherer, Kirsten, „Molekulargenetische Untersuchung im Strafverfahren" in ZRP 2002, 72 ff. (zitiert: *Graalmann-Scherer*, ZRP 2002, 72, …).

Graalmann-Scherer, Kirsten, „Molekulargenetische Untersuchung und Revision" in Festschrift Peter Rieß, 2002, S. 153 ff. (zitiert: *Graalmann-Scherer*, FS Rieß, S. 153, …).

Grabenwarter, Christoph, Europäischer Grundrechteschutz, 2014 (zitiert: Grabenwarter/*Bearbeiter*, Europäischer Grundrechteschutz, § … Rn. …).

Grabitz, Eberhard/Hilf, Meinhard/Nettesheim, Martin, Recht der Europäischen Union (zitiert: Grabitz/Hilf/Nettesheim/*Bearbeiter*, … EL, Datum, Art. … AEUV Rn. …).

Graf, Jürgen-Peter, Beck'scher Online-Kommentar StPO mit RiStBV und MiStra (zitiert: BeckOK-StPO/*Bearbeiter*, … Edition, Stand: …, § … Rn. …).

Grimes, Eileen A./Noake, Penny J./Dixon, Linsay et al., „Sequence polymorphism in the human melanocortin 1 receptor gene as an indicator of the red hair phenotype" in Forensic Science International 2001, Vol. 122, Ausgabe 2–3, 124 ff. (zitiert: *Grimes/Noake/Dixon et al.*, Forensic Science International 2001, Vol. 122, Ausgabe 2–3, 124, …).

Hallgrimsson, Benedikt/Mio, Washington/Marcucio, Ralph S. et al., „Let's Face It – Complex Traits Are Just Not That Simple" in PLoS Genetics 2014, Vol. 10 Ausgabe 11, e1004724 (zitiert: *Hallgrimsson/Mio/Marcucio et al.*, PLoS Genetics 2014, Vol. 10 Ausgabe 11, e1004724, 1, …).

Hamano, Yuya/Manabe, Sho/Morimoto, Chie et al., „Forensic age prediction for saliva samples using methylation-sensitive high resolution melting: exploratory application for cigarette butts" in Scientific Reports 2017, Vol. 7, S. 1 ff. (zitiert: *Hamano/Manabe/Morimoto et al.*, Scientific Reports 2017, Vol. 7, 1, …).

Han, Jiali/Kraft, Peter/Nan, Hongmei et al., „A Genome-Wide Association Study Identifies Novel Alleles Associated with Hair Color and Skin Pigmentation" in PLoS Genetics 2008, Vol. 4, Ausgabe 5, e1000074, abrufbar unter http://journals.plos.org/plosgenetics/article?id=10.1371/journal.pgen.1000074, abgerufen am 23. Januar 2018 (zitiert: *Han/Kraft/Nan et al.*, PLoS Genetics 2008, Vol. 4, Ausgabe 5, e1000074, …).

Hanau, Peter/Preis, Ulrich, „Zur mittelbaren Diskriminierung wegen des Geschlechts" in ZfA 1988, 177 ff. (zitiert: *Hanau/Preis*, ZfA 1988, 177, …).

Hannich, Rolf, Karlsruher Kommentar zur Strafprozessordnung, 7. Auflage, 2013 (zitiert: KK-StPO/*Bearbeiter*, § … Rn. …).

Hansen, Mark, „The Great Detective" in American Bar Association Journal 2001, Vol. 87, Ausgabe 4, April, S. 36 ff. (zitiert: *Hansen*, A.B.A.J. 2001, Vol. 87, Ausgabe 4, S. 36, …).

Härtel, Ines, „Genetischer Fingerabdruck im Verfassungsstaat" in Zeitschrift für Gesetzgebung 2005, 300 ff. (zitiert: *Härtel*, ZG 2005, 300, …).

Hasselbach, Sabrina, Die Novellierung der forensischen DNA-Analyse, 2008 (zitiert: *Hasselbach*, Novellierung der forensischen DNA-Analyse, S. …).

Heinrich, Peter/Müller, Matthias/Graeve, Lutz (Hrsg.), Biochemie und Pathobiochemie, 9. Auflage, 2014 (zitiert: Biochemie und Pathobiochemie, S. …).

Heller, Michael J., „DNA Microarray Technology: Devices, Systems, and Applications" in Annual Review of Biomedical Engineering 2002, Vol. 4, 129 ff. (zitiert: *Heller*, Annual Review Biomedical Engineering 2002, Vol. 4, 129, …).

Helmus, Janine/Bajanowski, Thomas/Poetsch, Micaela, „DNA transfer – a never ending story. A study on scenarios involving a second person as carrier" in International Journal of Legal Medicine 2016, Vol. 130, S. 121 ff. (zitiert: *Helmus/Bajanowski/Poetsch*, International Journal of Legal Med 2016, Vol. 130, S. 121, …).

Henke, Jürgen/Schmitter, Hermann, „DNA-Polymorphismen in forensischen Fragestellungen" in MDR 1989, S. 404 ff. (zitiert: *Henke/Schmitter*, MDR 1989, 404, …).

Hero, Kristin, Der genetische und der daktylische Fingerabdruck – eine vergleichende Analyse im Lichte des Rechts auf informationelle Selbstbestimmung, 2011 (zitiert: *Hero*, S. …).

Herrmann, Bernd/Saternus, Klaus-Steffen (Hrsg.), Biologische Spurenkunde, Band 1, 2007 (zitiert: *Bearbeiter* in Kriminalbiologie, S. …).

Hibbert, Michelle, „DNA Databanks: Law Enforcement's Greatest Surveillance Tool?" in Wake Forest Law Review 1999, Vol. 34, Ausgabe 3, 767 ff. (zitiert: *Hibbert*, Wake Forest Law Review 1999, Vol. 34, Ausgabe 3, 767, …).

Hilgendorf, Eric, „Die missbrauchte Menschenwürde – Probleme des Menschenwürdetopos am Beispiel der bioethischen Diskussion" in *Byrd/Hruschka/Jörden*, Jahrbuch für Ethik und Recht, Band 7, 1999, Der analysierte Mensch, S. 137 ff. (zitiert: *Hilgendorf*, Jahrbuch für Recht und Ethik, Band 7, 1999, S. 137, …).

Hirsch-Kauffmann, Monica/Schweiger, Manfred/Schweiger, Michal-Ruth, Biologie für Mediziner und Naturwissenschaftler, 7. Auflage 2009 (zitiert: *Hirsch-Kauffmann/Schweiger/Schweiger*, Biologie für Mediziner und Naturwissenschaftler, S. …).

Höfer, Klaus Martin, SWR2 Wissen: „Biologische Rasterfahndung" vom 23. Oktober 2017, abrufbar unter https://www.swr.de/swr2/programm/sendungen/wissen/biologische-rasterfahndung/-/id=660374/did=20297356/nid=660374/dvwr8p/index.htm sowie Manuskript abrufbar unter https://www.swr.de/-/id=20531960/property=download/nid=660374/3ju5d6/index.pdf, beide abgerufen am 23. Januar 2018 (zitiert: SWR Wissen).

Hofmann, Hans/Henneke, Hans-Günther, Kommentar Grundgesetz, 14. Auflage, 2017 (zitiert: Schmidt-Bleibtreu/Hofmann/Henneke/*Bearbeiter*, Art. … Rn. …).

Horn, Florian, Biochemie des Menschen, 6. Auflage, 2015 (zitiert: *Horn*, Biochemie des Menschen, S. …).

Hother, Marc, Die DNA-Analyse – ihre Bedeutung für die Strafverfolgung und ihr Beweiswert im Strafverfahren, 1995 (zitiert: *Hother*, S. …).

Huber, Peter M., „Auslegung und Anwendung der Charta der Grundrechte" in NJW 2011, 2385 ff. (zitiert: *Huber*, NJW 2011, 2385, …).

Isensee, Josef/Kirchhof, Paul, Handbuch des Staatsrechts, Band VIII, 3. Auflage, 2010 (zitiert: *Bearbeiter*, HStR VIII, § … Rn. …).

Jarass, Hans D./Pieroth, Bodo, Grundgesetz für die Bundesrepublik Deutschland, 15. Auflage, 2018 (zitiert: Jarass/Pieroth/*Bearbeiter*, Art. … Rn. …).

Jeffreys, Alec C./Wilson, Victoria/Thein, Swee Lay, „Hypervariable ‚minisatellite' regions in human DNA" in Nature 1985, Vol. 314, 67 ff. (zitiert: *Jeffreys/Wilson/Thein*, Nature 1985, Vol. 314, 67, …).

Kayser, Manfred, „Forensic DNA Phenotyping: Predicting human appearance from crime scene material for investigative purposes" in Forensic Science International Genetics 2015, Vol. 18, 33 ff. (zitiert: *Kayser*, FSI Genetics 2015, Vol. 18, 33, …).

Kayser, Manfred, „Für eine Erweiterung der forensischen DNA-Analyse" auf https://causa.tagesspiegel.de/ethik/vom-erbgut-zum-phantombild-ein-noetiger-tabubruch/fuer-eine-erweiterung-der-forensischen-dna-analyse.html, abgerufen am 29. November 2017 (zitiert: *Kayser,* https://causa.tagesspiegel.de/ethik/vom-erbgut-zum-phantombild-ein-noetiger-tabubruch/fuer-eine-erweiterung-der-forensischen-dna-analyse.html).

Kayser, Manfred/de Knijff, Peter, „Improving human forensics through advances in genetics, genomics and molecular biology" in Nature 2011, Vol. 12, S. 179 ff. (zitiert: *Kayser/de Knijff,* Nature 2011, Vol. 12, S. 179, …).

Kayser, Manfred/Schneider, Peter M., „Reply to ‚Bracketing off population does not advance ethical reflection on EVCs: A reply to Kayser and Schneider' by A. M'charek, V. Toom, and B. Prainsack" in Forensic Science International Genetics 2012, Vol. 6, Ausgabe 1, e18 f. (zitiert: *Kayser/P.M. Schneider*, FSI Genetics 2012, Vol. 6, Ausgabe 1, e18, …).

Kayser, Manfred/Schneider, Peter M., „DNA-based prediction of human externally visible characteristics in forensics: Motivations, scientific challenges, and ethical considerations" in Forensic Science International Genetics 2009, Vol. 3, Ausgabe 3, 154 ff. (zitiert: *Kayser/P.M. Schneider*, FSI Genetics 2009, Vol. 3, Ausgabe 3, 154, …).

Keating, Brendan/Bansal, Aruna T./Walsh, Susan et al., „First all-in-one diagnostic tool for DNA intelligence: genome-wide inference of biogeographic ancestry, appearance, relatedness, and sex with the Identitas v1 Forensic Chip" in

International Journal of Legal Medicine Mai 2013, Vol. 127, Ausgabe 3, 559 ff. (zitiert: *Keating/Bansal/Walsh et al.*, International Journal of Legal Medicine Mai 2013, Vol. 127, Ausgabe 3, 559, …).

Kersbergen, Paula/van Duijn, Kate/Kloosterman, Ate D. et al., „Developing a set of ancestry-sensitive DNA markers reflecting continental origins of humans“ in Biomed Central Genetics 2009, Vol. 10, Ausgabe 69, S. 1 ff. (zitiert: *Kersbergen/van Duijn/Kloosterman et al.*, BMC Genetics 2009, Vol. 10, Ausgabe 69, S. 1, …).

Kimmich, H./Spyra, W./Steinke, W., „Das DNA-Profiling in der Kriminaltechnik und der juristischen Diskussion“ in NStZ 1990, 318 ff. (zitiert: *Kimmich/Spyra/Steinke*, NStZ 1990, 318, …).

Kindhäuser, Urs/Neumann, Ulfrid/Paeffgen, Hans-Ulrich, Strafgesetzbuch, 5. Auflage, 2017. (zitiert: Kindhäuser/Neumann/Paeffgen/*Bearbeiter*, StGB, § … Rn. …).

Kingreen, Thorsten/Poscher, Ralf, Grundrechte, Staatsrecht II, 33. Auflage, 2017 (zitiert: *Kingreen/Poscher*, Grundrechte, Rn. …).

Kirchhof, Ferdinand, „Kooperation zwischen nationalen und europäischen Gerichten“ in EuR 2014, 267 ff. (zitiert: *Kirchhof*, EuR 2014, 267, …).

Kirchhof, Ferdinand, „Keine Gleichheit im Unrecht?“ in Festschrift für Detlef Merten, 2007, S. 109 ff. (zitiert: *Kirchhof*, FS Merten, S. 109, …).

Klintschar, M./Reichenpfader B./Saternus, K.S., „A functional polymorphism in the tyrosine hydroxylase gene indicates a role of noradrenalinergic signaling in sudden infant death syndrome“ in The Journal of Pediatrics 2008, Vol. 153, Ausgabe 2, 190 ff. (zitiert: *Klintschar/Reichenpfader/Saternus*, The Journal of Pediatrics 2008, Vol. 153, Ausgabe 2, 190, …).

Klumpe, Birgit, Der „genetische Fingerabdruck“ im Strafverfahren: Rechtsprobleme bei der Anwendung genetischer Analysen in Großbritannien und Deutschland, 1993 (zitiert: *Klumpe*, S. …).

Kölbel, Christoph, Gleichheit im Unrecht, 1998 (zitiert: *Kölbel*, Gleichheit im Unrecht, S. … Rn. …).

König, Josef, „Strafprozessuale Änderungen des Gesetzes zur Änderung der Vorschrift über die Straftaten gegen die sexuelle Selbstbestimmung und zur Änderung anderer Vorschriften“ in Kriminalistik 2004, 262 ff. (zitiert: *König*, Kriminalistik 2004, 262, …).

Koops, Bert-Jaap/Prinsen, Merel/Schellekens, Maurice, „Wanted: A Tall Blond Dutchman. Does the Netherlands set the Stage in Regulating Forensic DNA Phenotyping?“ in Tilburg Law Review 2006, Vol. 13, 206 ff. (zitiert: *Koops/Prinsen/Schellekens*, Tilburg Law Review 2006, Vol. 13, S. 206, …).

Koops, Bert-Jaap/Schellekens, Maurice, „Forensic DNA Phenotyping: Regulatory Issues“ in The Columbia Science and Technology Law Review 2008, Vol. IX, S. 158 ff. (zitiert: *Koops/Schellekens*, The Columbia Science and Technology Law Review 2008, Vol. IX, S. 158, …).

Kopf, Verena Angela, Selbstbelastungsfreiheit und Genomanalysen im Strafverfahren: Untersuchungen zu Inhalt und Reichweite des Grundsatzes nemo tenetur se ipsum accusare unter besonderer Berücksichtigung von Genomanalysen, 1999 (zitiert: *Kopf*, S. …).

Koriath, Heinz, „Ist das DNA-Fingerprinting ein legitimes Beweismittel?“ in JA 1993, 270 ff. (zitiert: *Koriath*, JA 1993, 270, …).

Kosoy, Roman/Nassir, Rami/Tian, Chao et al., „Ancestry informative marker sets for determining continental origin and admixture proportions in common populations in America“ in Human Mutation 2009, Vol. 30, Ausgabe 1, S. 69 ff. (zitiert: *Kosoy/Nassir/Tian et al.*, Human Mutation 2009, Vol. 30, Ausgabe 1, S. 69, …).

Krehl, Christoph/Kolz, Alexander, „Genetischer Fingerabdruck und Verfassung“ in Strafverteidiger 2004, S. 447 ff. (zitiert: *Krehl/Kolz*, StV 2004, 447, …).

Krieglstein, Marco, Der genetische Fingerabdruck zur Personenidentifizierung im Strafverfahren: zur Frage des gesetzgeberischen Handlungsbedarfs (zitiert: *Krieglstein*, S. …).

Kube, Edwin/Schmitter, Hermann, „DNA-Analyse-Datei“ in Kriminalistik 1998, 415 ff. (zitiert: *Kube/Schmitter*, Kriminalistik 1998, 415, …).

Kudlich, Hans (Hrsg.), Münchener Kommentar zur Strafprozessordnung, Band 1: §§ 1–150 StPO, 2014 (zitiert: MüKo StPO/*Bearbeiter*, § … Rn. …).

Kühne, Hans-Heiner, Strafprozessrecht, 9. Auflage, 2015 (zitiert: *Kühne*, Strafprozessrecht, § … Rn. …).

Labudde, Dirk/Spranger, Michael, Forensik in der digitalen Welt, 2017 (zitiert: Labudde/Spranger/*Bearbeiter*, Forensik in der digitalen Welt, S. …).

Landsteiner, Karl, „Zur Kenntnis der antifermentativen, lytischen und agglutinierenden Wirkungen des Blutserums und der Lymphe“ in Zentralblatt für Bakteriologie, Parasitenkunde und Infektionskrankheiten 27 (1900), S. 357 ff. (zitiert: *Landsteiner*, Zentralblatt für Bakteriologie, 27 (1900), 357, …).

Landsteiner, Karl, „Ueber Agglutinationserscheinungen normalen menschlichen Blutes“ in Landsteiner, Wiener Klinische Wochenschrift 46 (1901), 1132 ff. (zitiert: *Landsteiner*, Wiener Klinische Wochenschrift 46 (1901), 1132, …).

Lanktree, Matthew B./Guo, Yiran/Murtaza, Muhammed et al., „Meta-analysis of Dense Genecentric Association Studies Reveals Common and Uncommon Variants Associated with Height“ in American Journal of Human Genetics 2011, Vol. 88, Ausgabe 1, S. 6 ff., abrufbar unter http://www.sciencedirect.com/science/article/pii/S000292971000594X?via%3Dihub#bib1, abgerufen am 25. Oktober 2017 (zitiert: *Lanktree/Guo/Murtaza et al.*, AJHG Press 2011, Vol. 88, Ausgabe 1, 6, …).

Latzel, Clemens, „Die Anwendungsbereiche des Unionsrechts" in Europäische Zeitschrift für Wirtschaftsrecht 2015, 658 ff. (zitiert: *Latzel*, EuZW 2015, 658, …).

Limbeck, Jutta, Die erkennungsdienstliche Behandlung und die DNA-Identitätsfeststellung gem. § 81g StPO. Maßnahmen des Erkennungsdienstes im Vergleich, 2007 (zitiert: *Limbeck*, S. …).

Lin, Ying-Ju/Liao, Wen-Ling/Wang, Chung-Hsing et al., „Association of human height-related genetic variants with familial short stature in Han Chinese in Taiwan" in Scientific Reports 2017, Vol. 7, 1 ff., abrufbar unter https://www.nature.com/articles/s41598-017-06766-z, abgerufen am 29. November 2017 (zitiert: *Lin/Liao/Wang et al.*, Scientific Reports 2017, Vol. 7, 1, …).

Lipphardt, Anna/Lipphardt, Veronika, „Risiken massiv unterschätzt – Drastische Ausweitung polizeilicher DNAAnalysen geplant" in BioSkop Nr. 78, Juni 2017, S. 3 ff., abrufbar unter https://www.bioskop-forum.de/files/bioskop_78_03-05.pdf, abgerufen am 18. Oktober 2017 (zitiert: *A. Lipphardt/V. Lipphardt*, BioSkop Nr. 78, Juni 2017, S. 3, …).

Lipphardt, Veronika, „Pro und Contra: Analyse von DNA-Bereichen zur Erstellung eines Täterprofils", abrufbar unter https://www.aerzteblatt.de/treffer?mode=s&wo=17&typ=1&nid=73698&s=lipphardt#, abgerufen am 29. November 2017 (zitiert: *V. Lipphardt*, https://www.aerzteblatt.de/treffer?mode=s&wo=17&typ=1&nid =73698&s=lipphardt#).

Lisken, Hans/Denninger, Erhard, Handbuch des Polizeirechts, 5. Auflage, 2012 (zitiert: Lisken/Denninger/*Bearbeiter*, Handbuch des Polizeirechts, … Rn. …).

Liu, Fan/van der Lijn, Fedde/Schurmann, Claudia et al., „A Genome-Wide Association Study Identifies Five Loci Influencing Facial Morphology in Europeans" in PLOS Genetics September 2012, Vol. 8, Ausgabe 9, e1002932 ff. (zitiert: *Liu/van der Lijn/Schurmann*, PLOS Genetics September 2012, Vol. 8, Ausgabe 9, e1002932, …).

Liu, Fan/Wollstein, Andreas/Hysi, Pirro G. et al., „Digital Quantification of Human Eye Color Highlights Genetic Association of Three New Loci" in PLoS Genetics 2010, Vol. 6, Ausgabe 5, e1000934 ff., abrufbar unter http://journals.plos.org/plosgenetics/article?id=10.1371/journal.pgen.1000934, abgerufen am 23. Januar 2018 (zitiert: *Liu/Wollstein/Hysi et al.*, PLoS Genetics 2010, Vol. 6, Ausgabe 5, e1000934, …).

Lossau, Norbert, „Was Kommissare über Täter wissen könnten – aber nicht dürfen" in Welt vom 31. März 2017, abrufbar unter https://www.welt.de/wissenschaft/article163306033/Was-Kommissare-ueber-Taeter-wissen-koennten-aber-nicht-duerfen.html, abgerufen am 28. November 2017 (zitiert: https://www.welt.de/wissenschaft/article163306033/Was-Kommissare-ueber-Taeter-wissen-koennten-aber-nicht-duerfen.html).

Löwe, Ewald/Rosenberg, Werner/Erb, Volker (Hrsg.), Die Strafprozessordnung und das Gerichtsverfassungsgesetz: StPO Band 2, §§ 48–93, 27. Auflage, 2017 (zitiert: LR/*Bearbeiter*, § … Rn. …).

Luo, Michael, „Unnamed Man indicted by DNA" in Newsday, August 9, 2000, A3 (zitiert: *Luo*, Unnamed Man indicted by DNA, Newsday, August 9, 2000, A3).

M'charek, Amade, „Silent Witness, Articulate Collective: DNA Evidence and the Inference of visible Traits" in Bioethics Vol. 22 No. 9, 2008, S. 519 ff. (zitiert: *M'charek*, Bioethics Vol. 22, No. 9, 2008, S. 519, …).

M'charek, Amade/Toom, Victor/Prainsack, Barbara, „Bracketing off population does not advance ethical reflection on EVCs: A reply to Kayser and Schneider" in Forensic Science International Genetics 2012, Vol. 6, Ausgabe 1, e16 f. (zitiert: *M'charek/Toom/Prainsack*, FSI Genetics 2012, Vol. 6, Ausgabe 1, e16, …).

MacLean, Charles E./Lamparello, Adam, „Forensic DNA Phenotyping in Criminal Investigations and Criminal Courts: Assessing and Mitigating the Dilemmas Inherent in the Science" vom 4. Februar 2015 in Recent Advances in DNA and Gene Sequences, 2014, Vol. 8, 104 ff., abrufbar unter https://papers.ssrn.com/sol3/Delivery.cfm/SSRN_ID2560157_code2086903.pdf?abstractid=2560157&mirid=1 sowie http://www.eurekaselect.com/128392/article, beide abgerufen am 23. Januar 2018 (zitiert: *MacLean/Lamparello*, S. …).

Madea, Burkhard, Praxis Rechtsmedizin, 2. Auflage, 2007 (zitiert: Madea/*Bearbeiter*, Praxis Rechtsmedizin, S. …).

Madea, Burkhard, Rechtsmedizin, 3. Auflage, 2015 (zitiert: Madea/*Bearbeiter*, Rechtsmedizin, S. …).

Madea, Burkhard/Dettmeyer, Reinhard B., Basiswissen Rechtsmedizin, 2007 (zitiert: *Madea/Dettmeyer,* Rechtsmedizin, S. …).

Maier-Borst, Haluka, „Mein DNA-Ich" in Zeit vom 24. Dezember 2015 (zitiert: Maier-Borst, Zeit vom 24. Dezember 2015).

Mansdörfer, Marco, „Großkoalitionärer Einheitsbrei" in Legal Tribune Online vom 3. März 2017, abrufbar unter https://www.lto.de/recht/hintergruende/h/gesetzesentwurf-erweiterung-dna-analyse-straftaten-genetischer-fingerabdruck/, abgerufen am 30. November 2017 (zitiert: *Mansdörfer*, LTO vom 3. März 2017).

Marquenie, Thomas, „The Police and Criminal Justice Authorities Directive: Data protection standards and impact on the legal framework" in Computer Law & Security Review 2017, Vol. 33, 324 ff. (zitiert: *Marquenie*, Computer Law & Security Review 2017, Vol. 33, 324, …).

Martini, Mario, „Das allgemeine Persönlichkeitsrecht im Spiegel der jüngeren Rechtsprechung des Bundesverfassungsgerichts" in JA 2009, 839 ff. (zitiert: *Martini*, JA 2009, 839, …).

Masing, Johannes, „Einheit und Vielfalt des Europäischen Grundrechtsschutzes" in JZ 2015, 477 ff. (zitiert: *Masing*, JZ 2015, 477, …).

Matheson, Susan, „DNA Phenotyping: Snapshot of a Criminal" in Cell 2016, Vol. 166, 1061 ff. (zitiert: Matheson, Cell 2016, Vol. 166, 1061, …).

Maunz, Theodor/Dürig, Günter (Begr.), Grundgesetz-Kommentar, Band I, Art. 1–5 GG, Loseblattsammlung (zitiert: Maunz/Dürig/*Bearbeiter*, Stand: … EL, Datum, Art. … Rn. …).

Meier-Augenstein, Wolfram/Fraser, Isla, „Forensic isotope analysis leads to identification of a mutilated murder victim" in Science and Justice 2008, Vol. 48, Ausgabe 3, 153 ff. (zitiert: *Meier-Augenstein/Fraser*, Science and Justice 2008, Vol. 48, Ausgabe 3, 153, …).

Meissner, Christian A./Brigham, John C., „Thirty Years of Investigating the Own-Race Bias in Memory for Faces" in Psychology, Public Policy and Law 2001, Vol. 7, No. 1, S. 3 ff. (zitiert: *Meissner/Brigham*, Psychology, Public Policy and Law 2001, Vol. 7, No. 1, S. 3, …).

Menzel, Hans-Joachim, „Genomanalyse im Arbeitsverhältnis und Datenschutz" in NJW 1989, 2041 ff. (zitiert: *Menzel*, NJW 1989, 2041, …).

Merten, Detlef/Papier, Hans-Jürgen, Handbuch der Grundrechte, Band IV, 2011 (zitiert: *Bearbeiter*, Handbuch der Grundrechte, Band IV, § … Rn. …).

Meyer-Goßner, Lutz, Kommentar zur Strafprozessordnung, 45. Auflage, 2001 (zitiert: Meyer-Goßner/*Bearbeiter*, § … Rn. …).

Meyer-Goßner, Lutz/Schmitt, Bertram, Kommentar zur Strafprozessordnung, 61. Auflage, 2018 (zitiert: Meyer-Goßner/*Bearbeiter*, § … Rn. …).

Meyer, Jürgen, Charta der Grundrechte der Europäischen Union, 4. Auflage, 2014 (zitiert: Meyer/*Bearbeiter*, Art. … Rn. …).

Momsen, Carsten, „DNA-Phenotyping und Racial Biases" in In Freispruch Nr. 11, September 2017, S. 20 ff. (zitiert: *Momsen*, Freispruch 11/2017, 20, …).

Müller, Eckhart/Schlothauer, Reinhold (Hrsg.), Münchener Anwaltshandbuch Strafverteidigung, 2. Auflage, 2014 (zitiert: MAH/*Bearbeiter*, § … Rn. …).

Mullis, K./Faloona, F./Scharf, S. et al., „Specific enzymatic amplification of DNA in vitro – the polymerase chain-reaction" in Cold Spring Harbor Symposia on Quantitative Biology 1986, Vol. 51, 263 ff. (zitiert: *Mullis/Faloona/Scharf et al.*, Cold Spring Harbor Symposia on Quantitative Biology 1985, Vol. 51, 263, …).

Mund, Claudia, Grundrechtsschutz und genetische Information: postnatale genetische Untersuchungen im Lichte des Grundrechtsschutzes unter besonderer Berücksichtigung genetischer Untersuchungen im Arbeits- und Versicherungsbereich, 2005 (zitiert: *Mund*, Grundrechtsschutz und genetische Information, S. …).

Murphy, Erin, „Legal and Ethical Issues in Forensic DNA Phenotyping" in Public Law & Legal Theory Research Paper Series, Working Paper No. 13–46, July 2013, S. 1 ff. (zitiert: *Murphy*, Public Law & Legal Theory Research Paper Series, Working Paper No. 13–46, Juli 2013, S. 1, …).

Neuhaus, Ralf, „Fehlerquellen bei DNA-Analysen – Nur unbedeutende Sternschnuppen aus dem Firmament des lediglich theoretischen Zweifels?" in Gedächtnisschrift für Ellen Schlüchter, 2002, S. 535 ff. (zitiert: *Neuhaus*, Gedächtnisschrift Schlüchter, 2002, S. 535, …).

Neuhaus, Ralf, Anmerkung zu BGH 1 StR 722/08 in StraFo 2010, 344 ff. (zitiert: *Neuhaus*, StraFO 2010, 344, …).

Neuser, Markus, Rechtsfragen der DNA-Analyse zum Zwecke der DNA-Identitätsfeststellung in künftigen Strafverfahren, 2006 (zitiert: *Neuser*, Rechtsfragen, S. …).

Nordheim, Alfred/Knippers, Rolf, Molekulare Genetik, 11. Auflage, 2018 (zitiert: *Nordheim/Knippers*, Molekulare Genetik, S. …).

Oberwetter, Peter, Die DNA-Analyse als medizinisch-kriminalistischer Sachverständigenbeweis, 1997 (zitiert: *Oberwetter*, DNA-Analyse, S. …).

Paal, Boris P./Pauly, Daniel A., Datenschutz-Grundverordnung, 2017 (zitiert: Paal/Pauly/*Bearbeiter*, DSGVO, Art. … Rn. …).

Papier, Hans-Jürgen/Möller, Johannes, „Das Bestimmtheitsgebot und seine Durchsetzung" in Archiv des öffentlichen Rechts 122 (1997), S. 177 ff. (zitiert: *Papier/Möller*, AöR 122 (1997), 177, …).

Passarge, Eberhard, Taschenatlas Humangenetik, 3. Auflage, 2008 (zitiert: Taschenatlas Humangenetik, S. …).

Peers, Steve/Harvey, Tamara/Kenner, Jeff et al., The EU Charter of Fundamental Rights, 2014 (zitiert: Peers/*Bearbeiter*, Art. … Rn. …).

Pennisi, Elizabeth, „ENCODE Project Writes Eulogy for Junk DNA" in Science 2012, Vol. 337, Ausgabe 6099, 1159 ff. (zitiert: *Pennisi*, Science 2012, Vol. 337, Ausgabe 6099, 1159, …).

Pfaffelhuber, Peter, „Hohe Wahrscheinlichkeiten?" in Freispruch Nr. 11, September 2017, S. 18 ff. (zitiert: *Pfaffelhuber*, Freispruch 11/2017, 18, …).

Philips, Chris, „Forensic genetic analysis of bio-geographical ancestry" in Forensic Science International Genetics 2015, Vol. 18, 49 ff. (zitiert: *Philips*, FSI Genetics 2015, Vol. 18, 49, …).

Plümecke, Tino/Schultz, Susanne, „Moderne Rassenkunde“ in ak – analyse & kritik – zeitung für linke Debatte und Praxis, Nr. 627 vom 16. Mai 2017, abrufbar unter https://www.akweb.de/ak_s/ak627/26.htm, abgerufen am 30. November 2017 (zitiert: *Plümecke/Schultz*, ak Nr. 627 vom 16. Mai 2017).

Pöche, Hubert, „DNA-Analyse: Missbrauch? Unmöglich!“ in Stern vom 25. Januar 2005, abrufbar unter http://www.stern.de/panorama/wissen/natur/dna-analyse--missbrauch--unmoeglich---3544958.html, abgerufen am 30. November 2017 (zitiert: *Pöche*, Stern vom 25. Januar 2005).

Pollack, Andrew, „Building a Face, and a Case, on DNA“ in The New York Times vom 23. Februar 2015, abrufbar auf http://www.nytimes.com/2015/02/24/science/building-face-and-a-case-on-dna.html?_r=0, abgerufen am 9. August 2016 (zitiert: *Pollack*, NY Times vom 23. Februar 2015).

Pośpiech, Ewelina/Karlowska-Pik, Joanna/Marcińska, Magdalena et al., „Evaluation of the predictive capacity of DNA variants associated with straight hair in Europeans“ in Forensic Science International Genetics 2015, Vol. 19, 280 ff. (zitiert: *Pośpiech/Karlowska-Pik/Marcińska et al.*, FSI Genetics 2015, Vol. 19, 280, …).

Rabe von Kühlewein, Malte, Der Richtervorbehalt im Polizei- und Strafprozessrecht, 2001 (zitiert: *Von Kühlewein*, Richtervorbehalt, S. …).

Rackow, Peter, „Molekulargenetische Untersuchung im Strafverfahren“ in ZRP 2002, 236 ff. (zitiert: *Rackow*, ZRP 2002, 236, …).

Rackow, Peter, „Rechtsprobleme bei einer Ausweitung der DNA-Analyse – Überlegungen zu den aktuellen Plänen“ in Kriminalistik 2003, 474 ff. (zitiert: *Rackow*, Kriminalistik 2003, 474, …).

Rademacher, Christine, „Zulässigkeit der Gen-Analyse?“ in NJW 1991, S. 735 ff. (zitiert: *Rademacher*, NJW 1991, 735, …).

Rademacher, Christine, „Zur Frage der Zulässigkeit genetischer Untersuchungsmethoden im Strafverfahren“ in Strafverteidiger 1989, 546 ff. (zitiert: *Rademacher*, StV 1989, 546, …).

Rassow, Joachim/Deutzmann, Rainer/Netzker, Roland/Hauser, Karin, Biochemie, 4. Auflage, 2016 (zitiert: *Rassow*, Biochemie, S. …).

Rath, M./Brinkmann, B., „Strafverfahrensänderungsgesetz – DNA-Analyse („Genetischer Fingerabdruck“) und DNA-Identitätsfeststellungsgesetz aus fachwissenschaftlicher Sicht“ in NJW 1999, 2697 ff. (zitiert: *Rath/Brinkmann*, NJW 1999, 2697, …).

Reardon, Sara, „Mugshots built from DNA data“ in Nature News vom 20. März 2014, abrufbar unter https://www.nature.com/news/mugshots-built-from-dna-data-1.14899, abgerufen am 25. Oktober 2017 (zitiert: *Reardon*, Nature News vom 20. März 2014).

Reichelt, Andreas, „Anwendung der DNA-Analyse (genetischer Fingerabdruck) im Vaterschaftsfeststellungsverfahren“ in FamRZ 1991, 1265 ff. (zitiert: *Reichelt*, FamRZ 1991, 1265, …).

Reimer, Philipp, „‚Keine Gleichheit im Unrecht‘: dogmatische Rekonstruktion eines Verfassungssprichworts“ in RW 2017, 1 ff. (zitiert: *Reimer*, RW 2017, 1, …).

Rengeling, Hans/Szczekalla, Peter, Grundrechte in der Europäischen Union – Charta der Grundrechte und Allgemeine Rechtsgrundsätze, 2004 (zitiert: *Rengeling/Szczekalla*, Grundrechte, Rn. …).

Rieß, Peter, „Die Straftat von erheblicher Bedeutung als Eingriffsvoraussetzung – Versuch einer Inhaltsbestimmung“ in Goltdammer's Archiv für Strafrecht 2004, 623 ff. (zitiert: *Rieß*, GA 2004, 623, …).

Rieß, Peter, „Über Subsidiaritätsverhältnisse und Subsidiaritätsklauseln im Strafverfahren“ in Gedächtnisschrift für Karlheinz Meyer, 1990, S. 367 ff. (zitiert: *Rieß*, GS Meyer, S. 367, …).

Ritter, Stefan, Genomanalyse und Strafverfolgung: Untersuchung zur kriminalistischen, kriminologischen, strafrechtlichen und strafprozessualen Problematik der DNA-Analytik, 1997 (zitiert: *Ritter*, Genomanalyse, S. …).

Rogall, Klaus, „Die DNA-Analyse im Strafverfahren – Eine endlose Geschichte“ in Festschrift für Friedrich-Christian Schroeder, 2006, S. 691 ff. (zitiert: *Rogall*, FS Schroeder, 2006, S. 691, …).

Ronellenfitsch, Michael, „Genanalysen und Datenschutz“ in NJW 2006, 321 ff. (zitiert: *Ronellenfitsch*, NJW 2006, 321, …).

Ruderisch, Dagmar, „Rechtliche und rechtspolitische Fragen der Humangenetik“ in ZRP 1992, 260 ff. (zitiert: *Ruderisch*, ZRP 1992, 260, …).

Sachs, Michael, Grenzen des Diskriminierungsverbots, 1987 (zitiert: *Sachs*, Grenzen, S. …).

Sachs, Michael, Grundgesetz Kommentar, 8. Auflage, 2018 (zitiert: Sachs/*Bearbeiter*, Art. … Rn. …).

Sankar, Pamela, „Forensic DNA Phenotyping: Reinforcing Race in Law Enforcement“ in Withmarsh, Ian/Jones, David S., What's the use of Race?, 2010 (zitiert: *Sankar*, What's the use of Race?, S. 49, …).

Satzger, Helmut, „DNA-Massentests – kriminalistische Wunderwaffe oder ungesetzliche Ermittlungsmethode?“ in JZ 2001, 639 ff. (zitiert: *Satzger*, JZ 2001, 639, …).

Satzger, Helmut/Schluckebier, Wilhelm/Widmaier, Gunter, Strafprozessordnung, 3. Auflage, 2018 (zitiert: SSW/*Bearbeiter*, § … Rn. …).

Schaaf, Christian P./Zschocke, Johannes, Basiswissen Humangenetik, 3. Auflage, 2018 (zitiert: *Schaaf/Zschocke*, Basiswissen Humangenetik, S. …).

Schmeling, Andreas/Lockemann, Ute/Olze, Andreas et al., „Forensische Altersdiagnostik bei Jugendlichen und jungen Erwachsenen" in Deutsches Ärzteblatt 2004, Jahrgang 101, Heft 18, A1261 ff., abrufbar unter https://www.aerzteblatt.de/archiv/41687/Forensische-Altersdiagnostik-bei-Jugendlichen-und-jungen-Erwachsenen, abgerufen am 29. November 2017 (zitiert: *Schmeling/Lockemann/Olze et al.*, Deutsches Ärzteblatt 2004, Jahrgang 101, Heft 18, A1261, …).

Schmitter, Hermann, „Der Genetische Fingerabdruck – Entwicklung der Forensischen Serologie" in Festschrift für Horst Herold zum 75. Geburtstag, 1998, S. 397 ff. (zitiert: *Schmitter*, FS Herold, S. 397, …).

Schmitter, Hermann/Herrmann, Sigrid/Pflug, Werner, „Untersuchung von Blut- und Sekretspuren mit Hilfe der DNA-Analyse" in MDR 1989, 402 ff. (zitiert: *Schmitter/Herrmann/Pflug*, MDR 1989, 402, …).

Schneider, Peter M., „Basic issues in forensic DNA Typing" in Forensic Science International 1997, Vol. 88, Ausgabe 2, 17 ff. (zitiert: *P.M. Schneider*, FSI 1997, Vol. 88, 17, …).

Schneider, Peter M., Deutsches Ärzteblatt 2005, Heft 4, A184 f. (zitiert: *P.M. Schneider*, Deutsches Ärzteblatt 2005, Heft 4, A184, …).

Schneider, Peter M., „Pro und Contra: Steckbrief per DNA-Spur?" in RuP 2017, 220 ff. (zitiert: *P.M. Schneider*, RuP 2017, 220, …).

Schneider, Peter M., „Stellungnahme der Spurenkommission zu den Möglichkeiten und Grenzen der DNA-gestützten Vorhersage äußerer Körpermerkmale, der biogeographischen Herkunft und des Alters unbekannter Personen anhand von Tatortspuren im Rahmen polizeilicher Ermittlungen" vom 14. Dezember 2016, abrufbar unter http://www.gednap.org/wp-content/uploads/2016/12/Stellungnahme_DNA-Vorhersage_Spurenkommission_2016-12-141.pdf, abgerufen am 29. November 2017 (zitiert: Spurenkommission, Stellungnahme vom 14. Dezember 2016, S. …).

Schober, Daniel, „Microarrays, Genexpressionsanalyse und Bioinformatik" in BioSpektrum 3/02, 8. Jahrgang, S. 307 ff. (zitiert: *Schober*, BioSpektrum 3/02, 8. Jahrgang, S. 307, …).

Scholz, Rupert, „Nationale und europäische Grundrechte: Umgekehrte ‚Solange'-Regel?" in DVBl. 2014, 197 ff. (zitiert: *Scholz*, DVBl. 2014, 197, …).

Schultz, Susanne, „DNA-Tests in der Migrationskontrolle – Massive Diskriminierung und zweierlei Maß im Gendiagnostik-Gesetzentwurf" in ZRP 2009, 115 ff. (zitiert: *Schultz*, ZRP 2009, 115, …).

Schulz, Lorenz, „Die DNA-Analyse im Strafverfahren“ in Byrd/Hruschka/Jörden, Jahrbuch für Ethik und Recht, Band 7, 1999, Der analysierte Mensch, S. 195 ff. (zitiert: *Schulz,* Jahrbuch für Ethik und Recht, Band 7, 1999, S. 195, …).

Schwarze, Jürgen/Becker, Ulrich/Hatje, Armin/Schoo, Johann, EU-Kommentar, 3. Auflage, 2012 (zitiert: Schwarze/Becker/Hatje/Schoo/*Bearbeiter*, GRC, Art. … Rn. …).

Schwichtenberg, Simon, „Die „kleine Schwester“ der DSGVO: Die Richtlinie zur Datenverarbeitung bei Polizei und Justiz“ in DuD 2016, 605 ff. (zitiert: *Schwichtenberg*, DuD 2016, 605, …).

Senge, Lothar, „Strafverfahrensänderungsgesetz – DNA–Analyse“ in NJW 1997, 2409 ff. (zitiert: *Senge*, NJW 1997, 2409, …).

Sippel, Albert E., „The Naked DNA Information of our Genome – How Much Does It Expose and Should We Worry About It?“ in Byrd/Hruschka/Jörden, Jahrbuch für Ethik und Recht, Band 7, 1999, Der analysierte Mensch, S. 13 ff. (zitiert: *Sippel*, Jahrbuch für Ethik und Recht, Band 7, 1999, S. 13, …).

Soiné, Michael, „Straf(verfahrens-)recht und Kriminalistik“ in Kriminalistik 1998, 247 ff. (zitiert: *Soiné*, Kriminalistik 1998, 247, …).

Sprengel, Bernhard, „Wir sollten den DNA-Code von jedem Menschen in unserem Lande haben“ im Spiegel vom 9. Mai 2017, abrufbar unter http://www.spiegel.de/panorama/justiz/klaus-pueschel-dna-codes-aller-menschen-in-deutschland-erfassen-a-1146775.html, abgerufen am 29. November 2017 (zitiert: *Sprengel*, Spiegel vom 9. Mai 2017).

Sprenger, Wolfgang/Fischer, Thomas, „Zur Erforderlichkeit der richterlichen Anordnung von DNA-Analysen“ in NJW 1999, 1830 ff. (zitiert: *Sprenger/Fischer*, NJW 1999, 1830, …).

Stadler-Brehm, Alexandra, Verfassungsrechtliche, strafprozessuale und polizeirechtliche Probleme einer DNA-Analyse, 2006 (zitiert: *Stadler-Brehm*, S. …).

Staubach, Fabian, „Correspondence – Note limitations of DNA legislation“ in Nature 2017, Vol. 545, S. 30 (zitiert: *Staubach,* Nature 2017, Vol. 545, S. 30).

Stengel, Andreas, „Erweiterte DNA-Analysen“ in Kriminalistik 2017, 491 ff. (zitiert: *Stengel,* Kriminalistik 2017, 491, …).

Stern, Klaus, Das Staatsrecht der Bundesrepublik Deutschland Band IV/2: Die einzelnen Grundrechte, 2011 (zitiert: *Bearbeiter*, Das Staatsrecht IV/2, 2011, S. …).

Stern, Klaus/Becker, Florian, Grundrechte-Kommentar, 2. Auflage, 2016 (zitiert: Stern/Becker/*Bearbeiter*, Art. … Rn. …).

Sternberg-Lieben, Detlev, „Die Genomanalyse im Strafverfahren“ in NJW 1989, 2289 ff. (zitiert: *Sternberg-Lieben,* NJW 1989, 2289, …).

Stokowski, Renee P./Pant, P.V. Krishna/Dadd, Tony et al., „A Genomewide Association Study of Skin Pigmentation in a South Asian Population“ in American Journal of Human Genetics 2007, Vol. 81, Ausgabe 6, 1119 ff. (zitiert: *Stokowski/Pant/Dadd et al.*, American Journal of Human Genetics 2007, Vol. 81, Ausgabe 6, 1119, …).

Störzer, Hans Udo, „DNA-Analyse bei anonymen Tatortspuren – Probleme beim Richtervorbehalt“ in Kriminalistik 2001, 169 ff. (zitiert: *Störzer*, Kriminalistik 2001, 169, …).

Sulem, Patrick/Gudbjartsson, Daniel F./Stacey, Simon N. et al., „Genetic determinants of hair, eye and skin pigmentation in Europeans“ in Nature Genetics 2007, Vol. 39, 1443 ff. (zitiert: *Sulem/Gudbjartsson/Stacey et al.*, Nature Genetics 2007, Vol. 39, 1443, …).

Sulem, Patrick/Gudbjartsson, Daniel F./Stacey, Simon N. et al., „Two newly identified genetic determinants of pigmentation in Europeans“ in Nature Genetics 2008, Vol. 40, 835 ff. (zitiert: *Sulem/Gudbjartsson/Stacey et al.*, Nature Genetics 2008, Vol. 40, 835, …).

Sydow, Gernot, Europäische Datenschutzgrundverordnung, 2. Auflage, 2018 (zitiert: Sydow/*Bearbeiter*, Art. … Rn. …).

Taschke, Jürgen/Breidenstein, Felix (Hrsg.), Die Genomanalyse im Strafverfahren, 1995 (zitiert: Taschke/Breidenstein/*Bearbeiter*, S. …).

Tischbirek, Alexander/Wihl, Tim, „Verfassungswidrigkeit des ‚Racial Profiling‘: Zugleich ein Beitrag zur Systematik des Art. 3 GG“ in JZ 2013, 219 ff. (zitiert: *Tischbirek/Wihl*, JZ 2013, 219, …).

Toom, Victor, „Inquisitorial forensic DNA profiling in the Netherlands and the expansion of the forensic genetic body“ in Genetic Suspects: Global Governance of Forensic DNA Profiling and Databasing, S. 175 ff. (zitiert: *Toom*, Inquisitorial forensic DNA profiling, S. 175, …).

Toom, Victor/M'charek, Amade, „Van individuele verdachte naar verdachte families en populaties“ in Nederlands Juristenblad v. 21. Januar 2011, S. 142 ff. (zitiert: *Toom/M'charek*, Nederlands Juristenblad v. 21. Januar 2011, S. 142 ff.).

Toom, Victor/Wienroth, Matthias/M'charek, Amade et al., „Approaching ethical, legal and social issues of emerging forensic DNA phenotyping (FDP) technologies comprehensively: Reply to ‘Forensic DNA phenotyping: Predicting human appearance from crime scene material for investigative purposes’ by Manfred Kayser“ in Forensic Science International Genetics 2016, Vol. 22, e1 ff. (zitiert: *Toom/Wienroth/M'charek et al.*, FSI Genetics 2016, Vol. 22, e1, …).

Tutton, Richard/Hauskeller, Christiane/Sturdy, Steve, „Suspect technologies: forensic testing of asylum seekers at the UK border“ in Ethnic and Racial

Studies 2014, Vol. 37, No. 5, 738 ff. (zitiert: *Tutton/Hauskeller/Sturdy*, Ethnic and Racial Studies 2014, Vol. 37, No. 5, 738, ...).

Uwer, Thomas, „Kommissar Wattestäbchen" in Freispruch 11/2017, S. 1 ff. (zitiert: *Uwer*, Freispruch 11/2017, S. 1, ...).

Valenzuela, Robert K./Henderson, Miquia S./Walsh, Monica H. et al., „Predicting Phenotype from Genotype: Normal Pigmentation" in Journal of Forensic Science 2010, Vol. 55, Ausgabe 2, S. 315 ff. (zitiert: *Valenzuela et al.*, Journal of Forensic Science 2010, Vol. 55, Ausgabe 2, 315, ...).

Vath, Andreas, Der genetische Fingerabdruck zur Identitätsfeststellung in künftigen Strafverfahren: ein Balanceakt zwischen staatlichen und individuellen Interessen, 2003 (zitiert: *Vath*, Genetischer Fingerabdruck, S. ...).

Vesting, Jan-W./Müller, Stefan, „DNA-Analyse und Recht: Pleiten, Pech und Pannen?" in KJ 1996, 466 ff. (zitiert: *Vesting/Müller*, KJ 1996, 466, ...).

Vetter, Philipp/Trentmann, Nina, „Polizei privatisiert DNA-Tests, Blitzer und Datenanalyse" in Welt vom 29. Oktober 2015, abrufbar unter https://www.welt.de/wirtschaft/article148163281/Polizei-privatisiert-DNA-Tests-Blitzer-und-Datenanalyse.html, abgerufen am 4. Januar 2018 (zitiert: *Vetter/Trentmann*, Welt vom 29. Oktober 2015).

Vidaki, Athina/Ballard, David/Aliferi, Anastasia et al., „DNA methylation-based forensic age prediction using artificial neural network and next generation sequencing" in Forensic Science International Genetics 2017, Vol. 28, S. 225 ff. (zitiert: *Vidaki/Ballard/Aliferi et al.*, FSI Genetics 2017, Vol. 28, 225, ...).

Vogt, Thomas, „Beweiswürdigung bei DNA-Analyse - Anm. zu BGH, Urteil vom 12.08.1992 - 5 StR 239/92" in StV 1993, 175 ff. (zitiert: *Vogt*, StV 1993, 175, ...).

Volk, Elisabeth, „DNA-Identitätsfeststellungsgesetz – Kein Ende der Begehrlichkeiten" in NStZ 2002, S. 561 ff. (zitiert: *Volk*, NStZ 2002, 561, ...).

Volkert, Dorothee, „Der Body Mass Index (BMI) – ein wichtiger Parameter zur Beurteilung des Ernährungszustands" in Aktuelle Ernährungsmedizin 2006, Vol. 31, 126 ff. (zitiert: *Volkert*, Aktuelle Ernährungsmedizin 2006, Vol. 31, 126, ...).

Von Mangoldt, Hermann/*Klein, Friedrich (Begr.)*, Grundgesetz Kommentar, Artikel 1 bis 19, 7. Auflage, 2018 (zitiert: Von Mangoldt/Klein/*Bearbeiter*, Art. ... Abs. ... Rn. ...).

Von Münch, Ingo/Kunig, Philip, Grundgesetz Kommentar, Band 1: Präambel bis Art. 69, 6. Auflage, 2012 (zitiert: Münch/Kunig/*Bearbeiter*, Art. ... Rn. ...).

Von Münch, Ingo/Kunig, Philip, Grundgesetz Kommentar, Band 1: Präambel bis Art. 69, 5. Auflage, 2000 (zitiert: Münch/Kunig/*Bearbeiter*, GG, 5. Auflage, Art. ... Rn. ...).

Wächtler, Hartmut, „Auf dem Weg zur Gen-Bank?“ in Strafverteidiger 1990, 369 ff. (zitiert: *Wächtler*, StV 1990, 369, …).

Wagner, Christean, „Opferschutz vor Täterschutz – Zur Notwendigkeit der Ausweitung der DNA-Analyse“ in RuP 2005, 75 ff. (zitiert: *C. Wagner*, RuP 2005, 75, …).

Wagner, Ute, Das „genetische Fingerabdruckverfahren“ als Hilfsmittel bei der Verbrechensbekämpfung, 1993 (zitiert: *U. Wagner*, Genetisches Fingerabdruckverfahren, S. …).

Walsh, Susan/Chaitanya, Lakshmi/Breslin, Krystal et al., „Global skin colour prediction from DNA“ in Human Genetics 2017, Vol. 136, Ausgabe 7, 847 ff. (zitiert: *Walsh/Chaitanya/Breslin et al.*, Human Genetics 2017, Vol. 136, Ausgabe 7, 847, …).

Walsh, Susan/Liu, Fan/Ballantyne, Kaye N. et al., „IrisPlex: A sensitive DNA tool for accurate prediction of blue and brown eye colour in the absence of ancestry information“ in Forensic Science International Genetics 2011, Vol. 5, 170 ff. (zitiert: *Walsh/Liu/Ballantyne et al.*, FSI Genetics 2011, Vol. 5, 170, …).

Walsh, Susan/Liu, Fan/Wollstein, Andreas et al., „The HIrisPlex system for simultaneous prediction of hair and eye colour from DNA“ in Forensic Science International Genetics 2013, Vol. 7, Ausgabe 1, 98 ff. (zitiert: *Walsh/Liu/Wollstein et al.*, FSI Genetics 2013, Vol. 7, Ausgabe 1, 98, …).

Walsh, Susan/Wollstein, Andreas/Liu, Fan et al., „DNA-based eye colour prediction across Europe with the IrisPlex system“ in Forensic Science International Genetics 2012, Vol. 6, Ausgabe 3, 330 ff. (zitiert: *Walsh/Wollstein/Liu et al.*, FSI Genetics 2012, Vol. 6, Ausgabe 3, 330, …).

Watson, J.D./Crick, F.H.C., „A structure for deoxyribose nucleic acid“ in Nature 1953, Vol. 171, 737 ff. (zitiert: *Watson/Crick*, Nature 1953, Vol. 171, 737, …).

Wegner, Maren, „Das genetische Foto – Tagungsbericht zum interdisziplinären Symposium in Mainz“ in KriPoZ 2107, 274 ff. (zitiert: *Wegner*, KriPoZ 2017, 274, …).

Weichert, Thilo, „Forensische DNA-Analysen und der Datenschutz“ in DuD 2018, 358 ff. (zitiert: *Weichert*, DuD 2018, 358, …).

Weidner, Carola Ingrid/Lin, Qiong/Koch, Carmen Maike et al., „Aging of blood can be tracked by DNA methylation changes at just three CpG sites“ in Genome Biology 2014, Vol. 15, R24, S. 1 ff. (zitiert: *Weidner/Lin/Koch et al.*, Genome Biology 2014, Vol. 15, R24, 1, …).

Weitz, Sarah/Buchanan, Nicholas, „Eine Technologie der Angstkultur“ in Freispruch 11/2017, S. 13 ff. (zitiert: *Weitz/Buchanan*, Freispruch 11/2017, S. 13, …).

Wells, Gary L./Olson, Elizabeth A., „Eyewitness Testimony“ in Annual Review of Psychology 2003, Vol. 54, 277 ff. (zitiert: *Wells/Olson*, Annual Review of Psychology 2003, Vol. 54, 277, …).

West, Christian, Der genetische Fingerabdruck als erkennungsdienstliche Standardmaßnahme der Strafverfolgungsvorsorge und die Verwendung des genetischen Phantombildes im Strafverfahren: Eine verfassungsrechtliche Analyse der Möglichkeiten und Grenzen von molekulargenetischen Untersuchungen, 2007 (zitiert: *West*, Genetischer Fingerabdruck, S. …).

Wiese, Günther, Genetische Analysen und Rechtsordnung: unter besonderer Berücksichtigung des Arbeitsrechts, 1994 (zitiert: *Wiese*, Genetische Analyse, S. …).

Wirth, Ingo/Strauch, Hansjürg, Rechtsmedizin, Grundwissen für die Ermittlungspraxis, 2006 (zitiert: *Wirth/Strauch*, Rechtsmedizin, S. …).

Wolf, Guido, „Ausweitung der DNA-Analyse? Pro & Contra“ in NJW aktuell 3/2017, S. 16 (zitiert: *Wolf*, NJW aktuell 3/2017, S. 16).

Wolf, Guido, „DNA-Analyse ausweiten? Pro & Contra“ in DRiZ 2017, 88 (zitiert: *Wolf*, DRiZ 2017, 88).

Wolff, Heinrich Amadeus/Brink, Stefan, Beck'scher Online-Kommentar Datenschutzrecht (zitiert: BeckOK/*Bearbeiter*, Datenschutzrecht, … Edition, Stand: …, § … Rn. …).

Wolinsky, Howard, „CSI on Steroids“ in EMBO reports 2015, Vol. 16, S. 782 ff. (zitiert: *Wolinsky*, EMBO reports 2015, Vol. 16, S. 782, …).

Wolter, Jürgen (Hrsg.), Systematischer Kommentar zur Strafprozessordnung, Band I: §§ 1–93 StPO, 5. Auflage, 2016 (zitiert: SK-StPO/*Bearbeiter*, § … Rn. …).

Wolter, Jürgen (Hrsg.), Systematischer Kommentar zur Strafprozessordnung, Band II: §§ 94–136a StPO, 5. Auflage 2016 (zitiert: SK-StPO/*Bearbeiter*, § … Rn. …).

Zbieć-Piekarska, Renata/Spólnicka, Magdalena/Kupiec, Tomasz et al., „Development of a forensically useful age prediction method based on DNA methylation analysis“ in Forensic Science International Genetics 2015, Vol. 17, 173 ff. (zitiert: *Zbieć-Piekarska/Spólnicka/Kupiec et al.*, FSI Genetics 2015, Vol. 17, 173, …).

Zieger, Martin/Utz, Silvia, „About DNA databasing and investigative genetic analysis of externally visible characteristics: A public survey“ in Forensic Science International Genetics 2015, Vol. 17, 163 ff. (zitiert: *Zieger/Utz*, FSI Genetics 2015, Vol. 17, 163, …).

Zöller, Mark/Thörnich, Diana, „Rechtliche Möglichkeiten und Grenzen der Ausweitung von DNA-Analysen im Strafverfahren" in ZIS 2017, 331 ff. (zitiert: *Zöller/Thörnich*, ZIS 2017, 331, ...).

Zylka-Menhorn, Vera, „Nur die Länge ‚funktionsloser' Genabschnitte wird bestimmt" in Deutsches Ärzteblatt 2005, Heft 4, A184 ff. (zitiert: *Zylka-Menhorn*, Deutsches Ärzteblatt 2005, Heft 4, A184, ...).

www.ingramcontent.com/pod-product-compliance
Ingram Content Group UK Ltd.
Pitfield, Milton Keynes, MK11 3LW, UK
UKHW020713041026
15590UKWH00002B/633

9 783631 812679